Brian Tracy

High Performance Leadership
Der Schlüssel zu erfolgreicher Führung und Motivation

Herausgegeben von Frank Scheelen

Brian Tracy

High Performance Leadership

Der Schlüssel zu erfolgreicher Führung und Motivation

Herausgegeben von Frank Scheelen

mi verlag moderne industrie

Die Deutsche Bibliothek – CIP-Einheitsaufnahme

Tracy, Brian:
High performance leadership : der Schlüssel zu erfolgreicher Führung und Motivation / Brian Tracy. [Aus dem Amerik. übertr. von Claudia Hujer und Birgit Wünsch]. – Landsberg/Lech : mi, Verl. Moderne Industrie, 1999
Einheitssacht.: High performance leadership <dt.>
ISBN 3-478-36820-0

Aus dem Amerikanischen übertragen von Claudia Hujer und Birgit Wünsch

Umschlaggestaltung: Vierthaler & Braun, München
Satz: mi, Sabine Linder
Druck: Himmer, Augsburg
Bindearbeiten: Thomas, Augsburg
Printed in Germany 360 820/049901
ISBN 3-478-36820-0

Inhaltsverzeichnis

Vorwort von Nikolaus B. Enkelmann

Brian Tracy hat durch seine Leistung und Erfolge gezeigt, was ein Mensch alles erreichen kann. Er zeigt deutlich, was möglich ist, wenn man in seinem Unternehmen und in seinem Leben ganz bestimmte, erprobte Erfolgsmaximen anwendet.

In diesem Buch lernen Sie von einem wirklich erfolgreichen Vorbild.

Brian Tracy und ich sind seit vielen Jahren Freunde. Er ist ein sehr seriöser Erfolgstrainer, und wir respektieren uns gegenseitig. Sehr gerne schreibe ich dieses Vorwort, denn ich weiß, daß Sie zu seinen ganz konkreten Ratschlägen Vertrauen haben können.

Wer mich kennt, weiß, daß ich Kapitel 22 „Wahre persönliche Größe" besonders interessiert gelesen habe. Lassen auch Sie sich motivieren, über Ihre persönliche Größe nachzudenken. Ich weiß nicht, seit wann Sie an Ihrer Vision arbeiten. Brian Tracy gibt Ihnen in diesem Buch den Stab, den Sie voller Begeisterung ergreifen sollten.

Dieses Buch beweist Ihnen auf jeder Seite: „Leader werden nicht geboren – sondern gemacht!" Man kann wirklich erlernen, Menschen zu Spitzenleistungen zu führen. Erlernen Sie die Kunst der Leader: für sich und zum Wohle der Menschen, die Ihnen anvertraut sind.

Studieren Sie die einzelnen Stufen gründlich. Immer wieder fragen mich Seminarteilnehmer: „Wie wird man ein erfolgreicher Leader?" „Indem man alle Regeln auswendig lernt und sie dann vergißt, so daß unser Unterbewußtsein sie ganz automatisch Tag und Nacht anwendet."

Dieses Buch ist ein Meilenstein für die Zukunft. Es kann helfen, daß unsere Erde ein Planet der Hoffnung bleibt. Brian Tracy weist Ihnen den geraden Weg in die Zukunft. Darum verbünden sich auch seine Gedanken mit den meinen. Dieses Buch gibt Ihnen die Möglichkeit, Ihr Bestes zu geben. So wird Ihnen Ihr Verstand helfen, Ihre emotionale Kraft noch besser zu nutzen.

Der Mensch kann nur in Gruppen große Ziele erreichen! Immer müssen Teams gebildet und vor allem geführt werden. Dieses Buch wird Ihnen helfen, Ihre Ziele zu erreichen. Die 30 Kapitel führen Sie konsequent, wie eine Treppe, zu Ihrem Erfolg.

Glück auf!

Nikolaus B. Enkelmann

Kapitel 1

Die Entwicklung von Leadership-Kompetenzen

Oliver Wendell Holmes, Richter am Obersten Gerichtshof der USA, sagte einmal, es gebe drei verschiedene Arten von Menschen. Ein kleiner Prozentsatz von Leadern bewirkt alle Veränderungen. Ein größerer Anteil von etwa 15 bis 20 Prozent beobachtet, was geschieht. Doch die große Mehrheit von vielleicht 80 Prozent hat überhaupt keine Vorstellung von den Geschehnissen. In diesem Kapitel behandle ich die Grundlagen von Leadership, dem entscheidenden Faktor für Erfolg oder Mißerfolg, sowohl privat als auch im Unternehmen. Die Qualität der Leadership beeinflußt die Geschehnisse mehr als jeder andere Faktor. Ihre Aufgabe, Ihr Ziel sollte es sein, in allem, was Sie tun, ein exzellenter Leader zu werden. Dieses Ziel erreichen Sie, indem Sie zu verstehen lernen, wie andere Menschen hervorragende Führungseigenschaften entwickelten. Alle großen Leader haben im allgemeinen klein angefangen und wurden erst später zu außergewöhnlichen Führungspersönlichkeiten.

Niemand wird als Leader geboren

Menschen werden nicht als Führungspersönlichkeiten geboren, das läßt sich durch umfangreiche Studien belegen. Man hat oft beobachtet, daß Menschen über viele Jahre hinweg durchschnittliche Leistungen erbringen und erst ab einem bestimmten Zeitpunkt besondere Fähigkeiten entwickeln. Dann erweisen sie sich in ihren Organisationen und ihrem sozialen Umfeld als Leader. Zum Thema Leadership wurden inzwischen über 3300 Studien durchgeführt. Was sind also die Kennzeichen eines Leaders, die ihn von der Durchschnittsperson unterscheiden?

Wir wissen, daß Menschen diese Eigenschaften eigenständig ausbilden können, wenn sie sie kennen, studieren und über sie nachdenken. Leader entwickeln sich im Rahmen ihrer Tätigkeit, wenn sie sich über ihre eigene Richtung im klaren sind. Sie beginnen als einfache Mitarbeiter in einem Unternehmen. Sie bilden sich weiter, sammeln Erfahrungen und haben ihre Ziele immer klar vor Augen. Auf diese Weise reifen sie zu Führungspersönlichkeiten heran. Sie werden von anderen in ihrer Führungsrolle akzeptiert, sie werden als Personen anerkannt, die die ihnen gestellten Aufgaben erledigen, und daher wollen die anderen Mitarbeiter von ihnen geführt werden, damit sie selbst auch ihre Aufgaben besser erfüllen können. Aber Leadership beginnt immer mit der Entwicklung der eigenen Persönlichkeit.

Leadership wird nicht durch Gene oder Chromosomen festgelegt. Leader entwickeln sich in Situationen, in denen es auf Führungsqualitäten ankommt. Der amerikanische Schriftsteller John Steinbeck hat vor vielen Jahren gesagt, daß ein Mann dann zum Mann wird, wenn er als Mann handeln muß. Ein Leader wird zum Leader, wenn er als Leader handeln muß. Ich habe mit vielen Menschen zusammengearbeitet, die jahrelang nur Durchschnittsleistungen erbrachten. Plötzlich ergab sich jedoch eine Situation, die genau auf die individuellen Voraussetzungen einer Person zugeschnitten war. Viele Leute halten es für Glück, wenn Gelegenheit und Vorbereitungen so perfekt zusammentreffen. Aber die betreffende Person war in der entscheidenden Situation bereit zum Handeln und konnte genau die richtigen Maßnahmen ergreifen. Das hat nichts mit Glück zu tun, sondern ist das Ergebnis kontinuierlicher Arbeit an sich selbst.

Eigenschaften, die einen Leader ausmachen

Eines der Merkmale von Leadern ist, daß sie ihre Stärken sehr gut anzuwenden verstehen. Sie kennen ihre Fähigkeiten ganz genau und können sich so in bestimmten Situationen selbst als wertvolles, kostbares Werkzeug einsetzen. Darüber hinaus stärken sie ihre Mitarbeiter und

Kollegen und sorgen dafür, daß auch sie maximale Ergebnisse erreichen – egal in welcher Situation. Es geht im folgenden nun also um die Eigenschaften, die ein guter Leader benötigt.

Vision

An erster Stelle steht die Fähigkeit der *Vision.* Eine Vision zu entwikkeln, ist das wichtigste Merkmal einer Führungskraft. Die 3300 Studien zu diesem Thema ergeben übereinstimmend, daß Leader die Fähigkeit besitzen, Visionen zu entwerfen. Das bedeutet, daß sie eine genaue Vorstellung von der Zukunft haben. Sie können vorausschauend denken und ein Bild dessen entwerfen, was sie erschaffen wollen. Sie entwickeln eine Vorstellung von einer idealen Zukunft und arbeiten sich von dort aus zurück in die Gegenwart. Sie analysieren die Gegenwart und stellen sich die Frage: „Wie erreichen wir die gewünschte Position – von unserem heutigen Standpunkt aus gesehen?" Mit diesem Gesamtüberblick im Kopf können sie ihre Vision den anderen mitteilen und sie für ihre Sache begeistern.

Der erste Teil einer Vision besteht aus *gemeinsamen Wertvorstellungen.* Werte sind das, wofür Menschen und Organisationen einstehen. Wir wissen, daß sich im Leben alles von innen nach außen entwickelt. Den Kern einer Persönlichkeit oder einer Organisation, die eine große Wirkung entfaltet, bilden die Werte, an die sie glaubt, die sie auf keinen Fall aufgibt und für die sie eintritt. Diese Wertvorstellungen bilden die Grundlage ihres gesamten Handelns. Studie um Studie hat ergeben, daß innerhalb einer Branche Unternehmen mit hohen, klaren und inspirierenden Werten deutlich besser abschneiden als Unternehmen mit unklaren Wertesystemen. Zudem ist bekannt, daß herausragende Frauen und Männer ganz genau wissen, woran sie glauben, während Menschen mit durchschnittlichen Leistungen nur unklare Wertvorstellungen besitzen. Souveräne Persönlichkeiten gehen keine Kompromisse ein, durchschnittliche Menschen tun dies dagegen schon für einen winzigen Vorteil. Die Schlüsselfrage zur Ermittlung Ihrer Führungsqualität lautet daher: Was sind Ihre Werte? Wofür stehen Sie ein? Was würden die Menschen aus Ihrem Umfeld als Ihre Wertvorstellungen bezeichnen?

Der zweite Teil der Vision ist die *Mission.* Die Mission beschreibt die Rolle des Unternehmens, und es ist die Aufgabe des Leaders, die Mission zu erfüllen. Auch in dieser Hinsicht ist Klarheit von größter Bedeutung. Die Mission kann beispielsweise lauten, daß Ihr Unternehmen einen Markt dominieren oder Weltklasse sein will, daß es das Leben der Menschen verändern will, daß es Produkte und Dienstleistungen anbieten will, die innovativ und wichtig für das Leben und die Arbeit anderer sind. Wie sieht die Mission Ihres Unternehmens aus? Wie sieht Ihre eigene Mission aus? Sie müssen die Mission unbedingt kennen, weil Leader entscheidend daran beteiligt sind, die Mission des Unternehmens zu erfüllen. Meist ist es die Aufgabe des Leaders, die Mission zu formulieren, die Mitarbeiter von ihr zu überzeugen und sie anschließend dazu zu bringen, sie zu erfüllen. Doch zunächst müssen Sie selbst die Mission klar vor Augen haben.

Der dritte Teil der Vision ist der *Zweck,* den ein Unternehmen durch seine Existenz verfolgt. Er bezeichnet die Intention einer Organisation, die Welt, in der sie existiert, zu verbessern. Er gibt an, wie die Organisation plant, der Welt ihren Stempel aufzudrücken, und wie sie das Leben selbst, die Menschen und andere Organisationen beeinflussen will. Was ist der Zweck Ihrer Mission? Und wie sieht Ihr Lebenszweck als Leader aus? Warum sind Sie angetreten? Was möchten Sie erreichen?

Ziele sind ein weiterer Teil der Vision; sie bilden die einzelnen Stufen der Treppe. Die Ziele geben an, wie Sie Ihren Zweck und Ihre Mission erfüllen können, die Ihre Werte verkörpern. Die Ziele sind spezifische, meßbare Stufen auf dem Weg von Ihrem gegenwärtigen Standort zu der Position, die Sie erreichen wollen.

Mit genau definierten Zielen schaffen Sie *Klarheit*, und dies ist der entscheidende Aspekt der Vision, der Leadership und des Erfolgs. 80 oder 90 Prozent aller Probleme mit Kommunikation, mit Menschen, mit dem Markt, mit Werbung, PR und mit der Unternehmenspolitik ergeben sich aus mangelnder Klarheit, aus Unsicherheit und aus der Unfähigkeit, die Vision deutlich zu artikulieren. Sie müssen genau wissen, wofür Sie stehen, woran Sie glauben, welchen Zweck Sie verfolgen, welches Ihre Ziele sind und wie sie aussehen werden, wenn sie vollendet sind. Klarheit ist das wichtigste Schlagwort im Zusammenhang mit Visionen und mit effektiver Leadership.

Mut

Das zweite Merkmal von Leadership, das mit der Vision in direktem Zusammenhang steht, ist *Mut*. Winston Churchill hat einmal gesagt, der Mut sei die wichtigste Tugend, denn alle anderen Tugenden seien von ihm abhängig. Ohne Mut können Sie die notwendigen Maßnahmen zur Erfüllung Ihrer Vision nicht ergreifen. Mut bedeutet, daß Sie vorwärts gehen, daß Sie sich dem Risiko stellen, harte Entscheidungen treffen und hinter Ihren Werten und Prinzipien stehen, auch wenn es einfacher wäre, sie preiszugeben. Mut ist die am deutlichsten erkennbare äußerliche Eigenschaft einer großen Führungspersönlichkeit.

Mut beinhaltet auch die Bereitschaft, Risiken einzugehen. Es heißt, die Zukunft gehöre denjenigen, die bereit sind, etwas zu wagen. Wer sich hinter Sicherheit und Bequemlichkeit verstecken will, wird niemals ein Leader werden. Die Zukunft gehört Menschen, die aktiv werden, Risiken tragen und Dinge versuchen, die noch niemand vor ihnen versucht hat. In der bekannten Fernsehserie „Raumschiff Enterprise" heißt es zu Beginn jeder Folge, daß die Enterprise geschaffen wurde, um in Galaxien vorzudringen, „die nie ein Mensch zuvor gesehen hat". Über die Gegenwart wissen wir nur, daß sie sich so schnell ändert, daß Sie das größte Wagnis eingehen, wenn Sie sich nicht verändern, vorwärts bewegen und neue Dinge ausprobieren. Seien Sie also bereit, Risiken einzugehen.

Zum Mut gehört die *Kühnheit*. Kühnheit bedeutet die Bereitschaft, etwas zu unternehmen, obwohl es keine Garantien gibt. Ich liebe folgenden Ausspruch: „Wenn du kühn handelst, eilen dir unsichtbare Kräfte zu Hilfe." Handeln Sie kühn, schreiten Sie voran, auch ohne Erfolgsgarantien. Denken Sie daran, daß die Mehrzahl Ihrer Maßnahmen sich meist als falsch oder unzureichend herausstellen. 80 Prozent aller neuen Produkte fallen jedes Jahr durch, obwohl Millionenbudgets in die Marktforschung gesteckt worden sind, und obwohl sich die besten Köpfe Tausende von Stunden mit dem Produkt beschäftigt haben. Wenn Sie erfolgreich sein wollen, müssen Sie auch Fehlschläge in Kauf nehmen. Sie müssen sich trotz Gegenwind und Unsicherheit vorwärtsbewegen, um Größe als Leader zu erlangen. Den Schlüssel dazu liefert Ihnen Kühnheit.

Ein weiterer Aspekt des Mutes ist der *Wagemut*. Wagemut zeigt sich in einer kontinuierlich offensiven Strategie. Er bedeutet ebenfalls, sich nach vorn zu wagen und etwas zu bewirken, anstatt darauf zu warten, daß die Dinge von allein passieren. Auch Wagemut ist ein Kennzeichen für einen souveränen Leader.

Mut beinhaltet aber auch *entschlossenes Durchhalten*. Es ist eine der schwersten Bewährungsproben, einen bestimmten Kurs selbst dann zu halten, wenn er bisher noch keine Ergebnisse gebracht hat. Wenn alles in der Schwebe ist und alle die Nerven verlieren, bleiben Sie dennoch unerschütterlich. Sie zeigen den Mut eines Leaders.

Krisenmanagement

Ein weiterer Prüfstein für echte Führungsqualitäten ist das *Krisenmanagement*. Wahre Stärke offenbart sich erst in der Krise. Jede Organisation erlebt irgendwann unerwartete Krisen und Rückschläge. Tests zum Thema Leadership an der Stanford-Universität haben ergeben, daß die Qualität eines Leaders erst in Krisensituationen offensichtlich wird. Reagieren Sie wütend, unkontrolliert und mit Schuldzuweisungen, oder übernehmen Sie die Verantwortung und bleiben ruhig, besonnen, gefaßt, kreativ und ergebnisorientiert? Denken Sie daran, daß Sie in jeder Krise beobachtet werden. Ihr Umfeld wird Sie daran messen, wie Sie handeln, wenn unvorhergesehene Probleme auftreten.

Integrität

Ein weiteres Merkmal von Leadership ist *Integrität* – sie ist oberstes Gebot. Diese Eigenschaft wird an souveränen Persönlichkeiten am meisten respektiert und bewundert. Integrität bedeutet, daß Sie tatsächlich immer das tun, was Sie sagen. Sie halten ihr Wort. Nur so werden Sie als unbedingt ehrliche Person anerkannt. Das können Sie an sich selbst prüfen. Die Menschen, die Sie mögen, lieben und bewundern, sind immer ehrenhafte Frauen und Männer. Wenn Sie dagegen jemandem nicht trauen, handelt es sich meist um eine Person mit zweifelhafter Integrität, und das ist nach außen hin spürbar. Integrität bildet die Voraussetzung für alle anderen guten Eigenschaften eines Leaders. Sie veranlaßt Sie dazu, eine Vision zu entwickeln und sie dann auch zu erfüllen. Sie ist wie ein Fundament, auf das Sie Ihren Charakter und Ihr ganzes Leben aufbauen.

Der Kern der Integrität ist die *Wahrhaftigkeit*, und zwar zu jedem Zeitpunkt. Wenn Sie sich selbst und anderen gegenüber immer ehrlich sind, sind sie eine integre und vertrauenswürdige Person. Sie sagen immer die Wahrheit, Sie leben die Wahrheit – ja, Sie verkörpern die Wahrheit. Würde man Ihre Mitmenschen befragen, ob Sie ein Mensch sind, der immer und jederzeit die Wahrheit sagt, wie sähen wohl ihre Antworten aus? Sind Sie aufrichtig, oder führen Sie andere manchmal an der Nase herum? Sie dürfen Ihre Integrität niemals aufs Spiel setzen. Dies ist das unverwechselbare Kennzeichen einer echten Führungspersönlichkeit. Es zählt nicht, was Sie selbst von sich denken, sondern wie andere Sie sehen. Andere beurteilen Sie nach den Erfahrungen, die sie mit Ihnen gemacht haben, und Wahrhaftigkeit ist in dieser Hinsicht das entscheidende Element.

Das Realitätsprinzip

Jack Welch, CEO der General Electric Corporation, wurde vor gar nicht langer Zeit in einem Artikel des Magazins *Fortune* zum Thema Leadership befragt. Für ihn kommt es bei Leadership vor allem auf das Akzeptieren des *Realitätsprinzips* an. Das bedeutet, daß Sie der Welt entgegentreten und mit ihr umgehen, wie sie ist – ohne Selbstbetrug und ohne falsche Vorstellungen. Stellen Sie sich der Realität – auch Ihrer eigenen – und fragen Sie sich, wo Ihre Stärken und Schwächen liegen. In welcher Situation befinden Sie sich? Es gibt keinen Leader, der nicht auch einige Schwächen hätte, und sie alle bekennen sich offen dazu. Sie beschäftigen andere Menschen unter anderem aus dem Grund, daß diese Ihre Schwächen kompensieren, damit Sie selbst sich ganz auf Ihre Stärken konzentrieren können.

Beobachten Sie auch die Menschen in Ihrer Umgebung und überprüfen Sie deren Stärken-Schwächen-Profil. Was läßt sich tun, um ihre Schwächen auszugleichen und die Stärken zu maximieren? Besonderes Augenmerk müssen Sie jedoch auf die jeweilige Situation richten. Welche Stärken und Schwächen zeigen sich in der gegenwärtigen Situation? Beschönigen Sie nichts, versuchen Sie auf keinen Fall, etwas zu sehen, was nicht vorhanden ist. Das ist ein Zeichen von Ehrlichkeit, von Integrität, ein Zeichen für hervorragende Leadership.

Beständigkeit

Eine weitere Voraussetzung für Leadership ist *Beständigkeit.* Sie ist absolut essentiell, wenn Sie die Unterstützung anderer gewinnen wollen. Die Menschen müssen wissen, daß Sie sich immer gleich verhalten, daß Sie verläßlich sind und daß man auf Sie zählen kann. Ihre Reaktionen müssen im Sinne von Stabilität und Zuverlässigkeit für andere vorhersehbar sein. Sie behandeln jeden gleich und zeigen immer denselben ausgeglichenen Charakter. Halten Sie daher Ihre Versprechen. Den Wert eines Versprechens erkennt man daran, daß es nicht unbedingt leicht einzulösen ist. Menschen, die ihre Versprechen halten, steigen sehr schnell in Positionen auf, die großes Vertrauen, hohes Selbstwertgefühl und hohe Glaubwürdigkeit voraussetzen – mit anderen Worten in Leadership-Positionen.

Verantwortungsbewußtsein

Auch *Verantwortungsbewußtsein* gehört untrennbar zur Leadership. Harry Truman hatte auf seinem Schreibtisch ein Schild mit der Aufschrift: *The Buck Stops Here* (sinngemäß: „Hier endet die Kette der Schuldzuweisungen“). Wirklich verantwortungsvolle Leader geben also den Schwarzen Peter nicht an andere ab, sie stehen zu ihrer Verantwortung und akzeptieren ihre Rolle. Sie erfinden keine Ausreden für Fehler und schieben die Schuld weder auf andere, noch kritisieren sie sie vorschnell. Sie werden weder ärgerlich, noch lassen sie sich frustrieren, sondern sie sparen ihre Energie und konzentrieren sich auf die Zukunft. Leader bleiben ruhig, gelassen und gefaßt. Sie konzentrieren sich nicht so sehr auf das, was bereits passiert ist, sondern vielmehr auf die zukünftigen Gelegenheiten. Leader sind immer zukunftsorientiert. Ihr Motto lautet: „Was sich nicht ändern läßt, muß man akzeptieren.“

Weitblick

Darüber hinaus benötigen Leader sehr viel *Weitblick,* also die Fähigkeit, sich die Zukunft vorzustellen. Dies hat zum Teil mit Vision zu tun, aber vor allem bedeutet es, vorausschauend zu denken. Dazu benötigen Sie einen scharfen Verstand und die Fähigkeit zu strategischer Planung. Alle großen Leader sind strategische Denker. Sie überlegen sich, wo sie in einem, zwei, drei, vier oder fünf Jahren stehen wollen und denken darüber nach, wie sich diese Position erreichen läßt.

Zum Weitblick gehört unbedingt, daß Sie sich regelmäßig Gedanken über möglicherweise bevorstehende Krisen machen. Fragen Sie sich immer wieder, was Ihnen im laufenden Jahr schlimmstenfalls passieren kann – hinsichtlich der Gesetzgebung, der Steuern, der Wirtschaftslage und des Wettbewerbs. Wie könnten Sie auf diese Probleme reagieren? Souveräne Leader analysieren alle Möglichkeiten und entwickeln entsprechende Pläne. Bedenken Sie alle Folgen Ihrer Handlungen. Dies wird als extrapolierendes Denken bezeichnet. Was passiert, wenn Sie etwas Bestimmtes tun? Wie werden alle anderen reagieren? Wenn Sie anschließend auf eine bestimmte Weise vorgehen, was geschähe dann?

Durchdenken Sie alles im voraus, damit Sie im Falle des Eintretens der Situation bereit sind. Überlegen Sie, in welche Richtung sich das Unternehmen, die Branche, die Märkte entwickeln. Sehen Sie die Konsequenzen von Veränderungen im Umfeld voraus. Beschäftigen Sie sich mit der *Entwicklung von Szenarien.* Dabei stellen Sie sich laufend neue Wandlungen vor, die sich in Ihrem Umfeld vollziehen könnten. Fragen Sie sich, wie Sie reagieren würden, wenn eine bestimmte Veränderung einträte, wenn also beispielsweise ein Krieg ausbräche, die Ölpreise sich verdoppelten oder die Zinsen auf 20 Prozent anstiegen. Was könnten Sie unternehmen?

Hohe Leistungsmaßstäbe

Leader haben das Bedürfnis zu siegen, die Besten zu sein. Sie setzen sich bei allen ihren Handlungen *hohe Leistungsmaßstäbe.* Leader konzentrieren sich ganz auf die Erfordernisse einer Situation. Wie muß die Situation beschaffen sein, damit sie ihr Bestes geben können? Was müssen sie tun, was wird von ihnen verlangt, damit sie eine hervorragende Leistung erbringen? Dabei blicken sie jedoch auch über die gegenwärtige Situation und das Unternehmen hinaus. Leader sind vor allem ergebnisorientiert. Welches Ergebnis bedeutet, daß sie gewonnen haben? Was müssen sie tun, um der Beste zu sein? Leader konzentrieren sich auf Stärken, auf Leistung. Sie stellen sich folgende Frage: „Was kann ich – und nur ich allein – tun, das den bahnbrechenden Fortschritt bringt, wenn es richtig gemacht wird?“ Leader konzentrieren sich auf Kernkompetenzen – bei sich selbst, im Unternehmen und bei anderen. Außerdem fragen sie: „Welche Kernkompetenzen wird das Unternehmen in Zukunft benötigen, um in seinem Bereich marktführend zu bleiben?“ Leader inspirieren und motivieren andere dazu, genau dasselbe zu tun wie sie. Sie heben den Standard für jedermann.

Kooperation

Die nächste Eigenschaft eines guten Leaders ist die *Fähigkeit zur Kooperation* – die Fähigkeit, gut mit anderen zusammenzuarbeiten. Kooperation geht Hand in Hand mit der Fähigkeit, Anhänger für sich zu gewinnen. Es geht darum, Menschen dazu zu bringen, daß sie Ihnen folgen wollen, daß sie mit Ihnen zusammenarbeiten, Sie unterstützen und Ihnen helfen wollen, Ihre Ziele zu erreichen. Identifizieren Sie also die wichtigsten Personen innerhalb und außerhalb der Organisation. Denken Sie daran: Die Fähigkeit, andere zu außerordentlichen Leistungen anzuspornen, ist einer der Schlüssel zum Erfolg. Entwickeln Sie daher ein Netzwerk gegenseitiger Unterstützung bestehend aus Menschen, die Sie kennen, die Sie mögen und die Ihnen gerne helfen, erfolgreich zu sein.

Eisenhower hat einmal gesagt, daß Einfluß und Führungskraft darauf basieren, die Menschen davon zu überzeugen, daß man selbst derjenige ist, den sie für eine Aufgabe gewinnen und dem sie bei der Erledigung behilflich sein wollen. Also führen Sie durch Ihr gutes Beispiel, durch sichtbares Auftreten – das inspiriert und motiviert andere. Denken Sie daran, Leader werden nicht geboren, sondern aufgebaut – in der Regel bauen sie sich sogar selbst auf. Leader entwickeln sich in einem Prozeß der ständigen persönlichen und beruflichen Weiterentwicklung. Sie lernen und wachsen kontinuierlich.

Treffen Sie also hier und jetzt die Entscheidung, sich selbst laufend positiv weiterzuentwickeln. Entschließen Sie sich dazu, in jedem Bereich Ihres Lebens ein herausragender Leader zu werden, damit Sie ab sofort Ergebnisse erzielen können, die weit über dem liegen, was Sie bisher jemals erreicht haben.

Zusammenfassung

Der Schlüssel zu herausragenden Leistungen in jedem Bereich liegt in der praktischen Anwendung alles Gelernten. Selbst wenn Sie noch so viel lernen, versickern Ihre Kenntnisse ungenutzt wie Wasser im Sand, wenn Sie sie nicht unverzüglich in Ihrer jetzigen Situation anwenden, um sie zu verändern und andere Ergebnisse zu erzielen. Eines der wichtigsten Prinzipien, das mir im Zusammenhang mit Leadership jemals begegnet ist, lautet, daß im Leben immer das Thema größere Dimensionen annimmt, mit dem man sich gerade am intensivsten beschäftigt. Wenn Sie also beginnen, über die Eigenschaften einer guten Führungspersönlichkeit nachzudenken – Vision, Mut, hohe Leistungsmaßstäbe, Kooperation, persönlicher Einsatz usw. –, dann werden diese sich in Ihnen verfestigen. Und wenn Sie sich laufend damit beschäftigen, wie Sie sie anwenden können, dann werden diese Eigenschaften irgendwann zu einem untrennbaren Bestandteil Ihres Lebens.

Lassen Sie uns mit der Vision beginnen. Wie lautet Ihre Vision für Ihr Unternehmen? Leistungsfähige Abteilungsmanager antworten auf diese Frage: „Selbst wenn das Unternehmen als Ganzes keine klare Vision hat, dann werden wir trotzdem eine für unsere Abteilung festlegen.“ Das hat mich wirklich tief beeindruckt. Machen Sie in Ihrer Abteilung, in Ihrem Unternehmen oder im Vorstand also folgenden Vorschlag: „Lassen Sie sich einmal mit mir auf ein Gedankenexperiment ein! Stellen Sie sich vor, es sind fünf Jahre vergangen, und unsere Firma ist in jeder Hinsicht vollkommen. Wir bieten die hochwertigsten Produkte und Dienstleistungen auf dem Markt an. Unser Absatz- und Produktivitätsniveau ist enorm. Wir besitzen einen hohen Marktanteil, großes Prestige und einen hervorragenden Ruf. Innerhalb des Unternehmens beschäftigen wir die besten Mitarbeiter, wir haben die Prozesse optimiert, die beste Technologie eingeführt und verfügen über die besten Informationen. Wie sähe unsere Firma in fünf Jahren aus, wenn sie in jeder Hinsicht vollkommen wäre?"

Anschließend schreiben Sie alle Einfälle auf. Halten Sie den genauen Wortlaut der Beschreibungen fest. Geben Sie an, wie Sie Rentabilität, Verkauf, Mitarbeiter, Umsatz – einfach alles – messen würden. Daraufhin müssen Sie nur noch Ideen dazu sammeln, wie Ihr Unternehmen seine aktuelle Gestalt innerhalb von fünf Jahren der Vision entsprechend verändern kann.

Das ist das ideale Verfahren, um Visionen zu entwickeln. Auf diese Weise entwerfen Sie ein Bild der idealen Situation, die Sie herbeiführen wollen. Danach kehren Sie in die Gegenwart zurück: „Damit wir dorthin gelangen, müssen wir unsere Produkte und Dienstleistungen optimieren. Was müssen wir tun, damit wir in unserem Geschäftsbereich die Nummer eins auf dem Markt werden? Welche Kernkompetenzen benötigen wir dazu? Müssen wir diese Kompetenzen durch Training erwerben? Müssen wir sie selbst entwickeln, oder können wir neue Mitarbeiter einstellen, die sie bereits besitzen? Welche Schritte müssen wir sofort unternehmen, um die richtige Richtung einzuschlagen?"

Darüber hinaus sollten Sie sich fragen: „Wofür steht unser Unternehmen? Woran glauben wir als Menschen?" Wie bereits erwähnt, haben wir herausgefunden, daß High-Performance-Unternehmen aus Mitarbeitern bestehen, die alle ein gemeinsames Wertesystem besitzen.

Außerdem haben wir erkannt, daß man Risiken eingehen muß, um voranzukommen. Die Risiken müssen zwar vertretbar bleiben, aber dennoch müssen Sie manchmal auch ungewöhnliche Schritte in Erwägung ziehen. Führen bedeutet handeln, und so müssen Sie sich fragen, was Sie jetzt sofort tun können, um Ihre Zukunftspläne zu verwirklichen. Wie müssen Sie Ihre Ressourcen, Ihre Mitarbeiter und Ihr Geld einsetzen, um an Ihr Ziel zu gelangen?

Leader geben die Richtung an. Leader gehen immer voraus. Leader stellen sich der Gefahr. Leader nehmen Risiken in Kauf, auch wenn es keine Erfolgsgarantien gibt. Leader wissen jedoch auch, daß die größte Gefahr darin besteht, gar nichts zu unternehmen – vor allem in einer Welt, die sich rasend schnell verändert. Wenn Sie nichts tun, verlieren Sie die Kontrolle über Ihr Schicksal. Aus diesem Grund müssen Sie handeln, lernen, Feedback sammeln, erneut vorwärtsgehen und wieder hinzulernen. Das ist auf jeden Fall besser, als auf der Stelle zu treten, zu warten und immer nur zu hoffen und zu beten.

Wenn Sie nach einer einflußreichen Position streben, ist es für Ihr Fortkommen auch sehr wichtig, daß Sie diejenigen Personen in Ihrem Umfeld identifizieren, die Sie für sich gewinnen müssen. Es gibt unter Ihren Mitarbeitern immer Personen, ohne deren Unterstützung Sie nicht auskommen. Darüber hinaus gibt es Vorgesetzte und Persönlichkeiten außerhalb Ihres Unternehmens, deren Wohlwollen Sie sich sichern müssen. Mit welchem Plan können Sie diese Personen für sich gewinnen? Wie erreichen Sie es, daß sie sich Ihren Erfolg zum eigenen Anliegen machen?

Es gibt das Konzept der *Führung durch Dienen*, das im Grunde genommen besagt, daß ein Leader sich als Diener seiner Umgebung betrachten muß, wenn er seine Ziele erreichen will. Er ist der Diener der Menschen, die zu ihm aufblicken, der Diener der Kunden auf dem Markt und der Diener der Menschen, deren Hilfe er benötigt. Als Leader sollten Sie die in diesem Kapitel vorgestellten Prinzipien ernstnehmen und jeden Tag darüber nachdenken, wie Sie sie in Ihrem Umfeld anwenden können, um unablässig an der Weiterentwicklung Ihrer Persönlichkeit zu arbeiten.

Kapitel 2

Der Leader als Stratege

Es gibt zwei Gründe für Erfolg, die sich seit Jahrtausenden nicht verändert haben: Fokussierung und Konzentration. Erfolgreiche Menschen sind äußerst stark fokussiert. Sie wissen genau, was sie wollen und was sie zu erreichen versuchen, und sie konzentrieren sich ausschließlich auf dieses eine Ziel, bis es verwirklicht ist. Die Ursachen für Mißerfolge liegen dagegen in mangelnder Fokussierung und Konzentration. Dies wird oft als unklare Richtung oder als verzettelte Anstrengungen umschrieben, doch letztendlich bedeutet es genau dasselbe.

Je klarer Sie sich daher über Ihre gegenwärtige und zukünftige Position werden, desto zielgerichteter, besser und effektiver werden Sie arbeiten und desto mehr wird sich Ihr ganzes Leben zum Positiven verändern.

Das Thema dieses Kapitels ist strategisches Denken. Der Leader ist immer gleichzeitig ein Stratege, denn die Fähigkeit, strategische Ziele festzulegen und zu erreichen, ist sein stärkstes und wichtigstes Plus. Darin liegt letztendlich seine entscheidende Bewährungsprobe. Im folgenden werde ich einige Regeln zu diesem Thema vorstellen.

Grundregeln der Leadership

Erstens liegt die Führungskraft nicht in einer Position, sondern in *Handlungen* begründet. Es kommt nicht auf Ihren Titel oder die Größe Ihres Schreibtisches an, sondern nur darauf, wie Sie in jeder Minute des Tages handeln und welche Wirkungen diese Aktionen haben.

Zweitens geht es bei Leadership nicht hauptsächlich um Planung, sondern um *Leistung*. Planung dient nur als Vorbereitung dafür, etwas besser, schneller, effizienter und effektiver erledigen zu können als andere. Sie müssen also in den Maßstäben von Handlung und Leistung denken.

Drittens zählen für eine Führungspersönlichkeit *Ergebnisse* mehr als alles andere. Bei der abschließenden Analyse wird letztlich danach gefragt, was Sie erreicht haben. Das ist alles, was die Leute am Ende interessiert: Was haben Sie geleistet? Daher müssen Sie sich als Leader immer auf die wichtigsten Resultate in Ihrem Verantwortungsbereich konzentrieren.

Setzen Sie Ihren Verstand ein

Stellen Sie sich folgende Frage: Was ist mein wertvollstes Gut? Was ist das kostbarste Vermögen, das mir zur Verfügung steht? Es ist Ihre Fähigkeit, zu denken. Außergewöhnliche Frauen und Männer zeichnen sich durch *überlegtes Handeln* aus; sie setzen ihren Verstand stärker ein als durchschnittliche Menschen. Wir haben inzwischen das Informationszeitalter erreicht, und der wichtigste Rohstoff dieses Zeitalters sind die Gedanken. Es hat ein Übergang von der Arbeitskraft zur Denkkraft stattgefunden. Die Fähigkeit, Ihren Kopf zu gebrauchen, bestimmt ganz entscheidend Ihr Schicksal und damit auch Ihren Erfolg oder Mißerfolg. Leader machen sich Gedanken über die Zukunft – nur sie sind in der Lage, sich darüber Gedanken zu machen. Dies gilt nicht nur, wenn Sie ein Unternehmen oder eine Abteilung leiten, sondern auch für Ihre Karriere und Ihre Familie.

Niemand kann Ihnen diese Aufgabe abnehmen. Sobald Sie ein Team aus mehreren Personen führen, müssen Sie die Denkarbeit für diese Leute übernehmen. Wie es in Alaska so schön heißt: „Nur der Leithund hat eine eigene Perspektive.“ Sie sind der Leithund im Schlittengespann. Leader machen sich laufend Gedanken über ihr Unternehmen. Sie überlegen, was sie tun müssen, an welcher Position sie sich befinden, wohin sie unterwegs sind, welche Probleme und Schwierigkeiten bestehen und wo die Herausforderungen liegen.

Leader denken also über ihr Unternehmen nach, und die fähigsten Leader sind diejenigen mit den besten und tiefschürfendsten Gedanken. Sie analysieren die Stärken, Schwächen, Möglichkeiten und Bedrohungen des Unternehmens. Dies wird als *Stärken-Schwächen-Analyse* oder *SWOT-Analyse* bezeichnet (*Strengths, Weaknesses, Opportunities, Threats*), und es ist eine nach vorne gerichtete Denkweise. Sie müssen laufend über diese Aspekte nachdenken und auch darüber sprechen; es ist ein endloser Prozeß, denn es gibt immer Stärken, Schwächen, Chancen und Bedrohungen.

Die Frage ist nur, welche in Ihrem Fall gegeben sind, und ob Sie sie genau kennen. Haben Sie sie exakt identifiziert und konzentrieren Sie sich ganz darauf?

Wenn Sie Ihre Denkweise ändern, wirkt sich das auch auf Ihre Handlungen, Ihre Ergebnisse und Ihre Leistung aus. Sie ändern dadurch alles, was geschieht. Wenn Sie Ihre Denkweise optimieren, verbessert sich dadurch auch die Qualität Ihrer Arbeit, Ihrer Organisation und Ihres Lebens. Im folgenden soll nun behandelt werden, wie Sie Ihre Denkweise verändern und verbessern können, indem Sie die gleichen Methoden anwenden wie alle souveränen Führungskräfte, ganz gleichgültig, in welchem Bereich.

Weshalb müssen Sie eine Strategie festlegen?

Strategie ist die Kunst der Generäle. Die wichtigste Frage in diesem Zusammenhang lautet: *Warum werden Strategien entwickelt?* Nun, es gibt vier Gründe dafür. Friedrich Nietzsche hat einmal gesagt, daß ein Mensch alles aushält, wenn er nur den Sinn dahinter erkennen kann. In Ihrem Unternehmen besteht der Sinn in einer *erhöhten Rendite des Eigenkapitals*, einer erhöhten Rentabilität des Unternehmens und einer Vermehrung der Geldmenge, die im Vergleich zu der investierten Menge aus dem Unternehmen herausströmt. Strategie zielt auf eine Erhöhung dieser Kennziffern.

Der zweite Grund für eine Strategie liegt in der *Neupositionierung* Ihres Unternehmens gegenüber seinen Wettbewerbern. Sie wollen neue Marktgelegenheiten ausschöpfen, Marktnischen dominieren und weitere Märkte oder geographische Gebiete erschließen. Nach der Umsetzung der Strategie wollen Sie sich in einer besseren und stärkeren Position befinden als Ihre Konkurrenz.

Der dritte Grund besteht darin, daß Sie mit einer Strategie die eigenen *Stärken und Gelegenheiten bestmöglich ausnützen können.* Bei jedem maßgeblichen Fortschritt, bei jeder neuen Möglichkeit, aber auch bei jeder Bedrohung und jeder Niederlage müssen Sie eine neue Strategie entwickeln, um den Rückschlägen zu begegnen. Sie müssen die Situation neu durchdenken und die Ressourcen neu verteilen.

Der vierte und vielleicht wichtigste Grund für die Entwicklung einer Strategie ist die *Schaffung einer Grundlage für sofortige Entscheidungsmöglichkeiten.* Jede Strategie muß darauf zielen, daß Sie sofort handlungsfähig sind. Leader sind immer sehr stark handlungsorientiert. Jede Planung ist nur die Vorbereitung für Aktionen, für neue Leistungen und Ergebnisse. Aus diesem Grund muß jede Strategie auch immer eine Maßnahme beinhalten, die Sie sofort ergreifen können, um Ihre Entscheidungen umzusetzen.

Analysieren Sie die Situation

Es folgen nun fünf wichtige Fragen für die strategische Planung, und dazu gehört auch die Situationsanalyse. *Wo befinden Sie sich gegenwärtig?* Je genauer Sie Ihre aktuelle Position festlegen können, desto klarer haben Sie auch die Zukunft vor Augen. Stellen Sie sich vor, Sie gehen zum Arzt und lassen sich von Kopf bis Fuß untersuchen. Der Arzt kann Ihnen daraufhin genau sagen, wo Ihre Stärken, Schwächen, Möglichkeiten und Bedrohungen liegen, und damit gibt er Ihnen eine sehr genaue Schilderung Ihres gegenwärtigen Zustandes. Sie haben vielleicht befürchtet, bestimmte Krankheiten zu haben, aber es stellt sich heraus, daß Ihre Angst unbegründet war. Allerdings können auch Krankheiten diagnostiziert werden, von denen Sie keine Ahnung hatten. Aus diesem Grund ist die Situationsanalyse von großer Bedeutung. Je genauer sie durchgeführt wird, desto wahrscheinlicher können Sie für die Zukunft die richtigen Entscheidungen treffen.

Die zweite Frage lautet: *Wie haben Sie Ihre gegenwärtige Position erreicht?* Durch welche Schlüsselentscheidungen sind Sie im Lauf der Zeit dorthin gekommen, wo Sie sich heute befinden? Wenn Sie in Zukunft erfolgreich sein wollen, müssen Sie möglichst viel aus Ihrer Vergangenheit lernen, und zwar sowohl aus den Fehlern als auch aus den Erfolgen. Der Historiker und Philosoph George Sanitayana hat einmal gesagt, daß diejenigen, die nicht aus der Geschichte lernen, dazu verdammt sind, sie zu wiederholen. Daher ist es außerordentlich wichtig, daß Sie genau analysieren, aufgrund welcher früherer Handlungen Sie in Ihre gegenwärtige Position gelangt sind.

Die dritte Frage ist: *Was wollen Sie erreichen?* Wie sieht für Sie die ideale Zukunft aus? Wenn Sie genau beschreiben sollten, wie Ihr Unternehmen in einem, zwei, drei, vier oder fünf Jahren aussehen soll, wie würden Sie die einzelnen Details schildern – hinsichtlich des Absatzes, der Märkte, der Rentabilität, des Personals, der internen Prozesse, des Ansehens usw.?

Die vierte Frage lautet: *Wie werden Sie dorthin gelangen?* Welche Alternativen gibt es, mit denen Sie von Ihrer gegenwärtigen Position aus die zukünftige, gewünschte Position erreichen können? Je mehr Alternativen sich bieten, desto wahrscheinlicher werden Sie die richtige Kombination von Einzelschritten auswählen, um Ihr Ziel möglichst schnell und effektiv zu erreichen. Welche Trends zeichnen sich also in Ihrem Unternehmen und in der Gesellschaft ab? Was verändert sich, was passiert? Welche Faktoren müssen Sie kennen, weil sie Ihre Zukunft beeinflussen werden? Die Fähigkeit, Trends rechtzeitig zu erkennen, ist ein wichtiger Erfolgsfaktor. Wenn Sie dagegen nicht abschätzen können, wie gewisse Trends sich auf Ihr Unternehmen auswirken werden, ist das eine ebenso wichtige Ursache für ausbleibende Erfolge.

Bestehen irgendwelche Engpässe? Wodurch wird die Geschwindigkeit begrenzt, mit der Sie Ihre Ziele erreichen können? Was hält Sie zurück? Welche Zwänge treten auf? Haben Sie zuwenig Geld, zuwenig Mitarbeiter, nicht genug technologische Ausstattung und Fachwissen? Liegt es an den Kunden, an den Wettbewerbern? Was können Sie tun, um die Widerstände zu überwinden und schneller voranzukommen? Welche zusätzlichen Fähigkeiten, welches Wissen und welche Ressourcen benötigen Sie zur Umsetzung Ihrer Strategien? Die Fähigkeit, dies alles sorgfältig zu überlegen und anschließend alles Notwendige bereitzustellen, ist ein wichtiges Kennzeichen für eine Führungspersönlichkeit. Sie kennen sicher die 80/20-Regel. Fragen Sie sich also: „Welche Faktoren machen 20 Prozent der benötigten Dinge aus, mit denen Sie 80 Prozent des Wertes erwirtschaften – in Bezug auf Mitarbeiter, Ressourcen, Finanzen, Märkte usw.?“

Und die fünfte Frage lautet schließlich: *Was ist Ihr „Felsblock“?* Was ist das größte einzelne Hindernis, das Sie von Ihrem Ziel abhalten könnte? Es heißt, daß ein Ziel nur dann wirklich ein Ziel ist, wenn zu seiner Erreichung Hindernisse zu überwinden sind. Gibt es keine Hindernisse, handelt es sich lediglich um eine Aufgabe. Doch zwischen Ihnen und Ihrem Ziel liegt ein Hindernis, und alle Organisationen werden nur zu dem Zweck gegründet, um mit den vereinten Fähigkeiten vieler Menschen und Ressourcen den Felsblock aus dem Weg zu räumen, der jemanden von seinem größten Ziel fernhält.

Formulieren Sie eine klare Vision, eine klare Mission und klare Werte

Vision, Werte und Mission sind die Ausgangspunkte der strategischen Planung. Die Vision ist ein ideales zukünftiges Bild des perfekten Unternehmens. Ihre Werte beinhalten das, wofür Sie stehen und woran Sie glauben. Die Mission, die sich aus der Vision und den Werten ergibt, beinhaltet eine Methode und den zugehörigen Maßstab. Heutzutage werden leider oft wenig aussagekräftige Unternehmensziele formuliert: „Wir wollen die Besten und Größten der Welt werden, und wir wollen ein erfolgreiches, glückliches Unternehmen, in dem alle Mitarbeiter ihre Kreativität entfalten können...“, und so weiter und so fort. Das klingt zwar sehr edel, aber es bedeutet überhaupt nichts, weil darin keine Methode zur Erreichung dieser Mission zum Ausdruck kommt. Außerdem fehlt der Maßstab. Sie müssen unbedingt feststellen können, wann Ihre Mission erreicht ist.

AT&T begann das Telefonzeitalter mit der Mission, ein Telefon in die Reichweite jedes Amerikaners zu stellen. In den 60er und 70er Jahren war dieser Auftrag erfüllt. Das bedeutet, daß es sich um eine hervorragende Mission handelte, weil sich der Zeitpunkt ihrer Verwirklichung genau ermitteln ließ. Wenn Sie Ihre Mission nicht messen können, ist sie keine Mission, sondern nur eine belanglose Aussage.

Was ist Ihre Triebkraft?

In jeder Organisation gibt es gewisse Triebkräfte, und wenn Sie wissen, welche in Ihrem Fall eine Rolle spielen, können Sie Ihre Strategie und Taktik entsprechend bestimmen. Die Triebkräfte legen den Umfang der von Ihnen angebotenen Produkte und Dienstleistungen sowie deren Märkte und die Absatzmethoden fest. Im folgenden werden die häufigsten Triebkräfte etwas näher in Augenschein genommen.

Die erste Triebkraft sind die *Bedürfnisse des Marktes.* Sie als Leader setzen sich dafür ein, einen bestimmten Markt mit allem zu versorgen, was er benötigt. Einige gute Freunde von mir bedienen den Markt der Anwaltspraxen und bieten dabei über 600 verschiedene Produkte an. Sie verkaufen alles, was eine Anwaltspraxis vom Moment der Eröffnung bis zu ihrer Schließung benötigt, und sie machen damit einen Umsatz von Hunderten von Millionen Dollar. Sie werden vom Markt angetrieben. Wird Ihr Unternehmen ebenfalls vom Markt angetrieben?

Die zweite Möglichkeit ist, sich von den *Produkten* antreiben zu lassen. In diesem Fall konzentrieren Sie sich darauf, von bestimmten Produkten eine immer größere Menge zu verkaufen. General Motors ist beispielsweise ein solches Unternehmen, für das die Produkte die größte Triebkraft darstellen. Das Ziel besteht darin, immer mehr Autos und Lastwagen zu verkaufen.

Die dritte Triebkraft ist die *Technologie.* Sony ist ein Musterbeispiel für ein von der Technologie getriebenes Unternehmen. Sein Ziel ist die Entwicklung und Produktion von High-Tech-Geräten zur Bild- und Tonwiedergabe sowohl für private als auch für Geschäftskunden. Die Produkte, die Verkaufsmethode usw. werden von der Technologie bestimmt.

Die vierte Triebkraft ist *der erwirtschaftete Gewinn.* Das bedeutet, daß Sie sich nur dann auf ein Geschäft einlassen, wenn Sie eine gewisse Rendite und einen Gewinn als Gegenleistung für Ihre Investitionen erzielen. Dies ist ein entscheidender Faktor bei der Festlegung der Dinge, die Sie tun oder unterlassen.

Schließlich gibt es als Triebkraft noch die *Distributionsmethode,* beispielsweise per Versand, wie es Sharper Image praktiziert. Sie bestimmt die Art der Produkte, die Preise, den Ort des Verkaufs, die angesprochenen Kunden. Sie können nur das verkaufen, was für Ihren speziellen Distributionskanal geeignet ist.

Worin liegt Ihr Wettbewerbsvorteil?

Das Ziel strategischer Planung ist das Erringen eines Wettbewerbsvorteils. Jack Welch, der CEO von General Electric, hat einmal gesagt: „Wenn Sie keinen Wettbewerbsvorteil haben, dann nehmen Sie nicht am Wettbewerb teil." Sein Credo lautet, daß man sich aus allen Marktsektoren verabschieden sollte, in denen man nicht der Beste oder Zweitbeste ist. Mit dieser Philosophie revolutionierte er sein Unternehmen. Jegliche strategische Planung ist im Grunde genommen *Marktplanung.* Letztlich kommt es auf die Kunden- sowie auf die Marktfokussierung an und darauf, daß Sie den Markt – beispielsweise durch überlegene Produkte und Dienstleistungen – besser bedienen können als jeder Ihrer Mitbewerber. *In welchem Geschäftszweig sind Sie also aktiv?* Das ist eine äußerst wichtige Frage für die Planung Ihrer Strategie.

Um die Jahrhundertwende definierten sich die Eisenbahngesellschaften beispielsweise als Unternehmen im Eisenbahngeschäft, und dadurch verpaßten sie das Speditionsgeschäft, das Schiffstransportgeschäft und das Luftverkehrsgeschäft. Sie hätten sich als Transportunternehmen definieren sollen. In welchem Geschäftszweig sind Sie also tätig? In welchem werden Sie tätig sein, wenn Sie nichts ändern? Welchen Geschäftsbereich sollten Sie anstreben, wenn Sie weiterhin wachsen wollen? In welchem Geschäftszweig könnten Sie aktiv werden, wenn Sie alles transferieren oder umwandeln würden?

Eine weitere wichtige Frage lautet: *In welchem Bereich zeichnet sich Ihr Unternehmen aus?* Was können Sie besser als jeder andere? Gegenwärtig müssen Sie unbedingt über einen solchen Bereich verfügen, um auf dem Markt überleben zu können. Offensichtlich haben Sie irgendetwas besonders gut gemacht, denn sonst wären Sie nicht da, wo Sie heute sind. Fragen Sie sich also: Was können Sie zum gegenwärtigen Zeitpunkt besser als jeder andere, und was werden Sie in Zukunft besser können, wenn sich alles wie geplant entwickelt? Werden Sie Ihre Überlegenheit aufrechterhalten können, oder werden Sie von den

Ereignissen überholt werden? In welchem Bereich müssen Sie besondere Fähigkeiten aufweisen, wenn Sie Ihre Ziele erreichen wollen? Welcher Bereich könnte es sein, wenn Sie sich sehr anspruchsvolle Maßstäbe setzen?

Was sind Ihre Kernkompetenzen? Dies wird immer mehr zu einer der bedeutendsten Fragen in der Strategieplanung. Immer mehr Unternehmen richten ihre Fokussierung nicht mehr auf ihre Produkte und Dienstleistungen, sondern statt dessen auf ihre Kernkompetenzen, d.h. auf die Prozesse, die sie in hervorragender Weise beherrschen. Was sind also gegenwärtig Ihre Kernkompetenzen, und noch wichtiger: Welche Kernkompetenzen brauchen Sie in Zukunft, damit Sie die Marktdominanz erreichen und der Beste in Ihrem Geschäftszweig werden? Welche Fähigkeiten und Talente benötigen Sie, um die Hauptziele Ihrer Strategie zu verwirklichen? Überlegen Sie, was Sie ganz besonders gut können, und hören Sie in diesem Punkt vor allem auf Ihre Kunden. Ihre Kunden können Ihnen genau sagen, was sie an Ihren Leistungen besonders beeindruckt. Dies sollten Sie dann verstärkt ausbauen und perfektionieren.

Welches sind Ihre einmaligen Stärken und Fähigkeiten? Welche Stärken und Talente besitzen Sie als Person bzw. Ihr Unternehmen und Ihre Mitarbeiter, die es Ihnen ermöglichten, so weit zu kommen, und auf denen Sie nun aufbauen können? *Welche Faktoren sind wohl hauptverantwortlich für Ihren heutigen Erfolg?* Wenn Sie alles betrachten, was Sie bisher geleistet haben, werden Sie wahrscheinlich feststellen, daß weniger als fünf Prozent Ihrer Handlungen und Entscheidungen den überwiegenden Teil Ihres finanziellen Erfolges begründet haben. Wenn Sie sich ganz genau über die ursprünglichen Ursachen Ihres Erfolges im klaren sind, haben Sie wahrscheinlich auch eine viel exaktere Vorstellung von den Zielen, die Sie mit Ihrer Strategie verfolgen.

Denken Sie über die Zukunft nach

Die größte Verantwortung des Managements liegt darin, sich Gedanken über die Zukunft zu machen, denn nur das Management allein ist überhaupt dazu in der Lage. Dabei müssen Sie sich immer dieselbe Frage stellen: Wo wollen Sie in fünf Jahren sein? Ich kann das gar nicht oft genug wiederholen: Der Schlüssel zur strategischen Planung, zur Entwicklung einer Vision, von Werten, einer Mission, eines Existenzzwecks und hoher Leistung liegt darin, daß Sie sich hinsetzen und *Ihren Gedanken freien Lauf lassen.* Alle leistungsstarken Führungskräfte haben die Fähigkeit, ihren Geist einfach treiben zu lassen.

Stellen Sie sich also vor, es gäbe keine Grenzen. Stellen Sie sich vor, Ihr Unternehmen hätte alle notwendigen Mitarbeiter, alles Geld, alle Märkte, alle Ressourcen, alle Talente und alle Technologien, die Sie sich nur wünschen könnten. Nehmen Sie an, Ihr Unternehmen könnte alles bekommen, was es nur braucht. Wie würde es dann idealerweise in drei bis fünf Jahren aussehen? Halten Sie Ihre Beschreibung schriftlich und in allen Einzelheiten fest. Wenn Sie für eine Abteilung verantwortlich sind, dann versammeln Sie Ihre Mitarbeiter und lassen Sie sie ebenfalls auf einer Tafel notieren, wie sie sich ihre ideale Abteilung in drei bis fünf Jahren vorstellen. Anschließend müssen Sie planen, was zu tun ist, um von der Ausgangssituation zu diesem gewünschten Endzustand zu gelangen.

Wie möchten Sie von anderen beschrieben werden? Dies ist eine der wichtigsten Entscheidungen, die Sie als Unternehmenseigentümer, als Einzelperson, als Vertriebsmitarbeiter oder als Manager treffen müssen.

Falls jemand eine Marktforschungsstudie durchführen würde oder Berater von außen ins Unternehmen gerufen würden, um anhand der Aussagen Ihrer Kunden eine Bestandsaufnahme von Ihnen und Ihrem Unternehmen zu erstellen, welche Worte würden Ihre Kunden wohl wählen? Würden sie sagen, Ihr Unternehmen sei exzellent, ehrlich, äußerst produktiv, effizient, vertrauenswürdig und Ihre Produkte von hoher Qualität? Wie würden Sie gerne beschrieben werden?

Von dem Strategen Michael Kami stammen folgende Worte: „Sie können die Zukunft am besten vorhersehen, wenn Sie sie selbst gestalten." Peter Drucker sagt: „Jemand, der keine Zukunftspläne schmiedet, hat auch keine Zukunft." Als der große Eishockeyspieler Wayne Gretzky einmal nach seinem Erfolgsgeheimnis gefragt wurde, antwortete er: „Nun, vielleicht kommt es daher, daß die meisten Spieler dorthin rasen, wo der Puck ist. Ich dagegen renne dahin, wo er sein wird." Wo wird Ihr Puck sein?

Setzen Sie regelmäßig die Strategie des Zero-based Thinking ein, d.h. stellen Sie sich bei Ihren Überlegungen vor, das Unternehmen würde gerade erst gegründet. Ich werde in Kapitel 18 genauer auf diese Methode eingehen. Fragen Sie sich also, ob es nach Ihrem heutigen Kenntnis- und Erfahrungsstand Bereiche gibt, in denen Sie sich nicht mehr engagieren würden, wenn Sie ganz von vorne anfangen könnten. Gibt es Produkte, die Sie nicht mehr auf den Markt werfen, oder Dienstleistungen, die Sie nicht mehr anbieten würden? Kennen Sie einen Markt, um den Sie sich heute nicht mehr bemühen würden? Gibt es Mitarbeiter, die Sie nicht mehr einstellen oder befördern würden? Stellen Sie sich vor, Sie fangen ganz von vorne an. Wenn Sie heute Ihr Unternehmen oder Ihr Leben neu beginnen würden, was würden Sie nach Ihrem heutigen Erfahrungsstand ändern? In welche Bereiche würden Sie einsteigen und aus welchen würden Sie sich zurückziehen?

Nehmen Sie sich vor, in all Ihren Aktivitäten der Beste zu sein

Es gibt eine Hauptstrategie, mit der Sie auf dem Markt den Sieg davontragen werden: Sie müssen die Führungsrolle im Bereich Qualität übernehmen. Dies ist der Schlüssel zu hohen Gewinnen. Sie müssen Produkte und Dienstleistungen anbieten, die in den Augen der Kunden qualitativ hochwertig sind. Außerdem müssen Sie einen exzellenten Service zur Unterstützung dieser Produkte und Dienstleistungen anbieten. Und schließlich benötigen Sie hervorragende Mitarbeiter auf allen Ebenen. Nehmen Sie sich also vor, bei allem, was Sie anpacken, der Beste zu sein. Den Kern einer guten Strategieplanung bildet der Entschluß, der Allerbeste zu werden und anschließend alle Maßnahmen zu ergreifen, die notwendig sind, um die Marktdominanz zu erringen.

Zusammenfassung

Eine der besten Möglichkeiten zur Anregung der Kreativität und des Denkprozesses sind provokative Fragen. Alle Antworten und alle Informationen auf der Welt sind nur dazu da, um den Fragenden zur Verfügung zu stehen. Im Lauf dieses Kapitels habe ich Ihnen eine ganze Reihe von Fragen gestellt, die alle sehr wichtig sind, weil sie letztendlich über Ihre gesamte Zukunft entscheiden.

All Ihre Ergebnisse hängen von Ihrer Fähigkeit ab, diese Fragen richtig zu stellen und zu beantworten und anschließend auf der Grundlage der Antworten die geeigneten, wirkungsvollen Maßnahmen zu ergreifen. Fragen Sie sich also: Was sind meine Werte? Wofür stehe ich ein? Wie lautet meine Vision hinsichtlich meiner Position in drei bis fünf Jahren? Wie lautet meine Mission? Was will ich mit meinem Unternehmen erreichen? Worin liegt die besondere Fähigkeit meines Unternehmens? Welche meiner Aktivitäten in der Vergangenheit haben die Kunden am meisten gelobt?

Noch eine gute Frage: Worüber beschweren sich die Kunden gegenwärtig am meisten? Bei der Betrachtung von Trends spielt das Konzept der *Wertverschiebung*, auf das ich in Kapitel 3 noch genauer eingehen werde, die Hauptrolle. Bei der Wertverschiebung wird analysiert, in welche Richtung sich ein Markt bewegt. Was empfinden die Kunden heute als wertvoll, und was werden sie morgen wahrscheinlich als Wert betrachten? In diesem Zusammenhang müssen Sie folgende Frage stellen: *Was nehmen die Kunden als Wert wahr?* Die Antwort darauf liefern die Beschwerden Ihrer Kunden. Sie sagen Ihnen, in welchen Bereichen Sie nicht schnell oder nicht gut genug sind, und welche Abteilungen Schwierigkeiten bereiten. Ihre Kunden zeigen Ihnen selbst, wie sich ihre Bedürfnisse und Wünsche ändern.

Denken Sie daran, daß die Fähigkeiten, mit denen Sie in Ihre gegenwärtige Position gelangt sind, nicht ausreichen, um Sie dort zu halten. Sie müssen immer in die Zukunft blicken. Der Kern jeglicher Strategieplanung liegt in der Erhöhung der Eigenkapitalrendite – in der Erhöhung der Einnahmen im Vergleich zu den Investitionen. Fragen Sie sich: Wodurch wird die Eigenkapitalrendite bestimmt? Nun, sie wird durch den Absatz, die Märkte und die Rentabilität festgelegt. Und wodurch wird die Rentabilität bestimmt? Durch Ihre Fähigkeit, in wettbewerbsintensiven Märkten hohe Absätze zu erzielen. Die wichtigste Frage lautet daher: *Worin liegt Ihr Wettbewerbsvorteil?* Was können Sie besser als jeder andere? Das Ziel jeder Strategie ist das Marketing; der Zweck des Marketings ist die Differenzierung.

Der Sinn erfolgreichen Marketings liegt darin, dem Kunden verständlich zu machen, wie und weshalb Sie sich von allen anderen unterscheiden und warum Sie der Beste sind. Das Marketing soll dem Kunden den Eindruck vermitteln, daß Ihr Produkt allen anderen so weit überlegen ist, daß es sich von selbst verkauft. Welche Eigenschaften Ihrer Produkte oder Dienstleistungen machen also deren überlegene Qualität aus? Welche Stärken Ihres Unternehmens und Ihrer Mitarbeiter sorgen dafür, daß Sie der Beste auf dem Markt sind?

Eine der wichtigsten Fragen lautet: *Was sind Ihre Kernkompetenzen?* Die strategische Richtungsweisung und die Festlegung der strategischen Absichten haben heute hauptsächlich die *Identifizierung der Kernkompetenzen* zum Ziel. Jedes Unternehmen hat seine gegenwärtige Position deshalb erreicht, weil es irgendeine besondere Fähigkeit besitzt, und auch jeder Mensch ist aus diesem Grund in eine bestimmte Stellung gelangt.

Manchmal stelle ich in meinen Seminaren die folgende Frage: „Welche Fähigkeit hätte wohl die größte positive Wirkung auf Ihre Karriere, wenn Sie sie ausgezeichnet beherrschten?“ Dieselbe Frage müssen Sie im Hinblick auf Ihr Unternehmen stellen: Welche Fähigkeit würde sich am vorteilhaftesten auf Ihren Absatz und auf den Markt auswirken, wenn Ihr Unternehmen sie in ausgezeichneter Form beherrschte? Sie müssen herausfinden, wer oder was Ihre Wettbewerber sind und wodurch Ihre Wachstums- und Ertragsrate beschränkt wird.

Sie sehen, daß sich in der Strategieplanung alles um die Positionierung Ihres Unternehmens im Vergleich zu Ihren Wettbewerbern dreht. Ihre Wettbewerber sind immer diejenigen Personen, Unternehmen, Produkte und Dienstleistungen, durch die Ihre Absatzmenge begrenzt wird. Wenn es sie nicht gäbe, könnten Sie alles verkaufen, was Sie produzieren. Die Konkurrenz beeinflußt auch Ihre Preise, weil Sie die Preise wettbewerbsfähig gestalten müssen, und sie bestimmt Ihre Märkte, weil Sie dort mit ihr in Wettbewerb treten müssen.

Wer sind also Ihre Wettbewerber, und was müssen Sie tun, um Sieger zu bleiben? Was müssen Sie dem Gefühl und Verstand Ihrer Kunden nach bieten, damit Sie gegenüber Ihrer Konkurrenz einen so großen Vorteil erringen, daß die Kunden Ihre Produkte und Dienstleistungen in wesentlich größeren Mengen kaufen als die der Wettbewerber?

Ihre Aufgabe in der Strategieplanung liegt letztendlich darin zu bestimmen, was Sie tun müssen, um Ihre Branche in Zukunft zu dominieren. Sie müssen der Beste in Ihrer Branche sein, denn nur so können Sie die höchste Ertragsrate erzielen und der Sieger bleiben.

Kapitel 3

Unternehmerische Leadership

Die gute Nachricht lautet, daß heute für die kreative Minderheit von Unternehmern und unternehmerischen Leadern viel mehr Gelegenheiten existieren als je zuvor in der Geschichte der Menschheit. Die führenden Wirtschaftswissenschaftler prognostizieren ein goldenes Zeitalter des Wohlstandes und zahlreicher Möglichkeiten für alle Menschen, die die Fähigkeit besitzen, sich bietende Gelegenheiten schnell und entschlossen zu ergreifen. Aber es gibt auch eine schlechte Nachricht: Der Startschuß zu dem Wettrennen ist bereits gefallen. Produkte und Dienstleistungen veralten immer schneller, ihre Lebenszyklen werden immer kürzer. Früher lag die Lebensdauer eines neuen Produkts bei mindestens fünf oder zehn Jahren. Heute dagegen ist ein Produkt nach sechs Monaten oft schon überholt. Dies ist beispielsweise bei High-Tech-Produkten der Fall. Die führenden Ökonomen und die besten Vordenker in den Unternehmen sind im Grunde genommen der Meinung, daß High-Tech-Produkte schon veraltet sind, sobald sie richtig funktionieren, denn dann erscheint schon wieder das Folgeprodukt. Wenn Sie als Manager, als Leader, als leitender Angestellter, als Unternehmer und als Geschäftsmann es jedoch schaffen, auf dieser unternehmerischen Welle zu reiten, die über die heutige Welt hinwegspült, dann gibt es für Sie keine Grenzen.

Bereiche der Veränderung

Veränderung ist der wichtigste Einzelfaktor, der das Leben in der Gegenwart beeinflußt, und es gibt drei Hauptbereiche, in denen sie sich auswirkt. Der erste Bereich sind *Informationen und Wissen.* Es ist bekannt, daß die Gesamtmenge an Informationen und Wissen, die der Menschheit zur Verfügung steht, sich in zwei bis drei Jahren jeweils verdoppelt. In jedem Augenblick befinden sich allein über eine Million englischsprachiger Bücher im Druck, und dazu kommen noch Hunderttausende, wenn nicht Millionen von Büchern in jeder anderen Sprache. Denken Sie einmal darüber nach, was das bedeutet. Wenn Sie alles Wissen zusammennehmen, das sich in der gesamten Menschheitsgeschichte entwickelt hat – von den ersten Keilschrifttafeln aus der Zeit um 6000 vor Christus bis zu den Hunderttausenden von Büchern und Artikeln, die heute produziert werden – und es auf einen Haufen stapeln, erhalten Sie ein ganzes Gebirge. Und schon zwei oder drei Jahre später hätten Sie ein zweites Gebirge derselben Größe. Was bedeutet das für Sie? Das bedeutet, daß Sie nicht auf dem laufenden bleiben, daß Sie in Rückstand geraten, wenn Sie nicht rasend schnell hinzulernen. Aus diesem Grund nehmen alle unternehmerischen Leader mit großer Geschwindigkeit neue Informationen und Gedanken auf. Sie hören sich Audioprogramme an, belegen Kurse und schließen sich mit anderen zusammen, um sich ständig über alle Veränderungen zu informieren.

Der zweite Bereich ist die *Technologie.* Die Technologie entwickelt sich explosionsartig weiter, und wir wissen, daß ein technologischer Fortschritt auf dem einen Erdteil eine hundert Millionen Dollar teure Fabrik auf einem anderen Erdteil überflüssig machen kann, auch wenn diese erst vor einem Jahr gebaut wurde. Jede bahnbrechende technologische Neuheit bereitet den Weg für weitere Umwälzungen. Technologie und Informationen vermehren sich sozusagen selbsttätig. Je mehr Technologie es gibt, desto mehr wird wieder neu geschaffen. Je mehr Informationen es gibt, desto mehr kommen laufend hinzu. Verbindet man Technologie und Informationen, hat dies eine Explosion verschiedenartigster Produkte, Dienstleistungen und Möglichkeiten zur Folge.

Dies alles nährt den *Wettbewerb.* Der Wettbewerb vervielfältigt sich in alle Richtungen und erzeugt das, was der Ökonom Joseph Schumpeter als *kreative Zerstörung* bezeichnet hatte. Neue Produkte und Dienstleistungen werden mit nie gekannter Schnelligkeit wieder vom Markt gefegt. Die gute Nachricht lautet nun, daß jede einzelne Veränderung in den Bereichen Information, Technologie und Wettbewerb neue und unerwartete Gelegenheiten erzeugt, die Ihnen eine Möglichkeit bieten, Ihre Kunden noch besser zu bedienen, und zwar mit Produkten und Dienstleistungen, die die Kunden auf neue Weise einsetzen können, um andere Ziele zu erreichen als bisher. Noch nie gab es eine derartige Vielzahl von Gelegenheiten.

Kunden gewinnen und binden

Beginnen wir mit den Grundlagen unternehmerischer Leadership. Worin besteht der Zweck eines Unternehmens? Die meisten Menschen würden sagen, der Zweck liegt darin, einen Gewinn zu erwirtschaften. Der Gewinn ist jedoch nicht das Ziel des Unternehmens, sondern einfach das Ergebnis seiner effizienten und guten Führung. Der Sinn und Zweck des Unternehmens besteht darin, Kunden zu finden und zu binden, sie zu gewinnen und festzuhalten. Wenn Sie Kunden in genügender Menge und Qualität anziehen und an sich binden und dabei die Effizienz und die Kosten im Auge behalten, dann werden Sie einen Gewinn erwirtschaften.

Was ist der Zweck des Marketings? Marketing bildet das Kernstück jeglicher Strategie und jeglicher Planung. Sinn und Zweck des Marketings in einem Unternehmen ist die Differenzierung Ihrer Produkte und Dienstleistungen von denen Ihrer Wettbewerber. Nach Meinung von Peter Drucker soll durch erfolgreiches Marketing erreicht werden, daß der Kunde den Kaufprozeß widerstandslos durchläuft, weil ihm von vornherein klar ist, aus welchem Grund Ihre Produkte und Dienstleistungen anders und besser sind. So kaufen die Kunden ohne Anstrengung Ihrerseits.

Für die unternehmerische Leadership ist die Konzentration auf einen *hochwertigen Kundendienst* unumgänglich. Dies wird in Kapitel 11 noch eingehender behandelt. Wenn Sie alle Grundsätze und alle Bücher, die an Wirtschaftshochschulen gelehrt und verfaßt wurden, einmal beiseite legen, dann bleibt ein Prinzip, an dem Sie festhalten können: Sie müssen Ihre Kunden zufriedenstellen, ihre Wünsche erfüllen, sie in Entzücken und Erstaunen versetzen – und zwar stärker als alle Ihre Konkurrenten, die das gleiche versuchen.

Was müssen Sie heutzutage über die Kunden wissen? Nun, in Ihrer Eigenschaft als unternehmerischer Leader müssen Sie wissen, daß die Kunden ungeduldig, fordernd und nicht besonders loyal sind. Wenn Sie ihnen das Gewünschte nicht bieten können, holen sie es sich anderswo. Vielleicht haben die Kunden sogar vor, später zu Ihnen zurückzukehren, aber in den meisten Fällen tun sie dies nicht. Wenn ihnen nämlich jemand sofort genau das bietet, was sie haben wollen, dann wechseln sie zu dem betreffenden Anbieter und bleiben auch bei ihm. Sie kommen nicht wieder zu Ihnen – eine zweite Chance gibt es heutzutage nicht mehr.

Aus diesem Grund müssen Sie sich selbst immer höhere Maßstäbe setzen. Aufgrund der zahllosen zur Verfügung stehenden Informationen wissen die Kunden heute besser Bescheid, sie sind informierter und vorsichtiger als je zuvor. Das bedeutet, daß der Kunde oft sogar mehr über die verschiedenen in Ihrer Branche angebotenen Produkte oder Dienstleistungen weiß als Sie selbst. Die Kunden sind klüger als Sie, und sie haben eine so große Auswahl und sind so risikobewußt, daß sie ihre Entscheidungen sehr sorgfältig abwägen.

Wenn Sie ein guter unternehmerischer Leader sind, dann strukturieren Sie Ihre Dienstleistung bzw. Ihr Produkt so, daß die Kunden es vertrauensvoll kaufen können, obwohl sie alle anderen Angebote ebenfalls kennen und keine Fehler begehen wollen.

Die oberste Regel des Marketings ist sehr einfach: *Der Kunde hat immer recht.* In den klügsten und besten Unternehmen werden die Kunden in Ehren gehalten. Man spricht immer nur das Beste über die Kunden, denkt mit Vergnügen an sie und betrachtet jede Situation aus ihrer Perspektive.

Die zweite Regel lautet, daß im Zweifelsfall immer die erste Regel in Kraft tritt – der Kunde hat immer recht. Der Kunde muß immer im Mittelpunkt aller Entscheidungsprozesse stehen. Bei allem, was Sie tun, müssen Sie daran denken, was die Kunden von Ihnen halten werden. Die Kunden verlangen die höchste Qualität zu den vorteilhaftesten Preisen – und das sofort. Jack Welch hat einmal gesagt, daß die Kunden ein Unternehmen, das ihnen nicht die beste Qualität zu den günstigsten Preisen liefert, schneller vom Markt fegen, als man es sich vorstellen kann.

Die entscheidenden Merkmale der unternehmerischen Leadership

Wenn man die Tatsache akzeptiert, daß die Kunden hohe Anforderungen stellen und zudem illoyal, gut informiert, gebildet und vorsichtig sind, kommt es für einen unternehmerischen Leader vor allem darauf an, *Mut* zu beweisen. Erfolgreiche Leader sind bereit, Risiken einzugehen und sich aus ihrer Sicherheitszone herauszuwagen. Sie gehen laufend in die Offensive und suchen nach neueren, besseren, schnelleren und billigeren Möglichkeiten, die Kunden zufriedenzustellen. Es gibt allerdings ein Problem mit diesem Mut und der Bereitschaft zum Risiko: Sehr viele Menschen wollen sich ihres Erfolges sicher sein, bevor sie handeln.

Aber wußten Sie, daß 80 Prozent aller neuen Produkte, die in diesem Jahr eingeführt werden, schon innerhalb von 12 Monaten fehlschlagen werden, obwohl die Forschung und Entwicklung Millionen von Dollar gekostet hat? Wußten Sie, daß 70 Prozent aller Entscheidungen, die Sie als Unternehmer treffen, sich langfristig als falsch herausstellen? Sie können also nur immer weiter vorwärtsgehen, sich immer wieder selbst korrigieren, weiterlernen und Neues ausprobieren.

Eine weitere Eigenschaft – vielleicht sogar die wichtigste im Hinblick auf unternehmerische Leadership – ist die *Handlungsorientierung*. Sie dürfen nicht darauf warten, daß etwas geschieht, sondern Sie müssen die Initiative ergreifen und selbst bestimmte Entwicklungen herbeiführen. Sie müssen ein Gefühl der Dringlichkeit, ein rasantes Tempo erzeugen und sowohl bei sich bietenden Gelegenheiten als auch bei Problemen schnell und entschlossen handeln.

Kreativität ist das dritte Merkmal der unternehmerischen Leadership. Sie müssen laufend nach schnelleren, neueren, leichteren, besseren, wertvolleren Möglichkeiten zur Befriedigung der Kunden Ausschau halten. Alles, was bereits veraltet oder auf dem Wege dazu ist, wird zum Ausgangspunkt einer Neugestaltung für die Zukunft. Sowohl im Leben als auch auf dem Markt gibt es ein ganz einfaches Erfolgsgeheimnis: Erzeugen und liefern Sie zusätzlichen Wert. Jeder Mensch und jedes Unternehmen muß heute täglich mehr Wert erzeugen.

Das vierte wichtige Merkmal von Leadership ist die *Kommunikationsfähigkeit.* Bei einer kürzlich durchgeführten Studie wurden 103 CEOs danach gefragt, welche ihrer Eigenschaften wohl die wichtigste Rolle für ihren Aufstieg innerhalb des Unternehmens gespielt hat. 85 Prozent von ihnen nannten auf diese Frage hin ihre Kommunikationsfähigkeit, ihre Überzeugungskraft, ihre Fähigkeit, die Mitarbeiter zur Kooperation zu bewegen. Alle Spitzenunternehmer sind hervorragende Verkäufer, die mit sanfter Überredungskunst vorgehen. Sie können andere Menschen sehr gut überzeugen und sie dazu bringen, zusammen mit ihnen auf ihre Ziele hinzuarbeiten. Je besser Sie also kommunizieren, verhandeln, Einfluß nehmen und verkaufen können, desto effektiver erfüllen Sie die Rolle des unternehmerischen Leaders.

Hartnäckigkeit ist die fünfte Eigenschaft, die allen anderen Eigenschaften zugrunde liegt. Sie benötigen Durchhaltevermögen, Willensstärke, Entschlossenheit, Zielstrebigkeit, den Willen, an Ihrem Kurs festzuhalten, weiterzumachen und vorwärts zu gehen, wenn sich der Markt rapide ändert. Sie müssen daran denken, daß Sie als Führungskraft von allen beobachtet werden, und dies ganz besonders dann, wenn unerwartete Rückschläge eintreten. In diesen Fällen dürfen Sie niemals aufgeben. Es ist das Kennzeichen einer souveränen Persönlichkeit, daß sie durchhält, bis sich der Erfolg einstellt.

Die Strategie der Wertverschiebung

Die sogenannte Wertverschiebungsstrategie ist ein entscheidender Bestandteil unternehmerischer Leadership. Darin liegt der Schlüssel zur Zukunft. Es handelt sich um einen wichtigen neuen Denkansatz, der einfach der Frage nachgeht, *was der Kunde als wertvoll betrachtet.* Ein Kunde verändert sich laufend, und das, was er heute noch als wertvoll ansieht, ist morgen schon seine Mindestanforderung. Morgen will der Kunde schon mehr, und übermorgen ist auch das bereits zum Mindeststandard geworden. Ihre Aufgabe gleicht in dieser Hinsicht der eines Schützen, der versucht, ein bewegliches Ziel zu treffen. Sie müssen feststellen, wohin sich die Wahrnehmung von Wert beim Kunden verschiebt.

Versuchen Sie, die Trends zu erkennen, und gehen Sie dabei nach dem Prinzip der *Spitze des Eisbergs* vor. Dies ist eines der wichtigsten Prinzipien im Management. Immer wenn etwas Unvorhergesehenes geschieht – positiv oder negativ, Erfolg oder Fehlschlag –, dann fragen Sie sich, ob es sich dabei eventuell um die Spitze eines Eisbergs handeln könnte. Könnte dies der Beginn eines Trends sein? Könnte es sein, daß sich auf dem Markt eine fundamentale Änderung vollzieht? Der Unterschied zwischen einem durchschnittlichen und einem herausragenden Leader ist ganz einfach. Der durchschnittliche Mensch sagt: „Oh, da ist etwas passiert. Na, macht nichts." Der herausragende Leader bemerkt dagegen: „Moment! Ist das vielleicht die Spitze eines Eisbergs? Zeigt dies vielleicht an, daß der Markt sich grundlegend verändert hat?" Manchmal verändern sich Märkte langsam und evolutionär, manchmal jedoch auch urplötzlich. Wenn etwas Unerwartetes passiert, dann untersuchen Sie sofort die Gründe und gehen Sie zunächst davon aus, daß es sich um einen neuen Trend handelt, bis Sie sich vom Gegenteil überzeugt haben.

Nun sollten Sie sich noch folgende Frage stellen: Was wird der Kunde morgen verlangen? Sie wissen, was er heute will, also beobachten Sie genau, wohin das Geld der Kunden wandert. Eine alte Weisheit in der Wirtschaft rät, immer dem Geldfluß zu folgen. Wofür wird Geld ausgegeben? Was kaufen die Kunden? Welche Unternehmen und Branchen befinden sich in einer Wachstumsphase? Betrachten Sie die Börsenkurse und analysieren Sie, welche Aktien am schnellsten steigen – so erkennen Sie, wohin die Kunden sich bewegen. Genau in diese Richtung müssen Sie auch gehen, wenn Sie Erfolg haben wollen. Für den Erfolg ist es entscheidend, daß Sie mehr und bessere Produkte schneller, billiger und einfacher liefern können. Die Kunden verlangen nach Verbesserungen und nehmen dabei das, was sie bereits besitzen, als Grundlage. Auf dieser Basis müssen Sie aufbauen. Und das ist das Geheimnis: Finden Sie heraus, was die Kunden wirklich brauchen und wofür sie ihr Geld gerne ausgeben, und geben Sie es ihnen schnell und zu einem fairen Preis. Wenn Sie das schaffen, gehört Ihnen die ganze Welt.

Die White-Space-Strategie

Die White-Space-Strategie ist eine weitere wichtige Unternehmensstrategie. Dabei forschen Sie in den bisher noch nicht abgedeckten Bereichen zwischen Ihren vorhandenen Produkten und Dienstleistungen – den „weißen Flecken" in Ihrem Unternehmen – nach neuen Gelegenheiten, Ihre Kunden zu bedienen. McDonald's hat beispielsweise erkannt, daß die Kunden auch in den Restaurants frühstücken würden, wenn sie früher geöffnet wären, und jetzt verdient das Unternehmen Millionen mit dieser Idee. Es wurde ein „White Space", also ein noch nicht abgedeckter Bereich entdeckt, in dem die Restaurants vorher nicht genutzt worden waren, und so entstand ein völlig neues Serviceangebot.

Gute Möglichkeiten für solche White-Space-Angebote sind höhere Geschwindigkeit und *schnellere Auslieferung.* Wenn Sie den Ruf des schnellsten Lieferanten erwerben, erhalten Sie viele Aufträge. Die Kunden werden von Ihren Wettbewerbern zu Ihnen abwandern. Wenn Ihre Produkte einfacher zu bekommen und zu benutzen sind als die der Konkurrenz, werden die Kunden in Scharen zu Ihnen überlaufen. Auch wenn Sie mehr Auswahl bieten, wie beispielsweise die riesigen Superstores, kommen die Kunden aus einem weiten Umkreis zu Ihnen, denn Auswahl bedeutet Wert.

Lassen Sie auch die Konsequenzen einer veränderten *Lebensweise* nicht außer acht. Die Menschen verbringen mehr Zeit zu Hause. Sie renovieren mehr und ziehen auch öfter um. Was passiert? Home Depot kommt auf den Markt und verkauft plötzlich Bau- und Heimwerkerprodukte für eine Milliarde Dollar. Welche Faktoren hinsichtlich der veränderten Lebensweise könnten Ihnen einen neuen Markt und wichtigen zusätzlichen Wert eröffnen, wenn Sie sie bedienen würden? Denken Sie daran, daß die Wahrnehmung des Kunden darüber entscheidet, was als zusätzlicher Wert empfunden wird. Was benötigen die Kunden vermehrt? Das können Sie ganz leicht herausfinden. Die Kunden machen Ihnen selbst Vorschläge: „Warum können Sie dies und jenes nicht?" – „Warum haben Sie das nicht?" – „Haben Sie schon einmal daran gedacht, folgendes zu tun?" Nehmen Sie diese Anregungen sehr ernst, denn daraus können Sie oft erfahren, in welche Richtung der

Markt tendiert. Wenn Sie es als erster erkennen, können Sie den Markt übernehmen.

Auch *Kundendienst* ist ein sehr weites Feld. Gestalten Sie Ihren Service schneller, freundlicher, reibungsloser. Denken Sie daran, daß sich die Menschen von ihren Gefühlen leiten lassen. Sie gehen dorthin, wo sie am zuvorkommendsten behandelt werden. Wenn Sie Möglichkeiten finden, um Ihre Kunden besser zu behandeln als jeder andere, können Sie den gesamten Markt an sich binden. Es gibt laufend Beispiele für Unternehmen, denen dies gelingt.

Auch eine *verbesserte Qualität* ist eine sehr gute White-Space-Gelegenheit. Wie halten Sie die Preise konstant und verbessern gleichzeitig die Qualität genau so, wie die Kunden es wollen, und mehr als alle Wettbewerber? Gelingt Ihnen dies, können Sie in einen ganz neuen Bereich des Marktes vorstoßen.

Gleichzeitige Optimierung mehrerer Aspekte von Produkten und Dienstleistungen

Dies ist eine weitere entscheidende unternehmerische Strategie. Sie bedeutet, daß Sie mehrere Dinge gleichzeitig verändern. Im alten Verbesserungsmodell für Produkte und Dienstleistungen wurde jeweils nur ein Aspekt verändert. Heute dagegen sollten Sie gleich drei oder vier Aspekte gleichzeitig verbessern und beobachten, was passiert. Dadurch wird oft das ganze Unternehmen oder die Branche auf einen Schlag verändert.

Strategien für unternehmerische Leadership

Drei Leadership-Strategien haben sich in der Vergangenheit bewährt. Die erste lautet: *Seien Sie der erste mit dem größten Angebot.* Führen Sie Ihr Produkt vor allen anderen auf dem Markt ein. Derjenige, der zuerst kommt, sichert sich fast unweigerlich die Position des Marktführers. Die zweite Strategie lautet: *Treffen Sie den Gegner da, wo er nicht ist.* Suchen Sie sich ein Gebiet, auf dem Ihre Wettbewerber nicht aktiv sind, und dringen Sie in die betreffende Marktnische vor. Es kann sich um ein Produkt, eine Dienstleistung, einen Bereich oder eine Kombination aus diesen drei Faktoren handeln. In dieser Marktnische müssen Sie die dominierende Stellung erringen. Es gibt einige Unternehmen, die 80 Prozent Anteil am Weltmarkt für ein bestimmtes Produkt besitzen, weil sie ihre Zeit und Aufmerksamkeit ausschließlich auf die Qualität und den Service dieses Produkts konzentrieren. Dadurch wird es so hervorragend, daß sie den gesamten weltweiten Markt dafür übernehmen können. Die dritte Strategie lautet: *Streben Sie immer danach, der Beste zu sein.* Der Schlüssel zu unternehmerischer Leadership liegt darin, immer nach der überlegenen Position zu streben – hinsichtlich der Produkte, der Dienstleistungen und des Marktes.

Marketingstrategien für Positionierung, Wachstum und Distribution

Positionierung

Eine wichtige Positionierungsstrategie lautet, immer daran zu denken, *daß die Realität durch die Wahrnehmung Ihrer Kunden bestimmt wird.* Es zählt nicht, was Sie tun, sondern was der Kunde sieht. Fragen Sie sich also, welches Image Sie bei den Kunden genießen. Wie sprechen und denken die Kunden über Sie? Dies entscheidet darüber, was sie kaufen, wieviel sie kaufen und wie oft sie Sie weiterempfehlen. Eine weitere wichtige Frage lautet: Wofür möchten Sie in Zukunft bei den Kunden bekannt sein? Was können Sie ab sofort tun, um die von Ihnen gewünschte Wahrnehmung bei den Kunden zu erzeugen, mit der Sie höheren Absatz mit höheren Gewinnspannen erzielen? Was müssen Sie an Ihren Produkten, Dienstleistungen, an Ihrer PR, Werbung und an Ihren Mitarbeitern noch ändern? Wie können Sie die Wahrnehmung der Kunden in Ihrem Sinn beeinflussen?

Wachstum

Im kreativen Marketing gibt es auch mehrere Wachstumsstrategien. Eine Strategie ist, auf Ihren bestehenden Märkten mehr Ihrer vorhandenen Produkte und Dienstleistungen zu verkaufen. Diesen Gedanken haben die meisten Menschen als erstes. Die zweite Strategie lautet, neue Produkte und Dienstleistungen auf den bestehenden Märkten zu verkaufen. Dazu müssen Sie kreativ sein und neue Produkte und Dienstleistungen für Ihre bereits vorhandenen Kunden entwerfen. Nummer drei ist, Ihre bestehenden Produkte und Dienstleistungen auf neuen Märkten abzusetzen, und dies ist eine wichtige Quelle für Innovationen. Die vierte Strategie ist die Entwicklung neuer Produkte und Dienstleistungen für neue Märkte, und hier werden die echten bahnbrechenden Fortschritte erzielt.

Distribution

Auch für die Distributionskanäle existieren im kreativen Marketing einige Prinzipien. Zuerst müssen Sie sich fragen, welche zusätzlichen Produkte und Dienstleistungen Sie durch Ihre bestehenden Distributionskanäle verkaufen könnten. Zweitens besteht die Frage, welche weiteren Distributionskanäle Sie einrichten könnten. Tatsache ist, daß es auf unseren Märkten sehr viele verschiedene Möglichkeiten zum Verkauf von Produkten und Dienstleistungen gibt. Die meisten Unternehmen nehmen davon aber nur eine oder zwei in Anspruch. Wenn Sie drei, vier, fünf oder sechs verwenden, können Sie den Umfang Ihrer Geschäfte schnell verdoppeln oder sogar verdreifachen, ohne viel an Ihren Produkten oder Dienstleistungen zu verändern. Eine weitere Frage: Welche neuen Produkte und Dienstleistungen könnten Sie durch die neuen Distributionskanäle verkaufen? Könnten Sie eventuell sogar neue Produkte und Dienstleistungen speziell für die neuen Distributionskanäle entwickeln?

Streben Sie nach dem ersten Platz in Ihrer Marktnische

Der Schlüssel zum Erfolg liegt in dem Streben, der Beste in einer Marktnische zu sein. Die Regel lautet: Tun Sie's, richten Sie's, versuchen Sie's! Probieren Sie alle neuen Ideen sofort aus, testen Sie sie und erproben Sie sie auf dem Markt. Das Glück ist mit den Mutigen, und aus diesem Grund müssen Sie alles tun, alles einsetzen und alles versuchen.

Unternehmerische Leadership bedeutet, daß Sie schneller agieren und handlungsfreudiger und kreativer sind als Ihre Wettbewerber. Wenn Sie diese Einstellung kultivieren, dann können Sie den gesamten Markt für sich gewinnen.

Zusammenfassung

Ich habe das kreative Denken jahrelang untersucht, und dabei bin ich zu dem Schluß gekommen, daß jeder Mensch ein potentielles Genie ist. Wir sind fähig, mehr Ideen, mehr Produkte, mehr Dienstleistungen und mehr Innovationen zu entwickeln, als wir je innerhalb eines Menschenlebens verwirklichen könnten. Sie müssen Ihre Kreativität jedoch erst einmal wecken, damit sie nicht unter der Oberfläche verborgen bleibt. Fördern Sie sie zutage, indem Sie die richtigen Fragen stellen, beispielsweise: *Was muß ich tun, um Kunden zu gewinnen und zu binden – neue Kunden, bessere Kunden?* Ein einfaches Beispiel: Eine der besten Möglichkeiten, Ihren Markt zu erweitern, besteht darin, einfach mehr Ihrer bestehenden Produkte und Dienstleistungen an Ihre bestehenden Kunden zu verkaufen. Dieser Gedanke ist insofern interessant, als sehr viele Menschen zu denken scheinen, daß sie schon ihr Bestes geben, wenn sie überhaupt Absätze erzielen.

Ich berate ein Unternehmen, das seinen Kunden 14 verschiedene Dienstleistungen anbietet. Bei einer Untersuchung ergab sich, daß die Kunden jedoch im Durchschnitt nur zwei dieser Leistungen in Anspruch nahmen. Der hauptsächliche Grund dafür lag darin, daß sie nicht richtig informiert waren, wie die anderen Leistungen funktionierten und ineinandergriffen. Das Unternehmen beschloß daher, nicht die Größe und Breite seines Marktes zu erweitern, sondern lieber die Tiefe. Es versuchte, nicht den Marktanteil, sondern seinen Anteil an den einzelnen Kunden zu erhöhen. Es wurde ein werbewirksames Informationsprogramm entwickelt, das den Kunden zeigen sollte, wieviel besser es wäre, alle diese Dienste von einem Unternehmen erledigen zu lassen, das dann genauer Rechenschaft ablegen und sie weit besser verwalten könnte als jedes andere Unternehmen. Daraufhin wurden häufiger drei, vier, fünf oder sogar zehn Dienstleistungen an einen Kunden verkauft, und der Markt vergrößerte sich so stark, daß der Umsatz auf mehrere Milliarden Dollar stieg. Dasselbe können Sie auch erreichen.

Der einzige echte Test für Kundenmarketing ist ein Markttest. Wenn Sie eine neue Idee für ein Produkt oder eine Dienstleistung haben, müssen Sie sie auf den Markt bringen und darauf achten, wer das neue Angebot begrüßt. Sie stellen es zur Schau und beobachten die Reaktionen. Es hilft oft sehr viel, wenn Sie zu Ihren Kunden gehen und sie direkt fragen, wie Sie Ihr Angebot noch verbessern können: „Was können wir an unseren Produkten und Dienstleistungen noch ändern, damit sie einfacher, besser, schneller, preiswerter und innovativer werden?" Viele Kunden werden natürlich nach niedrigeren Preisen verlangen, aber darüber können Sie ruhig hinwegsehen. 94 Prozent aller Kaufentscheidungen werden nicht aufgrund des Preises getroffen. Nur sechs Prozent der normalen Konsumgütereinkäufe beruhen auf dem Preis. Die Leute kaufen Ihre Produkte also nicht wegen des Preises, sondern wegen Ihres guten Rufes, Ihres Kundendienstes, Ihrer Verläßlichkeit, Ihrer Lieferzeit, Ihrer Mitarbeiter, der guten Beziehungen zwischen Ihnen und Ihren Kunden usw. Wenn Sie also auf Ihre Kunden und deren Vorschläge, Anregungen, Bitten und Beschwerden hören, eröffnen sich Ihnen damit neue Marktchancen.

Die bahnbrechendsten Fortschritte im Unternehmensmanagement stellen sich oft dann ein, *wenn Sie die verschiedenen Möglichkeiten betrachten, die sich Ihnen beim Verkauf bieten.* Nehmen Sie beispielsweise an, Sie verkaufen an den Einzelhandel. Nun könnten Sie überlegen, wie es wäre, per Katalog und Versand oder auch durch Telemarketing zu verkaufen oder verschiedene Produkte zu kombinieren. Zudem gibt es die Möglichkeit des Bundlings von Produkten und

Dienstleistungen. Darüber hinaus könnten Sie mit einer eigenen Vertriebsmannschaft direkt verkaufen oder eine andere Art von Werbung oder PR betreiben. Die meisten Unternehmen legen sich auf eine bestimmte Art des Vertriebs fest, aber die bahnbrechendsten Fortschritte werden oft dadurch erzielt, daß jemand eine neue Art des Absatzes an die Endkunden erfindet. Ein weiterer wichtiger Punkt: In der Regel existieren bereits Distributionskanäle. Ein Distributionskanal ist die Art und Weise, wie ein Produkt oder eine Dienstleistung zum Kunden gelangt. Er funktioniert wie eine Pipeline oder eine Eisenbahnstrecke. Durch einen solchen Distributionskanal können riesige Mengen von Produkten oder Dienstleistungen wandern.

Sie müssen nun fragen: Welche weiteren Produkte oder Dienstleistungen könnten wir durch denselben Distributionskanal absetzen? Zusätzlich lautet die Frage: Welche neuen Kanäle gibt es inzwischen? Suchen Sie ständig nach Möglichkeiten, um Ihre Kunden noch besser zufriedenzustellen, um mehr Wert zu erzeugen, um mehr Produkte und Dienstleistungen zu verkaufen, um alles schneller, besser, neuer, einfacher und preiswerter anzubieten. Wenn Ihnen dies gelingt, werden Sie den Veränderungen unserer Zeit immer voraus sein und die Rolle des unternehmerischen Leaders erfüllen.

Kapitel 4

Strategieprinzipien

In der heutigen Zeit des Übergangs ins 21. Jahrhundert haben wir den Schritt vom Zeitalter der Arbeitskraft zum Zeitalter der Geisteskraft vollzogen. Wir sind in die Ära der Intelligenz eingetreten, in das Zeitalter des Bewußtseins, und als Führungskraft wird Ihre Effektivität und die Qualität Ihrer Resultate vor allem anderen durch die Qualität Ihres Denkens bestimmt. Management ist im wesentlichen eine geistige Aufgabe. Manager sind erfolgreich, weil sie mehr und vielfältigere Erfahrungen besitzen und weil sie mehr und bessere Denkwerkzeuge kennen, auf die sie bei ihrer Arbeit zurückgreifen können. Bei meinen jahrelangen Studien zum Thema Erfolg bin ich zu dem Schluß gekommen, daß der Mensch aus Analogien und Vergleichen am meisten lernt – dies ist so wie jenes, jenes verhält sich wie dieses usw. Immer wenn Sie einen neuen Gedanken mit etwas Bekanntem in Verbindung bringen können, bleibt er in Ihrem Kopf viel wahrscheinlicher präsent, so daß Sie ihn in gegebener Situation verwenden können. Für Unternehmensstrategien bieten sich Assoziationen zu militärischen Strategien an.

Parallelen zwischen Militär- und Unternehmensstrategie

Die militärische und die Unternehmensstrategie sind sich in vieler Hinsicht sehr ähnlich. In beiden Fällen nutzen Individuen sorgfältig plazierte Ressourcen, um sich in turbulenten Situationen gegen opponierende Kräfte zu behaupten. In beiden Fällen muß man schnell agieren können, und in beiden Fällen geht es letztendlich um Sieg oder Niederlage, Erfolg oder Mißerfolg, Gewinn oder Verlust. Der militärische Begriff der *Strategie* stammt aus dem Griechischen. „Strategos" bedeutet die „Kunst der Generäle". Diese Kunst der Generäle besteht darin, Streitkräfte zu organisieren und einzusetzen, um in Schlachten gegen einen gut verschanzten Feind zu gewinnen. Im folgenden sollen einige der Parallelen zwischen der Unternehmensstrategie und der militärischen Strategie betrachtet werden. Dabei geht es auch um ihre praktische Anwendung bei der täglichen Arbeit, um schneller bessere Ergebnisse zu erzielen.

Ziele der Unternehmensstrategie

Es gibt drei hauptsächliche Ziele, die ein Unternehmen mit seiner Strategie erreichen will. Das erste Ziel ist die *Erhöhung der Eigenkapitalrendite.* Dies ist eine rein finanzielle Kennziffer. Das Unternehmen soll in diesem Fall nach der Umsetzung der Strategie mehr Gewinn aus den vorhandenen Vermögenswerten erwirtschaften als zuvor. Dabei wird letztlich alles auf die finanziellen Ergebnisse reduziert.

Das zweite Unternehmensziel ist die *Reduzierung der Kosten.* Jeder an den Kosten eingesparte Dollar wirkt sich direkt auf das finanzielle Ergebnis unter dem Strich aus, während jeder durch Verkäufe eingenommene Dollar zunächst zum Umsatz gerechnet wird, und wenn schließlich alle Abzüge verrechnet wurden, bleiben davon oft nur zehn Prozent übrig. Ein eingesparter Dollar bleibt also ein ganzer eingesparter Dollar. Bei der Strategie kommt es nun entscheidend darauf an, daß Sie immer überlegen, wie Sie dasselbe Ziel mit einem geringeren Einsatz von Zeit und vor allem Geld erreichen können.

Das dritte Ziel der Unternehmensstrategie besteht darin, *Gelegenheiten voll auszuschöpfen und dabei Risiken zu minimieren.* Suchen Sie nach den besten Gelegenheiten in Ihrer Umgebung, bei denen Sie den größten Ertrag für Ihren Einsatz zum geringsten zeitlichen und finanziellen Risiko erzielen können.

Ziele der militärischen Strategie

Die militärische Strategie verfolgt hauptsächlich vier Ziele. Das erste davon, das auch auf die Unternehmenswelt anwendbar ist, ist die *Verbesserung der Machtposition.* Das heißt, daß Sie sich dem Gegner gegenüber in einer überlegenen Position befinden sollten, nachdem Sie Ihre militärische Strategie umgesetzt haben. In der Wirtschaft bedeutet dies, daß Sie nach der Umsetzung der Strategie eine überlegene Position auf dem Markt einnehmen. Sie haben höhere Marktanteile, mehr Anteile an den Kunden bzw. an deren Aufmerksamkeit – Sie stehen insgesamt besser da als zuvor.

Das zweite Ziel der Militärstrategie ist, den *Feind daran zu hindern, auf demselben Markt zu kämpfen* bzw. zu konkurrieren wie Sie, indem Sie ihn überlisten.

Das dritte Ziel besteht darin, einen *Frieden zu möglichst vorteilhaften Bedingungen* auszuhandeln. Sie müssen die strategische Offensive so beenden, daß Sie einen höheren Marktanteil und eine bessere Position innehaben als Ihr Wettbewerber.

Das letzte Ziel der Militärstrategie lautet, *den Sieg mit möglichst geringen Ausgaben und Verlusten an Ressourcen zu erringen.* Sie sollten also versuchen, eine gewisse Absatzmenge und einen höheren Marktanteil zu erzielen, ohne dabei Ihre gesamten Reserven zu erschöpfen. Die Operation „Desert Storm" im Golfkrieg 1990 war ein Beispiel für den brillanten Einsatz von Strategie und Taktik. Die zweitgrößte Armee der Welt besiegte die viertgrößte in nur 100 Stunden. Es handelte sich um ein Musterbeispiel des Einsatzes strategischer Prinzipien. Diese Fallstudie kann auch auf die Unternehmenswelt angewendet werden. Sie wird noch viele Jahre lang in den Militärakademien studiert werden – und wahrscheinlich auch an den Wirtschaftsschulen.

Die Prinzipien militärischer Strategie

Betrachten Sie im folgenden einige der Prinzipien militärischer Strategie.

Das Prinzip der klaren Zielvorgabe

Den Ausgangspunkt jeglicher militärischen Strategie bildet das *Prinzip der klaren Zielvorgabe.* Zu diesem Zweck müssen Sie ganz genau überlegen, was Sie erreichen wollen. Wie lautet Ihr Plan? Welches Endergebnis wollen Sie erzielen? 80 Prozent des Erfolgs werden allein dadurch begründet, daß Sie selbst ganz genau wissen, was Sie erreichen wollen. Sie müssen diese Zielvorgaben schriftlich festhalten, diskutieren und erklären. Alle Beteiligten müssen genau wissen, was wann und wie zu erledigen ist. Denken Sie auch daran, daß der persönliche Einsatz Ihrer Mitarbeiter direkt davon abhängt, wie stark sie in die Diskussion einbezogen werden. Im Golfkrieg war es beispielsweise jedem klar, was er zu tun hatte. Die irakische Armee mußte aus Kuwait vertrieben werden, und zwar so schnell wie möglich und mit möglichst geringen Verlusten. Ganze sechs Monate wurden auf die Diskussion, Planung und Organisation der Operation verwendet, so daß sie, einmal begonnen, innerhalb von 100 Stunden beendet war. Jeder einzelne Soldat wußte genau, wann, wo und wie er die ihm zugewiesene Aufgabe zu erledigen hatte.

Sie sollten sich fragen, ob jeder einzelne Mitarbeiter in Ihrem Unternehmen weiß, warum er von Ihnen bezahlt wird, was genau er zu tun hat, wann er dies erledigen muß und welche Qualitätsstandards für seine Arbeit gelten. Wenn Ihren Mitarbeitern dies nicht klar ist, verschwenden Sie die Arbeitskraft Ihres Personals.

Das Prinzip der Offensive

Das zweite Prinzip der militärischen Strategie ist das *Prinzip der Offensive.* Im Golfkrieg war zu beobachten, daß die alliierten Streitkräfte sofort nach den Luftangriffen und nach gründlicher Planung und Organisation die Initiative ergriffen und zum Angriff übergingen. Interessanterweise stammt auch von Napoleon, einem der größten Heerführer aller Zeiten, der Ausspruch, daß man eine große Schlacht nicht aus der Defensive gewinnen kann. Wenn Sie in Ihrem Leben und in Ihrer Karriere etwas erreichen wollen, müssen Sie früher oder später in die Offensive gehen.

Noel M. Tichy hat vor kurzem ein Buch über General Electric und Jack Welch verfaßt – mit dem interessanten Titel *Control Your Destiny or Someone Else Will.* In der Wirtschaft müssen Sie, ebenso wie in militärischen Situationen, Ihr Schicksal in die eigene Hand nehmen, sonst tut es ein anderer. Das bedeutet, daß Sie aktiv werden müssen. Eigeninitiative ist das Kennzeichen des herausragenden Unternehmensführers ebenso wie des Generals. Sie müssen mutig voranschreiten, obwohl es keine Erfolgsgarantien gibt. Jemand hat einmal gesagt, daß nie etwas geschieht, wenn zuerst jede einzelne Frage beantwortet und jedes Problem gelöst werden muß. Es ist das Markenzeichen einer souveränen Persönlichkeit, daß sie trotz fehlender Erfolgsgarantien bereit ist, voranzuschreiten, und daß ihr bewußt ist, daß jede Handlung und jeder Einsatz von Ressourcen eine große Unsicherheit beinhaltet.

Schließlich müssen Sie auch bereit sein, laufend Innovationen hervorzubringen, neue Ideen einzuführen und sich vorwärts zu bewegen. Sie sollten zwar umsichtig, aber nicht ängstlich agieren. Erledigen Sie alles mit großer Sorgfalt. Verschwenden Sie keine Ressourcen, aber seien Sie auch nicht so vorsichtig, daß aggressivere und kreativere Feinde bzw. Wettbewerber auf dem Markt Sie leicht überholen können.

Das Prinzip der Masse

Die dritte militärische Strategie ist das *Prinzip der Masse.* Napoleon hielt dieses sogar für das wichtigste je erdachte Prinzip, und ich stimme ihm zu. Es bedeutet, daß Sie Ihre Stärken auf die Schwächen des Feindes konzentrieren müssen. Im Golfkrieg wurde die Armee – mehr als 300 000 Soldaten – auf die eklatanteste Schwäche des Iraks gerichtet, nämlich die völlig unverteidigte Wüste. Anstatt gegen die Panzerfallen, Bunker und Ölfallen vorzugehen, wurden die irakischen Streitkräfte mit maximaler Geschwindigkeit und minimalen Verlusten komplett umgangen und von hinten umzingelt.

Im Hinblick auf Ihr Unternehmen müssen Sie sich in diesem Zusammenhang fragen: Was sind unsere Kernkompetenzen? In der heutigen, sich schnell verändernden Welt liegt der Schlüssel zum Erfolg in der Identifizierung und Entwicklung von Kernkompetenzen bezüglich der Markterfordernisse. Worin liegen Ihre Stärken? Was können Sie besser als alle anderen, und wie können Sie genau diese Fähigkeit mehr und mehr auf dem Markt nutzen? Wie können Sie diese Fähigkeit verstärkend in Ihrer persönlichen Arbeit einsetzen? Anschließend müssen Sie fragen: *Was sind die kritischen Erfolgsfaktoren (Critical Success Factors, CSF)*? Diese Faktoren müssen Sie voll und ganz beherrschen, damit Sie überhaupt erfolgreich sein können. Darauf wird in Kapitel 22 noch näher eingegangen. Es gibt nie mehr als fünf bis sieben kritische Erfolgsfaktoren. Wenn Sie ein Unternehmen besitzen, lauten die Faktoren beispielsweise Produktqualität, Vertrieb, Marketing, Leadership, Management, Dienstleistungen, Distribution und Verwaltung. Was sind Ihre kritischen Erfolgsfaktoren? Was müssen Sie unbedingt tun, um Erfolg zu haben? In welchen Bereichen Ihrer Arbeit besteht ein Potential für bahnbrechende Fortschritte? Bei unserer Beschäftigung mit den Kunden von Unternehmen haben wir folgendes herausgefunden: Sie erfahren von den Kunden, was diese an Ihrem Unternehmen besonders gut finden. Eine wichtige Frage, die Sie sich laufend stellen müssen, ist: Welchem Umstand verdanken Sie Ihren bisher größten Erfolg? Welche Ihrer bisherigen Tätigkeiten hat Ihnen die besten Ergebnisse gebracht? Dies ist fast unweigerlich auch der Bereich, in dem Sie bahnbrechende Fortschritte erzielen können.

Das Prinzip des Manövrierens

Die vierte militärische Strategie ist das *Prinzip des Manövrierens*. Zum Manövrieren gehören Bewegung und *Flexibilität*. Im Golfkrieg wurde dies als das „Hail Mary“-Spiel bezeichnet. Der Feind wurde an der Grenze von Kuwait aufgehalten, und die ganze Armee wurde völlig unerwartet an ihm vorbei in seinen Rücken geführt. Die meisten großen Schlachten werden nicht durch frontale Angriffe gewonnen, denn diese sind sehr teuer und verlustreich. Statt dessen werden die Flanken angegriffen, was geschicktes Manövrieren, Schnelligkeit und Flexibilität erfordert.

Nach Angaben des Manager Institute ist Flexibilität die wichtigste Eigenschaft für den Erfolg einer Führungskraft, und damit für Sie und Ihre ganze Zukunft von großer Bedeutung. Wichtig ist hier zu bedenken, daß sich laut der Studien dieses Instituts 70 Prozent aller getroffenen Entscheidungen langfristig als falsch erweisen. Wenn Sie nicht flexibel genug sind, verbringen Sie viel zuviel Zeit mit der Rechtfertigung von Fehlern und Fehlentscheidungen. Statt dessen sollten Sie die Fehler lieber zugeben und etwas ganz Neues ausprobieren. Alle souveränen Führungskräfte sind bereit, ihre Fehler einzugestehen. Nur weniger gute Manager verschwenden ihre Zeit mit unnützen Rechtfertigungen.

Ein wichtiger Bestandteil von Flexibilität ist das sogenannte *Zero-based Thinking*, das in Kapitel 18 ausführlich behandelt wird. Dabei gehen Sie davon aus, daß Sie Ihr Unternehmen ganz neu gestalten können und stellen sich die folgenden Fragen: Gibt es einen Bereich, in dem Sie sich heute engagieren, auf den Sie nach Ihrem derzeitigen Erfahrungs- und Kenntnisstand bei einem Neubeginn verzichten würden? Haben Sie ein Produkt, das Sie nicht mehr einführen würden, oder einen Mitarbeiter, den Sie nicht mehr einstellen würden? Hätten Sie die Verteilung der Ressourcen anders gestalten sollen? Je öfter Sie sich diese Fragen stellen, desto flexibler werden Sie.

Entwickeln Sie die Fähigkeit zum *anpassungsfähigen Denken* im Gegensatz zum mechanischen Denken. Anpassungsfähiges Denken bedeutet zu akzeptieren, daß Sie auch einmal unrecht haben können. Dadurch bleiben Sie offen und empfänglich für Veränderungen auf dem Markt. Sie beharren nicht mehr so sehr darauf, recht zu haben, sondern wollen vielmehr erst einmal herausfinden, was richtig ist. Kennen Sie die Geschichte von Abraham Maslow und seinem Enkel, der mit einem Hammer spielt, den er zum Geburtstag geschenkt bekam? Maslow beobachtete seinen Enkel, der durch das ganze Haus ging und mit seinem kleinen Hammer auf jeden erreichbaren Gegenstand schlug. Dabei kam er zu folgender Erkenntnis: Wenn man als einziges Werkzeug einen Hammer zur Verfügung hat, sieht die ganze Welt bald wie ein Nagel aus.

Wenn Sie also nur eine sehr beschränkte Denkweise und begrenzte Reaktionen zur Verfügung haben, werden Sie versuchen, jede Situation mit denselben Mitteln zu bewältigen. Falls jedoch Ihre Werkzeuge nicht greifen, falls es zu Problemen kommt, müssen Sie sich fragen, ob es nicht auch noch bessere Möglichkeiten gibt. Stellen Sie Fragen, lesen Sie Bücher, nehmen Sie an Kursen teil, überlegen Sie und reagieren Sie nicht mechanisch, sondern anpassungsfähig. Seien Sie agil und flexibel statt starr und festgelegt.

Das Prinzip der Informationssammlung

Die fünfte militärische Strategie ist das *Prinzip der Sammlung von Informationen.* Das bedeutet, daß Sie sich Hintergrundinformationen besorgen und herausfinden müssen, was der Feind gerade macht. Im Golfkrieg wurden laufend AWACS-Aufklärungsflüge durchgeführt. Dabei wurde genau fotografiert, was am Boden vorging. Gleichzeitig wurde verhindert, daß der Irak sich Informationen über die Aktivitäten der Alliierten verschaffen konnte. Hier müssen Sie die wichtige Regel beachten, daß Sie nichts als gegeben hinnehmen dürfen. Vorgefertigte, falsche Annahmen bilden die Wurzel aller Fehlschläge, und gedankenloses Handeln ist die Ursache aller Fehlschläge. Daher müssen Sie lesen, um Zusammenhänge zu erkennen. Sie müssen lernen zu hinterfragen und sollten Antworten unvoreingenommen aufnehmen. Sie müssen vorurteilsfrei zuhören können.

Denken Sie daran: Jedes Ihrer Probleme wurde schon irgendwann einmal von irgendjemandem gelöst, und irgendwo wird die Lösung erfolgreich praktiziert. Sie müssen nicht das Rad neu erfinden, Sie dürfen nicht in veralteten Methoden gefangen bleiben, sondern Sie müssen Informationen sammeln, um neue, schnellere und bessere Methoden kennenzulernen.

Das Prinzip der konzertierten Aktion

Die sechste militärische Strategie ist das *Prinzip der konzertierten Aktion.* Die Bereitschaft und Fähigkeit zur Teamarbeit und zur Koordination eines Teams sind die wichtigsten Voraussetzungen sowohl für den militärischen Erfolg als auch für ein gutes Management. Sie müssen alle Mitarbeiter vereinen und Synergien entwickeln. Dazu ist eine offene Kommunikation erforderlich. Jeder einzelne hat die Möglichkeit, Fragen zu stellen und Beiträge einzubringen. Durch Harmonie und Synergie erreichen Sie Spitzenleistungen in Ihrem Team.

Haben Sie je von Clydesdale-Pferden gehört? Das sind große, starke Zugpferde – ein Clydesdale-Pferd kann einen mehr als zwei Tonnen schweren Wagen ziehen. Zwei Pferde schaffen schon einen Wagen von mehr als sechseinhalb Tonnen, und ein Gespann von vier Pferden kann Wagen von etwa 22 bis 27 Tonnen Gewicht in Bewegung setzen. Wenn

Sie mehrere leistungsfähige Personen zusammenbringen, können Sie außerordentliche Dinge erreichen, die weit über die Fähigkeiten einer Einzelperson hinausgehen.

Das Prinzip der vollständigen Durchführung

Als letzte militärische Strategie bleibt nun noch das *Prinzip der vollständigen Durchführung*. Sie müssen so lange Nachfolgeaktionen starten, bis Sie Ihr Ziel vollständig erreicht haben. Übernehmen Sie für wichtige Ziele selbst die Verantwortung. Gehen Sie niemals davon aus, daß etwas erledigt wird, wenn Sie es nicht selbst tun. Drängen Sie so lange, bis Ihr Ziel erreicht und gesichert ist.

Sie geben sich nicht bereits mit 95 Prozent zufrieden, sondern Sie werfen alle Ihre Energien und alle Reserven in die Schlacht um den endgültigen Sieg. Dies war der große Fehler im Golfkrieg: Statt bis zum Ende durchzuhalten, nach Bagdad vorzudringen und den Krieg vollständig abzuschließen, wurde der Krieg vorzeitig beendet. Das Ergebnis ist, daß nun alle Probleme erneut auftreten werden.

Sobald Sie einmal angefangen haben, auf ein Ziel hinzuarbeiten, dürfen Sie Ihre Anstrengungen niemals erlahmen lassen. Verlangsamen Sie Ihr Tempo nicht. Es gibt ein sehr schönes Bild: *Am Ufer der See des Zögerns liegen die ausgebleichten Knochen all derer, die im Augenblick des Sieges zögerten und damit alles verloren.* Wenn sich also der Erfolg einzustellen beginnt, dann verkaufen Sie, soviel Sie können. Tun Sie alles nur erdenklich Mögliche, und verfolgen Sie Ihr Ziel bis zum Schluß.

Zuerst denken, dann handeln

Zahlreiche Untersuchungen und Studien über die besten Manager in allen möglichen Organisationen und Kulturen haben ergeben, daß die *Fähigkeit zu sorgfältiger Überlegung* die wichtigste zum Erfolg führende Eigenschaft im Management ist. Denken Sie daran, daß der Übergang vom Zeitalter der Muskelkraft zum mentalen Zeitalter bereits hinter uns liegt. Ihre Fähigkeit, scharf nachzudenken, ist der wichtigste

Einzelfaktor, den Sie bei Ihrer Arbeit wie einen Laserstrahl anwenden können. Was auch immer Sie zu tun haben, nehmen Sie sich die Zeit, vorher darüber nachzudenken. Beim Denken gilt statt der 80/20-Regel die 20/80-Regel. In den ersten 20 Prozent eines Prozesses, die sie mit seiner detaillierten Planung verbringen, liegen 80 Prozent seines Werts, und diese 20 Prozent entscheiden zu 80 Prozent über die letztendlichen Ergebnisse. Die Zeit, die Sie mit Denken verbringen, ist die wertvollste. Betrachten Sie alle Aspekte der Situation, besprechen Sie sie mit anderen, schreiben Sie sie auf. Nehmen Sie sich Zeit, in der Sie die Situation in Ruhe durchdenken, prüfen und von allen Seiten durchleuchten. Setzen Sie nie voraus, daß Sie schon alle Einzelheiten kennen, sondern prüfen Sie jeden einzelnen wichtigen Punkt.

Handeln Sie schnell und entschieden

Am Ende jedoch, nachdem Sie alles genau durchdacht haben und zur Anwendung der militärischen Prinzipien bereit sind, müssen Sie entschlossen handeln, schnell agieren, ein Gefühl der Dringlichkeit erzeugen. Denken Sie daran, daß Topmanager und Spitzenunternehmer ebenso wie militärische Führungskräfte zwar nicht immer die richtigen Entscheidungen treffen, daß sie aber dafür sorgen, daß die Entscheidungen richtig getroffen werden. Denken Sie alles durch, planen Sie genau im voraus, analysieren Sie jeden Aspekt und dann handeln Sie entschlossen. Greifen Sie hart und schnell durch, sammeln Sie Feedback, korrigieren Sie sich selbst und bleiben Sie so lange in Bewegung, bis Sie den Sieg erringen, den Sie von Anfang an angestrebt haben.

Zusammenfassung

Welches werden in den zukünftigen Jahren die beiden wichtigsten Eigenschaften von Managern, Leadern und Generälen sein? Im Zeitalter des geistigen Potentials heißen diese Eigenschaften erstens *Besonnenheit* – die Fähigkeit, exakter zu denken als die Wettbewerber – und zweitens *Flexibilität.* Wir leben in einer Zeit unglaublicher Veränderungen, daher müssen auch Sie äußerst flexibel sein. Der ganze Sinn und Zweck dieser militärischen Strategieprinzipien liegt darin, daß sie Ihnen helfen sollen, überlegter und flexibler zu handeln.

Hier noch einmal eine kurze Wiederholung dieser Strategien. Die erste ist das *Prinzip der klaren Zielsetzung*, das praktisch folgendes beinhaltet: Was sind Ihre Ziele? Was wollen Sie erreichen? Bis wann wollen Sie diese Ziele verwirklichen? Wie und vor allem warum wollen Sie sie erreichen? Und ist jeder Beteiligte genau über die Ziele informiert? Schreiben Sie sich Ihre Ziele immer auf. Formulieren Sie ganz klar, wer Sie sind, was Sie erreichen wollen und wie Sie vorgehen werden.

Die zweite Strategie ist das *Prinzip der Offensive*, das sich um folgende Frage dreht: Welche spezifischen Aktionen können Sie sofort durchführen, um sich schnell und zielgerichtet in Bewegung zu setzen? Sie wissen bereits, daß die Handlungsorientierung eines der wichtigsten Merkmale der erfolgreichsten Unternehmensleiter ist. Sie ergreifen die Initiative. Sie haben eine klare Vorstellung von ihrem Ziel, Sie handeln und bleiben am Ball. Sie schreiten möglichst schnell voran, und in der Bewegung lernen sie und werden immer klüger.

Die dritte Strategie ist das *Prinzip der Masse*. Wie können Sie Ihre Fähigkeiten und Ressourcen auf die eine Aktion konzentrieren, mit der Sie die größte Wirkung erzielen? Sie müssen jeden Tag und jede Stunde überlegen, wie Sie Ihre Ressourcen am besten nutzen können. Konzentration ist ebenfalls ein Kennzeichen für herausragende Persönlichkeiten. Durchschnittspersonen verzetteln sich in ihren Anstrengungen; sie versuchen zuviel und schaffen dann zuwenig.

Die vierte Strategie ist das *Prinzip des Manövrierens*, und es bedeutet, flexibel und schnell zu bleiben, neue Dinge auszuprobieren und für Veränderungen offen und empfänglich zu sein. Dabei müssen Sie sich laufend fragen: Wie kann ich das, was ich tue, verbessern? Wie kann ich es schneller erledigen? Wie kann ich die Zeitdauer verkürzen? Wie kann ich die Qualität bei konstanten Kosten erhöhen? Wie kann ich outsourcen, downsizen und unnötige Faktoren eliminieren? Flexibilität ist das Kennzeichen eines überlegenen Geistes. Fragen Sie sich ständig, wie Sie noch besser werden können.

Die fünfte Strategie ist das *Prinzip der Informationssammlung*. Sie müssen sich Informationen beschaffen, sie prüfen, Fragen stellen und alles lesen, was Ihnen in die Hände fällt. Wenn Sie Bekannte und

Freunde in der Wirtschaft haben, fragen Sie sie, ob sie jemals ähnliche Probleme hatten wie Sie. Ihre Aufgabe ist es, Probleme zu lösen. Je größere und schwerwiegendere Probleme Sie lösen können, desto erfolgreicher und wichtiger werden Sie für Ihr Unternehmen. Ihre Fähigkeit, Probleme durch neue, schnellere und einfachere Methoden zu lösen, ist für Sie der Schlüssel zum Erfolg.

Die sechste Strategie ist das *Prinzip der konzertierten Aktion.* Teamarbeit heißt, daß alle Teammitglieder zusammen diskutieren und entscheiden, was zu tun ist. Der Schlüssel zur Teamarbeit liegt in der Beteiligung aller Mitglieder. Je mehr die Mitarbeiter über ihre Arbeit sprechen, desto mehr setzen sie sich dafür ein, daß die Arbeit gut ausgeführt wird. Ganz wichtig ist, daß Sie lernen, geduldig zu sein und zuzuhören. Sie müssen sich bewußt machen, daß manche Menschen eine Aufgabe nur dann begreifen, wenn sie darüber sprechen können. Schon Sokrates war der Meinung, daß wir nur dann etwas lernen, wenn wir mit jemandem darüber Zwiesprache halten. Je mehr Sie also die Leute dazu bringen, über ihre Arbeit zu sprechen, desto größer wird ihr persönlicher Einsatz sein und desto mehr strengen sie sich an, ihren Teil der Aufgabe gut zu erledigen.

Die letzte Strategie ist das *Prinzip der vollständigen Durchführung.* Es bedeutet, daß Sie alles tun, bis eine Sache zum Abschluß gebracht wird – Sie verkaufen, soviel Sie können. Souveräne Persönlichkeiten geben nicht auf und verfolgen eine Sache bis zum Schluß. Welche wichtigen Aufgaben liegen vor Ihnen, die Sie bewältigen und abschließen müssen? Wer ist davon abhängig, daß Sie diese Aufgaben gut erledigen? Von wem sind Sie abhängig – wer muß seine Aufgabe erledigen, damit Sie beginnen können? Regen Sie Ihre Mitarbeiter dazu an, ihre wichtigsten Aufgaben anzupacken und dabeizubleiben, bis sie vollständig erledigt sind.

Kapitel 5

Die GOSPA-Methode

Wozu Sie eine Erfolgsformel brauchen

Lange Jahre meines Lebens als Manager, leitender Angestellter und Unternehmer habe ich einfach vertrödelt. Ich habe einmal dies und einmal jenes versucht, bis endlich die große Erleuchtung kam, die mein Leben veränderte und die vielleicht auch Ihr Leben beeinflussen wird. Ich habe entdeckt, daß irgendeine Formel, eine Vorlage, irgendeine Erfolgsmethode, der man folgen kann, besser ist als gar keine. Wenn Sie in die Küche gehen und etwas kochen wollen, ist es immer besser, nach einem Rezept vorzugehen, als einfach irgendwelche Zutaten in einen Topf zu werfen und darauf zu hoffen, daß Sie zufällig die richtige Mischung getroffen haben.

Aus diesem Grund habe ich auf der Suche nach einfachen Formeln, mit deren Hilfe ich effektiver und schneller handeln konnte, jahrelang Hunderte und Tausende von Büchern und Zeitungsartikeln gelesen. Dabei habe ich folgendes gelernt: Je mehr Erfahrungen man sammelt, desto versierter wird man in der Anwendung erprobter Methoden zur Verwirklichung von Zielen und desto schneller lassen sich diese Methoden bei zukünftigen Entscheidungsprozessen einsetzen.

Ein junger, unerfahrener Mensch benötigt beispielsweise 100 Zeiteinheiten, um eine Entscheidung zu fällen, die sich später als richtig oder falsch erweist. Wenn Sie jedoch mehr Erfahrungen gesammelt haben, brauchen Sie vielleicht nur noch 10 oder 20 Zeiteinheiten, um die Situation zu erkennen, eine Entscheidung zu treffen, danach zu handeln und Ergebnisse zu erzielen. Das ist der Hauptgrund dafür, daß

Rezepte so wichtig sind, daß Sie Formeln benötigen für alles, was Sie tun wollen – sei es das Verfassen eines Briefes oder der Entwurf eines Angebots, die Aufstellung eines Finanzierungsplans oder die Vorbereitung einer Präsentation.

In diesem Kapitel werde ich eine der besten Vorgehensweisen vorstellen, die ich je entdeckt habe, die GOSPA-Methode zur Strategieplanung.

Die Vorteile der GOSPA-Methode

Die GOSPA-Methode ist eine Anleitung zum Ordnen der Gedanken, damit Sie erkennen, welche Entscheidungen Sie wo und in welcher Reihenfolge treffen müssen. Es handelt sich um eine grundlegende Methode, die Sie bei kleinen und großen Planungsaufgaben verwenden können. *Sie können sie für jedes einzelne Ziel anwenden, das Sie sich setzen.* Denken Sie daran: Die Fähigkeit, Ziele zu setzen und zu verwirklichen, ist das wichtigste Talent erfolgreicher Menschen.

Beginnen Sie jeden Tag und jede Stunde mit der folgenden entscheidenden Frage, gleichgültig ob Sie große oder kleine Ziele verfolgen: *Was versuche ich zu erreichen?* Was genau versuchen Sie zu verwirklichen? In der klaren Beantwortung dieser Frage liegen bereits 80 bis 90 Prozent Ihres Erfolgs. Die Menschen haben hauptsächlich deswegen keinen Erfolg, weil sie gar nicht genau wissen, was ihr Ziel ist. Infolgedessen können sie unmöglich festlegen, was die richtigen Schritte sind und in welcher Reihenfolge sie ausgeführt werden müssen. Sie wissen ja gar nicht, wo sie am Ende sein wollen. Denken Sie an die Worte von Yogi Berra: „Wenn Sie nicht wissen, wohin Sie gehen, führt jeder Weg zum Ziel." Die meisten Menschen arbeiten sehr hart, aber sie haben keine deutliche Vorstellung von ihren Zielen. Treten Sie also einen Schritt zurück und fragen Sie sich: Was genau versuche ich zu erreichen? Die Fähigkeit, diese Frage zu stellen und sie korrekt zu beantworten, bildet den Ausgangspunkt. Es ist, als würden Sie sich an einer Gabelung für einen Weg entscheiden. Der Ausgangspunkt bestimmt alle weiteren Geschehnisse.

Die zweite Frage lautet: *Wie werden Sie Ihr Ziel erreichen?* Welche Methodik wollen Sie anwenden? Die dritte Frage ist: *Welche Annah-*

men hegen Sie bezüglich der gewählten Methodik? Was denken Sie explizit darüber, und wovon gehen Sie unbewußt aus? Falsche Annahmen und Vorurteile bilden die Wurzel aller Fehler. Beinahe alle Probleme ergeben sich aus vorgefaßten Meinungen über Personen, über Märkte, über die Akzeptanz der Produkte, über die Kooperationsbereitschaft anderer Menschen, über Finanzen, über den Absatz und über Zahlen. Wir gehen von Annahmen aus, die sich bei näherer Betrachtung als inkorrekt erweisen. Wenn also Ihre Annahmen falsch wären, was müßten Sie dann ändern?

Führungspersönlichkeiten zeichnen sich dadurch aus, daß sie sich der Möglichkeit des eigenen Irrtums ständig bewußt sind. Ich habe sogar die Erkenntnis gewonnen, daß diese Einsicht in die Tatsache, daß jede einzelne unserer im tiefsten Inneren gehegten Ansichten vollkommen falsch sein könnte, unser berufliches Fortkommen entscheidend beschleunigt.

Als Albert Einstein an der Universität Oxford lehrte, fragte ihn sein Assistent einmal, als sie nach einer schriftlichen Prüfung in der Abschlußklasse auf dem Weg zurück ins Büro waren: „Dr. Einstein, ich sage das nicht gerne, aber war das gerade nicht dieselbe Prüfung, die Sie den Physikstudenten auch letztes Jahr vorgelegt haben?" Einstein antwortete: „Ja, genau." Der Assistent protestierte: „Aber, wie können Sie nur zweimal hintereinander dieselbe Prüfung abhalten?" Darauf Einstein: „Nun, sehen Sie, die Antworten haben sich geändert."

Auch in Ihrem Bereich ändern sich die Antworten laufend. Sie müssen erkennen, daß sich die Dinge so schnell bewegen, daß sich ständig etwas ändert, und Sie müssen flexibel bleiben. Sie müssen immer wieder daran denken, was wäre, wenn Sie sich irrten. Was wäre, wenn es eine andere Möglichkeit gäbe, das Gewünschte zu erreichen? Was wäre, wenn es inzwischen schon wieder andere Ziele zu erreichen gäbe als Ihr gegenwärtiges Ziel?

Eines der besten Anzeichen dafür, daß Sie Ihre gegenwärtigen Aktivitäten überprüfen sollten, ist das Gefühl von Streß. Wenn Sie plötzlich Widerstände spüren, wenn Sie merken, daß Sie zuviel arbeiten und dennoch zuwenig Ergebnisse erzielen, dann sollten Sie innehalten. Immer, wenn Sie Streß empfinden, sollten Sie sich fragen: Was versuche ich zu erreichen? Wie gehe ich dabei vor? Wovon gehe ich dabei aus, und gibt es vielleicht einen besseren Weg? Souveräne Persönlichkeiten ziehen immer die Möglichkeit in Betracht, daß es eventuell bessere Methoden gibt als die, für die sie sich im Augenblick entschieden haben.

Die GOSPA-Methode bezieht sich auf Ziele, Etappenziele, Strategien, Pläne und Aktivitäten – daher auch die Abkürzung (engl.: *Goals, Objectives, Strategies, Plans, Activities*). Ich beginne nun mit dem ersten Buchstaben in der Formel, dem G für „Goals" (Ziele).

Ziele

Ziele sind die letztendlichen, langfristigen Resultate, die Sie in einem, zwei, drei oder fünf Jahren erreichen wollen. Es gibt quantitative und qualitative Ziele. Die qualitativen Ziele sind beispielsweise das Image, das Sie und Ihr Unternehmen erwerben wollen, und die Marktposition, die Sie durch diesen Ruf erreichen wollen. Quantitative Ziele sind dagegen beispielsweise die Absatzmenge, die Größe Ihres Marktanteils, die Rentabilität usw.

Langfristige Ziele müssen bestimmte Vorgaben erfüllen. Erstens müssen Sie *klar* und sehr *spezifisch* sein und *schriftlich niedergelegt* werden. Ein Ziel, das Sie erst in fünf oder zehn Jahren erreichen wollen, muß natürlich immer wieder revidiert werden. Gerade deshalb ist es wichtig, es von Anfang an schriftlich festzuhalten. Je präziser Sie Ihre Ziele formulieren, desto wahrscheinlicher werden Sie sie auch erreichen. Sie können kein Ziel treffen, das Sie nicht sehen.

Zweitens müssen die Ziele *meßbar* und *exakt* sein. Sie müssen sie so genau wie möglich angeben. Jeder einzelne Faktor muß geprüft und bestätigt werden. Je meßbarer und spezifischer Ihre Ziele sind, desto wahrscheinlicher werden Sie die nötigen Schritte auch wirklich durchführen. Gestalten Sie Ihre Ziele also so, daß sie qualitativ und quantitativ meßbar sind.

Drittens müssen Sie eine *zeitliche Frist* festlegen, also einen Zeitplan erstellen. Je wichtiger ein Ziel langfristig für Sie ist, desto wichtiger ist es auch, daß Sie sich entsprechende Etappenziele und untergeordnete Fristen setzen, damit Sie immer ein Ziel dicht vor Augen haben.

Ein Beispiel für ein quantitatives – langfristiges – Unternehmensziel ist das Absatzvolumen, und zwar nicht nur das gesamte, sondern das Volumen pro Produkt oder Dienstleistung. Viele Unternehmen geben an, daß sie in fünf Jahren 80 Prozent ihres Absatzes mit neuen Produkten erzielen wollen. Jedes Jahr macht der Absatz von Produkten, die ein Unternehmen vor fünf Jahren noch gar nicht führte, etwa 30 Prozent der Gesamtabsatzmenge aus. Wie lauten also Ihre Ziele hinsichtlich des Absatzvolumens in bezug auf Produkte, Dienstleistungen, neue Märkte, neue Kunden, andere Distributionskanäle usw.? Welches Ziel setzen Sie sich hinsichtlich des Nettogewinns? Wieviel Plus soll unter dem Strich Ihrer Gewinn- und Verlustrechnung auftauchen? Welche Nettogewinnspanne wollen Sie beim Verkauf erzielen? Wie hoch soll die Eigenkapitalrendite sein? Wie hoch soll die Rendite auf Ihre gesamten Investitionen sein? Welche Absatzrendite wollen Sie erzielen? Überlegen Sie sich die Antworten zu all diesen Fragen und legen Sie sie ganz genau fest. Anschließend müssen Sie sie ebenso exakt messen, wie Sie Ihre Herzfrequenz, Ihre Körpertemperatur, Atmung, Blutdruck usw. messen würden. Diese Messungen sind entscheidend, denn an ihnen erkennen Sie den Gesundheitszustand Ihres Unternehmens.

Etappenziele

Der zweite Buchstabe der Abkürzung GOSPA steht für „Objectives" – Etappenziele. Diese müssen Sie auf dem Weg zu Ihren langfristigen Zielen der Reihe nach erreichen. Auch hier kann die Verwirklichung Wochen, Monate oder Jahre dauern, aber wichtig ist, daß Sie sie alle nacheinander abhaken, damit Sie dem langfristigen Ziel ein Stück näher kommen. Dabei müssen Sie mehrere Faktoren berücksichtigen.

Erstens müssen Sie *die richtigen Mitarbeiter einstellen, schulen und managen.* Die Mitarbeiter sind der Schlüsselfaktor und gleichzeitig die größte Gefahr für Ihr Wachstum. Ihr Erfolg hängt davon ab, ob Sie gute Mitarbeiter finden und halten. Sie müssen Werbung und PR betreiben, außerdem müssen Sie bei Produkten und Dienstleistungen ein bestimmtes Absatzvolumen erreichen. Dies ist die Bewährungsprobe für jedes Unternehmen; hier stellt sich heraus, ob Ihr Unternehmen fähig sein wird, seine Absatzziele zu verwirklichen.

Zweitens müssen Sie Ihre *Produkte und Dienstleistungen zur Zufriedenheit Ihrer Kunden produzieren, ausliefern und ausstatten,* damit die Kunden noch mehr bei Ihnen kaufen und sie Ihr Unternehmen an ihre Freunde und Geschäftspartner weiterempfehlen.

Schließlich müssen Sie auch die notwendigen *finanziellen Ressourcen zur Verfügung haben, beschaffen und richtig einsetzen,* damit die Mitarbeiter die Produkte überhaupt herstellen und auf wettbewerbsintensiven Märkten vertreiben können. Wo können Sie dieses Geld auftreiben? Diese Etappenziele entscheiden über Ihren Erfolg.

Strategien

Der dritte Buchstabe - S - steht für „Strategien", also für die verschiedenen Möglichkeiten, die Ihnen zur Erreichung Ihrer Ziele zur Verfügung stehen. Es gibt immer mehrere Wege zu einem Ziel. Beginnen Sie also damit, alternative Vorgehensweisen auszuarbeiten. Dies ist ein wichtiges Prinzip: Sie sind immer nur so frei, wie es Ihnen Ihre gut ausgearbeiteten Alternativen erlauben. Wenn Sie nur eine Methode anwenden können, sitzen Sie in der Falle. Wenn Sie sich dagegen mehrere verschiedene Möglichkeiten zur Erreichung Ihres Ziels überlegt haben, genießen Sie weitreichende Freiheiten. Daher ist der Entwurf mehrerer alternativer Vorgehensweisen, mehrerer verschiedener Wege von Ihrer gegenwärtigen Position zu Ihrem langfristigen Ziel, eine Ihrer wichtigsten Aufgaben.

Sie müssen jede Option zunächst aufgrund Ihrer eigenen *Fähigkeiten* abwägen. Sind Sie überhaupt in der Lage, ein bestimmtes Ziel zu erreichen? Einer der größten Denkfehler, den amerikanische Geschäftsmänner immer wieder begehen, zeigt sich in der Aussage: „Ich kann es, weil ich es will." Geschäftsfrauen begehen einen anderen Fehler, denn sie sagen: „Ich kann es, weil ich es muß." Es besteht ein riesengroßer Unterschied zwischen dem, was Sie tun wollen oder müssen, und dem, was Sie aufgrund Ihrer Fähigkeiten und Stärken tatsächlich schaffen können.

Seien Sie also sich selbst gegenüber ehrlich. Haben Sie die notwendigen Fähigkeiten, um ein bestimmtes Ziel auf eine bestimmte Weise zu erreichen?

Zweitens müssen Sie die *Marktsituation* bedenken. Manche Unternehmen haben sich mit der Zeit in eine Position gebracht, in der sie nicht mehr wettbewerbsfähig sind. Wenn Sie keinen Wettbewerbsvorteil besitzen, nehmen Sie nicht am Wettbewerb teil. Wenn Sie nicht wirklich hervorragend sind und es unter den gegenwärtigen Bedingungen auf dem Markt auch nicht werden können, dann müssen Sie dies akzeptieren und sich nach einem anderen Markt umsehen, auf dem Sie mit Ihren Ressourcen echte, wesentliche Wettbewerbsvorteile erringen können.

Drittens müssen Sie auch auf Ihre *Wettbewerber* achten. Wer sind sie? Was werden sie als nächstes tun? Worin liegen ihre Stärken? Können Sie sie auf einem bestimmten Markt schlagen? Gibt es verschiedene Märkte für unterschiedliche Produkte und Kombinationen von Dienstleistungen, auf denen Sie besser sind als die Wettbewerber? Wenn Sie beschließen würden, in einen neuen Markt einzudringen, wie würden dann die Wettbewerber reagieren? Was könnten Sie tun, wenn die Wettbewerber ihre Position mit überwältigender Macht verteidigen? Ist diese bestimmte Position den Kampf wert, oder gibt es einen besseren Platz, auf den Sie Ihre Ressourcen konzentrieren können?

Sobald Sie diese Fragen beantwortet haben, sollten Sie einen Aktionsplan festlegen und ihn mit aller Macht verfolgen. Es hat sich bei unseren Forschungen immer wieder herausgestellt, daß ein beliebiger Aktionsplan, der aggressiv und entschlossen verfolgt wird, einem hervorragenden Plan, der aber nicht entschieden durchgeführt wird, eindeutig überlegen ist. Gleichgültig, wofür Sie sich also entscheiden – Sie müssen sich auf eine Vorgehensweise festlegen und diese dann sofort umsetzen. Stecken Sie all Ihre Kraft und alle Ressourcen in diese Anstrengung.

Halten Sie Plan B bereit

Eine wirklich hervorragende Führungspersönlichkeit entwickelt immer einen Ersatzplan, den Plan B. Diese nützliche kleine Idee stammt von Otto von Bismarck, dem Eisernen Kanzler des deutschen Kaiserreichs. Er hatte bei allen Unternehmungen immer einen voll ausgearbeiteten zweiten Plan in der Schublade. Wenn der erste Plan aus irgendeinem Grund nicht funktionierte, konnte er ganz ruhig Plan B, den sogenannten Bismarck-Plan, aus der Tasche ziehen. Beherzigen Sie immer folgende Regel: Gehen Sie von optimalen Bedingungen aus, aber planen Sie auch für den schlimmsten Fall. Gehen Sie davon aus, daß alles gut gelingt, aber fragen Sie sich auch, was Sie tun können, wenn Ihnen die Sache komplett aus dem Ruder läuft. Wie würden Sie reagieren?

Eine der wichtigsten Aufgaben von Managern ist die Entwicklung von *Strategien für Krisenszenarien.* Dabei blicken Sie in die Zukunft und stellen sich die schlimmstmögliche Situation vor, die eintreten könnte. Anschließend überlegen Sie, wie Sie Ihr Unternehmen jetzt schon darauf vorbereiten könnten, daß beispielsweise die Zinsen um fünf Prozent steigen, der Markt zusammenbricht, eine Rezession eintritt, die Konkurrenz ein neues, schnelleres, preiswerteres Produkt entwickelt usw. Welche Krisen könnten möglicherweise auf Sie zukommen und welche Maßnahmen könnten Sie heute schon treffen, um im Fall ihres Eintretens bereit zu sein? Ein souveräner Manager ist auf alles vorbereitet.

Schließlich müssen Sie noch den Katastrophenbericht ausfüllen, bevor Sie etwas anderes in Angriff nehmen. Fragen Sie sich bei jeder möglichen Vorgehensweise, was die schlimmste Folge Ihrer Handlungen sein könnte, und überlegen Sie sich, ob Sie darauf reagieren könnten. Wären Sie in der Lage zu überleben? Sie dürfen auf keinen Fall eine Entscheidung treffen, die so irreversibel ist, daß sie bei Mißlingen das ganze Unternehmen zerstört. Sobald Sie diese schlimmste Wirkung kennen, müssen Sie alles tun um sicherzustellen, daß sie nicht eintritt.

Pläne

Der vierte Buchstabe der GOSPA-Methode steht für die Pläne. Pläne bilden die Stufen auf Ihrer Erfolgsleiter. Erstellen Sie eine Liste aller Aufgaben, die Sie aufgrund Ihrer Strategie zur Erreichung der Ziele erledigen müssen. Je genauer Sie diese Punkte aufschreiben, desto wahrscheinlicher werden Sie jeden Schritt erfassen und alles zur richtigen Zeit erledigen. Während des Golfkriegs stand in der *New York Times* eines Tages diese wunderbare Aussage zu lesen: Amateure besprechen die Strategie, Profis dagegen kümmern sich um die Logistik. Ein souveräner Manager fragt immer: Was benötigen wir zur Erreichung dieses Ziels? Haben wir die erforderlichen Mitarbeiter? Haben wir genügend Geld und Ressourcen? Haben wir ausreichend Zeit?

Sobald die Liste feststeht, müssen Sie *die Einträge nach ihrer Priorität ordnen.* Was muß unbedingt erreicht werden, und was ist weniger wichtig? Außerdem müssen Sie sie zeitlich ordnen. Wann muß ein Schritt unbedingt erledigt sein? Suchen Sie nach Aktivitäten, die gleichzeitig ausgeführt werden können, und nach Aufgaben, die nur nacheinander in Angriff genommen werden können, weil die eine von der anderen abhängt.

Aktivitäten

Der letzte Buchstabe steht für die Aktivitäten, also die Aufgaben, die laut Ihres Plans durchgeführt werden müssen, um die Strategien zu verwirklichen, mit denen die Etappenziele und das Gesamtziel erreicht werden können. Hier gilt vor allem die Regel, *Management by Objectives* anzuwenden, d.h. daß Sie jedem Mitarbeiter wichtige Ziele vorgeben, sie erklären und mit ihm besprechen und darauf achten, daß der Mitarbeiter mit Ihnen übereinstimmt. Sie müssen dafür sorgen, daß alle Mitarbeiter wissen, was von ihnen erwartet wird. Die Ziele müssen objektiv meßbar und mit einer Frist versehen sein. Denken Sie daran: Was meßbar ist, wird erledigt. Je genauer die Mitarbeiter wissen, was sie tun sollen und wie dies gemessen wird, desto wahrscheinlicher werden sie ihre Aufgaben gut erledigen.

Die zweite Regel ist das *Management by Responsibility.* Delegieren Sie sowohl Befugnisse als auch Verantwortung. Sagen Sie Ihren Mitarbeitern immer wieder, daß sie Verantwortung tragen. Je mehr Verantwortung Sie abgeben, desto mehr Kontrolle besitzen Sie. Setzen Sie Fristen für alle Aufgaben und bestehen Sie fest auf ihrer Einhaltung, denn zuerst werden die Mitarbeiter sich dagegen sträuben. Für wichtige Aufgaben müssen Sie auch Zwischenetappen festlegen, deren Fristen ebenfalls unbedingt eingehalten werden müssen. Dabei müssen Sie immer bereit sein, den Mitarbeitern zu helfen und sie zu unterstützen. Fragen Sie immer wieder, ob es etwas gibt, mit dem Sie ihnen unter die Arme greifen können. Leisten Sie jede Unterstützung, um die Sie gebeten werden, denn dann können die Mitarbeiter mangelnde Hilfe nicht als Ausrede verwenden, wenn sie die Frist überschreiten. Denken Sie daran, daß die Einhaltung der festgelegten Kennzahlen ebenfalls ein Merkmal hervorragender Manager ist. Sie bleiben im Budgetrahmen, sie halten ihre Fristen ein und sie erledigen alles innerhalb der festgelegten Zeit- und Kostenpläne.

Die dritte Regel lautet, *Ihre Erwartungen regelmäßig zu überprüfen.* Wenn etwas wichtig ist, dann halten Sie sich auf dem laufenden, lesen Sie, prüfen Sie und wiederholen Sie. Das Delegieren befreit Sie nicht von Ihrer Verantwortung. Wenn Sie die Vorgänge regelmäßig inspizieren, erkennen Ihre Mitarbeiter, daß ihre Arbeit wichtig ist und erledigt werden muß.

Die vierte Regel besagt, daß Sie *durch Gruppenbetreuung Synergien entwickeln* müssen. Halten Sie regelmäßig Meetings zur Besprechung der Aufgaben ab. Bei diesen Meetings sollten Sie die Informationen über alle laufenden Projekte weitergeben, Ihre Mitarbeiter gründlich informieren und sie zu Feedback auffordern. Regen Sie sie dazu an, ihre Ideen zur besten Vorgehensweise zu äußern. Im Zusammenhang mit Meetings und Mitarbeitern sollten Sie daran denken, *immer vor Zeugen zu loben, aber nur unter vier Augen zu kritisieren.* Öffentliche Anerkennung erhöht das Selbstwertgefühl der gelobten Person und auch der Allgemeinheit. Bei Problemen sollten Sie den betreffenden Mitarbeiter jedoch nicht vor seinen Kollegen kritisieren, sondern einzeln mit ihm sprechen.

Die Wirkung der GOSPA-Methode

Wenn Sie die GOSPA-Methode einsetzen, haben Sie immer klare End- und Etappenziele, und Sie wissen ganz genau, was Sie tun müssen, um diese Ziele zu erreichen. Sie verfügen über exakt ausgearbeitete Strategien und klar formulierte Pläne, die auch verschiedene Alternativen berücksichtigen und die in einzelne Aktivitäten und Aufgaben gegliedert sind, die Sie verschiedenen Mitarbeitern zuweisen können. Sie werden damit als Manager mehr erreichen, als Sie es sich heute vorstellen können.

Zusammenfassung

Bei allem, was Sie lernen – auch bei der GOSPA-Methode – kommt es vor allem auf die praktische Anwendung an. Learning by doing. Wie können Sie diese Prinzipien also üben? Am besten beginnen Sie gleich mit Ihrem Leben. Fragen Sie sich, *wo Sie in fünf Jahren stehen wollen.*

Manchmal stellen wir diese Fünfjahresfrage in unseren Seminaren. Das geht so: Schließen Sie Ihre Augen, nur ein paar Sekunden lang, und wenn Sie sie wieder öffnen, sind fünf Jahre vergangen. Innerhalb dieser fünf Jahre ist alles genau nach Ihren Wünschen verlaufen. Sie haben alle Ihre Ziele erreicht – in bezug auf Ihre Gesundheit, Ihre Familie, Ihr Haus, Ihre Finanzen. Alles ist perfekt. Die Frage lautet nun: Wie sieht es aus? Wenn Sie beschreiben sollten, wo Sie in fünf Jahren im Idealfall sein wollen, was würden Sie sagen? Wenn Sie verheiratet sind, besprechen Sie diese Frage mit Ihrem Ehepartner. Fragen Sie auch Ihre Kinder, was sie sich vorstellen. Setzen Sie sich in Ihrem Unternehmen hin und fragen Sie sich, wie es in fünf Jahren aussehen würde, wenn alles perfekt wäre. Nehmen Sie ein Flip-chart oder eine Tafel und beschreiben Sie genau, wie Sie sich das ideale Unternehmen vorstellen.

Es müßten viele hervorragende Eigenschaften auf der Tafel stehen. Das Unternehmen hätte einen sehr guten Ruf, es wäre rentabel, ein wunderbarer Arbeitsplatz, es hätte exzellente Produkte und Dienstleistungen, wachsende Märkte, es böte Arbeitsplatzsicherheit, Gelegenheiten zum Wachstum und zu einer Karriere innerhalb des Unternehmens. Mit einem Wort – es wäre das ideale Unternehmen.

Anschließend müssen Sie sich fragen: Was versuchen wir in unserem Unternehmen gegenwärtig umzusetzen? Wie gehen wir dabei vor? Stimmt das mit dem gerade beschriebenen Ziel überein? Wo liegen heute unsere größten Belastungen? Wo erfahren wir den stärksten Widerstand? Viele Unternehmen haben die Erfahrung gemacht, daß Beschwerden, Probleme und Schwierigkeiten innerhalb und außerhalb des Unternehmens Signale sind – ebenso wie Sie es oft schon im voraus körperlich spüren, wenn Sie krank werden. Diese Signale deuten darauf hin, daß Sie etwas ändern und die Dinge auf andere Weise erledigen müssen. *Seien Sie immer bereit einzusehen, daß Ihr gegenwärtiger*

Kurs vollkommen falsch sein könnte. Seien Sie bereit zuzugeben, daß eines Ihrer Produkte oder Dienstleistungen den Anforderungen des Marktes nicht mehr entspricht. Wußten Sie, daß eine Studie ergeben hat, daß 80 Prozent der Unternehmen in den USA Ressourcen für den Verkauf von Produkten verschwenden, für die es gar keinen Markt gibt, anstatt mehr Ressourcen für diejenigen Produkte und Dienstleistungen zur Verfügung zu stellen, die auf dem Markt erfolgreich sein könnten? Prüfen Sie jedes Produkt und jede Dienstleistung Ihres Unternehmens und fragen Sie sich: Würde ich dieses Produkt nach meinem heutigen Kenntnisstand noch einmal auf den Markt bringen?

Fragen Sie sich anschließend, *was Ihre langfristigen Ziele sind*, sowohl für sich selbst als auch für Ihr Unternehmen. Wie soll jeder Teil Ihres Lebens in fünf Jahren aussehen? Was sind Ihre finanziellen Ziele, Ihre Wachstumsziele, Ihre Ziele in bezug auf die Investitionsrendite und auf die Absatzrendite? *Wie lauten Ihre Etappenziele?* Was müssen Sie erreichen?

Sie werden dabei unter anderem feststellen, daß es sehr wichtig ist, wirklich gute Mitarbeiter für sich zu gewinnen und sie im Unternehmen zu halten. Manchmal kommt es nur darauf an, einen hervorragenden Mitarbeiter zu haben, der einen entscheidenden Verantwortungsbereich übernehmen und Sie in diesem Bereich unterstützen kann. Im amerikanischen Bürgerkrieg verlor der Norden zunächst Schlacht um Schlacht gegen den Süden. Präsident Lincoln setzte einen General nach dem anderen ein, bis er General U. S. Grant entdeckte. Nur weil Lincoln den richtigen General fand, konnte der Norden schließlich den Krieg gegen den Süden für sich entscheiden. Vielleicht brauchen auch Sie eine solche Schlüsselperson. Fehlt Ihnen eine wichtige Kompetenz oder Fähigkeit? Wäre es beispielsweise nötig, daß Sie besser mit Informationen umgehen könnten oder eine bessere Fertigung oder auch bessere Distributionsmöglichkeiten einrichten? Brauchen Sie eine bessere Vertriebsmannschaft? Brauchen Sie ein besseres Vertriebstraining für sich und Ihre Mitarbeiter?

Hinsichtlich der Strategie müssen Sie überlegen, *welche verschiedenen Möglichkeiten zur Erreichung Ihrer Ziele es gibt.* Was wäre, wenn Sie genau gegensätzlich zu Ihrer jetzigen Vorgehensweise handeln würden? Überlegen Sie es sich. Was wäre, wenn Sie nicht mehr alles innerhalb des Unternehmens erledigen ließen, sondern alles nach außen verlagerten?

Und wie lauten Ihre Pläne? Haben Sie sie schriftlich festgehalten? Haben Sie sie mit anderen besprochen? Haben Sie sie detailliert ausgearbeitet? Haben Sie sich alternative Wege zur Erreichung desselben Ziels ausgedacht? Haben Sie die Prioritäten festgelegt?

Im Hinblick auf die Aktivitäten müssen Sie sich fragen: *Erledigen Sie jeden Tag wirklich die Aufgaben, die am wichtigsten sind?* Arbeiten alle Mitarbeiter Ihres Unternehmens wirklich an den Aufgaben, die zur Erfüllung der Pläne und Strategien und zur Erreichung der Etappenziele und des langfristigen Ziels führen?

Fragen sind die Schlüssel zur Zukunft. Ihre Fähigkeit, diese wichtigen Fragen zu stellen und zu beantworten, trägt mehr zu Ihrem Erfolg bei als alles andere.

Kapitel 6

Verschiedene Leadership-Stile

Sie haben sicher schon oft gehört, daß Menschen nicht als Leader geboren, sondern dazu gemacht werden. In dieser Aussage liegt viel Wahrheit. Jeder Mensch trägt ein enormes Potential für effektive Leadership in sich. Doch – wie auch Max Dupree in seinem Buch schreibt – Leadership ist sowohl eine Kunst als auch eine Methode und eine Wissenschaft. Wenn Sie ein Handwerker wären, hinge die Qualität Ihrer Arbeit von der Qualität und Quantität der Werkzeuge ab, die Ihnen dabei zur Verfügung stehen. Leader benötigen zumindest einige Menschen, die ihnen folgen. Die Aufgabe eines Leaders oder Managers besteht darin, durch andere Ergebnisse zu erzielen – andere Menschen dazu zu bringen, Aufgaben für sie zu erledigen.

Eines Ihrer wichtigsten Werkzeuge ist daher die Fähigkeit, mit verschiedenen Persönlichkeiten in unterschiedlichen Situationen umzugehen, um verschiedene Ergebnisse zu erzielen. Darin besteht die wahre Kunst der Leadership.

Durchschnittliche Menschen gehen immer von ihrer eigenen Person aus und davon, was sie tun wollen. Ein Leader überlegt dagegen immer zuerst, was die gegenwärtige Situation von ihm fordert. In diesem Kapitel geht es um Führungsstile und die verschiedenen Rollen, in die Sie schlüpfen müssen, um in jeder Situation immer genau das zu tun, was notwendig ist, um die maximalen Ergebnisse zu erzielen.

Der geeignete Leadership-Stil zur Erreichung optimaler Ergebnisse hängt grundsätzlich von vier Faktoren ab, die ich im Lauf dieses Kapitels erläutern werde. Der erste Faktor ist die jeweilige *Situation*. Welcher Situation stehen Sie gegenüber? Der Leiter einer Feuerwache muß beispielsweise im Fall eines Alarms eine andere Art von Führungsstil ausüben als der Leiter einer Werbeagentur, der gebeten wird, einen Mitarbeiter bei einem Problem zu unterstützen.

Der zweite Faktor, den Sie bedenken müssen, ist die *Aufgabenreife des Mitarbeiters*. Mit anderen Worten: Der Kenntnis- und Erfahrungsstand Ihres jeweiligen Gesprächspartners bestimmt, wie Sie mit ihm umgehen müssen.

Der dritte Faktor, der Ihre Handlungsweise bestimmt, ist die *Persönlichkeit des Mitarbeiters*. Da dieser Faktor außerordentlich wichtig ist, werde ich im Lauf des Kapitels sehr genau auf die vier hauptsächlichen Persönlichkeitsprofile eingehen und erklären, wie Sie Ihre Zusammenarbeit mit den verschiedenen Personentypen so gestalten können, daß Sie die bestmöglichen Resultate erzielen.

Der vierte Faktor, der Ihre Effektivität als Leader bestimmt, ist die *Art der jeweils geforderten Entscheidung*. Sie müssen genau wissen, mit welcher Art von Entscheidung Sie es überhaupt zu tun haben, und was Sie tun müssen, um für alle Beteiligten die beste Entscheidung zu treffen.

Die Leadership-Situation

Beginnen wir also mit der Leadership-Situation. Je nach Situation gibt es vier mögliche Verhaltensweisen für den Leader. Die erste ist das Erteilen von Anweisungen.

Anweisungen

In manchen Situationen müssen Sie Ihren Mitarbeitern bestimmte Anweisungen geben: „Bitte bringen Sie mir die Akte." – „Erledigen Sie doch bitte diesen Anruf." – „Kommen Sie bitte mit zu der Besprechung."

Anweisungen sind angebracht, wenn der betreffende Mitarbeiter noch nicht viel Erfahrung besitzt oder wenn es sich um eine ganz einfache Situation handelt, die weder Feedback noch Beiträge, Diskussionen oder Erklärungen erfordert. In vielen Fällen ist der geeignete Führungsstil einfach eine freundliche, höflich vorgebrachte Anweisung.

Verkaufen

Der zweite Leadership-Stil ist das Verkaufen Ihrer Ideen. Wenn Sie in einem Unternehmen mit lauter fähigen, kompetenten und erfahrenen Mitarbeitern und einer freundlichen Atmosphäre arbeiten, können Sie meist nicht einfach nur Anweisungen geben, sondern Sie müssen die Leute von Ihrem Kurs überzeugen. Über Top-Führungskräfte wissen wir, daß sie ausnahmslos hervorragende Verkäufer mit wirkungsvollen Überzeugungstaktiken sind. Sie überlegen sich immer, wie sie anderen ihre Ideen schmackhaft machen können.

Es ist noch nicht lange her, daß ich mit einer Gruppe von Buchhaltern aus einem großen internationalen Unternehmen arbeitete. Als ich sie fragte, wieviele von ihnen im Verkauf tätig seien, hoben nur zwei oder drei von ihnen die Hand. Ich fragte erneut: „Denken Sie nach, wie viele von Ihnen haben mit Verkauf zu tun?“ Langsam streckten sich alle Hände in die Höhe. Worauf ich hinaus wollte, war folgendes: *Jeder Mensch hat mit Verkauf zu tun.* Wenn Sie Buchhalter sind, müssen Sie verkaufen. Als Ingenieur müssen Sie verkaufen. Wenn Sie Manager sind, müssen Sie verkaufen. Wenn Sie der Leader eines Unternehmens sind, müssen Sie verkaufen. Die Frage ist nur, ob Sie es können oder nicht. Alle wirklich erfolgreichen Menschen sind sehr gut in der Lage, ihre Ideen zu verkaufen und andere zu überzeugen.

Im Leben gibt es zwei Möglichkeiten: Sie können entweder andere Menschen beeinflussen und sie zu einer Zusammenarbeit bewegen, damit Sie Ihre Ziele erreichen, oder Sie können selbst anderen helfen, deren Ziele zu verwirklichen. In beiden Fällen ist der entscheidende Faktor, ob Sie sich gut verkaufen können oder nicht. Aus diesem Grund werden mehr und mehr Manager und leitende Angestellte dazu angeregt, an professionellen Verkaufstrainings teilzunehmen. Wenn sie dann eine Präsentation durchführen, wird ihnen plötzlich klar, daß sie gerade etwas verkaufen. Wenn sie versuchen, jemanden dazu zu bringen, etwas zu erledigen, verkaufen sie. Selbst in Meetings befinden sie sich in einer Verkaufssituation, weil es gilt, herauszufinden, was bestimmte Personen wollen und benötigen, welche Vorteile sie sich erhoffen, welche Nachteile damit verbunden sind, wie hoch die Kosten sind usw., und es geht letztendlich darum, das Meeting zu einem einvernehmlichen Abschluß zu bringen.

Ihre entscheidende Aufgabe als Manager besteht also sehr oft darin, anderen Personen Ihre Ideen zu verkaufen. Sie müssen die Leute dazu bringen, daß sie mit Freude das tun, worum Sie sie bitten.

Delegieren

Der dritte mögliche Management-Stil ist das Delegieren. Dazu ist ein umfassender Ansatz erforderlich, den ich in Kapitel 27 ausführlich darlegen werde. Daher gehe ich an dieser Stelle nur kurz auf die Grundlagen ein.

Nur durch Delegieren haben Sie die Möglichkeit, Ihre eigenen Fähigkeiten zu vervielfältigen. Sie dürfen Aufgaben allerdings nur an solche Mitarbeiter weitergeben, die sie gut erledigen können, die ihre Kompetenz bereits unter Beweis gestellt haben und die eine solche Aufgabe bereits gut bewältigt haben. Diese Menschen sind wie gute Stürmer, denen Sie beruhigt den Ball zuspielen können, weil Sie wissen, daß sie ihn annehmen und weiterspielen werden. Einer der größten Fehler, den Manager beim Delegieren begehen, ist, daß sie Aufgaben an Mitarbeiter abgeben, die nicht über die entsprechenden Kompetenzen verfügen. Dann wird die Aufgabe nicht richtig erledigt, und der Vorgesetzte wird wütend. Wenn ein Mitarbeiter gerade neu eingestellt wurde oder seine Stelle innerhalb des Unternehmens gewechselt hat, kann er eine ihm übertragene Aufgabe oft nicht zufriedenstellend erfüllen. Das ist auch kein Wunder, denn er ist noch nicht vollständig mit den Anforderungen vertraut. Wenn Sie also delegieren, müssen Sie zuvor überlegen, wem Sie welche Aufgabe überlassen können. Die betreffende Person muß bewiesen haben, daß sie fähig ist, die Aufgabe ohne laufende Betreuung zu erledigen. Denken Sie daran, daß Delegieren nicht bedeutet, daß Sie auch die Verantwortung abgeben. Sie müssen jemanden wählen, der die Aufgabe auch richtig durchführen kann.

Beteiligung

Die vierte Führungsstilvariante besteht in der Beteiligung Ihrer Mitarbeiter. Dies ist ein sehr moderner Führungsstil nach den neuesten Erkenntnissen und Methoden des Managements. Stellen Sie sich vor, Sie haben es mit einer sehr komplexen Situation zu tun, die viele Fähigkeiten erfordert, die Sie zum Teil nicht besitzen. Früher arbeiteten sich die Menschen die Karriereleiter empor, indem sie zuerst eine bestimmte Aufgabe erledigten. Dadurch wurden sie besser und konnten die nächste Aufgabe meistern. Wenn sie dann eine hohe Position erreicht hatten, wäre es ihnen weiterhin möglich gewesen, die Aufgaben aller Untergebenen im Notfall selbst zu erledigen. Heute ist dies jedoch anders. Heute sind viele Ihrer Mitarbeiter hochqualifizierte Fachkräfte, von denen Sie sehr stark abhängig sind und deren Aufgaben Sie auf keinen Fall übernehmen könnten.

Wenn Sie mit solchen Gruppen zusammenarbeiten müssen, können Sie keine Anweisungen geben, ja, Sie können sie nicht einmal von einer Arbeitsweise überzeugen, weil Sie gar nicht wissen, welches die beste Vorgehensweise ist. In diesem Fall bleibt Ihnen nur die Möglichkeit, diese Mitarbeiter an der Führung zu beteiligen. Sie müssen mit ihnen eine Übereinkunft über die Ziele erreichen und darüber, wie diese am besten verwirklicht werden können. Dann können Sie in der Gruppe festlegen, wie die Aufgaben verteilt werden, und zwar auf der Grundlage der spezifischen Fähigkeiten der einzelnen Personen.

Das wunderbare an dieser Methode ist, daß die betreffenden Personen sich um so stärker für ihre Arbeit einsetzen und begeistern und sich um so mehr bemühen, den Zeitplan einzuhalten, je umfassender sie an den Entscheidungen beteiligt waren. Diese Art des Managements durch Beteiligung – durch Diskussion und Befragung der Mitarbeiter nach ihrer Meinung zur besten Vorgehensweise – ist eine der besten Methoden zur Erzeugung von Loyalität und Engagement für eine bestimmte Aufgabe. Diese Methode wird von den besten Leadern eingesetzt, und zwar anstelle von reinen Anweisungen, anstelle des Verkaufens, Überzeugens oder Delegierens. Sie beteiligen ihre Mitarbeiter an den Entscheidungsprozessen, so daß jeder genau weiß, was er zu tun hat, und sich ganz dafür einsetzt, daß es auch erledigt wird.

Die Aufgabenreife des Mitarbeiters

Ein weiterer Faktor, nach dem sich Ihr Führungsstil richten muß, wenn Sie Ihre Mitarbeiter zu Höchstleistungen bringen wollen, ist die Erfahrung, die ein Mitarbeiter bereits in seiner Aufgabe gewonnen hat. Jeder

Mitarbeiter fällt diesbezüglich in eine von drei Kategorien. Die erste Kategorie sind die Mitarbeiter mit *hoher Aufgabenreife.* Diese Personen erledigen ihre Aufgabe ganz hervorragend und sind mit ihrer Arbeit durch und durch vertraut. Sie besitzen alle notwendigen Fähigkeiten und sind auf der Erfahrungskurve weit fortgeschritten. Zu diesen Mitarbeitern brauchen Sie nur zu sagen: „Wir müssen den Kunden anrufen und ihm die Verspätung mitteilen." – „Wir müssen noch tausend dieser Einheiten produzieren und sie an die Firma ABC liefern." Diese Mitarbeiter benötigen keine weiteren Erklärungen, sondern machen sich einfach an die Arbeit, weil sie genau wissen, was zu tun ist. Mit ihnen pflegen Sie eine lockere gegenseitige Kommunikation, bei der jeder den anderen über alle Vorgänge informiert. Diese Personen erledigen ihre Aufgaben, ohne daß Sie sich darum kümmern müssen.

Die zweite Kategorie sind die Mitarbeiter mit *mittlerer Aufgabenreife.* Diese Personen haben ihre Kompetenz bereits unter Beweis gestellt, wissen, wie sie ihre Aufgaben erledigen sollen und haben auch schon einige Erfahrung darin gesammelt, aber sie sind noch nicht perfekt. Sie haben immer noch Fragen und machen manchmal auch noch Fehler. Bei solchen Mitarbeitern ist es angebracht, daß Sie die jeweilige Angelegenheit genau mit ihnen besprechen. Sagen Sie ihnen, was getan werden muß und wie sie dabei vorgehen sollen. Besprechen Sie mit ihnen die verschiedenen Ansätze und geben Sie ihnen Feedback und Hilfestellungen. Schlagen Sie vor, wie die Sache Ihrer Meinung nach am besten behandelt werden sollte usw. Diese Situation erfordert einen stärkeren Austausch und mehr Beteiligung Ihrerseits.

Die dritte, unterste Ebene ist die Kategorie der Mitarbeiter mit *niedriger Aufgabenreife.* In diese Kategorie fallen neu eingestellte Mitarbeiter oder Personen, die innerhalb der Firma an eine andere Stelle versetzt wurden. Sie sind logischerweise noch unerfahren und unsicher in ihrem neuen Aufgabenbereich. Nun kommen wir zu einem wichtigen Punkt in diesem Zusammenhang. Es geschieht häufig, daß Personen, die eine bestimmte Aufgabe exzellent beherrschen, in einen neuen Aufgabenbereich versetzt werden, in dem sie zunächst über sehr wenig Reife und Erfahrung verfügen. Viele Unternehmen haben schon schlechte Erfahrungen damit gemacht, daß sie einen hervorragenden leitenden Angestellten an eine andere Position versetzten, in der er völlig versagte. Erst da erkannten sie, daß selbst Mitarbeiter mit langjähriger Erfahrung in einer bestimmten Position wieder ganz von vorne beginnen müssen. Heute sind die Unternehmen daher zu der Einsicht gelangt, daß die aktive Einarbeitung durch erfahrene Mitarbeiter absolut unerläßlich ist, wenn der versetzte Mitarbeiter schnell gute Leistungen erbringen soll. Auch neu eingestellte Mitarbeiter müssen unbedingt von einem hervorragenden Mitarbeiter Schritt für Schritt eingewiesen werden. Besonders in kleinen Unternehmen kommt es oft vor, daß ein neuer Mitarbeiter sozusagen ins kalte Wasser geworfen wird. In einem solchen Fall – bei niedriger aufgabenbezogener Reife – besteht jedoch die hohe Wahrscheinlichkeit, daß die Aufgabe schlecht erledigt wird. Der Mitarbeiter hatte ja noch nicht die Möglichkeit, sich mit den erforderlichen Schritten vertraut zu machen.

Die Persönlichkeit der Mitarbeiter

Auch für die verschiedenen Persönlichkeitstypen, denen Sie unter Ihren Mitarbeitern begegnen, ist jeweils ein anderer Führungsstil angebracht. Es ist bekannt, daß verschiedene Charaktere unterschiedliche Ansätze erfordern. Die meisten Leser kennen sicherlich das Insights®-Diagramm der Persönlichkeitsprofile. Von links nach rechts verläuft die Achse von der introvertierten zur extrovertierten Persönlichkeit, und von oben nach unten verläuft die Achse von der personenbezogenen zur aufgabenbezogenen Person.

Beziehungstyp	**Gesellschaftstyp oder Entertainer**
Analytiker	**Antreiber oder Direktor**

Das Diagramm ist damit in vier Quadranten eingeteilt. Im linken oberen Quadranten ist der Beziehungstyp angesiedelt.

Der Beziehungstyp

Der Beziehungstyp ist ein introvertierter, zurückhaltender Mensch, der sehr auf gute Beziehungen zu anderen Personen bedacht ist. Diese Menschen sind sehr ruhig und sensibel, und sie brauchen Bestätigung durch andere. Sie streben vor allem nach guten Beziehungen zu den Menschen in ihrer Umgebung und nach Akzeptanz. Auf keinen Fall wollen sie jemanden verletzen oder beleidigen. Für Entscheidungen nehmen sie sich viel Zeit, und sie lassen sich nicht gerne drängen. Sie sind umgänglich und reagieren sensibel auf ihre Umgebung.

Personen dieses Typs findet man häufig in sozialen Berufen, beispielsweise als Pfleger, Lehrer, Berater, in sozialen Diensten und auch im Verwaltungsbereich. Im Umgang mit solchen Menschen müssen Sie langsam, behutsam, ruhig und entspannt sein. Nehmen Sie sich Zeit, und geben Sie ihnen die Möglichkeit, über Ihre Vorschläge nachzudenken. Diese Menschen können hervorragende Leistungen erbringen, Sie dürfen sie jedoch nicht drängen und müssen sie einfühlsam behandeln, damit sie sich wohl fühlen und ihr Bestes geben.

Ein wesentlicher Fehler, den viele Frauen und Männer im Management begehen, ist, daß sie alle Menschen so behandeln, wie sie es für richtig halten. Da Sie selbst jedoch auch einer der vier Persönlichkeitstypen sind, die ich gerade beschreibe, unterscheiden sich die drei anderen Typen wesentlich von Ihnen. Wenn Sie mit diesen anderen Typen gut zurechtkommen wollen, müssen Sie flexibel im Umgang mit verschiedenen Persönlichkeiten sein. Sie müssen zuerst überlegen, mit welcher Art von Person Sie sprechen, und dann Ihr eigenes Verhalten darauf einstellen. Wenn Sie mit einem Kind sprechen, ist es auch besser, wenn Sie nicht von oben auf es herabblicken, sondern sich auf gleiche Augenhöhe mit ihm begeben. Dadurch wird der Gesprächsstil auf fundamentale Weise verändert.

Der Analytiker

Im linken unteren Quadranten befindet sich der Analytiker. Dieser Personentyp ist gleichzeitig introvertiert und aufgabenbezogen. Menschen dieser Art arbeiten vor allem sehr exakt. Für sie ist es wichtig, alles korrekt zu erledigen, und sie achten auf jedes Detail. Wenn Sie mit diesen Menschen sprechen, müssen Sie die Fakten klar und deutlich darlegen und auf zahlreiche Detailfragen gefaßt sein. Als Manager achten sie vor allem auf korrekte Zahlen.

Diese Personen findet man hauptsächlich in Berufen, bei denen es sehr auf Genauigkeit und die Beherrschung des Fachwissens ankommt, beispielsweise in der Buchhaltung, als Ingenieure, Programmierer oder Controller.

Der Antreiber (Direktor)

Der dritte Persönlichkeitstyp, der im rechten unteren Quadranten angesiedelt ist, wird als treibende Persönlichkeit beschrieben. Diese Personen sind aufgabenorientiert und extrovertiert bei ihnen kommt es hauptsächlich auf das Endergebnis an. Sie wollen vor allem wissen, wie etwas funktioniert, welche Vorteile sie davon haben, was es kostet – und dann wollen sie sofort anfangen. Der Antreiber ist ungeduldig, er will Ergebnisse sehen und kümmert sich nur ungern um Einzelheiten. Wenn Sie mit einer solchen Person sprechen, reden Sie ohne Umschweife und sagen Sie genau, worauf es ankommt. Konzentrieren Sie sich auf die Darstellung der Ergebnisse. Falls diese Personen später mehr Details benötigen, werden sie Sie von selbst danach fragen.

Der Gesellschaftstyp (Entertainer)

Der vierte Typ, mit dem Sie es zu tun haben werden, ist der Gesellschaftstyp im rechten oberen Quadranten. Dieser Typ ist sowohl personenbezogen als auch extrovertiert. Meist handelt es sich um einen leitenden Angestellten oder Verkäufer, oft auch um den kreativen Leiter eines Unternehmens. Diese Menschen sind leistungsorientiert, und ihre Wände sind meist mit zahllosen Bildern von sich selbst und anderen Leuten tapeziert. Im Umgang mit ihnen müssen Sie schnell reagieren und witzig sein. Sie müssen sich knapp und präzise ausdrücken und außerdem müssen Sie sensibel sein und die Person und ihre Leistungen ausreichend würdigen.

Bei jedem dieser Charaktere gilt, daß Sie Ihre eigene Persönlichkeit auf Ihr jeweiliges Gegenüber einstellen müssen, wenn Sie diese Person überzeugen und zur Zusammenarbeit bewegen wollen.

Die Entscheidungsfindung

Ein weiterer Bereich, in dem Sie die Auswahl unter mehreren verschiedenen Führungsstilen haben, ist der Entscheidungsprozeß. Dieser wird in Kapitel 30 ausführlich behandelt. Es gibt drei Arten von Entscheidungsprozessen, mit denen Sie beinahe jeden Tag konfrontiert werden. Die Problemlösung und Entscheidungsfindung ist übrigens eine Ihrer wichtigsten Aufgaben als Leader, und Ihr Erfolg hängt ganz entscheidend davon ab, wie gut Sie diese Aufgabe meistern.

Die erste Art von Entscheidung ist die *Befehlsentscheidung*. In diesem Fall treffen Sie die Entscheidung alleine. Dabei geht es beispielsweise um eine wichtige Personalentscheidung, eine wichtige Investition, ein kritisches Risiko oder um sehr viel Geld – es ist eine Entscheidung, die Sie für sich alleine treffen müssen. Sie können zwar relevante Informationen aus möglichst vielen Quellen sammeln, aber die Entscheidung liegt letztendlich ganz bei Ihnen.

Zweitens gibt es die *Beratungsentscheidung*. Sie bitten dabei zuerst andere um ihren Rat und entscheiden anschließend alleine.

Die dritte Art ist schließlich die *Konsensentscheidung*, also eine demokratische Entscheidung, bei der Sie alle Beteiligten nach ihrer Meinung fragen und letztlich durch Abstimmung entscheiden.

Welche Probleme können sich dabei ergeben? Bei Befehlsentscheidungen ist die Sachlage ganz klar. Probleme ergeben sich nur, wenn Sie eine Beratungsentscheidung anstreben, bei der Sie Mitarbeiter nach ihrer Meinung zum Thema befragen, während die Mitarbeiter der Auffassung sind, es handle sich um eine Konsensentscheidung mit demokratischer Abstimmung. Sie müssen also von Anfang an deutlich machen, daß Sie lediglich um Beiträge bitten, die Entscheidung aber alleine fällen werden.

Die drei Eigenschaften der besten Leader

Durch welche Eigenschaften zeichnen sich die besten Leader aus? Mehr als 30 000 Angestellte in Dutzenden von Branchen wurden danach befragt, wer die besten Führungskräfte waren, für die sie jemals gearbeitet hatten. Und wissen Sie, was sie geantwortet haben? Es waren diejenigen Vorgesetzten, *die ganz klar beschreiben konnten, welche Ergebnisse sie erwarteten.* Die Mitarbeiter wußten immer, wozu sie gebraucht wurden und was von ihnen erwartet wurde.

Die zweite wichtige Eigenschaft einer guten Führungskraft war die *Freundlichkeit.* Diese Leader kamen gut mit ihren Mitarbeitern aus. Die Mitarbeiter gaben an, daß sie das Gefühl hatten, von dieser Person als Mensch ernstgenommen zu werden.

Wenn Sie also ein hervorragender Leader werden wollen, müssen Sie die Aufgaben klar darlegen können und für einen freundlichen, warmen Kontakt zu Ihren Mitarbeitern sorgen, damit diese das Gefühl haben, daß sie als Menschen und nicht nur als Rädchen in einer Maschine betrachtet werden.

Die wichtigste Eigenschaft eines erfolgreichen Leaders ist jedoch die *Flexibilität.* Entscheidend ist, daß Sie lernen, die verschiedenen Führungsstile anzuwenden und sich im Umgang mit Menschen auf die unterschiedlichen Persönlichkeiten einzustellen, damit Sie in verschiedenen Situationen jeweils andere Ergebnisse erzielen. Dies ist einer der wichtigsten Beiträge, mit dem Sie als Leader jeden Bereich Ihres Lebens bereichern können.

Zusammenfassung

Einer der größten Fehler, den Sie als Manager begehen können, ist, alle Menschen so zu behandeln, wie Sie Ihrem eigenen Persönlichkeitstyp nach gerne behandelt werden würden – Sie dürfen aber nicht nur an Ihre eigenen Bedürfnisse und Wünsche denken und dabei die Bedürfnisse Ihrer Mitarbeiter mißachten oder ignorieren. Zu diesem Zweck fasse ich erneut kurz die verschiedenen Führungsstile zusammen.

Betrachten Sie die Mitarbeiter, die zu Ihrem Verantwortungsbereich gehören. Fragen Sie sich, wie gut jeder einzelne in sein Aufgabengebiet eingearbeitet ist. Wie viele von ihnen sind Neuanfänger? Es ist eine Tatsache, daß ein Mensch, dem gerade ein völlig neues Aufgabengebiet übertragen wurde, einige Zeit braucht, um damit vertraut zu werden. Ich gebe Ihnen hierzu ein Beispiel: Vor einigen Jahren stellten wir in unserem Unternehmen eine neue Empfangsassistentin ein. Sie wurde von ihrer Vorgängerin ausgewählt, die auf einen Sekretärinnenposten wechselte. Alle waren während der Bewerbungsgespräche zu der Auffassung gekommen, daß diese Bewerberin am besten geeignet war, und so wurde ihr die Position angeboten. Schon nach einer Woche lautete die einhellige Meinung, daß sie wieder entlassen werden sollte, da sie scheinbar nicht fähig war, das Telefon zu bedienen und Nachrichten weiterzuleiten. Ich fragte, ob jemand sich die Zeit genommen hatte, ihr alles zu zeigen und sie gründlich einzuarbeiten. Die Antwort war: „Nein. Aber sollte sie das nicht von selbst können? So schwer ist das doch nicht." Ich entgegnete jedoch, daß man von niemandem erwarten könne, daß er seine Aufgabe hervorragend erledigt, wenn es ihm niemand beigebracht hat. Also wurde sie eingearbeitet. Drei Wochen später schwärmten alle, daß sie der reinste Glücksfall für die Firma sei – weil sie nun gelernt hatte, was zu tun war.

Eine weitere Frage lautet: Benötigen einige Mitarbeiter zusätzliche Schulungen? Unternehmen mit eigener Vertriebsabteilung messen dem Vertrieb meist eine sehr hohe Bedeutung zu. In diesem Fall frage ich immer: „Wieviel Zeit und Geld haben Sie auf die Schulung Ihrer Vertriebsmannschaft verwendet, um sie wirklich hervorragend auf ihre Aufgabe vorzubereiten?" Sie können von Ihren Mitarbeitern nicht hohe Leistungen erwarten, wenn Sie sie nicht gründlich schulen, coachen und bei ihrer Aufgabe unterstützen. Wie viele Mitarbeiter befinden sich noch auf dem mittleren und unteren aufgabenbezogenem Reifeniveau? Wie viele haben inzwischen genügend Erfahrung? Wie viele Aufgaben können Sie beruhigt delegieren? Wie vielen Mitarbeitern müssen Sie sich verstärkt widmen, damit sie ihre Aufgaben richtig erledigen können?

Was die verschiedenen Persönlichkeitstypen betrifft, so gehen Sie alle Mitarbeiter in Ihrem Verantwortungsbereich durch und erstellen Sie eine Liste. Schreiben Sie die Namen und Funktionen nebeneinander und ordnen Sie alle Personen ihrem jeweiligen Typ zu. Ist jemand ein *Beziehungstyp*? Ist er einfühlsam, sensibel, freundlich und nicht besonders extrovertiert? Gibt er sich Mühe, mit allen gut auszukommen, gemocht und akzeptiert zu werden? Wenn ja, wie sollten Sie dann Ihr Verhalten dieser Person gegenüber anpassen, damit sie besser arbeitet?

Oder ist jemand ein *Analytiker*? Ist er versessen auf Details? Nimmt er Anweisungen sehr genau? Achtet er stark auf korrekte Zahlen?

Wenn ja, müssen Sie darauf achten, daß Sie dieser Person sehr genaue Antworten, sehr exakte Anweisungen und ausführliche Beschreibungen Ihrer Anforderungen geben.

Gibt es auch eine ergebnisorientierte Person? Diese Menschen, die *Antreiber (Direktoren)*, sind sehr ungeduldig. Sie warten nur darauf, daß Sie ihnen eine Aufgabe übertragen, und dann legen sie sofort los. Es kann jedoch sein, daß sie zwar sofort anfangen wollen, aber noch nicht genügend Erfahrung besitzen. In diesem Fall benötigen sie Anleitung, weil sie nicht wissen, wie sie vorgehen sollen. Geben Sie ihnen klare, präzise Anweisungen und lassen Sie sie dann in Ruhe. Treffen Sie sich regelmäßig mit ihnen und geben Sie ihnen Feedback. Solche Personen wollen sofort losrennen, wenn sie den Ball erhalten haben, ohne sich lange Erklärungen anhören zu müssen.

Schließlich gibt es noch den Typ des *Entertainers*. Er ist schnell und handlungsorientiert, extrovertiert und immer beschäftigt. Diese Menschen müssen Sie manchmal auf ihre Aufgaben festnageln, da sie gerne vergessen oder sich nicht mehr genau daran erinnern können, daß sie versprochen haben, etwas zu erledigen.

Zu den Entscheidungsarten: *Die Konsensentscheidung ist bei weitem die beste von allen.* Wenn eine Angelegenheit nicht absolut wichtig ist, sollten Sie versuchen, die Entscheidung mit Beteiligung und Abstimmung Ihrer Mitarbeiter zu erzielen. Je mehr die Gruppe diskutieren und zur Entscheidungsfindung beitragen kann, desto überzeugter ist sie am Ende von der beschlossenen Vorgehensweise und desto stärker setzen sich die Mitglieder dafür ein. Sie sind motiviert und begeistert. Bei Beratungsentscheidungen fragen Sie zwar die Mitarbeiter um Rat, Sie müssen aber von Anfang an klarstellen, daß Sie die Entscheidung letztendlich alleine treffen werden. Eine Befehlsentscheidung fällen Sie auf jeden Fall alleine.

Zum Schluß müssen Sie überlegen, wie Sie diese Gedanken in Ihrer täglichen Arbeit umsetzen können. Entscheidend ist, daß Sie jedem Mitarbeiter seine Aufgaben ganz klar mitteilen, und zwar in dem Stil, der seiner Persönlichkeit am besten entspricht. Außerdem ist es wichtig, daß Sie sich freundlich verhalten und alle Mitarbeiter im Unternehmen unterstützen. Wenn Ihnen dies gelingt, werden Sie mit jedem Tag ein immer besserer Manager und Leader.

Kapitel 7

Schlüsselfunktionen im Management

Bei einer medizinischen Vorsorgeuntersuchung erfaßt der Arzt als erstes einige Werte. Er untersucht Ihren Herzschlag, den Puls, den Blutdruck, den Muskeltonus, die Atmung, die Verdauung, den Urin und bestimmt noch eine ganze Menge anderer Werte. Dabei wird einfach nur jeder Teil Ihres Körpers auf verschiedene Weise getestet, um zu sehen, wie gesund Sie sind. Als Manager müssen Sie ebenfalls bestimmte lebenswichtige Funktionen im Auge behalten, denn die Leistung, die Sie in diesen Bereichen erbringen, entscheidet über Ihren gesamten Erfolg.

Einer meiner liebsten Begriffe im Zusammenhang mit Management ist die *Klarheit*. Ich kann es nur immer wieder wiederholen: Sie können kein Ziel treffen, das Sie nicht sehen. Sie können keine herausragenden Leistungen erbringen, wenn Sie nicht genau wissen, was von Ihnen erwartet wird und wie, wann und warum es von Ihnen erwartet wird.

Leider wird niemand schon als Kind sagen: „Mama, Papa, wenn ich groß bin, möchte ich ein Manager werden." Die meisten von uns geraten eher zufällig ins Management, und auch in den meisten Business-Schulen wird nichts über die Schlüsselfunktionen und Ziele gelehrt, die ich in diesem Kapitel darlegen werde. Je genauer Sie wissen, was von Ihnen erwartet wird, desto öfter werden Sie sich darum kümmern und desto besser werden Sie es erledigen. Und je besser Sie die Erwartungen erfüllen, desto erfolgreicher werden Sie und Ihre Organisation sein.

Lassen Sie Aufgaben durch andere erledigen

Ein Manager sollte soviele Aufgaben wie möglich von anderen erledigen lassen. Der häufigste Grund für das Versagen eines Managers ist, daß er unter Streß in alte Gewohnheiten zurückfällt und die Arbeit wieder selbst übernimmt. Meist geschieht das, wenn er aus den unteren Ebenen aufgestiegen ist und seine Arbeit früher sehr gut erledigte. Eine kürzlich durchgeführte Studie zeigt, daß 51 Prozent der Vertriebsmanager sich mit vielen Tätigkeiten beschäftigen, die nichts mit Vertriebsmanagement zu tun haben. Sie kümmern sich weiterhin um den Verkauf. Sie führen Spesenrechnungen, sie besuchen Kunden, sie betreiben sogar selbst Kundenakquise und begleiten die Verkäufer, um Abschlüsse zu erzielen – das alles hat nichts mit Management zu tun. *Der Schritt auf einen Managerposten bedeutet den Übergang von der praktischen Tätigkeit zum Management.* Sie erledigen dann nicht mehr die praktische Arbeit, sondern übernehmen die Koordination und lassen die Arbeit von anderen ausführen.

Es ist beinahe so, als ob eine Tür hinter Ihnen zufällt. Von einem Augenblick zum anderen haben Sie mit der praktischen Durchführung der Arbeit nichts mehr zu tun. Sie sind jetzt ein Manager und gehören nicht mehr zur Gruppe der Verkäufer. Daher müssen Sie sich an ein neues Paradigma gewöhnen und sich selbst und Ihre Funktion anders betrachten. Sie kennen den alten Spruch: *Wenn man will, daß etwas vernünftig getan wird, muß man es persönlich in die Hand nehmen.* Wenn Sie dieser Ansicht sind, sollten Sie Ihre Position aufgeben und alles wieder selbst erledigen. Diese Denkweise ist überholt und hat nichts mit modernem Management zu tun. *Wenn Sie wollen, daß etwas richtig gemacht wird, müssen Sie andere Leute dazu bringen, es optimal zu erledigen.* Machen Sie es auf keinen Fall selbst! Nur schwache Manager fallen in ihre alten Gewohnheiten zurück. Ein herausragender Manager findet dagegen eine Möglichkeit, die Aufgaben von anderen erledigen zu lassen.

Auf gute Teamarbeit kommt es an

Als Manager ist es nicht mehr Ihre Aufgabe, die Arbeit selbst zu erledigen, sondern die Arbeit anderer Personen zu lenken. Wenn Sie etwas alleine in die Hand nehmen, können Sie nur Ihre eigenen Fähigkeiten einsetzen. Wenn Sie jedoch ein Team leiten, steuern Sie die Leistung und den Output aller Mitglieder, und dadurch erreichen Sie wesentlich mehr. So erhalten Sie nicht mehr nur die Ergebnisse eines einzelnen, sondern den Output vieler Personen. Sie werden in Ihrem Arbeitsumfeld zum Multiplikator. Ein Mensch in einer hohen Position im Unternehmen kann die Leistung von Hunderten und sogar Tausenden von Menschen beeinflussen – aber nur, wenn er nicht versucht, die Arbeit selbst zu tun.

Die oberste Grundregel für effektives Management lautet, daß sämtliche Arbeit von Teams, von Gruppen erledigt wird. Stellen Sie sich vor, mehrere Leute wandern auf einer Bergstraße, und plötzlich stürzt ein Gesteinsblock herunter, der die ganze Straße versperrt. Es ist unmöglich, den Felsen zu umgehen, aber die Leute wollen dennoch weiter. In diesem Fall wird sich die Gruppe zusammenschließen und überlegen, wie der Felsblock gemeinsam aus dem Weg geräumt werden kann.

Organisationen entstehen ebenfalls aus dem Grund, weil „ein Felsbrocken auf der Straße liegt“. Organisationen existieren nur deshalb, weil etwas vollbracht werden muß, das eine Person alleine nicht schaffen kann. Als ich meine Firma gründete, tippte ich zunächst alle Briefe selbst. Ich entwarf und druckte mein Briefpapier, gestaltete die Formulare und fertigte die Verträge aus. Sobald sich ein wenig Erfolg zeigte, stellte ich jemanden ein, der einige der Schreibarbeiten übernahm, damit mir mehr Zeit für die anderen Aufgaben blieb. Eine große Organisation besteht aus Hunderten oder sogar Tausenden von Menschen, aber alles beginnt mit einem Felsblock, der aus dem Weg geräumt werden muß. Nach und nach werden immer mehr Menschen versammelt, die zur Vollendung der Hauptaufgabe der Organisation beitragen sollen: dem Entfernen des Felsblocks, der Erfüllung der Absatzvorgabe usw.

Vollständiger persönlicher Einsatz

Von jedem Teammitglied werden Spitzenleistungen erwartet, und das bedeutet totalen persönlichen Einsatz. Jede Person muß sich voll und ganz für den Erfolg der Organisation einsetzen und ihre Funktion hundertprozentig erfüllen. Ist dies nicht der Fall, kann es sein, daß diejenigen, die sich tatsächlich für ihren Erfolg einsetzen, demotiviert bzw. demoralisiert werden. Sie als Manager müssen die Multiplikatorfunktion übernehmen. Es geht nicht darum, die Arbeit selbst auszuführen, sondern darum Einfluß auf Ihre Mitarbeiter auszuüben, damit diese die Arbeit selbständig, wesentlich besser und schneller erledigen.

Empowerment

Der Schlüssel zum Erfolg im Management ist *Empowerment in Verbindung mit der Nutzung von Synergien.* Empowerment bedeutet, daß Sie den Menschen das Gefühl geben, zu großen Leistungen fähig zu sein. Dazu müssen Sie wiederum *ein Umfeld schaffen, in dem die Menschen motiviert werden.* Sie selbst können die Menschen zwar nicht motivieren, aber Sie können die Strukturen schaffen, in denen die Mitarbeiter ihr volles Potential erkennen und entfalten.

Empowerment bedeutet, den Menschen Selbstbewußtsein zu geben, ihre Anstrengungen auf ein Ziel zu konzentrieren, sie zu loben und sie zu ermutigen. Ihre Hauptaufgabe besteht darin, Ihre Mitarbeiter zu eigenverantwortlichem Handeln zu befähigen und ihnen ein Teamgefühl zu vermitteln. Dies ist sowohl für Ihr Unternehmen als auch für Sie selbst und Ihre Zukunft wichtig.

Helfen Sie den Mitarbeitern, ihren Wert zu steigern

Menschen sind die einzigen Ressourcen, deren Wert steigen kann. Wenn Sie eine Schreibmaschine oder einen Computer kaufen, vermindert sich dessen Wert bereits nach kurzer Zeit. Der Wert eines gekauften Fahrzeugs oder eines Ausstattungsgegenstands verringert sich um 20 bis 30 Prozent pro Jahr.

Menschen dagegen können ihren eigenen Wert steigern. Das ist der Grund, warum Sie Ihre Mitarbeiter mit der Zeit besser bezahlen. Sie werden wertvoller für Sie, weil sie Wissen, Erfahrung, Weisheit usw. hinzugewinnen. Eines Ihrer wichtigsten Ziele sollte darin bestehen, ihren Wert als Person zu steigern und sie für Ihre Organisation wertvoller zu machen.

Sie können drei Dinge tun, um Ihre Mitarbeiter bei der Steigerung ihres Werts zu unterstützen. Erstens sollten Sie darauf achten, daß Sie für jede Aufgabe nur vom Typ her geeignete Personen auswählen. Zweitens sollten Sie diese idealen Mitarbeiter ausreichend schulen, damit sie Selbstvertrauen, Kompetenz und Motivation entwickeln. Drittens müssen Sie ein geeignetes Umfeld schaffen, damit die Mitarbeiter gute Leistungen erbringen können. Dies sind die Mindestanforderungen an die Leistung eines Managers.

Die unerläßlichen Funktionen des Managements

Im folgenden werde ich auf einige lebenswichtige Funktionen im Management eingehen.

Planung

Die erste dieser unerläßlichen Funktionen ist die Planung. Ihre Fähigkeit, zu planen und zu entscheiden, was genau zu tun ist, und dies anderen zu vermitteln, entscheidet über Ihren Erfolg. Wenn Sie nicht in der Lage sind, perfekt zu planen, dann werden Sie immer für jemanden arbeiten müssen, der es besser beherrscht. Und anstatt Menschen als Teile Ihres Planes zu lenken, werden Sie immer ein Teil des Planes einer anderen Person sein.

Dabei ist Planung eigentlich sehr einfach. Die Grundlage bilden *klare Ziele und Etappenziele.* Wenn Sie Chef eines eigenen Unternehmens sind, sollten Sie sich ein Blatt Papier nehmen und Ihre Ziele festlegen. Welche Ziele streben Sie hinsichtlich Ihres Unternehmens, des Vertriebs, der Produktion, der Marktanteile, des Wachstums usw.

an? Und wie lauten die Etappenziele, also die notwendigen Zwischenergebnisse auf dem Weg zur Verwirklichung dieser Ziele? Wenn Sie für jemand anderen arbeiten, müssen Sie ihn fragen, was genau er von Ihnen erwartet. Was verlangt er von Ihnen? Wie wird Ihre Arbeit beurteilt?

Je klarer und genauer Sie Ihre Ziele und Etappenziele kennen, desto höhere Leistungen können Sie erbringen und desto schneller werden Sie geschätzt, anerkannt und belohnt.

Ziele müssen im Vorfeld diskutiert und dann gemeinsam beschlossen werden. Sie müssen Ihnen und all Ihren Kollegen, Vorgesetzten und Untergebenen genau bekannt sein. Ziele müssen schriftlich fixiert werden und meßbar sein. Alle Geschäftsziele müssen sich letzten Endes in Zahlen ausdrücken lassen. Es muß Fristen, finanzielle und quantitative Kennziffern und auch Qualitätsmaßstäbe geben. Die gesamte Unternehmensterminologie, alle Geschäftsergebnisse sind letztendlich in finanzieller Hinsicht meßbar. Ihre Aufgabe ist es, herauszufinden, wie die Zahlen aussehen. Denken Sie daran: Was gemessen wird, wird auch erledigt.

Organisation

Eine weitere lebenswichtige Funktion des Managements ist die Organisation. Wenn Sie Ihre Planung erledigt haben, dann müssen Sie organisieren – fast im Stil eines Militäreinsatzes. Stellen Sie sich vor, Sie kommen in ein vollkommen leeres Büro. Dann wird es Zeit zu organisieren: Sie müssen alle Ressourcen zusammenstellen, die zur Erfüllung der gestellten Aufgaben notwendig sind. Sie brauchen beispielsweise Geld, Möbel, Bürogeräte usw. Was benötigen Sie für Ihre Aufgabe? Alles Vorhandene ist willkommen, alles nicht Vorhandene muß besorgt werden. Falls etwas zwar verfügbar, aber gegenwärtig nicht an Ort und Stelle ist, müssen Sie es holen.

Im Hinblick auf militärische Strategien ist die Beobachtung interessant, daß Amateure meist Strategien diskutieren, während sich die Profis über die Logistik unterhalten. Die besten Manager kümmern sich zuerst um die Ausrüstung, die benötigt wird, um das Ziel zu erreichen. Bei der Planung und Organisation müssen Sie überlegen, welche Talente und Fähigkeiten erforderlich sind. Welche Erfahrungen brauchen

Sie, um die Etappenziele zu erreichen? Besitzen Sie sie schon, oder müssen Sie sie erst noch erwerben? Müssen Sie eine Person mit einer bestimmten Fähigkeit finden? Brauchen Sie einen Experten? Benötigen Sie eine besonders fähige Kraft in einer bestimmten Position? Beachten Sie die Regel, daß Sie immer nach den bestmöglichen Mitarbeitern für eine Position suchen müssen. Damit komme ich zum nächsten Punkt, der Mitarbeiterauswahl.

Auswahl der Mitarbeiter

Die Mitarbeiterauswahl ist eine ganz entscheidende Aufgabe des Managements. Sie stellt Herzschlag und Blutdruck eines Unternehmens dar und bestimmt die Überlebenschance einer Firma. Von ihr hängt die Gesundheit des Organismus „Unternehmen“ ab.

Bei der Mitarbeiterauswahl geht es darum, für jede Aufgabe die richtigen Mitarbeiter auszusuchen. Sie dürfen sich nicht mit den falschen zufriedengeben – weder mit Personen, die einigermaßen gut sind, noch mit Leuten, die nur besser als andere sind. Sie müssen genau die Mitarbeiter finden, die sich für die jeweilige Position am besten eignen. Dazu bedarf es großen Einfühlungsvermögens und Wissens. Dies ist eine Bewährungsprobe für jeden Manager. Sind Sie fähig, die richtigen Leute auszusuchen, Bewerbungsgespräche zu führen, Mitarbeiter einzustellen, sie auf den richtigen Weg zu bringen und sie am richtigen Ort einzusetzen? Die Mitarbeiter sind heutzutage der Schlüssel zum Erfolg eines Unternehmens. Die besten Unternehmen und die besten Manager haben die hervorragendsten Mitarbeiter. Wachstum und Rentabilität hängen ganz entscheidend von den Mitarbeitern ab. Mitarbeiter bedeuten alles, sie bilden den Kern Ihres Erfolgs. Alles hängt davon ab, daß Sie gute Mitarbeiter anwerben und in Ihrem Unternehmen halten können.

Delegieren

Das Delegieren ist eine weitere Hauptfunktion des Managements. Wer als Manager nicht delegieren kann, hat keine Zukunft. Demjenigen, der diese Kunst beherrscht, steht dagegen eine große Zukunft bevor. Selbst wenn Sie bei Mitarbeiterauswahl, Planung, Strategie und Motivation großes Geschick besitzen, sabotieren Sie Ihren Erfolg wieder, wenn Sie nicht delegieren können.

Gutes Delegieren kann man lernen. Es bedeutet, eine bestimmte Aufgabe jeweils auf die richtige Weise den richtigen Mitarbeitern zuzuweisen, die über die richtigen Ressourcen verfügen, um sie optimal zu erledigen. Durch Delegieren können Sie Ihre Fähigkeiten vervielfältigen, Ihre Multiplikatorfunktion ausnutzen und einen außergewöhnlichen Beitrag zum Erfolg Ihrer Organisation leisten. Auf diese Fähigkeit kommt es an, wenn Sie in Ihrer Karriere Fortschritte machen wollen.

Es ist eine interessante Tatsache, daß kein Mitarbeiter aus seiner Position „befördert" werden kann, solange es niemanden gibt, der seine Tätigkeiten übernehmen kann. Viele Mitarbeiter versuchen, sich dadurch zu schützen, daß sie anderen nie etwas über ihre Arbeit erzählen, sie erklären oder sie gar einweisen. Sie wollen so ihren eigenen Wert steigern, versperren sich damit aber nur selbst den Weg nach oben, weil es im Fall einer Beförderung keinen Ersatz für sie gibt. Wenn Sie also an eine neue Position versetzt werden, sollte eine Ihrer ersten Maßnahmen darin bestehen, sofort mit der Einarbeitung Ihres Nachfolgers zu beginnen. Dies erreichen Sie am besten durch konstantes Delegieren von Verantwortung. Bringen Sie ihm bei, Ihre Aufgaben zu erledigen, damit Sie sich auf der Leiter weiter nach oben bewegen können.

Durch das Delegieren von Verantwortung tragen Sie auch entscheidend zur Weiterentwicklung Ihrer Mitarbeiter bei. Durch das Delegieren von Entscheidungen helfen Sie Ihren Mitarbeitern, klüger und entschlossener zu werden, und durch das Delegieren von Problemlösungen fördern Sie ihre Urteilsfähigkeit. Um Ihre Mitarbeiter wirklich zu fördern, müssen Sie ihnen jedoch etwas mehr Aufgaben zuteilen, als sie sich selbst zutrauen würden. Es sollte aber nur so viel sein, daß es eine anspornende Herausforderung bedeutet.

Beaufsichtigung der Mitarbeiter

Beaufsichtigung gehört ebenfalls als entscheidender Bestandteil zum Management. Es bedeutet, dafür zu sorgen, daß alle Arbeiten termingerecht erledigt werden. Zuerst delegieren Sie die Aufgaben an Ihre Mitarbeiter, und anschließend halten Sie sich über die Fortschritte auf dem laufenden. Behalten Sie dazu einfach die Hand am Puls. Topmanager verbringen 75 Prozent ihrer Zeit mit dem *Management by Walking Around.* Sie drehen also ihre Runden und sprechen immer wieder kurz mit ihren Mitarbeitern. „Wie sieht es aus?“ – „Kann ich Ihnen etwas besorgen?“ – „Was geschieht in diesem Fall?“ – „Warum versuchen Sie es nicht so?“ – „Warum rufen Sie nicht einfach an?“ Sie halten lauter Mini-Meetings ab.

Für die Anzahl dieser Mini-Meetings gibt es eine einfache Regel. Sie entspricht pro Stunde dem Quadrat der Anzahl der Leute, die für Sie arbeiten. Wenn Sie also vier Mitarbeiter haben, dann haben Sie sechzehn kurze Gespräche pro Stunde. Sie dauern oft nur eine Minute: „Hat der Kunde angerufen?“ – „Dieser Brief muß erledigt werden.“ – „Dieses Angebot muß heute noch abgeschickt werden.“ Mit anderen Worten handelt es sich meist nur um sehr kurze Unterbrechungen. Dennoch bilden sie die Grundlage für eine weitere Regel, die in Kapitel 12 ausführlich behandelt wird: Aufgrund dieser laufenden Unterbrechungen können Sie selbst während Ihrer Arbeitszeit keine echte Arbeit erledigen. Ihre Aufgabe als Manager besteht darin, die Arbeit von anderen ausführen zu lassen.

Aus diesem Grund müssen Sie die Arbeit strukturieren und organisieren – Sie müssen den verschiedenen Mitarbeitern einmal mehr, einmal weniger Aufgaben zuteilen, Teile der Arbeit wieder umverteilen usw. Sie müssen immer überlegen, wer die geeigneten Personen für eine bestimmte Aufgabe sind und welche Ressourcen sie benötigen. Wem ist diese Aufgabe auf den Leib geschnitten? Wer hat genau die erforderlichen Fähigkeiten?

Von Ihrer Fähigkeit zur Betreuung und Beaufsichtigung hängen sowohl Ihr Einkommen als auch Ihr Aufstieg ab. Fast alle Leiter großer Unternehmen haben einmal ganz unten angefangen. Jeder Vorstandsvorsitzende war früher einmal eine Arbeitskraft, der ein Assistent zugeteilt wurde. Den Schlüssel zum wahren Erfolg finden Sie in einem kurzen Bibelzitat: „Sehr gut, du bist ein tüchtiger und treuer Diener. Du bist im Kleinen ein treuer Verwalter gewesen, ich will dir eine große Aufgabe übertragen.“

Leistungsmessung

Eine weitere unabdingbare Funktion des Managements ist die Leistungsmessung. Zu diesem Zweck müssen Sie *Leistungsmaßstäbe und Termine festlegen.* Erklären Sie Ihren Mitarbeitern, woran sie erkennen, daß sie hervorragende Arbeit geleistet haben. *Benchmarking* ist ein entscheidender Bestandteil dieser Leistungsmessung – sowohl für Sie selbst als auch für jeden einzelnen Ihrer Mitarbeiter. Vergleichen Sie sich und Ihre Leistung immer mit den Besten – mit dem Besten aus Ihrer Abteilung, mit dem Besten in Ihrem Unternehmen, mit den Besten in anderen Unternehmen. Halten Sie es bei Ihren Mitarbeitern ebenso. Was müssen Sie und Ihre Mitarbeiter tun, um immer besser zu werden?

Berichte verfassen

Auch dies ist eine wichtige Aufgabe des Managements. In Berichten teilen Sie anderen Personen Ihre Ergebnisse und Aktivitäten mit. Eine Redensart lautet: *Keine Werbung zu betreiben ist so, als ob man einem Mädchen im Dunkeln zublinzelt!* Nur Sie selbst kennen Ihre eigenen Leistungen. Sie können noch so gut sein – wenn Sie Ihre Leistungen nicht adäquat darstellen, werden sie von niemandem bemerkt. Setzen Sie nie voraus, daß alle anderen wissen, woran Sie arbeiten.

Wenn Sie daher Berichte für Ihre Vorgesetzten erstellen, von deren Zufriedenheit Ihr Erfolg und Ihre Karriere abhängen, müssen Sie zuerst herausfinden, in welcher Form diese Zielpersonen oder Zielgruppen die Informationen am liebsten erhalten. Es gibt Menschen, die lieber lesen, und Menschen, die lieber zuhören. Manche Menschen nehmen Informationen nur auf, wenn sie ihnen mündlich vorgetragen werden, andere nehmen Informationen nur in schriftlicher Form auf. Finden Sie heraus, zu welcher Gruppe Ihr Chef gehört, und vermitteln Sie ihm dann die Informationen immer nur auf seine bevorzugte Art. Legen Sie regelmäßige Termine für die Berichterstattung fest. Treffen Sie Ihren Chef regelmäßig, und besprechen Sie sich auch in bestimmten Zeitabständen mit Ihren wichtigsten Mitarbeitern.

Bekommen Sie selbst Berichte, dann geben Sie die Informationen weiter. Sorgen Sie dafür, daß andere wissen, was Sie tun und wie gut

Sie es tun. Halten Sie Ihre Kommunikationskanäle offen. Auch Ihre Tür sollte immer offenstehen, damit Ihre Mitarbeiter jederzeit mit Ihnen sprechen können. Machen Sie es sich zur Gewohnheit, Informationen bezüglich Ihrer Aktivitäten regelmäßig in schriftlicher Form zirkulieren zu lassen, damit alle sie nachvollziehen können und damit sie meßbar sind.

Schließen Sie unangenehme Überraschungen aus

Eine der wichtigsten Regeln lautet: Vermeiden Sie Überraschungen, denn sie sind selten angenehm. Wenn Sie Ihrem Chef von einem Problem berichten müssen, teilen Sie es ihm ohne Umschweife mit. Versuchen Sie nicht, es zu verbergen. Bieten Sie jedoch immer gleichzeitig eine Lösung an. Sagen Sie: „Es gibt ein Problem, aber ich weiß auch eine mögliche Lösung." Bringen Sie immer einen Vorschlag mit, auch wenn es der falsche ist – mit leeren Händen zu kommen, ist psychologisch unklug.

Arbeiten Sie an sich selbst

Was immer Sie dahin gebracht hat, wo Sie heute sind, reicht nicht aus, um Sie dort zu halten. Alles Erreichte genügt immer nur einen Augenblick lang. Wenn Sie Ihre Position behalten wollen, müssen Sie Ihre derzeitigen Fähigkeiten immer weiter perfektionieren. Sie sind in der Lage, einer der besten Manager in Ihrem Unternehmen zu werden. Zu diesem Zweck müssen Sie Ihre Rollen und Ziele identifizieren – Ihre Hauptfunktionen als Manager. Definieren Sie eines nach dem anderen und lernen Sie, Mitarbeiter auszuwählen, zu planen, zu organisieren, zu delegieren, zu messen, die Mitarbeiter angemessen zu betreuen und Berichte zu verfassen. Machen Sie sich klar, daß Sie alles, was Sie heute können, immer stärker perfektionieren müssen, um Ihre gegenwärtige Position halten zu können.

Die Hauptfunktionen eines effektiven Managers haben sich noch nie verändert. Je besser Sie diese entscheidenden Funktionen ausüben, desto effektiver werden Sie darin sein, die Ergebnisse zu erzielen, von denen Ihr persönlicher Erfolg und der Ihres Unternehmens abhängt.

Zusammenfassung

Wenn Sie ein Problem mit Ihren Vitalfunktionen haben, beispielsweise mit dem Herzen, empfiehlt Ihnen der Arzt normalerweise eine Diät und sportliche Betätigung. Daraufhin werden Sie wieder gesünder, und außerdem geschieht etwas sehr Bemerkenswertes.

Während Sie Ihr Herz durch eine vernünftige Lebensweise stärken, verbessert sich auch Ihre Atemfrequenz. Ihr Muskeltonus verbessert sich, Sie sind wieder fit und Sie entwickeln mehr Energie und Kreativität. Mit anderen Worten: Alle Ihre Lebensfunktionen bessern sich, wenn Sie nur an einer einzigen arbeiten – und genauso ist es im Management.

In diesem Kapitel habe ich zunächst die *Planung* als unerläßliche Funktion des Managements behandelt. Viele Ihrer Probleme resultieren oft aus ungenügender Planung. Nehmen Sie sich daher die Zeit, einmal in aller Ruhe darüber nachzudenken, was Sie erreichen wollen. Wie gehen Sie dabei vor? Was sind Ihre wirklichen Ziele? Wie können Sie diese Ziele messen und wie stellen Sie fest, daß Sie sie erreicht haben? Manchmal genügt es schon, daß Sie sich etwas mehr Zeit für eine gründliche Planung und die Besprechung dieser Pläne mit anderen Menschen nehmen – mit Ihren Kollegen, Ihren Vorgesetzten und Mitarbeitern –, um alle Ihre Aktivitäten ganz entscheidend zu verbessern.

Dasselbe gilt für die *Organisation* – die Beschaffung der notwendigen Ressourcen. Es ist erstaunlich, wieviel Zeit und Produktivität verschwendet werden, weil wichtige Ressourcen fehlen. Betrachten Sie folgendes Beispiel. Vor einiger Zeit gab es in unserem Unternehmen noch kein eigenes Faxgerät, daher mußten wir jedesmal außer Haus gehen, um ein Fax abzuschicken. Unser neues Faxgerät macht sich schon allein durch die eingesparte Zeit und Arbeit bezahlt. Außerdem haben wir vor kurzem eine Menge Geld ausgegeben, um unsere Computer aufzurüsten und uns so auf das 21. Jahrhundert vorzubereiten.

Warum? Die alten Computer funktionierten zwar, aber ihre Schnelligkeit und Kapazität reichte bei weitem nicht an die der neuen Computer heran, die sich schon allein aus diesem Grund bezahlt machen. Die Bedeutung einer guten Organisation ist nicht zu unterschätzen.

Auch die *Auswahl der Mitarbeiter* ist außerordentlich wichtig. Ihr Erfolg oder Mißerfolg hängt hauptsächlich davon ab, ob Sie fähig sind, die richtigen Mitarbeiter anzuwerben und an sich zu binden. Eine optimale Auswahl der Mitarbeiter führt dazu, daß auch alle anderen Bereiche des Unternehmens besser funktionieren.

Eine weitere entscheidende Fähigkeit ist die *Fähigkeit zu delegieren*. Denken Sie daran, daß die meisten Probleme in Unternehmen auf Kommunikationsschwierigkeiten zurückzuführen sind. Wenn Sie daher besser kommunizieren und delegieren, so daß die Mitarbeiter genau verstehen, was, warum und wie erledigt werden muß, und welche Fristen und Qualitätsmaßstäbe dafür gelten, dann verbessert sich meistens auch alles andere. Die Moral und die Motivation steigen, die Mitarbeiter fühlen sich leistungsfähiger, sie sind glücklicher und bringen bessere Ergebnisse.

Zudem ist auch die *Betreuung und Aufsicht* sehr wichtig. Viele Menschen sind der Meinung, daß Kontrolle unnötig ist, aber Tatsache ist, daß nur zwei Prozent der Mitarbeiter heute ohne Beaufsichtigung arbeiten können. 15 bis 18 Prozent kommen mit sehr wenig Anleitung aus, aber ungefähr 80 Prozent müssen regelmäßig betreut werden. Sie selbst haben Ihre Position erlangt, weil Sie auch mit wenig oder ganz ohne Anleitung arbeiten können. Aber Sie sind aus dem Grund da, weil die Mitarbeiter, für die Sie verantwortlich sind, diese regelmäßige Betreuung benötigen. Ihre Mitarbeiter brauchen regelmäßiges Feedback, die Bestätigung, daß ihre Arbeit von Bedeutung ist, eine Struktur, die ihnen die Möglichkeit gibt, Informationen zu erhalten und weiterzugeben.

Leistungsmessung ist eine weitere unabdingbare Funktion. Sie helfen damit Ihren Mitarbeitern, ihre Arbeit durch Zahlen, Fristen, Dimensionen und Mengen zu definieren. Einige Beispiele: Alle Anrufer werden am selben Tag zurückgerufen. Der Hörer wird immer nach zweimaligem Läuten abgenommen. Alle Kundenanfragen werden innerhalb von vierundzwanzig Stunden bearbeitet. Anhand dieser Leistungsvorgaben können Sie die Aktivitäten messen. Sie können natürlich auch Maßstäbe für Ihre eigene Leistung festlegen. Ihr eigener Erfolg läßt sich daran messen, ob Sie in der Lage sind, Ihre eigenen Leistungsmaßstäbe zu erreichen, Ihre Budgetvorgaben einzuhalten und Beschränkungen zu überwinden.

Als letzte unerläßliche Funktion bleibt noch das Erstellen von *Berichten.* Sie müssen Ihren Vorgesetzten über Ihre Aktivitäten berichten, damit diese darüber informiert sind, was Sie tun und wie gut Sie es tun. Versuchen Sie, die Methode Ihrer Berichterstattung laufend zu verbessern. Sie müssen Ihre Berichte so gestalten, daß die maßgeblichen Personen im Unternehmen Ihre Leistungen anerkennen und wertschätzen.

Kapitel 8

Aufbau von Gewinnerteams

Parallelen zwischen Sportler-Coaching und Unternehmensmanagement

Seit Menschengedenken, und besonders in den letzten hundert Jahren, wird nach der Antwort auf die Frage geforscht, warum manche Menschen oder manche Organisationen trotz begrenzter Ressourcen angemessener handeln und bessere Ergebnisse erzielen als andere. Dabei wurden verschiedene Organisationsformen, vor allem Sportlerteams, unter die Lupe genommen, um herauszufinden, was sie mit den Teams in Unternehmen gemeinsam haben.

Die Stanford-Universität ist bei ihren Studien über Topmanager zu einem interessanten Ergebnis gelangt. Es hat sich gezeigt, daß vor allem zwei Eigenschaften notwendig sind, um in der amerikanischen Unternehmens- und Industriewelt in höchste Ebenen aufzusteigen. Es handelt sich einerseits um *die Fähigkeit, mit Krisen fertig zu werden.* Diese zeigt sich jedoch erst im Fall einer echten Krise, denn man kann schließlich keinen Notfall vortäuschen, nur um eine Person zu testen. Andererseits handelt es sich um *die Fähigkeit zur Teamarbeit.*

Die Studie zeigt, daß junge Leute sehr gute Teammitglieder sind, während ältere Menschen sehr gute Teamleiter abgeben. Junge Leute sind bemüht, gut mit anderen zusammenzuarbeiten, anderen Teammitgliedern behilflich zu sein und sich einzubringen, um bessere Ergebnisse zu erzielen. Wenn sie dann älter werden, entwickeln sie die Fähigkeit, das Team bei seiner Zielerreichung zu unterstützen.

Die am höchsten geachteten Manager und Leader in allen Unternehmen sind aus einem ganz einfachen Grund immer gute Teamleiter: *Alle Arbeit wird von Teams erledigt*, und die Arbeit des Managers drückt sich in dieser Arbeit aus. Die Leistung des Managers wird an der Leistung seiner Arbeitsgruppe gemessen. Der schlimmste Fehler, den ein Manager begehen kann, ist, sich über sein Team zu beklagen, denn damit beschwert er sich indirekt über sich selbst.

In diesem Kapitel möchte ich Ihnen anhand einiger Parallelen zwischen dem Coaching im Sport und dem Management von Unternehmen meine Gedanken zum Aufbau von Spitzenteams vorstellen.

Mitarbeiter müssen stolz auf ihr Team sein

Spitzenleistungen im Team werden hauptsächlich durch *Synergie, Teamwork und persönliches Empowerment* bewirkt. Die Regel lautet, daß immer diejenigen Organisationen herausragend sind, die ihren Mitarbeitern ein hohes Selbstwertgefühl vermitteln. Alles, was Sie als Leader dazu beitragen, daß sich Ihre Mitarbeiter als Teil des Teams wirklich wohl fühlen, steigert deren Selbstvertrauen, ihr Selbstwertgefühl und ihre Leistung. Dies ist die eigentliche Kernverantwortung des Managements. Wir wissen, daß jeder Mensch danach strebt, Teil eines größeren Ganzen zu werden. Menschen haben ein Abhängigkeitsbedürfnis; sie verlangen nach einem „Wir-Gefühl". Nach neueren Erkenntnissen können Sie sogar nur dann wirklich gute Mitarbeiter für sich gewinnen, wenn Sie in der Lage sind, ihnen das Gefühl zu vermitteln, daß Ihre Organisation einige ihrer tiefsten, unbewußten Bedürfnisse nach Sinnfindung im Leben erfüllt.

Eines der wichtigsten Mittel zur Rekrutierung von Teammitgliedern ist die Aussage: *Dafür stehen wir ein. Dies ist unsere Aufgabe. Daran glauben wir. Auf diese Weise wollen wir in der Welt etwas bewirken.* So gewinnen Sie gute Mitarbeiter und binden sie an das Unternehmen.

Bilden Sie ein Team aus Siegern

Eine der wichtigsten Fähigkeiten eines Managers besteht im Aufbau eines Gewinnerteams. Wenn Sie auf diesem Gebiet Geschick entwikkeln, verbessern Sie gleichzeitig Ihre Fähigkeiten als Manager. Jeder Fehler behindert Sie dagegen in Ihrer Karriere.

Das wichtigste Prinzip beim Aufbau von Gewinnerteams ist die Auswahl der Mitglieder. 95 Prozent Ihres Erfolgs als Manager hängen von dieser Auswahl ab. Schon Shakespeare sagte, daß sich aus einem Schweineohr keine seidene Geldbörse machen läßt. Wenn Sie die falschen Leute in Ihrem Team haben, können Sie es kaum zum Erfolg führen. Da es sich hier um eine der wichtigsten Fähigkeiten handelt, die Sie erwerben können, werde ich in Kapitel 25 noch einmal ausführlich darauf eingehen.

Die Eigenschaften von Gewinnerteams

Betrachten Sie im folgenden zunächst einige der Eigenschaften von Gewinnerteams.

Klares Coaching und klare Leadership

Gewinnerteams benötigen vor allem *klares Coaching und klare Führung*. Jedes Mitglied muß wissen, wer den Ton angibt und wer das Spiel ansagt. Seit einiger Zeit breitet sich ein gewisses Laisser-faire-Management aus – man geht davon aus, daß jeder selbst weiß, was zu tun ist, und daß jeder machen kann, was er will. Tatsache ist jedoch, *daß Menschen eine Autorität brauchen*. Das bedeutet nicht, daß sich die Menschen dies bewußt wünschen. Dennoch müssen die Mitarbeiter wissen, daß einer die Verantwortung trägt und daß es Grenzen gibt – genauso, wie auch Kinder Regeln und Strukturen benötigen. Sie brauchen jemanden, der das Spiel bestimmt und der vorgibt, was sie tun und lassen sollen.

Zweitens gehört zu einem klaren Coaching, daß der Coach (der Leader) für seine Spitzenteams *hohe Leistungsmaßstäbe* festlegt. Weder erwartet noch duldet er schlechte Arbeitsleistungen seiner Mitarbeiter, weil dies sowohl den betreffenden Mitarbeiter als auch alle anderen demotiviert. Es gibt eine bekannte Geschichte über Henry Kissinger, dem ein Arbeitsbericht eines Mitarbeiters vorgelegt wurde.

Am nächsten Tag rief Kissinger diesen Mitarbeiter zu sich und fragte: „Ist das das Beste, was Sie mir abliefern können?“ Der Mitarbeiter sagte: „Nein, ich kann ihn noch einmal überarbeiten.“ Der Mitarbeiter arbeitete zwei weitere Tage an dem Bericht und gab ihn erneut ab. Am folgenden Tag rief Kissinger den Mitarbeiter wieder zu sich und fragte: „Sind Sie sicher, daß Sie es nicht noch besser können?“ Der Mitarbeiter entgegnete: „Geben Sie mir noch eine Chance.“ Drei Tage später kam er wieder, und Kissinger behielt den Bericht mehrere Tage lang. Dann rief er den Mitarbeiter zu sich und fragte: „Ist das nun Ihre bestmögliche Arbeit?“ Und der Mitarbeiter antwortete: „Ich kann es nun wirklich nicht mehr besser machen!“ Daraufhin sagte Kissinger: „Gut, dann kann ich es ja jetzt lesen.“ Kissinger wußte, daß der Schlüssel zum Erfolg darin liegt, von Anfang an hohe Maßstäbe anzusetzen und die Mitarbeiter zu deren Einhaltung zu verpflichten.

Der dritte Bestandteil des klaren Coachings und klarer Leadership ist, daß die Mitglieder des Teams immer *mit dem Sieg rechnen* müssen. Sie müssen davon überzeugt sein, daß sie hervorragende Leistungen erbringen können. Neue Mitarbeiter in Ihrer Firma erwarten, daß sie nun in einem Spitzenunternehmen tätig sind, das die beste Position auf dem Markt einnimmt. Sie wollen nicht für ein Unternehmen oder einen Leader arbeiten, der schon zufrieden ist, wenn es gerade so läuft. Wenn Sie daher eine gewisse Erwartungshaltung ausstrahlen und gleichzeitig Vertrauen in Ihre Mitarbeiter setzen, wird das erstaunliche Wirkung zeigen.

Schließlich gibt es noch einen vierten Aspekt von klarem Coaching und klarer Leadership, nämlich einen *hohen Grad an Aufmerksamkeit.* Ein guter Coach geht sehr feinfühlig und vorsichtig mit seiner Mannschaft um. Er registriert sehr aufmerksam, was für die Mitglieder des Teams wichtig ist und wie sie sich fühlen. Auf diese Weise fühlen sich die Personen sowohl als Menschen als auch als Teammitglieder geschätzt und geachtet.

Training und Förderung

Ein zweites wichtiges Merkmal der besten Gewinnerteams – der besten Sportmannschaften – ist ein intensives Training und eine Fokussierung auf die individuelle Förderung. Die Teammitglieder werden unaufhörlich trainiert, und sie üben dabei ständig ihre hauptsächlichen Fähigkeiten.

Können Sie sich vorstellen, daß der Kapitän einer Mannschaft, die laufend alle Spiele verliert, das gesamte Training streicht, bis das Team wieder einige Spiele gewonnen hat? Natürlich nicht, denn das wäre vollkommen lächerlich. Aber Sie glauben gar nicht, wie viele Unternehmen bei einer kleinen Konjunkturschwäche sofort das Schulungsbudget kürzen. Zu diesem Thema gibt es eine interessante Erkenntnis. Nach den Ergebnissen der American Society for Training and Development geben die zwanzig Prozent der gewinnträchtigsten Unternehmen in allen Branchen der amerikanischen Wirtschaft drei oder mehr Prozent ihres Bruttoumsatzes für die Schulung ihrer Mitarbeiter aus. Motorola verwendet 4,8 Prozent des Bruttoumsatzes für Schulungen. Wie sieht im Vergleich dazu Ihr Budget aus?

Der Chef der Trainingsabteilung von Motorola gab vor einiger Zeit bekannt, das Unternehmen habe errechnet, daß jeder Dollar, der in Schulungen investiert wird, dreißig Dollar Mehrwert erziele. In Deutschland, der zweitgrößten Wirtschaftsmacht der Welt, werden fünf Prozent des Bruttosozialproduktes für Schulungen und Weiterbildung ausgegeben. Die Ausgaben für Mitarbeiterschulungen in Japan übersteigen die der amerikanischen Unternehmen um 400 Prozent. Schulungen sind zum Erreichen von Spitzenleistungen absolut unabdingbar.

Konzentration auf die Stärken

Die besten Teams konzentrieren sich darauf, die Stärken jeder Person zur Geltung zu bringen. Es ist das Gütezeichen eines Leaders, daß er sich vor allem auf die Stärken konzentriert. Eine Organisation, ein Team wird im Grunde genommen deshalb gebildet, um die Stärken der einzelnen Mitglieder zu maximieren und ihre Schwächen zu minimieren. Organisationen entstehen, weil eine Person alleine nicht stark genug ist, um das Spiel zu gewinnen. Also werden viele Menschen mit einander ergänzenden Fähigkeiten versammelt, und der Coach oder der Leader übernimmt die Koordination, um aus jedem einzelnen das Beste herauszuholen.

Konzentration auf die Grundlagen

Die besten Sportmannschaften und Organisationen konzentrieren sich immer wieder auf die vorhandenen Grundlagen. Denken Sie daran, daß Ihre Mitarbeiter in allen wichtigen Leistungsbereichen geschult werden müssen, damit sie ihre Aufgaben hervorragend beherrschen. In herausragenden Sportteams werden die vorhandenen Talente und Fähigkeiten gefördert. Der Trainer beklagt sich nicht, daß er lieber bessere Spieler hätte. Menschen wie der große Basketballtrainer Rick Pitino erklären sogar immer wieder, daß sie viele durchschnittliche Teams einfach durch die richtige Förderung, durch gutes Training, Feedback und Erfahrung zur Meisterschaft geführt haben.

Planung und Strategie

Spitzenteams legen zudem außerordentlich viel Wert auf Planung und Strategie. Sie analysieren laufend ihre eigenen Leistungen und vergleichen sie mit denen der Wettbewerber. Sportmannschaften nehmen ihre Wettkämpfe auf Video auf, und wenn sie ein Spiel gewinnen, sehen sie es sich immer wieder an. Dabei analysieren sie die Aktionen ihrer Gegner und ihre eigenen Reaktionen. Sie überlegen, wie man hätte anders reagieren können. Spitzenboxer beobachten stundenlang ihre zukünftigen Gegner bei Kämpfen mit verschiedenen anderen Boxern, um ihre Kampftaktiken in unterschiedlichen Situationen kennenzulernen.

Genauso ist es im Geschäftsleben, nur achten Sie dort hauptsächlich auf Ihre besten Wettbewerber. Durchschnittliche oder unterlegene Unternehmen interessieren Sie meist nicht. Beobachten Sie die Besten: Was produzieren sie, wie verkaufen sie, wie sieht ihre Werbung und PR aus? Fragen Sie sich dabei: Wie können wir die anderen überholen?

In der Wirtschaft wird dies als *Benchmarking* bezeichnet. Sie suchen sich den Besten Ihrer Klasse und sagen: „Das ist das beste Unternehmen in unserer Branche oder in einem bestimmten Bereich. Was kann mein Unternehmen tun, um es zu überholen?" Die Größe eines Leaders zeigt sich darin, daß er seine erfolgreichen Wettbewerber bewundert und gleichzeitig entschlossen ist, noch bessere Leistungen zu erbringen als sie.

Gewinnerteams setzen sich vor jedem Spiel *klare Pläne, Ziele und Vorgaben*. Sie nehmen sich die Zeit, um sich zusammenzusetzen, zu planen und zu diskutieren. Dabei verwenden sie Tafeln und Flip-charts, bedenken alle Möglichkeiten und fragen immer wieder: „Wie können wir gewinnen? Was müssen wir tun? Was brauchen wir dazu? Wie setzen wir die Spieler und Ressourcen richtig ein?"

Sie müssen in Ihrem Unternehmen ebenso vorgehen. Die Pläne, die Sie für jeden Ihrer Geschäftsbereiche entwickeln, erhalten eine entscheidende Bedeutung, sobald Sie das Spielfeld betreten. Je besser Sie planen, desto besser werden Ihre Ergebnisse sein.

Auswahl der besten Mitarbeiter

Wie bereits erwähnt, wählen Gewinnerteams nur hochbegabte Personen aus. Gewinnerteams genießen den Ruf, immer gute Leute einzustellen. Bei unseren Nachforschungen hat sich eine interessante Tatsache ergeben. Die besten Unternehmen sind die Unternehmen mit den besten Mitarbeitern. Die zweitbesten Unternehmen haben die zweitbesten Mitarbeiter, und die drittbesten Firmen sowie die Firmen, die sich nicht mehr im Geschäft halten können, haben die schlechtesten Leute. Die besten Unternehmen besitzen den Ruf, in der Auswahl ihrer Mitarbeiter sehr sorgfältig und geschickt vorzugehen. Wieviele Spiele Sie gewinnen können, hängt ganz entscheidend davon ab, inwieweit Sie fähig sind, nur die besten Spieler anzuwerben und sie an Ihr Unternehmen zu binden.

Maximierung der Fähigkeiten durch geschickte Positionierung der Mitarbeiter

In Spitzenteams werden die Spieler entsprechend ihrer Fähigkeiten eingesetzt. Sie werden nach ihrem potentiellen Beitrag für die gesamte Teamleistung positioniert.

Sie sollten bei der Auswahl der Aufgaben für Ihre Teammitglieder zuerst überlegen, was jede einzelne Person wirklich gut beherrscht. Dann fragen Sie jeden Mitarbeiter: „Welche Aufgabe würden Sie gerne übernehmen? Wenn Sie die freie Auswahl hätten, wozu hätten Sie am meisten Lust?" Oft ist das, was jemand gut kann, auch gleichzeitig das, was er am liebsten tut. Je zufriedener die Leute mit ihrer Arbeit und ihren Leistungen sind, desto besser werden sie jede Einzelheit erledigen. Überlegen Sie also laufend, wie Sie die Teammitglieder so verteilen, daß jeder den maximalen Beitrag zum Sieg leisten kann.

In Spitzenteams erhält ein Spieler, der in seiner aktuellen Position nicht gut zurechtkommt, die Gelegenheit, verschiedene andere Möglichkeiten auszuprobieren. Es gibt immer Mitarbeiter, die besser oder schlechter sind als die anderen. Wahrscheinlich kritisieren Sie dann die schlechteren immer wieder, weil sie ihre Arbeit nicht erwartungsgemäß erledigen. Doch ich habe schon vor Jahren eine wichtige Erkenntnis gewonnen: Eine Schwäche ist oft eine Stärke, die nur unangemessen eingesetzt wird. Meist liegt die schwache Leistung eines Mitarbeiters daran, daß er in seiner gegenwärtigen Position seine Stärken nicht richtig entfalten kann. In einer anderen Position kann sich dieser Mitarbeiter als exzellent herausstellen.

Lassen Sie mich ein Beispiel nennen. Vor einigen Jahren beförderte ich einen exzellenten Mitarbeiter ins Management, doch dort erwies er sich als völlig ungeeignet. Er bekam Wutanfälle, schrie die Mitarbeiter an, zettelte Streitereien an und setzte seine Untergebenen unter Druck. Ich mußte feststellen, daß er zwar ein phantastischer Einzelkämpfer, aber als Manager untragbar war. Also versetzte ich ihn dorthin zurück, wo er als Einzelkämpfer außerordentliche Leistungen erbracht hatte. Er konnte seine Stärken – Durchsetzungsvermögen, Aggressivität und Antriebskraft – nicht richtig einsetzen, als er Aufgaben nur noch delegieren sollte.

Spitzenunternehmen setzen daher bei Bedarf ihre Mitarbeiter immer wieder an anderen Stellen ein, um ihre individuellen Fähigkeiten voll auszuschöpfen. Überlegen Sie immer: Was kann diese Person gut? Was macht sie gern? Worin hat sie die meiste Erfahrung? In welcher Position kann diese Person einen besseren Beitrag für unser Team leisten?

Offene Kommunikation

Ein weiteres wichtiges Merkmal von Management- und Sportlerteams ist gegenseitige Unterstützung und offene Kommunikation. Beides ist sehr wichtig. Direkt nach dem Zweiten Weltkrieg wurde die amerikanische Wirtschaft nach dem *Befehls- und Kontrollprinzip* im Management aufgebaut; zwei Konzepte, die direkt vom Militär übernommen wurden. Die meisten der damaligen Topmanager und Unternehmensleiter waren zuvor auch beim Militär gewesen. So entstanden die zahlreichen Hierarchieebenen in den Unternehmen. Wer sich nicht an die Anweisungen hielt, wurde entlassen. Damals drehte sich in den Unternehmen sehr viel um interne Politik; die Unzufriedenheit war groß, wurde jedoch nicht offen kommuniziert – die Mitarbeiter behielten ihre Meinung für sich.

Es gibt auch heute noch Unternehmen nach diesem Muster, doch die einflußreichsten Organisationen praktizieren eine offene Kommunikation, bei der reichlich Feedback und Diskussionen über die Leistung stattfinden. Vorgesetzte und Mitarbeiter sprechen miteinander: „Wie ist es gelaufen?“ – „Wie sind Sie vorgegangen?“ – „Was können wir beim nächsten Mal besser machen?“

Beide Seiten erhalten regelmäßiges Feedback, und zwar täglich, und nicht mehr nur einmal pro Halbjahr oder Jahr. So wissen alle genau, woran sie sind. Eines der größten Komplimente, die Ihre Mitarbeiter Ihnen als Chef machen können, ist die Aussage: „Ich weiß immer, was mein Chef denkt, weil er es mir deutlich sagt. Ich muß mir abends nie Gedanken darüber machen, wie seine Worte gemeint waren. Gleichgültig, ob er gute oder schlechte Neuigkeiten hat – er informiert mich über alle Vorgänge.“

Offene Austragung von Meinungsverschiedenheiten

In Spitzenteams werden Debatten und Meinungsverschiedenheiten offen ausgetragen. In unseren Studien über die erfolgreichsten Unternehmen Amerikas haben wir herausgefunden, daß ein Unternehmen nur so gut ist, wie es seinen Mitarbeitern erlaubt, ihre Meinungen offen zu äußern und den Vorgesetzten auch einmal zu widersprechen. Besteht zwischen Ihnen und Ihren Mitarbeitern ein so starkes Vertrauensverhältnis, daß sie Ihnen manchmal ruhig widersprechen können, ohne um ihre Position fürchten zu müssen? Oder müssen Ihre Mitarbeiter Angst haben und ihre Meinung für sich behalten, was dazu führt, daß die Probleme wachsen? Wenn Sie nicht rechtzeitig auf Probleme aufmerksam gemacht werden und sie lösen, können diese mit der Zeit sehr teuer werden.

In führenden Unternehmen werden *Konflikte durch Konfrontation und Offenheit gelöst.* Die Meinungen werden klar und eindeutig geäußert. Es gibt ein gutes Mittel, mit dem Sie in Ihrem Team für mehr Offenheit und Vertrauen sorgen können: Wenn sich das nächste Mal ein Teammitglied bei Ihnen über ein anderes beschwert, holen Sie die betroffene Person. Bitten Sie den Kläger, seine Beschwerde zu wiederholen, und warten Sie ab. Sie lösen dadurch eine interessante Entwicklung aus. Wenn die Mitarbeiter wissen, daß Sie solche Spiele nicht mitspielen, keine Geheimgespräche führen und sich nicht in Klatsch und Tratsch verwickeln lassen; wenn sie wissen, daß sie bei Beschwerden mit der betreffenden Person konfrontiert werden, dann setzen sie sich beim nächsten Mal ohne Mittelsmann direkt mit dieser Person auseinander. Dadurch ändert sich der Grad des Vertrauens, der Offenheit und der Spontaneität im Unternehmen von Grund auf. Schon nach dem ersten Versuch werden Sie staunen.

Verpflichtung zur Leistung

In Spitzenteams herrscht gegenseitiger Respekt für die Leistungen und die Beiträge der verschiedenen Mitglieder. Es besteht eine innere Verpflichtung zu herausragenden Leistungen, und alle sind stolz darauf. Jedes Mitglied setzt sich für den Erfolg der Organisation ein. Es gibt ein wichtiges Prinzip: Wenn eine Person in Ihrer Firma keinen hundertprozentigen Einsatz für den Erfolg der Organisation zeigt, dann sollten Sie diese Person entlassen, so wie ein Spieler entlassen wird, der sich nicht voll und ganz für seine Mannschaft einsetzt. Unsere Untersuchungen haben ergeben, daß ein Mitarbeiter mit mangelndem Einsatzwillen in einer großen Organisation bis zu 300 andere Menschen negativ beeinflussen kann. Solche Mitarbeiter bilden den Ursprung vieler Probleme, Streitereien, Beschwerden, unerledigter Aufgaben, Intrigen usw. Persönlicher Einsatz ist eine absolute Grundvoraussetzung für den Erfolg des Unternehmens. In Spitzenorganisationen sind alle bestrebt, ihre Arbeit hervorragend zu erledigen. Alle Mitarbeiter sind auf Bestleistungen getrimmt, und Mittelmäßigkeit wird nicht geduldet.

Der Manager als Coach

Die besten Manager fungieren selbst als Coach. Sie blocken Schwierigkeiten ab und ebnen ihrem Team die Wege. Sie stellen hohe Leistungsanforderungen und verlangen von ihrem Team, daß es sie erfüllt. Als Coach besteht Ihre Hauptaufgabe darin, im Arbeitsumfeld die optimalen Strukturen zu schaffen, damit die Mitarbeiter ihre Leistungen voll entfalten können. Sie sollen nicht selbst mit auf das Spielfeld gehen, sondern Ihren Leuten den nötigen Rückhalt, die Ressourcen, die Informationen, das Wissen, die Ermutigung und das Umfeld zur Verfügung stellen. Die Mitarbeiter müssen in der Lage sein, das Spiel für Ihr Unternehmen zu gewinnen.

Zusammenfassung

Sie haben im Leben zwei Möglichkeiten zur Wahl: Entweder machen Sie alles selbst oder Sie lassen es von anderen erledigen. Ihr Erfolg als Manager – als Mensch im großen Spiel des Lebens – hängt zunächst von Ihrer Fähigkeit zur Teamarbeit und später von Ihrer Eignung für die Aufgabe des Teamleaders ab, der sein Team zu Leistungen anspornt. Sie müssen sich also zuerst einmal über Ihre Stärken und Schwächen klar werden: Leisten Sie aktive Beiträge, oder hören Sie immer nur zu, wenn Ihr Team die Arbeit bespricht? Melden Sie sich freiwillig für Aufgaben, oder warten Sie ab, bis jemand Ihnen eine Arbeit zuweist?

Über Teams gibt es folgende Erkenntnis: 20 Prozent der Mitglieder erledigen 80 Prozent der Arbeit – es gilt also wieder das Pareto-Prinzip. Sie müssen in jeder Phase Ihrer Karriere unter die Top-Zwanzig gelangen. Sie müssen sich freiwillig für Aufgaben melden und sie schneller und besser erledigen als die anderen. Dies ist die beste Möglichkeit, die Aufmerksamkeit der maßgeblichen Personen im Unternehmen auf sich zu ziehen, die Sie fördern und Ihnen die Türen öffnen, Ihnen mehr Verantwortung geben und Sie beim Erklimmen der Erfolgsleiter unterstützen. Wenn Sie sich freiwillig für wichtige Aufgaben zur Verfügung stellen, lenken Sie die Aufmerksamkeit Ihrer Vorgesetzten auf sich.

Als Teamchef wissen Sie, daß es entscheidend darauf ankommt, *die Stärken der Teammitglieder zu maximieren.* Legen Sie eine schriftliche Liste aller Mitarbeiter an, die Ihnen zur Verfügung stehen, und stellen Sie sich folgende Frage: Was sind die einzigartigen, besonderen Stärken jeder Person? Was kann jeder einzelne Mitarbeiter am besten? Wenn ich ihm nur eine einzige Aufgabe übertragen könnte, womit könnte er am meisten zum Erfolg der Organisation beitragen? Nachdem dies feststeht, fragen Sie weiter: Wie können Sie den Job bzw. die Arbeit strukturieren, damit die einzelnen Individuen ihre Stärken voll entfalten und den größten Beitrag zum Erfolg der Organisation leisten können? Welches zusätzliche Training könnten Sie der Person vermitteln, damit sie ihre Fähigkeiten weiter perfektionieren kann?

Außerdem müssen Sie sich überlegen, ob einer der Mitarbeiter nicht in sein gegenwärtiges Aufgabengebiet paßt. Viele Menschen sind nicht mit den Dingen betraut, die sie am besten können. Zu Beginn scheint es oft die ideale Position zu sein, doch mit der Zeit stellt sich heraus, daß Person und Aufgabe nicht aufeinander abgestimmt sind. Fragen Sie sich also selbst: Wie können Sie einen Mitarbeiter von einer Stelle in eine andere versetzen? Wie können Sie die Person so einsetzen, daß sie gleichzeitig einen größeren Beitrag leistet und zufriedener ist? Im Laufe der Zeit ändern sich manchmal die Anforderungen einer Aufgabe, und ebenso ändern sich die Fähigkeiten der Mitarbeiter. Es kommt vor, daß ehemals sehr wichtige Fähigkeiten plötzlich nicht mehr gebraucht werden oder daß eine Person mit der Zeit so gut wird, daß ihre bisherige Aufgabe sie nicht mehr ausfüllt. Ein gutes Team zeichnet sich dadurch aus, daß es die Stärken der Mitglieder nutzt und die Schwächen ausgleicht.

Und noch ein Tip zum Schluß: Führen Sie regelmäßig Teambesprechungen durch, und ermutigen Sie dabei jeden einzelnen, an der Diskussion teilzunehmen. Regen Sie die Leute dazu an, Vorschläge beizusteuern. Beginnen Sie jedes Meeting mit einem Rundum-Gespräch, in dem jeder von seiner derzeitigen Arbeitsaufgabe und den auftretenden Problemen berichtet. Je mehr die Mitglieder über die Arbeit der anderen informiert sind, desto positiver und motivierter ist ihre Einstellung zum Team. Je stärker Sie die Mitarbeiter einbeziehen und an den Entscheidungen beteiligen, je lebhaftere Diskussionen sie führen können, je freier sie auch ihre abweichenden Meinungen äußern und ihre Probleme darlegen können, desto überzeugter setzen sie sich für die Arbeit ein und desto größter ist ihre Bereitschaft, Verantwortung zu übernehmen.

Je mehr sich ein Mensch beteiligt fühlt, desto positiver ist seine Einstellung zur Arbeit und desto besser erledigt er sie. Solange die Ziele des Teams feststehen, Sie von jedem Mitglied Spitzenleistungen verlangen und Sie jeden Mitarbeiter so plazieren, daß er den größtmöglichen Beitrag für das Team leistet, werden Sie auf dem Spielfeld des Wettbewerbs viele Siege nach Hause tragen.

Kapitel 9

Fünf Schritte zur Eigenmotivation

Gemäß einer neuen Studie von Robert Half and Associates arbeitet der durchschnittliche Angestellte nur mit halber Kapazität. Die restlichen 50 Prozent der Zeit verbringt er im Gespräch mit Kollegen, mit privaten Dingen und Telefonanrufen. Er kommt zu spät und geht zu früh, und außerdem verschwendet er viel Zeit mit unwichtigen Arbeiten. Der Grund dafür ist, daß die Mitarbeiter nicht optimal gemanagt werden.

Es gibt jedoch einen wichtigen Grundsatz: Im Gegensatz zu allen anderen Investitionen besitzen Menschen das Potential, ihren Wert zu steigern. Der Wert einer neuen Schreibmaschine, eines Computers oder irgendeines anderen Ausrüstungsgegenstands nimmt sofort nach dem Kauf kontinuierlich ab. Wenn Sie aber in eine Person investieren, können Sie ihren Wert erhöhen. Aus diesem Grund werden auch die Gehälter im Lauf der Zeit erhöht: Die Mitarbeiter entwickeln sich und werden für das Unternehmen wertvoller. Ihr Beitrag gewinnt an Wert.

Ihre Aufgabe ist es, den maximalen Ertrag aus der Investition in die menschlichen Vermögenswerte zu erzielen. Das Personal ist der bedeutendste Kostenfaktor, die größte Einzelinvestition in Ihrem Unternehmen. Nach Abzug der Produktkosten investieren Sie etwa 85 Prozent der laufenden Kosten Ihres Unternehmens in die Mitarbeiter. Ihre wichtigste Ressource geht also jeden Abend nach Hause – mit ihren geistigen Fähigkeiten und all ihren Fertigkeiten. Sie als Manager müssen daher alles in Ihrer Macht Stehende tun, um Ihre menschlichen Ressourcen so zu organisieren, daß sie zu selbständigen Arbeitsteams werden, die auf dem Wettkampffeld aufmarschieren, Tore schießen und Spiele gewinnen. Sie müssen eine Struktur schaffen, um das individuelle Potential der Mitarbeiter freizusetzen. Sie müssen ein Arbeitsumfeld schaffen, in dem jeder einzelne sein Bestes gibt. Dies ist das Thema dieses Kapitels.

So bauen Sie ein Team auf

Die Regel Nummer eins lautet: Alle Arbeit wird von Teams erledigt. Organisationen werden nur geschaffen, damit mehrere Personen ein Team bilden und die Arbeit gemeinsam tun, die für einen einzelnen zuviel wäre – die meisten Unternehmen werden ja zunächst von einer Person gegründet. Wenn die Arbeit dann zunimmt, kann das Team vergrößert werden, bis es möglicherweise mehrere hunderttausend Mitglieder umfaßt.

Hier ist die zweite Regel: Ihr Output als Manager ist abhängig von dem Output Ihres Teams. Ihre Aufgabe, Ihr Output – das, wofür Sie bezahlt werden, wofür sie anerkannt werden, was Ihnen Status verleiht –, all das wird letztendlich durch die Leistung Ihres Teams bestimmt. Alles, was Sie tun, um die Produktivität Ihres Teams zu steigern, erhöht auch Ihre eigene Produktivität, Ihren Wert, Ihre Position und Ihre Zukunftsaussichten. Damit Ihr Team seine Spiele gewinnt, muß jedes Teammitglied bereit sein, Spitzenleistungen zu erbringen. Sie dürfen sich nicht mit weniger zufriedengeben. Diesem Ziel müssen Sie verpflichtet bleiben.

Die vier Quadranten eines Teams

Dieses Gefühl der Verpflichtung ist ein interessantes Thema. Die besten Manager und die besten Unternehmen haben sich damit beschäftigt und herausgefunden, daß die meisten Probleme in der Arbeitswelt durch mangelnden persönlichen Einsatz hervorgerufen werden.

Jack Welch schrieb vor einigen Jahren im Jahresabschlußbericht von General Electric etwas so beeindruckendes, daß es im *Wall Street Journal* veröffentlicht und auch später noch mehrfach publiziert wurde. Ihm zufolge läßt sich jeder Mensch einem von vier Quadranten zuordnen. Die vier Pole des Diagramms bilden die Eigenschaften *kompetent* und *nicht kompetent* sowie *motiviert* und *nicht motiviert.*

Der erste Typus ist kompetent und motiviert. Die Menschen, die diesem Quadranten zuzuordnen sind, erledigen ihre Arbeit gut und sind von ihrem Unternehmen überzeugt. Sie zeigen bei ihren Aufgaben vollen persönlichen Einsatz. Jack Welch bezeichnet diese Menschen als die Mitarbeiter, um die herum eine Firma aufgebaut werden kann. Sie sind äußerst leistungsfähig und auch leistungsbereit. Das sind die Menschen, die ein Unternehmen tatsächlich voranbringen.

Der zweite Typus kennzeichnet Menschen, die zwar kompetent, aber nicht motiviert sind. Sie sind nicht von ihrem Arbeitgeber überzeugt, sie glauben weder an ihr Unternehmen noch an seine Werte, und sie nehmen ihre Arbeit nicht ernst. Diese fähigen, aber dennoch nicht überzeugten Mitarbeiter stellen meist die Quelle der größten Probleme im Unternehmen dar. Sie arbeiten gut, sie sind sehr produktiv, sie sind aber auch die größten Querulanten. Nach Meinung von Jack Welch sollten Sie diese Mitarbeiter entweder schnellstmöglich eingliedern oder sich von ihnen trennen.

Der dritte Quadrant beschreibt die Mitarbeiter, die zwar Einsatzbereitschaft zeigen, aber nicht sehr kompetent sind. Diese müssen Sie schulen, um sie in den ersten Quadranten zu versetzen.

Schließlich gibt es im vierten Quadranten die Menschen, die weder kompetent noch motiviert sind. Von diesen Mitarbeitern sollten Sie sich trennen und sie durch solche ersetzen, mit denen Sie das Unternehmen aufbauen können.

Die zwei grundlegenden Bedürfnisse eines Teams

Für den Aufbau von eigenverantwortlichen Arbeitsteams gibt es eine Grundregel: *Menschen erbringen die höchsten Leistungen, wenn sie ein hohes Selbstwertgefühl besitzen.* Dazu ist eine gewisse *Kongruenz* nötig, d.h. die Menschen müssen zu dem Unternehmen passen. Es muß eine Übereinstimmung bestehen zwischen den Werten, an die das Unternehmen glaubt, die es nach außen und innen vertritt und verkauft, und den persönlichen Werten der Mitarbeiter. Jeder einzelne Ihrer Mitarbeiter muß von dem überzeugt sein, woran auch Sie glauben, wofür Sie stehen, was Sie zu erreichen versuchen, was Ihre Mission ist. Dies ist die Voraussetzung für ein hohes Selbstwertgefühl und der Schlüssel zu Spitzenleistungen.

Menschen streben bei ihrer Arbeit nach der Befriedigung von zwei Grundbedürfnissen. Zum einen ist dies der Wunsch nach *Autonomie*, das Bedürfnis, als Individuum anerkannt zu werden. Menschen müssen das Gefühl haben, daß sie wichtig und wertvoll sind. Sie müssen sich als individuelle und einzigartige Persönlichkeit empfinden. Sie streben nach Anerkennung für sich selbst und für ihre Leistungen. Das ist außerordentlich wichtig. Zum zweiten handelt es sich um das Bedürfnis nach der *Teilhabe* an einer Sache, die größer ist als sie selbst. Sie brauchen das Gefühl, daß sie zu einer größeren Gruppe gehören, die sich etwas Wertvolles zum Ziel gesetzt hat. Die wirklich glücklichen Männer und Frauen in der Geschichte der Menschheit waren deshalb glücklich, weil sie sich einer Sache verpflichtet hatten, die größer war als sie selbst.

Wenn Sie also ein selbständiges Team aufbauen wollen, müssen Sie die Mitglieder als Individuen anerkennen und diese beiden tief verwurzelten Grundbedürfnisse befriedigen – den Wunsch nach Autonomie und das Bedürfnis nach Teilhabe an einer großen Sache.

Die vier Motivationsfaktoren für ein Team

Es gibt vier wichtige Motivationsfaktoren. Wenn Sie Manager fragen, wodurch Mitarbeiter motiviert werden, lautet die Antwort wahrscheinlich: durch Geld, Freizeit, Vergünstigungen usw. Bei der Befragung der Mitarbeiter selbst wird die Bezahlung dagegen meist erst an fünfter Stelle genannt. Die Mitarbeiter verlangen vor allem nach *anspruchsvollen, interessanten Aufgaben* – Aufgaben, bei denen sie gefordert werden, die sie nur mit 110 Prozent ihrer Kapazität bewältigen können. Am besten ist es, wenn sie so beschäftigt sind, daß die Zeit wie im Flug vergeht. Wenn sie dann um fünf oder sechs Uhr abends aufschauen, heißt es: „Was für ein toller Tag!"

Es gibt nichts Demotivierenderes als langweilige, monotone Tätigkeiten, bei denen die Mitarbeiter immer wieder auf die Uhr blicken und darauf warten, daß sie endlich nach Hause gehen können. Ihre Mitarbeiter sind um so zufriedener, je interessanter die Arbeit ist.

Ein weiterer Motivationsfaktor ist *umfassende Information* – die Teilhabe an einer Kerngruppe. Diese Motivation erzeugen Sie, indem Sie die Menschen in Gespräche einbeziehen. Fragen Sie sie, wie sie mit der Arbeit zurechtkommen, begründen Sie jede Aufgabe und vermitteln Sie ihnen das Gefühl, daß ihre Arbeit wichtig ist. Erklären Sie ihnen die Gesamtzusammenhänge und auch die Probleme und Herausforderungen, denen das Unternehmen gegenübersteht, so daß die Mitarbeiter sich ernstgenommen fühlen und wissen, daß sie zur Gruppe gehören und über alle Vorgänge informiert sind. So befriedigen Sie das tiefe Bedürfnis der Menschen nach Zugehörigkeit, das eines der wichtigsten Prinzipien der Motivation überhaupt darstellt.

Der dritte Motivationsfaktor ist die *persönliche Verantwortlichkeit für Ergebnisse.* Wenn Sie Mitarbeiter entwickeln, fördern und stärken wollen, wenn Sie erreichen wollen, daß sie mehr Erfahrung, Wissen und Urteilsfähigkeit gewinnen, dann geben Sie ihnen Verantwortung.

Die guten Mitarbeiter wachsen mit ihrer Verantwortung, die schlechten halten dem Druck nicht stand und werden das Unternehmen verlassen. *Durch mehr Eigenverantwortung wird das Selbstwertgefühl der Mitarbeiter gestärkt*, weil sie sehen, daß ihre Arbeit wichtig für das Unternehmen ist. Daher müssen Sie den Mitarbeitern, die Sie aufbauen und zu starken, leistungsfähigen und selbständigen Teammitgliedern machen wollen, möglichst viel Verantwortung übertragen.

Viertens können Sie die Mitarbeiter durch *Möglichkeiten zu persönlicher Entwicklung und Aufstieg* motivieren. Je mehr Sie in einen Mitarbeiter investieren, je mehr Schulungen er erhält, je unterschiedlichere Aufgaben Sie ihm übertragen, desto mehr Gelegenheiten zum Aufstieg und zur Erweiterung seiner Persönlichkeit bekommt er und desto motivierter ist er bei seiner Arbeit. Weiterentwicklung und auch bereits das Gefühl von Weiterentwicklung gehören zu den wirkungsvollsten Motivationsgaranten. Bieten Sie sie also an.

Bezahlung, Arbeitsbedingungen und andere Faktoren werden meist an fünfter, sechster und siebter Stelle genannt. Die eben genannten vier Motivationsfaktoren sind hingegen entscheidend für die Entwicklung von hochleistungsfähigen Mitarbeitern.

Fünf Schritte zur Eigenmotivation in Teams

In einer Studie über 120 Spitzenteams aus aller Welt, die über drei Jahre dauerte und mehrere Millionen Dollar gekostet hat, wurden die Faktoren identifiziert und isoliert, die für den Erfolg dieser Teams ausschlaggebend waren. Die Leistungen dieser Teams übertrafen die Ergebnisse vergleichbarer Teams in ähnlichen Wirtschaftszweigen bei weitem. Sie hatten es beispielsweise geschafft, die Kosten eines bestimmten Produkts innerhalb eines Jahres um 80 Prozent zu senken oder die Qualität eines Produkts wesentlich zu verbessern, um die Marktanteile ihres Unternehmens gegenüber internationalen Wettbewerbern zu behaupten. In einigen der Teams wurde die Entwicklungszeit für Produkte ohne Einbußen bei der Qualität von drei Jahren auf sechs Monate reduziert. Andere Teams entwickelten angesichts des harten Wettbewerbs vollkommen neue Produkte und Branchen und erreichten mit ihnen eine dominante Stellung auf dem Weltmarkt. Alle diese Teams hatten fünf gemeinsame Merkmale, auf die ich im folgenden näher eingehen werde.

1. Gemeinsame Ziele

Das erste dieser Merkmale ist, daß alle Teammitglieder gemeinsame Ziele hatten. Diese bildeten den Ausgangspunkt aller Aktivitäten. Sie wußten genau, was sie erreichen wollten; sie hatten ihr Ziel klar vor Augen. Dazu gehört, daß sich alle zusammensetzen und gemeinsam eine Vorstellung von ihrem idealen Produkt entwerfen, so, wie es nach der Fertigstellung aussehen soll. Was soll am Ende herauskommen, wenn das Projekt perfekt gelingt? Auf diese Weise kann jeder einzelne die Vision verinnerlichen. Außerdem gehört zur Festlegung gemeinsamer Ziele, daß alle Teammitglieder darüber diskutieren, ihre Vorstellungen erläutern und schließlich zu einer grundlegenden Übereinstimmung gelangen. Das Ziel darf nicht vorgegeben, sondern muß in einer Debatte entwickelt werden. Den Spitzenteams wurden die Ziele nicht einfach mitgeteilt, sondern sie wurden zur Diskussion gestellt. Es besteht ein direkter Zusammenhang zwischen der Beteiligung der Mitarbeiter an der Festlegung eines Ziels und ihrem nachfolgenden persönlichen Einsatz für dieses Ziel – auch in schwierigen Situationen. Solche Gespräche erfordern zwar einige Zeit, aber dafür sind die Mitarbeiter anschließend hochmotiviert.

2. Gemeinsame Wertvorstellungen und Überzeugungen

Das nächste der fünf Merkmale sind gemeinsame Wertvorstellungen, gemeinsame Überzeugungen und gemeinsame Prinzipien. Die Teammitglieder hatten zuvor besprochen, wofür sie einstehen wollten, woran sie glaubten und was der Zweck ihrer Arbeit war. Auf diese Weise schufen sie eine übereinstimmende Grundlage für ihre Zusammenarbeit. Es hat sich gezeigt, daß Gruppen von Personen, die in ihren Grundwerten absolut übereinstimmen, überall auf der Welt und in jeder Situation die höchsten Leistungen erzielen. Erfolgreiche Teams klärten im Vorfeld Fragen wie: Wie lauten unsere gemeinsamen Grundprinzipien? Was ist die Grundlage für unsere Zusammenarbeit? Was akzeptieren wir, und was ist für uns vollkommen inakzeptabel? Sie erstellten gemeinsam eine Prioritätenfolge dieser Grundwerte. Sie einigten sich über den Stellenwert von Werten wie Qualität, Integrität, Respekt, Wahrhaftigkeit, Verantwortung und kamen über die Vorgehensweise in schwierigen Situationen überein. Nachdem sie diese Übereinkunft erreicht hatten, konnten sich alle die Hände schütteln und an die Arbeit gehen, weil jetzt alle an einem Strang zogen.

Wertvorstellungen geben der Arbeit einen Sinn und ein Ziel. Alle Menschen brauchen das Gefühl, daß ihre Arbeit einen Sinn hat, damit sie ihr Bestes geben. Selbständige, hochleistungsfähige Spitzenteams haben psychologisch und emotional denselben Spielplan.

3. Gemeinsame Pläne

Das dritte Merkmal von Spitzenteams sind gemeinsame Pläne. Pläne müssen gründlich diskutiert und einheitlich beschlossen werden. Denken Sie an Sokrates, der die Ansicht vertrat, daß der Mensch nur durch Dialoge lernt. Zwiegespräche und Debatten, die Rolle des Teufelsadvokaten und die Überlegung mehrerer Alternativen bieten den Menschen die Gelegenheit, Informationen zu verarbeiten. So können sie sich mental auf einen Gedanken oder ein Projekt einstellen, es verinnerlichen und es sich zu eigen machen.

In diesem Zusammenhang stellt sich in einem Team zunächst die Frage: „In welchen Bereichen müssen wir Ergebnisse erzielen? Was muß getan werden, um die Aufgabe zu erledigen? Wie lauten unsere Leistungsmaßstäbe? Woher wissen wir, ob wir es gut gemacht haben?" Darüber muß zuerst eine Einigung erzielt werden. Anschließend müssen die Zwischen- und Endtermine festgelegt und besprochen werden, wer was bis zu welchem Zeitpunkt erledigt. Die Zwischentermine müssen eingehalten und kontrolliert werden.

Weiterhin müssen die Verantwortungsbereiche der einzelnen Teammitglieder genau abgegrenzt werden. Dies ist äußerst wichtig. Jeder muß die an ihn gerichteten Erwartungen genau kennen und wissen, wie seine Ergebnisse mit den Ergebnissen der anderen Teammitglieder zusammenwirken. Der Druck, der durch die gegenseitige Abhängigkeit der Teammitglieder erzeugt wird, ist einer der stärksten Motivationsfaktoren und auch ein Mittel zur Leistungskontrolle.

Wenn sich Ihr Team also zusammensetzt, um gemeinsame Ziele, Werte, Pläne und die Aufgabenverteilung zu besprechen und festzulegen, motivieren sich die Mitglieder gegenseitig. Gruppendruck bedeutet, daß jeder jeden beobachtet, aber auch jeder jeden unterstützt. Jeder gibt dem anderen Feedback, weil jeder weiß, was der andere tut. Dies ist ein wichtiger Faktor beim Aufbau von Hochleistungsteams.

Ihr Ziel ist es, die gemeinsame Verantwortlichkeit für ein erwünschtes Resultat zu fördern. Wenn Sie die Mitarbeiter dazu bringen, daß sie ein Ziel akzeptieren, es als eigenes Ziel betrachten und ihren Anteil an der Verwirklichung übernehmen, dann können Sie sich zurückziehen und eine der besten Management-Techniken anwenden, das *Management by Exception.* Management by Exception bedeutet, daß jeder seine Aufgaben ganz genau kennt, so daß Sie nur dann Rückmeldungen erhalten, wenn es eine Abweichung von der ursprünglichen Aufgabe oder dem Zeitplan gibt. Ansonsten können Sie Ihren Mitarbeitern freie Hand lassen.

Es gibt auch die Möglichkeit des *Management by Responsibility.* Das erfordert viel Zutrauen in die Leistung jedes Teammitglieds. Gleichzeitig demonstrieren Sie dadurch genau dieses Vertrauen in Ihre Mitarbeiter und Ihren Glauben an deren Leistungsfähigkeit. Verantwortung verleiht den Menschen ein hohes Selbstwertgefühl. Geben Sie Ihren Mitarbeitern also zu verstehen, daß Sie an sie glauben: „Ich weiß, daß Sie es können! Wenn Sie Unterstützung benötigen, bin ich da – aber ansonsten lasse ich Ihnen freie Hand.“ *Gute Teamleiter unterstellen immer allen Beteiligten die besten Absichten.* Wenn es ein Problem, eine Schwierigkeit, einen Fehler, ein Mißverständnis gibt, dann gehen sie zunächst davon aus, daß es nicht vorsätzlich geschehen ist. Schließlich passiert jedem einmal ein Fehler. Gute Leader nehmen die Verantwortung sogar auf sich, weil sie die Aufgabe möglicherweise nicht richtig erklärt haben. Auf jeden Fall gehen sie immer davon aus, daß alle ihr Bestes geben und in bester Absicht handeln. Daher reagieren sie auf Probleme auch nicht so schnell wütend oder verärgert.

4. Vorbildfunktion des Leaders

Die vierte Maxime beim Aufbau von Spitzenteams lautet: Gehen Sie mit gutem Beispiel voran. Die Teamchefs der besten Teams stehen immer an vorderster Front. Der Teamleiter ist sichtbar. Er beteiligt sich aktiv an der Arbeit und versteckt sich weder hinter seinem Schreibtisch noch hinter seiner Sekretärin oder einer verschlossenen Tür. Alle großen Leader stehen mitten im Geschehen und sprechen direkt mit den Leuten. Spitzenteamleiter führen durch ihr Vorbild, sie setzen den Maßstab. Wußten Sie, daß nur 2 Prozent der Menschen in unserer Gesellschaft in der Lage sind, ihr eigenes Verhalten zu überdenken, sich Maßstäbe zu setzen und sich so zu verhalten, als ob sie beobachtet würden, selbst wenn dies nicht der Fall ist? Es ist ein Zeichen von herausragendem Management, hohe Standards für sich und für die Leute in Ihrer Umgebung festzusetzen.

Teamleiter übernehmen die volle Verantwortung für alle Mitglieder des Teams. Sie schieben Fehler nicht auf ihre Mitarbeiter, sie werden nicht ärgerlich, sondern stehen jederzeit voll hinter ihrem Team. Sie repräsentieren das Team vor ihren Vorgesetzten und äußern sich nur positiv über ihre Mitarbeiter. Die Teammitglieder wissen, daß sie sich auf ihren Teamleiter verlassen können und daß er zu ihnen hält. Im Idealfall agiert der Teamchef sowohl als Schutzschild als auch als Wegbereiter. Er blockt bei Bedarf negative Einflüsse ab und erleichtert in anderen Fällen die Arbeit des Teams. Er dirigiert nicht und er plant auch nicht alleine, sondern er bietet die notwendige Unterstützung, um seinem Team die Arbeit zu ermöglichen. Er sucht permanent nach Möglichkeiten, dem Team zu helfen und bessere Alternativen zu finden.

5. Leistungsmessung und -bewertung

Das fünfte Qualitätsmerkmal von Spitzenteams ist eine regelmäßige und transparente Bewertung der Leistung. Der Teamleiter verbringt 75 Prozent seiner Zeit mit Rundgängen, um seinen Mitarbeitern immer wieder und im richtigen Moment relevantes Feedback geben zu können: „Das sieht sehr gut aus." – „Hier haben Sie gute Fortschritte gemacht." – „Haben Sie es schon so versucht?" usw. Die besten Teams treffen sich auch regelmäßig, um ihre Arbeit zu besprechen: „Wie kommen wir voran?" – „Sind wir dem Zeitplan voraus oder hinken wir hinterher?" – „Wo liegen die Probleme?" – „Wie können wir sie lösen?" Die Arbeitsverteilung wird neu festgelegt usw.

So wie Fußballspieler während der Halbzeit ihre Taktik abstimmen, besprechen die Teammitglieder ihre Arbeit. Wenn das Ziel sehr wichtig ist und sich eine Krise abzeichnet, müssen möglicherweise ein- bis zweimal täglich Meetings abgehalten werden. Darin liegt der Schlüssel zu hoher Leistung.

Die besten Teamleiter setzen auf *partizipatives Management.* Sie befragen laufend die Kunden und alle anderen Personen, die vom Ergebnis ihrer Arbeit betroffen sind, und bitten sie um ihr Feedback. Sie bitten diese Personen, die Leistung des Teams zu bewerten. Sind die Kunden zufrieden? Wie kann die Leistung verbessert werden?

Negatives Feedback wird nicht dazu verwendet, einzelne Mitarbeiter für schlechte Arbeit zu kritisieren, sondern um die Leistung und die Produkte zu verbessern. Das Feedback dient als Hilfe zur Erhöhung der eigenen Leistung.

Der Schlüssel zur Spitzenleistung im Team ist *Harmonie*. Zufriedene Mitarbeiter erbringen die besten Leistungen. Ihre wichtigste Verantwortung als Leiter von eigenverantwortlich handelnden Hochleistungsteams ist die Schaffung einer harmonischen Atmosphäre. Achten Sie darauf, daß alle Mitarbeiter sich wohl fühlen, und sorgen Sie dafür, daß Konflikte gelöst werden.

In Spitzenteams werden Konflikte durch Offenheit und Direktheit gelöst. Es gibt weder Intrigen noch Klatsch. Versteckte Kritik ist nicht erlaubt. Die Teammitglieder sollten sich offen auseinandersetzen.

Für die Leistungsbewertung gibt es eine ganz einfache Methode. Definieren Sie jeweils das Problem klar und zutreffend. Ihr Ziel ist die Leistungsverbesserung, nicht die Bestrafung. Sie richten den Blick auf die Zukunft, nicht auf die Vergangenheit. Sie erzielen eine Einigung darüber, was sich in welchem Maß ändern muß. Ihr Feedback muß immer mit einem Lob und mit der erneuten Bestätigung Ihres Vertrauens in die Mitarbeiter enden.

Die besten Teamleiter zeichnen sich durch zwei hervorragende Eigenschaften aus. Erstens sagen sie den Mitarbeitern immer ganz genau, was sie von ihnen erwarten, und zweitens nehmen sie ihre Mitarbeiter als Menschen ernst und respektieren sie. Konfuzius sagte, daß die besten Anführer ihren Leuten das Gefühl vermitteln, daß sie die Aufgabe ganz alleine geschafft haben. Genauso sollten es gute Teamchefs machen – darin liegt der Schlüssel zu selbständigen Arbeitsteams.

Zusammenfassung

Wenn Sie zu Hause einen Schrank aufbauen wollen und sich dazu alle Einzelteile zusammenlegen, der Bedienungsanleitung folgen und alles sorgfältig zusammenbauen, aufstellen und dann feststellen, daß es funktioniert hat, wird Ihnen niemand sagen, daß Sie nur Glück gehabt haben. Das hat nämlich nichts mit Glück zu tun. Sie haben die Einzelteile genommen und sie so zusammengefügt, daß sie perfekt zueinander passen. Genauso können Sie auch ein selbständiges Team entwickeln. Der Teamleiter sucht sich Teammitglieder aus, die zueinander passen, und formt sie und alle weiteren notwendigen Ressourcen mit der richtigen Anleitung zu einem optimal funktionierenden Ganzen. Perfektionieren Sie also Ihre Fähigkeit, Teams auszuwählen und zusammenzuschweißen. Dies ist laut einer Studie der Stanford-Universität der wichtigste Faktor für Ihren Erfolg als Leader.

Die Fähigkeit, Spitzenteams heranzubilden, ist erlernbar. Ich habe mit Top-Coaches gearbeitet – mit Leuten, die jährlich Hunderttausende von Dollars verdienen und die in Amerika mindestens jeden zweiten

Abend im Fernsehen zu sehen sind. Diese Menschen haben als Einzelkämpfer begonnen, meist als Junior-Coaches oder als Assistenten und haben nicht viel mehr verdient als ein Schuhverkäufer. Und heute erhalten sie für ihre Arbeit Hunderttausende von Dollars. Warum? Weil sie gelernt haben, die richtigen Teams zusammenzustellen.

Interessant ist, daß ihre Mitarbeiter meist nicht überdurchschnittlich begabt waren, dafür aber zuverlässig und aufrichtig. Obwohl sie keine besonderen Fähigkeiten hatten, waren sie von den Werten des Unternehmens und des Teams überzeugt. Daher schaffte es der Coach, sie zu einem erfolgreichen Team zu kombinieren.

Was können Sie also tun? Denken Sie als erstes daran, daß die *Auswahl der Teammitglieder* sehr wichtig ist. Mitarbeiter, die keinen persönlichen Einsatz zeigen, verhindern den Erfolg, weil sie Ihnen beim Vorankommen laufend ein Bein stellen. Wenn jedoch feststeht, daß alle Mitglieder zu persönlichem Einsatz bereit sind, müssen Sie sich überlegen, was diese Menschen nun brauchen. Sie benötigen zunächst einmal Autonomie und sehr viel *positive Bestätigung* Ihrerseits. Sagen Sie es ihnen jedesmal, wenn sie etwas gut gemacht haben. Mitglieder eines Teams brauchen aber auch ein *Zugehörigkeitsgefühl.* Jeder einzelne muß sich als Teil der Gruppe fühlen. Das erreichen Sie durch regelmäßige Teambesprechungen, die mindestens einmal in der Woche und bei Bedarf auch öfter stattfinden. Treffen Sie sich regelmäßig mit einzelnen Teammitgliedern, mit Teilgruppen und mit dem ganzen Team. So erzeugen Sie das nötige Gemeinschaftsgefühl. Die Mitglieder fühlen sich als Teil von etwas Besonderem und wissen, daß sie *Verantwortung* tragen.

Nun noch einmal eine kurze Wiederholung dazu, wie Sie ein erfolgreiches Team aufbauen können. Legen Sie zuerst *gemeinsame Ziele* fest. Wissen alle Ihre Mitarbeiter ganz genau, was Sie aus welchem Grund bis wann und wie erreichen wollen? Wenn nicht, wird es Zeit für ein ausführliches Gespräch zwischen Ihnen und Ihrem Team. Ihre Mitarbeiter können ein Ziel nur erreichen, wenn sie es vor Augen haben. Sie können nicht zusammen auf ein Tor stürmen, wenn sie nicht wissen, wo das Tor steht.

Zweitens müssen Sie beim Aufbau selbständig arbeitender Teams darauf achten, *gemeinsame Werte* zu schaffen – eine gemeinsame Vision und eine gemeinsame Mission. Jeder muß wissen, wofür Sie einstehen und welche Grundprinzipien Sie vertreten. Jeder muß wissen, aus welchem Grund er seine Arbeit erledigt. Je stärker Sie diese Werte betonen, desto mehr sind Ihre Mitarbeiter in der Regel vom Sinn und Zweck ihrer Arbeit überzeugt und desto mehr strengen sie sich an, um sie gut zu erledigen. Dann werden sie auch ohne viel Anweisungen auskommen.

Drittens braucht Ihr Team *gemeinsame Pläne.* Früher dachte ich, ich bräuchte meinen Mitarbeitern nur Anweisungen zu geben, dann würden sie schon tun, was ich sage. Taten sie es nicht, wurde ich wütend. Heute weiß ich, daß die meisten Menschen über ihre Aufgaben sprechen wollen. Sie müssen sie von allen Seiten beleuchten, bis sie schließlich den Punkt erreichen, an dem sie sie gründlich verstanden haben. Und erst, wenn alle darin übereinstimmen, was wie und bis wann erledigt werden muß, dann machen sich alle an die Arbeit. In diesem Fall können die Leute ihre Fortschritte auch gegenseitig überwachen und dafür sorgen, daß jeder seinen Teil der Aufgabe gut und rechtzeitig erfüllt. Je länger Sie sich daher Zeit nehmen, gemeinsame Ziele, Werte und Pläne zu besprechen, desto schneller, kreativer und mit größerem Einsatz wird anschließend die Arbeit ausgeführt.

Viertens ist es wichtig, daß Sie *mit gutem Beispiel vorangehen.* Sie als Manager und Leader gehen immer voran. Sie verlangen von Ihren Mitarbeitern nichts, was Sie nicht auch tun würden. Sie verstecken sich nicht und halten sich nicht vom Geschehen fern. Sie verschanzen sich nicht in Ihrem Büro, sondern bewegen sich unter den Mitarbeitern, um laufend Feedback zu erhalten und auszuteilen. Sie fragen die Mitarbeiter, bieten Hilfe an, und Sie betrachten sich vor allem als diejenige Person, die den Mitarbeitern die Hilfsmittel, die Zeit und die Aufmerksamkeit zur Verfügung stellt, die sie benötigen, um ihre Arbeit optimal erledigen zu können.

Schließlich müssen Sie *die Leistung laufend messen und bewerten.* Fragen Sie sich ständig, wie gut die Arbeit ausgeführt wird und ob es noch Verbesserungsmöglichkeiten gibt. Bitten Sie immer um Rückmeldungen. Denken Sie daran, daß das Ziel immer darin besteht, die beste Methode zu entwickeln, der Beste zu sein, *hervorragende Arbeit zu leisten.* Sie wollen in jeder Hinsicht die Idealvorstellung des perfekten Ergebnisses für Ihr Projekt verwirklichen. Wenn Sie dieses Ziel im Auge behalten, können Sie das gesamte Feedback verwerten. Wenn

Sie es zudem schaffen, alle Mitarbeiter auf dasselbe Ziel einzuschwören, dann werden Sie sich zu einem hervorragenden Teamleader entwickeln.

Kapitel 10

Verbesserung der Kommunikationsfähigkeit

Dr. Sidney Girard, ein sehr bekannter Psychologe auf dem Gebiet der humanistischen Psychologie, hat viele Jahre damit verbracht, das Gefühl des Glücks und der Zufriedenheit zu studieren. Nachdem er Tausende von Menschen befragt hatte, kam er zu dem Schluß, daß 85 Prozent dieses Gefühls sich aus den Beziehungen zu anderen Menschen ergeben. Alle anderen Bedingungen machen zusammen nur 15 Prozent aus. Darüber hinaus ist bekannt, daß zwischenmenschliche Beziehungen ausschließlich von der Fähigkeit zur Kommunikation bestimmt werden. Daraus läßt sich schließen, daß 85 Prozent Ihrer Zufriedenheit, Ihres Erfolges und Ihrer Effektivität sowohl im Privatleben als auch im Beruf davon abhängen, wie gut Sie in der Lage sind, mit anderen Menschen zu interagieren und zu kommunizieren.

In diesem Kapitel werde ich auf einige Gedanken eingehen, mit deren Hilfe Sie bei Ihrer täglichen Arbeit mit Ihren Kollegen, Mitarbeitern und Vorgesetzten Ihre Macht, Ihre Präsenz und Ihren Einfluß wesentlich ausdehnen können.

Geben Sie den Menschen ein positives Gefühl

Auf den einfachsten Nenner gebracht, liegt der Schlüssel zu Spitzenleistungen am Arbeitsplatz darin, daß die Menschen ein positives Gefühl entwickeln. Sie sollten mit ihrem Arbeitsplatz zufrieden sein und sich besonders in Ihrer Nähe wohl fühlen. Es zählt zu den schönsten Erfahrungen im Arbeitsleben, wenn Sie glücklich sind und es morgens kaum erwarten können, zur Arbeit zu gehen. Sie mögen Ihren Chef und auch Ihre Kollegen und Mitarbeiter. Für Ihre Mitarbeiter ist es dagegen eine der schönsten Erfahrungen, wenn sie gut miteinander auskommen – wenn sie sich in ihren Beziehungen untereinander und zu Ihnen wohl fühlen.

Stärken Sie das Selbstwertgefühl Ihrer Mitarbeiter

Selbstwertgefühl ist der wichtigste determinierende Faktor für Leistung, und es geht mit persönlicher Effizienz einher. Das bedeutet im wesentlichen, daß Menschen, die mit sich selbst im reinen sind, ihre Aufgaben sehr gut erledigen. Umgekehrt haben Menschen, die erfolgreich arbeiten, ein hohes Selbstwertgefühl. Es funktioniert in beide Richtungen. Wenn Sie erreichen wollen, daß Ihre Mitarbeiter Bestleistungen erbringen, dann müssen Sie dafür sorgen, daß ihr Selbstwertgefühl möglichst stark ausgeprägt ist. Dann werden sie alles, was von ihnen erwartet wird – und manchmal sogar noch mehr – hervorragend erledigen.

Es handelt sich hier um eine sich selbst verstärkende Spirale: Je mehr Sie sich selbst mögen und achten, desto mehr werden Sie andere mögen und respektieren und desto mehr werden Sie auch im Gegenzug von anderen gemocht und respektiert. Und je mehr Ihre Leute Sie mögen und respektieren, weil auch Sie selbst sich und Ihre Mitarbeiter gerne haben, desto besser wird die Arbeit erledigt. Betrachten Sie also Ihr Geschick für zwischenmenschliche Beziehungen als eine wichtige Fähigkeit, mit der Sie den Output und die Leistung Ihrer Mitarbeiter maximieren können. Darüber hinaus ist diese Fähigkeit entscheidend, um Ihr Arbeits- und auch Ihr Privatleben glücklicher und bereichernder zu gestalten.

Der Schlüssel zum erfolgreichen Umgang mit Menschen ist folgender: *Geben Sie den Menschen das Gefühl, wichtig zu sein.* Geben Sie ihnen das Gefühl, daß sie wertvoll und verdienstvoll – eben etwas ganz Besonderes sind. Dadurch wird eines der grundlegendsten Bedürfnisse der Menschen befriedigt, denn Menschen wollen gebraucht werden, sie wollen sehen, daß sie in der Welt etwas bewirken können – vor allem in den Augen ihrer Mitmenschen. Wenn Sie also bei Ihrer täglichen Arbeit stets den Eindruck vermitteln, daß Ihre Mitarbeiter sehr wichtig für Sie sind, werden Sie feststellen, daß die Mitarbeiter bessere Leistungen erbringen, sich besser fühlen und bei allem, was sie anpacken, besser sind als je zuvor.

Leader achten übrigens sehr genau auf ihr eigenes Verhalten. Sie kennen die Wirkung ihrer Worte und Taten auf andere sehr genau und legen daher viel Wert auf Selbstbeherrschung. Sie gehen niemals in die Luft, und sie lassen sich negative Gefühle nicht anmerken. Wut oder schlechte Laune werden auf keinen Fall an den Mitarbeitern ausgelassen, denn als Leader müssen Sie sich im klaren darüber sein, daß Sie diesen Luxus nicht mehr genießen. In Ihrer Eigenschaft als Leader haben Ihre Handlungen viel größere Wirkung als zu den Zeiten, als Sie noch Teil des Teams waren.

Es ist sehr wichtig zu wissen, daß Mitarbeiter äußerst genau auf die Reaktionen ihrer Vorgesetzten achten. Das kommt daher, daß sie früher ebenso hypersensibel auf ihre Eltern reagiert haben. Als Erwachsene übertragen sie ihr Verhältnis zu den Eltern auf ihren Arbeitsplatz, und der Vorgesetzte rückt ins Zentrum der Aufmerksamkeit. Alles, was Sie tun oder lassen, sagen oder nicht sagen, jede einzelne Geste hat Auswirkungen auf das Selbstwertgefühl und die Selbsteinschätzung der Mitarbeiter. Achten Sie also darauf – ja, Sie sollten sogar bewußt Dinge tun und äußern, die das Selbstwertgefühl der Mitarbeiter stärken. Sie sollten ständig nach Möglichkeiten Ausschau halten, um die Selbstachtung Ihrer Mitarbeiter zu erhöhen und ihnen das Gefühl zu geben, daß sie wertvoll und wichtig sind. Dies ist die geeigneteste Methode, um das Beste aus Ihren Leuten herauszuholen und um Ihre Beziehung zu ihnen zu verbessern.

Das interaktive Leistungsmodell

Es gibt ein interaktives Leistungsmodell – mein eigener Beitrag zu diesem Forschungsfeld. Es ist ganz einfach: Stellen Sie sich vor, Sie befinden sich auf der einen Seite, und eine andere Person steht auf der anderen Seite. Zwischen Ihnen beiden gibt es einen Punkt, an dem Sie in Kontakt kommen. Dies ist der Nexus der Leistung. An diesem Punkt treffen und grüßen Sie einander, hier lächeln Sie einander zu und unterhalten sich, tauschen Informationen aus und lösen Probleme. Doch ganz entscheidend ist, daß dies auch der Bewährungspunkt für Ihre Beziehung zueinander ist. Es handelt sich um den Schlüsselfaktor in Ihrer Beziehung und für die Leistung Ihres Gegenübers.

Wenn diese Kontaktstelle, die den Kern Ihrer Managementfunktion darstellt, hoch und positiv ist, ist auch die Leistung der Person hoch und positiv. Wenn der Kontaktpunkt dagegen negativ und durch Kritik oder Ablehnung usw. belastet ist, erreicht die Person nur ein niedriges Leistungsniveau. Zum Vergleich könnte man einen Dimmer heranziehen. Wenn der Schalter des Dimmers voll aufgedreht ist, fließt viel Strom, d.h. die Person zeigt sich von ihrer besten Seite. Ist der Dimmer dagegen dunkel eingestellt, dann ist die Beziehung negativ beeinflußt, und die Leistung sinkt auf das tiefste Niveau. Hier ist der Beweis: Wenn Sie auf Ihre eigene Karriere zurückblicken, werden Sie sich daran erinnern, daß Sie immer dann Ihre besten Zeiten hatten, wenn Ihr Verhältnis zu Ihrem Chef gut war. Die schlechtesten Zeiten waren dagegen durch eine negative Beziehung zu Ihrem Vorgesetzten gekennzeichnet.

Management nach der Goldenen Regel

Es gibt eine ganz simple Methode, mit der Sie zu einem besseren Verhältnis mit Ihren Mitarbeitern gelangen. Es heißt Golden-Rule-Management, das Management nach der Goldenen Regel: *Behandle deinen Nächsten, wie du selbst behandelt werden möchtest.* Diese Regel gründet sich auf Höflichkeit, Achtung und Respekt gegenüber Ihren Mitmenschen, und ganz besonders gegenüber Ihren Untergebenen. Im Management besagt diese Goldene Regel, daß Sie Ihre Mitarbeiter so managen sollten, wie Sie selbst von Ihrem Vorgesetzten gemanagt werden wollen. Behandeln Sie die Menschen immer so, wie Sie in umgekehrter Situation selbst gerne von ihnen behandelt werden würden. Der britische Schriftsteller Thomas Carlyle sagte einmal, daß man einen Menschen daran erkenne, wie er die kleinen Leute behandelt. Aus diesem Grund müssen Sie bei jeder Schwierigkeit, die zwischen Ihnen und einem Ihrer Untergebenen entsteht, immer daran denken, daß eine solche Situation sehr viel Feingefühl erfordert. Denken Sie immer nach, bevor Sie handeln, und behandeln Sie die Menschen gut.

Verbessern Sie Ihre Fähigkeiten im Umgang mit Menschen

Im folgenden werden einige Regeln vorgestellt, mit deren Hilfe Sie Ihre Fähigkeiten im Umgang mit anderen Menschen wesentlich verbessern können.

Keine Kritik, keine Verurteilungen und keine Klagen

Die erste Regel lautet, daß Sie Menschen das Gefühl geben müssen, daß sie wichtig sind. Zumindest dürfen Sie auf keinen Fall etwas tun, was eine Person herabsetzt oder ihren persönlichen Wert schmälert – d. h. Sie dürfen sie weder kritisieren noch verurteilen oder sich über sie beklagen. Diese Verhaltensweisen müssen Sie sich vollständig abgewöhnen.

Kritik ist dabei die schlimmste Verhaltensweise von allen – sie war und ist das wirksamste Mittel zur Zerstörung von Persönlichkeiten in der ganzen Menschheitsgeschichte. Die Kritik der Eltern an ihren kleinen Kindern wirkt sich noch Jahre später negativ auf deren Persönlichkeit und Selbstwertgefühl aus. Sie untergräbt das Selbstvertrauen und wirkt verletzend. Aufgrund dieser frühen Kindheitserfahrungen löst Kritik automatisch das Gefühl des Versagens, der Unfähigkeit, der Abwertung und Ablehnung aus. Viele Menschen sind daher schon vorprogrammiert – von frühester Kindheit an konditioniert – und reagieren auf Kritik mit einer dramatischen Verringerung ihres Selbstvertrauens und ihrer Leistungsfähigkeit. Dies gilt besonders, wenn die Kritik von ihrem Vorgesetzten kommt und sie nichts anderes tun können, als sie hinzunehmen.

Durch eine *Verurteilung* erzeugen Sie dagegen Ärger und Ablehnung, weil die verurteilte Person keine Möglichkeit mehr hat, Vergangenes ungeschehen zu machen. Aus diesem Grund dürfen Sie niemanden verurteilen, niemanden in die Enge treiben und nicht wütend werden.

Wenn Sie sich über jemanden *beklagen*, rufen Sie bei dem Betreffenden Niedergeschlagenheit hervor. Klagen wirken niederdrückend auf Gespräche und das Arbeitsumfeld – sie sind demotivierend. In einem vor kurzem erschienenen Artikel heißt es sogar, sie seien heutzutage der Hauptgrund für Entlassungen. Mitarbeiter werden nicht entlassen, weil sie zuwenig Selbstvertrauen oder Fähigkeiten für ihre Aufgaben besitzen, sondern weil sie sich so häufig beklagen, daß niemand mit ihnen zusammenarbeiten will. Beklagen Sie sich also niemals über andere. Denken Sie statt dessen immer an das Lied von Frank Sinatra, in dem er singt: *If you can't say something nice, don't speak at all.* So lautet auch mein Ratschlag: Normalerweise ist es besser für Sie, wenn Sie sich zurückhalten, bevor Sie etwas Negatives äußern. Erinnern Sie sich noch an die alte Redensart, man solle immer bis zehn zählen, bevor man etwas sagt oder explodiert? Wenn etwas passiert, zählen Sie einfach bis zehn und halten den Mund. Sie werden sich wundern, wie schnell sich dadurch Ihre Beziehungen zu den Menschen verbessern.

Akzeptanz

Ein weiterer effektiver Faktor zum Aufbau zwischenmenschlicher Beziehungen ist die Akzeptanz. Jeder Mensch hat ein tiefes, unterbewußtes Bedürfnis nach Selbstachtung. Er braucht das Gefühl, daß er von seinen Mitmenschen genauso angenommen wird, wie er ist. Es heißt, große Männer sterben dafür und kleine Kinder weinen darum. Jeder Mensch muß fühlen, daß er gut ist, so wie er ist – daß er von den wichtigen Personen in seiner Umgebung akzeptiert wird. Von anderen akzeptiert zu werden, stillt ein tiefes, unterbewußtes Bedürfnis aus unserer Kindheit, als wir auf die Akzeptanz der Erwachsenen, also unserer Eltern und Geschwister angewiesen waren. Kinder blicken ihren Eltern in die Augen, um sicherzugehen, daß sie etwas richtig gemacht haben. Heute, als Erwachsene, blicken wir in die Augen anderer Menschen, die für uns wichtig sind, und suchen nach der Bestätigung, daß wir von ihnen angenommen werden.

Ebenso wichtig ist die *Selbstachtung*. Sie ist ein Teil der Akzeptanz. Selbstachtung basiert auf dem Wissen, daß man von anderen Menschen respektiert wird, die man wiederum selbst auch respektiert. Es heißt, daß man im Leben alles aus dem Grund tut, um die Achtung der Personen zu gewinnen, die man selbst auch respektiert – oder zumindest, um ihre Achtung nicht zu verlieren. Viele Menschen würden lieber sterben, als den Respekt der Personen zu verlieren, die für sie wichtig sind.

Wenn also ein Mensch weiß, daß er respektiert wird, bedeutet das für ihn gleichzeitig, daß er akzeptiert wird. Wenn er das Gefühl hat, geachtet und akzeptiert zu werden, fühlt er sich wohl und ist in der Lage, große Leistungen zu vollbringen. Ihre Aufgabe ist es nun, Ihren Mitarbeitern genau dieses Gefühl zu vermitteln.

Die Akzeptanz ist ein wichtiges Element der Gefühle von Sicherheit und Zugehörigkeit, die wiederum Teil der *Bedürfnispyramide* sind, die in Kapitel 14 ausführlich behandelt wird. Menschen müssen zunächst wissen, daß sie zu einer Gruppe gehören, daß sie sich bei Ihnen sicher fühlen können, bevor sie ihre besten Leistungen erbringen. Und worin liegt der Schlüssel zur Akzeptanz? Ganz einfach: Lächeln Sie. Wenn Sie jemanden anlächeln, drücken Sie damit ganz klar aus, daß Sie ihn genau so akzeptieren wie er ist. Dadurch steigt seine Selbstachtung, ebenso wie Ihre Selbstachtung steigt, wenn jemand Sie anlächelt. Die besten, erfolgreichsten, beliebtesten und effektivsten Menschen strahlen mit ihrem Lächeln Wärme und Ehrlichkeit aus. Und wenn Sie gerade nicht in der Stimmung sind zu lächeln, sollten Sie daran denken, daß ein unechtes Lächeln immer noch besser ist als ein ehrliches Stirnrunzeln.

Dank und Anerkennung

Nun folgt ein weiterer wichtiger Faktor, mit dem Sie Ihre Fähigkeiten im Umgang mit Menschen wesentlich verbessern können. Drücken Sie jedesmal Ihre Anerkennung aus, wenn jemand etwas erledigt hat. Durch Anerkennung steigern Sie ebenfalls das Selbstwertgefühl Ihrer Mitarbeiter; sie fühlen sich dadurch wertvoll. Sie wissen dann, daß ihre Arbeit wichtig ist und entsprechend gewürdigt wird. Und wie drücken Sie diese Anerkennung aus? Nun, *Sie sagen frühzeitig und häufig „Danke“.*

Ich spreche mehrere Sprachen, und einer der ersten Ausdrücke, die ich lerne, wenn ich in ein fremdes Land reise, ist „Danke“. Ich verwende ihn ständig. Jedesmal wenn Sie jemandem danken, wird Ihr Gegenüber sofort freundlicher. Die Menschen helfen Ihnen dann gerne noch mehr. Die Regel lautet also: Danken Sie den Menschen für alles, was sie tun.

Danken Sie übrigens auch Ihrem Ehepartner und Ihren Kindern immer wieder. Danken Sie Ihren Untergebenen, Ihren Kollegen, Ihren Vorgesetzten, dem Taxifahrer und allen anderen Menschen, denen Sie begegnen, für alles, was sie tun. Es ist das einfachste und zugleich wirkungsvollste Mittel. Wenn Sie lächeln und sich bedanken, haben Sie schon den halben Weg zu einer hervorragenden zwischenmenschlichen Kommunikation zurückgelegt. Durch einen Dank erreichen Sie, daß die betreffende Person dieselbe Aufgabe am liebsten noch einmal erledigen würde. Die Menschen arbeiten dann viel lieber mit Ihnen zusammen. Danken Sie ihnen also bei jeder Gelegenheit.

Lob und Anerkennung

Auch Lob ist ein sehr wirkungsvolles Mittel zum Aufbau zwischenmenschlicher Beziehungen. Das Selbstwertgefühl einer Person steht in direktem Zusammenhang mit ihrem Bewußtsein, daß sie Lob verdient hat. Wir haben herausgefunden, daß erschöpfte oder niedergeschlagene Menschen einen neuen Energieschub spüren, wenn sie von Menschen gelobt werden, die wichtig für sie sind. Lob ist ein äußerst wirkungsvolles Mittel. Es wirkt wie eine plötzliche Zufuhr neuer Energie – so, als ob ein Schalter umgelegt worden wäre.

Die einfachste Methode ist es, jemanden zu loben, wenn Sie sehen, daß er gerade etwas gut gemacht hat. Ken Blanchard bezeichnet dies als das *Ein-Minuten-Lob*. Dabei verteilen Sie auf Ihren Rundgängen durch Ihre Abteilung an jedem Arbeitsplatz ein Lob. Wenn Sie sich bei Ihren Mitarbeitern erkundigen, wie sie vorankommen und ob alles gut läuft, sagen Sie: „Gut, das ist wunderbar, machen Sie weiter so!" Indem Sie auf diese Weise lauter kleine Edelsteine verteilen, vermitteln Sie den Mitarbeitern ein positives Gefühl.

Loben Sie kleine Fortschritte ebenso wie große Leistungen, loben Sie einfach alles, was erreicht wird. Es kostet Sie überhaupt nichts, aber es hat eine erstaunliche Wirkung.

Wann immer möglich, sollten Sie die Menschen *öffentlich loben.* Wenn ein Mitarbeiter seine Sache gut gemacht hat, sollten Sie ihn vor der versammelten Mannschaft loben. Rufen Sie interessierte Personen an und erzählen sie ihnen, daß dieser Mitarbeiter gerade eine sehr gute Leistung erbracht hat. Erwähnen Sie es auch bei Teambesprechungen:

„Ich möchte betonen, daß Frau X hervorragende Arbeit geleistet hat." Ein solches öffentliches Lob wirkt zehnmal stärker als ein Lob unter vier Augen.

Die größte Wirkung erzielen Sie, wenn Sie *das Lob immer sofort aussprechen.* Sagen Sie Ihren Mitarbeitern jedesmal gleich nach der Erledigung einer Aufgabe, wie gut sie gearbeitet haben. Je unmittelbarer Sie einen Mitarbeiter loben, desto stärker wächst sein Selbstvertrauen und desto stärker wirkt das Lob auf seine Persönlichkeit. Außerdem sollten Sie immer *eine spezifische Leistung loben.* Sagen Sie nicht einfach: „Sie sind ein toller Mitarbeiter", sondern sagen Sie: „Diese spezielle Angelegenheit haben Sie sehr gut erledigt." Je spezifischer das Lob, desto wahrscheinlicher ist es, daß sich der Mitarbeiter in Zukunft bei dieser Aufgabe noch mehr anstrengt. Drittens ist es wichtig, daß Sie *kontinuierlich loben,* damit sich das gesamte Verhalten der Mitarbeiter ändert. Wenn ein Mitarbeiter häufig zu spät kommt, dann sprechen Sie ihn sofort an, wenn er einmal rechtzeitig eintrifft: „Ich finde es sehr gut, daß Sie heute schon so früh da sind." Wiederholen Sie dies jedesmal, wenn er früher kommt, bis er sich das neue Verhalten zur Gewohnheit gemacht hat.

Bewunderung

Es gibt noch eine weitere Methode zur Verbesserung Ihrer Beziehungen zu anderen Menschen. Sie sollten öfter Ihre Bewunderung ausdrücken. Schon Abraham Lincoln erkannte, daß jeder Mensch gerne *Komplimente* erhält. Erwähnen Sie daher öfter einmal, was Ihnen an anderen Personen gefällt. Sie können beispielsweise das *Aussehen* bewundern, denn das hört jeder gerne. Bewundern Sie die Kleidung, die Frisur, das äußere Erscheinungsbild. Wissen Sie, was in den USA und in der westlichen Welt als das größte Kompliment gilt? – „Sie haben aber abgenommen!" Alle Menschen hören das gerne, selbst wenn es nicht zutrifft. Vielleicht tragen sie nur weite Kleidung? Trotzdem hebt ein kleines Kompliment über das Aussehen sofort die Stimmung.

Darüber hinaus können Sie noch die *Charaktereigenschaften und die persönlichen Vorzüge* anderer Menschen bewundern. „Sie sind wirklich hartnäckig." – „Sie sind wirklich eine tolle Person." – „Sie sind sehr freundlich." – „Sie sind sehr gerecht." – „Sie haben aber

Mut." Die meisten Menschen sind stolz auf ihre guten Eigenschaften – meist haben sie ihr ganzes Leben lang an ihnen gearbeitet –, und daher freuen sie sich über deren Anerkennung.

Auch die *Leistungen und den Erfolg* anderer können Sie bewundern. Sagen Sie beispielsweise: „Ich bewundere Sie, weil Sie dieses Studium geschafft haben." – „Es war hervorragend, wie Sie diesen Verkaufsabschluß erreicht haben; das Unternehmen verkauft haben; das Ziel erreicht haben." Die Menschen freuen sich, wenn ihre Leistungen anerkannt werden, besonders wenn sie sich mit ganzer Kraft dafür eingesetzt haben.

Aufmerksames Zuhören

Aufmerksamkeit trägt ebenfalls zur Förderung des Selbstwertgefühls bei. In diesem Zusammenhang gibt es eine Regel: Meist schenken Sie den Dingen die meiste Aufmerksamkeit, die Sie selbst wertschätzen, während Sie alles ignorieren, was Ihnen unwichtig erscheint. Mangelnde Beachtung ist eines der Hauptprobleme bei allen Arten von zwischenmenschlichen Beziehungen. Viele Menschen beenden eine Beziehung, weil sie sich zu wenig beachtet fühlen. Umgekehrt fühlen sich die Menschen dagegen geschätzt und wertvoll, wenn Sie ihnen genügend Aufmerksamkeit schenken, denn das zeigt, daß sie Ihnen nicht gleichgültig sind.

Der Schlüssel zur Aufmerksamkeit liegt im Zuhören. Wenn jemand mit Ihnen spricht, dann hören Sie ihm zu. Halten Sie sich selbst zurück, seien Sie still und hören Sie ihm aufmerksam und ohne Unterbrechung zu, als ob Ihnen alle Zeit der Welt zur Verfügung stünde. Nachdem die Person ausgesprochen hat, warten Sie einen Moment ab, bevor Sie antworten. Erlauben Sie einen Augenblick der Ruhe und denken Sie über das Gehörte nach. Denken Sie nicht, daß Sie dem anderen zuvorkommen müssen, sondern hören Sie einfach zu. Jede Minute des Zuhörens erhöht das Selbstwertgefühl Ihres Gegenübers und ebenso dessen Wertschätzung für Sie, weil Sie ihm diese Gelegenheit geben. Wenn Sie etwas nicht verstehen, bitten Sie die Person, es Ihnen genauer zu erklären, und lauschen Sie dann erneut der Antwort. Nachdem die Person ihre Ausführungen beendet hat, fassen Sie die Kernaussage mit Ihren eigenen Worten zusammen, um sicherzustellen, daß Sie sie auch wirklich richtig verstanden haben. So zeigen Sie Ihrem Gegenüber, daß Sie tatsächlich aufmerksam zugehört haben. Denken Sie an den wundervollen kleinen Ausspruch von Stephen Covey: Es ist wichtiger, zu verstehen als verstanden zu werden. Es gibt auch schon seit Jahren ein sehr gutes Buch von Marilyn Bates und David W. Keirsey mit dem Titel *„All You Need“*. Darin heißt es: „Bitte versteht mich.“ Für die meisten Menschen ist es das Wichtigste, sich verstanden zu fühlen, aber die meisten sind so auf dieses Ziel fixiert, daß sie sich nicht die Zeit nehmen, andere zu verstehen. Eine der wichtigsten Fähigkeiten zum Aufbau besserer Beziehungen zu Ihren Mitmenschen und souveräner Leadership besteht daher einfach darin, den Menschen aufmerksam zuzuhören, wenn sie mit Ihnen sprechen.

Das Bumerang-Prinzip

Denken Sie an das Bumerang-Prinzip: Alles, was Sie aussenden, kehrt in verstärkter Form zu Ihnen zurück. Ich verrate Ihnen nun eine der wichtigsten Erkenntnisse im Zusammenhang mit zwischenmenschlichen Beziehungen: *Jeder erfährt alles.* Was heißt das? Nun, es bedeutet, daß alles, was Sie je irgendwo zu irgend jemandem sagen, mit Sicherheit irgendwann ans Licht kommt. Erzählen Sie daher nur Gutes über andere Menschen. Dies ist ein wirkungsvolles Mittel zur Persönlichkeitsentwicklung. Wenn Sie negativ über andere sprechen, werden sie irgendwann davon erfahren. Berücksichtigen Sie dies, wenn Sie Ihre Saat ausstreuen, und geben Sie nur positive Informationen weiter. Sagen Sie, wie sehr Sie andere bewundern und respektieren, wie gut sie arbeiten oder was immer Positives sich über sie sagen läßt. Dies wird die Menschen ebenfalls irgendwann erreichen und ihr Selbstwertgefühl steigern.

Es ist Ihre Aufgabe als Manager, andere Menschen aufzubauen. Dies erreichen Sie nur, wenn Sie sich selbst ebenfalls zu einer herausragenden Persönlichkeit entwickeln. Daher sollten Sie auch Ihr eigenes Selbstwertgefühl steigern, indem Sie nach Möglichkeiten suchen, das Selbstvertrauen anderer Leute aufzubauen. Der Schlüssel dazu liegt darin, anderen das Gefühl zu vermitteln, daß sie wichtig sind. Je stärker

Sie anderen zu verstehen geben, daß sie wichtige Menschen sind, desto bedeutender werden Sie als Persönlichkeit.

Zusammenfassung

Vielleicht kennen Sie die alte Redensart: *Ich sehe etwas und denke darüber nach. Ich höre etwas und erinnere mich daran. Aber nur wenn ich etwas selbst tue, lerne ich, wie es geht.* Kommunikationsfähigkeit und das richtige Verhalten im Umgang mit anderen Menschen ähneln insofern dem Schwimmen oder Radfahren, als sie nicht ererbt sind, sondern erlernt werden müssen. Ich bin überall auf der Welt Menschen begegnet, die sich dafür entschieden haben, ihre Fähigkeiten in Bezug auf zwischenmenschliche Beziehungen zu perfektionieren. Dies geschieht keineswegs zum Zweck der Manipulation. Es geht nicht darum zu versuchen, sich besondere Eigenschaften anzueignen und andere Menschen dazu zu bringen, etwas zu tun, wozu sie normalerweise nicht bereit wären. Es geht darum, die eigene Persönlichkeit optimal zu entwickeln und in allen Beziehungen das Bestmögliche zu geben. Dies lernen Sie nur, indem Sie es Tag für Tag und Stunde um Stunde praktizieren.

Der entscheidende Faktor für den Aufbau zwischenmenschlicher Beziehungen ist *Zeit*. Sie müssen viel Zeit investieren, um das Selbstwertgefühl der Menschen, mit denen Sie zu tun haben, zu erhöhen und um zu erreichen, daß sie sich wohl fühlen.

Fassen wir also einige der Punkte aus diesem Kapitel noch einmal kurz zusammen. Das Wichtigste ist, daß Sie niemals Kritik üben dürfen. Jeder Mensch neigt zu Kritik. Die ganze westliche Bildungstradition beruht darauf, daß man etwas lernt und es anschließend kritisch beurteilt. Daher neigen wir spätestens ab unserem Eintritt in die Schule zur Kritik, und wir machen es uns zur Gewohnheit, die Mängel in bestimmten Situationen und bei anderen Menschen auszuspähen.

Zudem verbringen viele Menschen ihr ganzes Leben mit Klagen. Wenn man sie nach ihrem Befinden fragt, antworten sie: „Oh, ganz gut, aber mein Rücken schmerzt, meine Beine tun mir weh, mein Auto ist kaputt, mein Chef..." Die Klagen strömen ganz automatisch aus ihnen heraus. Dies können Sie nur beenden, indem Sie sich zwingen, damit aufzuhören. *Sie klagen und kritisieren einfach nicht mehr.* Immer wenn sich eine entsprechende Situation ergibt und Sie instinktiv etwas Negatives sagen wollen, behalten Sie Ihre Worte für sich.

Besser wäre es sogar noch, wenn Sie sich statt dessen etwas Freundliches überlegen. Wenn Sie beispielsweise Zeuge werden, wie jemand sich über eine Person beschwert, dann sagen Sie: „Ja, aber sie hat auch sehr viele gute Eigenschaften." Es gibt das alte Beispiel des jungen Mannes, der sich beklagt, daß das Leben so schwer sei. Der Philosoph fragt ihn darauf: „Im Vergleich wozu?" Wenn Sie über diese Frage nachdenken, werden Sie feststellen, daß die Dinge, über die Sie sich beklagen, in Wirklichkeit relativ geringfügig sind.

Suchen Sie also nach Möglichkeiten, einen positiven Einfluß auszuüben. Andere Menschen sollten unwillkürlich lächeln, wenn Sie einen Raum betreten, weil sie wissen, daß Sie eine positive Persönlichkeit sind. Sie sollten es nicht so weit kommen lassen, daß die Menschen Ihnen aus dem Weg gehen. Noch schlimmer wäre es, wenn Sie ein Vorgesetzter wären, bei dem die Mitarbeiter aus Furcht vor Kritik sofort die Köpfe einziehen und Herzrasen bekommen. Leider kennen wir alle diese Situation meist aus eigener Erfahrung.

Es gibt also folgende Regeln: *Seien Sie freundlich,* seien Sie entgegenkommend, seien Sie offen. Lächeln Sie bei jeder Begegnung, danken Sie anderen Menschen für alles, was sie für Sie tun. Loben Sie die Menschen für ihre Leistungen – für kleine und für große. Bewundern Sie andere Menschen – dies ist zugleich das einfachste und wirkungsvollste Mittel. Einige der erfolgreichsten Menschen unserer Gesellschaft haben es sich zur Gewohnheit gemacht, bei jeder neuen Begegnung ein Merkmal an ihrem Gegenüber zu bewundern. Wenn Sie einen Mann treffen, können Sie beispielsweise sagen: „Ihre Krawatte gefällt mir." – „Sehr schönes Hemd, schöne Schuhe, toller Gürtel, tolle Uhr." Einmal saß ich bei einer Geschäftsbesprechung neben einem Mann, der eine dieser digitalen Uhren mit unzähligen verschiedenen Anzeigen trug. Ich sagte einfach: „Das ist ja eine tolle Uhr. Ich habe sie einmal in einer Anzeige gesehen, aber noch nie jemanden getroffen, der sie trägt." Daraufhin erzählte er mir ganz begeistert alles über seine Uhr. Als ich ihn nach fünf Jahren wiedertraf, kam er zu mir und sagte, daß ich der einzige Mensch war, der ihn während dieser fünf Jahre auf seine Uhr angesprochen hatte. Und wissen Sie was? Während dieser Jahre hatten wir viele gute Geschäfte miteinander getätigt.

Die wahrscheinlich wichtigste Fähigkeit ist jedoch das *Zuhören*. Wenn Sie jemandem zuhören, geben Sie ihm damit zu verstehen, daß er Ihnen etwas bedeutet, daß Sie seine Meinung ernstnehmen, daß Sie ihn für eine wichtige Person halten. Und wenn jemand den Eindruck erhält, daß man ihm zuhört, wächst sein Selbstvertrauen. Die Person fühlt sich bei Ihnen verstanden und fühlt sich in Ihrer Gegenwart wohl.

Sowohl beim Verkauf als auch im Management, in der Leadership, bei Ihrem Ehepartner und Ihren Kindern liegt der Schlüssel zum Erfolg im Zuhören. Denken Sie vor allem an einen wichtigen Punkt: Wenn Sie jemandem zuhören, dann kommt es nicht darauf an, daß Sie anschließend etwas erwidern. Es bedeutet nicht, daß Sie auf das Gehörte sofort mit einer Aktion reagieren müssen. Wichtig ist, daß Sie ruhig und aufmerksam zuhören, nicken, lächeln, freundlich sind und den anderen nicht unterbrechen.

Kapitel 11

Der Kunde im Brennpunkt

Eine wichtige Frage im Geschäftsleben lautet, worin der Zweck eines Unternehmens besteht. Warum existiert ein Unternehmen überhaupt? Was ist der Grund dafür, daß es in unserer Wirtschaft Unternehmen gibt? Diese Frage ist deshalb so wichtig, weil viele Menschen sie falsch beantworten. Ich möchte daher im folgenden meine Meinung dazu darlegen.

Wenn ich eine Gruppe von leitenden Managern oder auch Vertriebsleute frage, lautet die Antwort fast ausnahmslos, daß der Zweck eines Unternehmens darin liegt, Gewinn zu erwirtschaften. Tatsächlich ist der Gewinn jedoch nur das Ergebnis einer guten Unternehmensführung. Er bildet nicht ihren Sinn und Zweck, und dies erkennt man schon allein durch die Beobachtung aller Aktivitäten in einem Unternehmen. Die Aktivitäten weisen darauf hin, aus welchem Grund das Unternehmen besteht: Sein Zweck ist es, Kunden zu gewinnen und festzuhalten. Auf der einen Seite werden Kunden akquiriert, und auf der anderen Seite wird versucht, sie möglichst langfristig an das Unternehmen zu binden.

Erhöhen Sie den Kundenanteil

Unsere Betrachtungsweise von Unternehmen und vom Geschäftsleben verändert sich gegenwärtig dramatisch, doch das folgende ist eine zeitlose Wahrheit. Alle Unternehmensaktivitäten sind auf das Design, das Marketing und den Verkauf von Produkten und Dienstleistungen ausgerichtet. Es geht darum, Rohstoffe in Produkte und Dienstleistungen zu verwandeln und diese den Kunden zu verkaufen, um die Einnahmen zu erzeugen, von denen der zukünftige Erfolg des Unternehmens abhängt. Dabei konzentriert sich zu Beginn alles auf die Gewinnung von Kunden.

Allerdings hat in den letzten Jahren eine bedeutende Veränderung stattgefunden. Anstatt nach der Erhöhung des Marktanteils zu streben, strebt man heute nach der Erhöhung des Kundenanteils. Heute geht es den Unternehmen nicht mehr nur darum, durch Werbung, Verkauf und Strategien neue Kunden zu gewinnen. Das Wichtigste ist inzwischen der *wiederholte Verkauf an einen bestehenden Kunden.* Von diesem wiederholten Verkauf hängt alles ab.

Mit dem Erstverkauf an einen Kunden beweisen Sie nur, daß Ihr Marketing, Ihr Vertrieb, Ihre Strategie und Ihre PR gut funktioniert haben. Durch die Gelegenheit zum zweiten Verkauf erweist sich dagegen, wie gut Sie die Versprechen halten konnten, die zum ersten Kauf geführt haben. Die erfolgreichsten Unternehmen legen daher sehr viel Wert auf den zweiten, dritten und vierten Verkauf an einen bestehenden Kunden. Jeder einzelne Kunde soll immer mehr Produkte des Unternehmens kaufen.

Ich arbeite viel mit einer großen Supermarktkette im Lebensmittelbereich zusammen. Dort wird den Mitarbeitern beigebracht, auf der Stirn jedes Kunden das Zeichen *$50 000* zu sehen, denn man ist zu der Erkenntnis gekommen, daß ein zufriedener Kunde wöchentlich etwa 100 Dollar in dem Supermarkt ausgibt. Wenn man den Urlaub abzieht, kauft er etwa 50 Wochen pro Jahr dort ein, und er bleibt durchschnittlich 10 Jahre lang Kunde desselben Supermarkts. Daraus errechnet sich die Summe von 50 000 Dollar, die jeder Kunde durchschnittlich in diesem Laden ausgibt. Denken Sie, daß der Kundenservice in dem Supermarkt gut ist? Ja natürlich, denn man betrachtet jeden Kunden als Kunden auf Lebenszeit.

Dieser Gedanke des „Kunden auf Lebenszeit" ist der Schlüssel zur Betrachtungsweise von Unternehmen. Der Zweck jedes Unternehmens besteht darin, Kunden zu finden und zu binden. Aus diesem Grund ist auch jede Strategieplanung letztlich Kundenplanung. Die Strategieplanung beginnt damit, daß Sie sich vorstellen, Ihre Kunden säßen auf einer Drehscheibe in der Mitte des Konferenztisches und beobachteten

Sie bei Ihren Gesprächen. Die besten Unternehmen laden Ihre Kunden laufend ein und hören ihnen zu, sprechen mit ihnen, lassen sie an ihrer Produktplanung, den Marketing-, Vertriebs- und Werbungsbesprechungen teilnehmen, damit sie ihr Feedback einbringen und den Mitarbeitern mitteilen können, was sie benötigen und was sie sich wünschen.

Kundenbedürfnisse

Kunden treffen ihre Entscheidung, ob sie bei Ihnen oder bei jemand anderem einkaufen, aufgrund mehrerer Parameter. Der erste Parameter ist ihr Verlangen nach Wert.

Wert

Heutzutage dreht sich alles um Wert. Vielfach sind die Leute der Meinung, daß vor allem der Preis die größte Sorge der Kunden ist, doch der Wert ist wichtiger. Wieviel Wert Ihr Produkt oder Ihre Dienstleistung für den Kunden hat, richtet sich danach, was der Kunde als wertvoll definiert. Wenn jemand beispielsweise ein Auto braucht, um damit zur Arbeit zu fahren, benötigt er keinen Rolls Royce. Der Rolls Royce mag zwar qualitativ das beste Fahrzeug sein, aber für den Kunden stellt er nicht den höchsten Wert dar. Der Wert wird immer durch das Verhältnis der Bedürfnisse und Wünsche des Kunden zu dem Preis bestimmt, den Sie für Ihr Produkt verlangen.

Ein weiteres Beispiel: Lebensmittelläden in Wohngebieten verlangen für ihre begrenzte Produktauswahl oft Preise, die um 15 bis 20 Prozent höher liegen als in Supermärkten. Trotzdem gibt es Tausende solcher Läden, und sie haben regen Zulauf. Der Grund dafür ist sicher nicht, daß die Leute gerne höhere Preise zahlen, sondern lediglich, daß man dort häufig gebrauchte Produkte schnell, einfach und in der Nähe einkaufen kann. Der Wert liegt also in diesem Fall in der Nähe zur Wohnung.

Wie definieren die Kunden den Wert Ihrer Produkte und Dienstleistungen? In der Beantwortung dieser Frage liegt die Grundlage für Ihren Erfolg oder Mißerfolg auf dem Markt.

Service

Weiterhin achten die Kunden auf guten Service. Welche Art von Service ist bei Ihrem Produkt oder Ihrer Dienstleistung wichtig für die Kunden? Interessant ist in diesem Zusammenhang die Unterscheidung der Produkte in die Kategorien High-Tech und Low-Tech sowie in High-Touch und Low-Touch. Bei High-Tech-Produkten müssen Sie sehr viele Serviceleistungen anbieten, damit der Kunde das Produkt verwenden kann. Wenn der Kunde allerdings mit dem Produkt bereits vertraut ist oder wenn das Produkt so konstruiert ist, daß es sich mühelos bedienen läßt, wird der Kunde zum Low-Tech-Benutzer und benötigt wenig Service. In diesem Fall ist er auch nicht bereit, für den Service zu bezahlen. Die wichtigste Frage lautet also immer: Wofür ist der Kunde bereit, Geld auszugeben? Selbst wenn Sie den besten Kundenservice anbieten, nützt Ihnen das gar nichts, wenn er für den Kunden keinen Wert darstellt und der Kunde dementsprechend auch keinen höheren Preis dafür bezahlen will.

High-Touch bedeutet, daß Sie viel Vorführarbeit leisten und sich intensiv um den Kunden bemühen müssen, bevor er sich zum Kauf entscheidet. Low-Touch-Produkte werden dagegen einfach in der Verpackung und ohne viele Erklärungen gekauft, so daß die Kunden vergleichsweise niedrige Preise fordern.

Qualität

Die Qualität ist ein sehr wichtiges Kundenbedürfnis. Worin liegt die Qualität Ihres Produktes? Manchmal stelle ich meinen Zuhörern die Frage, aus welchem Grund die Kunden ihre Produkte kaufen sollten. Die Antwort lautet meistens: wegen ihrer Qualität und ihres Service. Daraufhin gebe ich allerdings zu bedenken, daß die Qualität auf den heutigen Märkten bereits zu einer Selbstverständlichkeit geworden ist.

Vor einigen Jahren, als viele Produkte noch so gestaltet waren, daß sie bereits nach wenigen Jahren veralteten, war Qualität noch ein ganz neuer Gedanke. Heute geht jeder Kunde von vornherein davon aus, daß Ihr Produkt von guter Qualität ist, denn sonst würden Sie es nicht anbieten. Ebenso setzt der Kunde voraus, daß Sie für das Produkt einen hervorragenden Service bieten, denn sonst wäre Ihr Unternehmen nicht überlebensfähig. Aus diesem Grund ist Qualität kein entscheidendes

Differenzierungsmerkmal mehr, denn es zählt nur das, was Ihr Kunde als Qualität definiert.

Der Gründer des Quality College, Philip Crosby, hat in seinen Büchern und Artikeln eine sehr treffende Definition entwickelt. Seinen Ausführungen zufolge bedeutet Qualität, daß Ihre Produkte und Dienstleistungen den Zweck erfüllen, für den sie gekauft werden, und zwar für längere Zeit. Ihre Qualität wird danach bewertet, wieviel Prozent der Zeit Ihr Produkt genau das tut, was Sie beim Verkauf versprochen haben. Wenn es 100 Prozent der Zeit funktioniert, wird die Qualität mit 100 Prozent bewertet. Wenn es 90 Prozent der Zeit ohne Ausfälle, Probleme, Beschwerden, Schwierigkeiten usw. funktioniert, liegt auch die Qualitätsbewertung bei 90 Prozent. Zwischen 1980 und 1981 hat die Ford Motor Company ihren gesamten Fokus verändert, indem sie den Slogan „Quality is Job One" einführte. Ein Qualitätswert von 100 Prozent wurde zum obersten Ziel erklärt.

Sie müssen auch danach streben, daß Ihre Produkte keine Mängel aufweisen. Bei allem, was Sie innerhalb und außerhalb Ihres Unternehmens tun, müssen Sie sich absolute Fehlerfreiheit als Ziel setzen. 90 oder 95 Prozent Qualität sind noch nicht genug. Streben Sie danach, sich ständig zu verbessern, damit alle Ihre Produkte perfekt funktionieren und noch lange nach dem Verkauf den Zweck erfüllen, für den sie gekauft wurden.

Bequemlichkeit

Kunden haben ein Bedürfnis nach Bequemlichkeit. Wie wirken sich Ihre Aktivitäten auf die Bequemlichkeit des Kunden aus? Kunden wollen möglichst wenig Schwierigkeiten mit einem Produkt haben. Es soll einfach zu bedienen und zu reparieren sein. Je weniger Erklärungen notwendig sind und je einfacher das Produkt zu handhaben ist, desto mehr Wert besitzt es für Ihre Kunden. Zeit hat für die Kunden einen immens hohen Wert. Sie sind so beschäftigt und haben so wenig Zeit, daß sie Ihre Organisation um so höher einschätzen, je einfacher Ihr Produkt zu bedienen ist und je schneller sie Vorteile aus seinem Gebrauch ziehen können. Wenn Sie daher etwas unternehmen können, um ein Produkt einfacher und gleichzeitig effektiver zu gestalten, erhöhen Sie damit auch den Wert, den die Kunden ihm beimessen.

Preisgestaltung

Schließlich wünschen sich die Kunden noch einen möglichst günstigen Preis. Sie müssen Ihre Preisgestaltung danach richten, was sie für die Kunden bedeutet.

Viele Anbieter auf dem Markt sind der Meinung, daß der Preis ein entscheidendes Kriterium für den Kunden darstellt – schließlich fragen die Kunden immer danach. Doch der Preis muß immer im Vergleich zu anderen verfügbaren Produkten und Dienstleistungen betrachtet werden. Oft läßt sich ein teures Produkt viel besser verkaufen als ein preiswertes Produkt, weil die Qualität eine viel größere Rolle spielt als der Preis.

Lassen Sie mich Ihnen eine Frage stellen: Stellen Sie sich vor, Ihr Arzt diagnostiziert bei einer Untersuchung einen kleinen Gehirntumor als Ursache für Ihre ständigen Kopfschmerzen. Dieser Tumor muß chirurgisch entfernt werden, weil er sonst tödlich ist. Wie lautet wohl Ihre erste Frage? Suchen Sie sofort nach dem billigsten Gehirnchirurgen, oder fragen Sie zuerst danach, wer auf diesem Gebiet der beste Spezialist ist?

Wenn der Kunde großen Wert auf Qualität legt, spielt der Preis nur eine geringe oder gar keine Rolle. Ihre Aufgabe besteht darin, niemals einfach den Preis Ihrer Produkte herabzusetzen, um sie zu verkaufen, sondern statt dessen den Wert zu erhöhen oder den Service, die Qualität, die Auslieferung oder die Benutzerfreundlichkeit zu verbessern.

Die Beeinflussung der Wahrnehmung des Kunden

Was ist wohl der wertvollste Vermögenswert Ihres Unternehmens? Nach den Erkenntnissen von Wissenschaftlern der Harvard-Universität ist die Anwort ganz einfach. Das kostbarste Gut eines Unternehmens ist der Ruf, den es bei seinen Kunden genießt. Wenn ein Unternehmen für zehn Millionen Dollar verkauft wird, setzt sich dieser Kaufpreis aus einer Million Dollar festen Vermögenswerten und neun Millionen Dollar guten Rufes zusammen. Oft werden Unternehmen, die nicht mehr gut im Geschäft sind, nur wegen ihres guten Namens aufgekauft –

denn das Ansehen, das ein Unternehmen bei seinen Kunden genießt, ist sein wertvollster Vermögenswert.

Interessant ist dabei folgendes: Die Menschen kaufen Produkte aufgrund der Positionierung, die sich die verschiedenen Unternehmen in ihrer Wahrnehmung verschafft haben. Das heißt, es ist also wichtig, wie die Kunden über Ihr Unternehmen denken, aus welcher Quelle sie von Ihnen wissen, welche Erfahrungen sie selbst oder andere mit Ihrem Unternehmen gemacht haben.

Die Wahrnehmung des Kunden ist seine Realität. Die Wirklichkeit jedes Menschen wird nicht durch reine Tatsachen, sondern durch die Wahrnehmung bestimmt. Entscheidend ist also nicht, daß Ihre Produkte oder Ihr Service ganz hervorragend sind oder daß Ihr Unternehmen exzellent arbeitet. Die Wahrnehmung der Kunden wird durch das geprägt und beeinflußt, was sich gegenwärtig oder früher auf dem Markt ereignet hat.

Alle internen Anstrengungen für die Kunden – Produkte, Dienstleistungen, Werbung, Marketing, PR – zielen darauf ab, die Wahrnehmung der Kunden zu beeinflussen, damit sie nur Gutes von Ihnen hören. Allein dadurch entscheidet sich, wie die Kunden auf Ihre verschiedenen Marketingaktionen und Angebote reagieren.

Wie sieht also das bestmögliche Bild aus, das die Kunden von Ihnen und Ihrem Unternehmen haben können? Laut umfangreicher Forschungen läßt es sich auf einen einfachen Nenner reduzieren – auf das Preis-Leistungs-Verhältnis Ihrer Produkte oder Dienstleistungen.

Was ist das Preis-Leistungs-Verhältnis?

Das Preis-Leistung-Verhältnis errechnet sich aus dem Qualitätsniveau Ihrer Produkte im Vergleich zu deren Preis. Ein Beispiel: Wie oft haben Sie selbst schon gesagt: „Ja, das Produkt ist gut, aber es ist den geforderten Preis nicht wert.“ – Oder: „Ja, das ist gut, und es ist jeden Pfennig wert, den ich bezahle.“

Das Preis-Leistungs-Verhältnis muß im Mittelpunkt Ihrer Aufmerksamkeit stehen. Es geht nicht darum, einseitig den Preis zu senken oder die Qualität zu erhöhen, sondern es geht darum, herauszufinden, was die Kunden wünschen, und es ihnen innerhalb dieser schmalen Bandbreite anzubieten.

Welches Ansehen genießen Sie auf dem Markt?

Als nächstes geht es um die Frage, welchen Ruf Ihr Unternehmen auf dem Markt hat. Sie können dies beispielsweise durch Marktforschung oder Fokusstudien herausfinden. Meine Frage an Sie ist aber einfacher: Mit welchen Worten würden Ihre Kunden Ihr Unternehmen gegenüber Dritten beschreiben? Wenn Sie Marktforscher beauftragen würden, herauszufinden, welchen Ruf Ihr Unternehmen genießt, wie würden dann Ihre Kunden Ihr Unternehmen, ihre Geschäfte mit Ihnen und Ihre Produkte und Dienstleistungen im Vergleich zu anderen Unternehmen beschreiben? Unseren Ergebnissen zufolge können die Kunden ihre Meinung über einen ihrer Lieferanten oder Hersteller meist in ein oder zwei präzisen Worten zusammenfassen. Hervorragender Service, sehr gute Qualität, freundliche Mitarbeiter, schnell und effizient, exzellentes Management, sehr serviceorientiert usw. Welche Worte verwenden also die Kunden gegenwärtig zur Beschreibung Ihres Unternehmens?

Wie erzeugen Sie das ideale Image?

Die zweite, viel wichtigere Frage lautet: Was müßten Sie unternehmen, um für Ihr Unternehmen das ideale Image zu schaffen? Stellen Sie sich vor, daß zwei oder drei Jahre vergangen sind, und daß alle Menschen auf dem Markt Sie genauso beschreiben, wie Sie es sich wünschen. Sie genießen den Ruf eines guten Unternehmens mit hoher Qualität, sehr guten Produkten, wunderbarem Service und freundlichen Mitarbeitern. Sie sind in jeder Hinsicht hervorragend, und weitaus besser als Ihre Wettbewerber. Was müßten Sie heute tun, um bei Ihren Kunden diesen Eindruck hervorzurufen? Hier liegt der Kern der vielgepredigten Fokussierung auf die Kunden im Unternehmen.

Stellen Sie sich vor, wie ein Treffen zwischen einem Ihrer bestehenden und einem potentiellen Kunden ablaufen könnte. Die beiden gehen zusammen zum Mittagessen, und Sie sind als unsichtbarer Begleiter dabei und hören zu. Der Interessent fragt Ihren Kunden, wie er Ihr Unternehmen beurteilt und ob Ihre Produkte und Dienstleistungen den Anforderungen entsprechen. Welche Auskunft würde der Kunde wohl von sich aus diesem Interessenten geben? Welche Worte würde er zur Beschreibung Ihres Unternehmens wählen?

Und die wichtigste Frage von allen lautet: Was müßte Ihr Kunde dem Interessenten erzählen, damit es für Sie vorteilhaft ist? Es gibt heutzutage eine sehr gute Marketingstrategie, die darin besteht, alle Kunden als Verkäufer einzusetzen. Die Kunden müssen dazu gebracht werden, so sehr von Ihrem Unternehmen zu schwärmen, daß durch ihre Empfehlung und ihr Zeugnis automatisch neue Kunden in Scharen zu Ihnen strömen. Wie können Sie dieses Ziel erreichen? Wie schaffen Sie es, daß Sie allein durch die spontanen, positiven Aussagen Ihrer bestehenden Kunden neue Kunden gewinnen? Überlegen Sie sich zusammen mit Ihren Mitarbeitern, wie Ihr Unternehmen von Außenstehenden beschrieben werden soll.

Diese Frage ist auch für eine Einzelperson sehr wichtig. Wenn Sie sich als Einzelunternehmer auf dem Markt positionieren, müssen Sie auch darüber nachdenken, welchen Eindruck Sie bei den anderen Marktteilnehmern hervorrufen wollen. Wenn ein Interessent einen Ihrer bestehenden Kunden anruft, um Informationen über Sie zu erhalten, wie möchten Sie dann im einzelnen beschrieben werden?

Als Abteilungsmanager müssen Sie überlegen, welches Bild Ihre Abteilung in den Augen der anderen Abteilungen hervorrufen soll. Für einen Unternehmenseigentümer geht es darum, wie die anderen Marktteilnehmer Sie betrachten, was Ihre Bank von dem Unternehmen hält, wie die Lieferanten Sie einschätzen und – last, but not least – wie Ihre Mitarbeiter Sie und Ihr Unternehmen beurteilen.

Der Kunde hat immer recht

Es gibt zwei wichtige Regeln, die Sie bei der Festlegung der Unternehmensstrategie berücksichtigen sollten. Die erste lautet: Der Kunde hat immer recht. Ganz gleichgültig, was der Kunde sagt oder tut, seine Zufriedenheit entscheidet über Ihren Erfolg und den Erfolg Ihres Unternehmens. Die zweite Regel ist: Im Zweifelsfall gilt Regel Nummer eins.

Die erfolgreichsten Unternehmen stellen den Kunden in den Mittelpunkt und akzeptieren, daß sich alles um seine Zufriedenheit drehen muß, denn das wichtigste ist, daß er wiederkommt und erneut etwas kauft. Die Qualität Ihrer Produkte und Dienstleistungen wird dadurch bestimmt, wie der Kunde sie wahrnimmt. Nicht Sie legen also fest, was Qualität ist, sondern der Kunde bestimmt, was er als Qualität betrachtet.

Total Quality Management (TQM)

Total Quality Management – hinsichtlich der Gewinnung und Bindung von Kunden – hat eine sehr einfache Bedeutung.

Vor einigen Jahren hatte ich eine TQM-Beraterin engagiert, die einige Wochen in meinem Unternehmen arbeiten sollte und viel Geld kostete. Schließlich kam sie zu mir und sagte: „Brian, ich könnte Ihnen ganze Ordner voller Informationen über Total Quality Management, über Ihr Unternehmen und Ihre Kunden geben, aber ich kann Ihnen die Bedeutung des Konzepts auch in einem Satz erklären. Total Quality Management bedeutet, daß Sie herausfinden müssen, was der Kunde wünscht, und das müssen Sie ihm dann immer und immer wieder anbieten.“

Denken Sie daran, der Kunde ist der Schlüssel zu Ihrer Zukunft, und der Wiederholungsverkauf ist der Schlüssel zum Kunden. Wiederholungskäufe und ein höherer Anteil an Ihren Kunden bedeutet für Sie die Sicherung Ihrer Zukunft.

Und die Realität wird in diesem Fall durch die Wahrnehmung des Kunden bestimmt. Überlegen Sie laufend, wie Sie Ihre Aktivitäten immer wieder anpassen und verändern können, so daß Ihre Kunden immer wieder von Ihrem Unternehmen kaufen und es auch ihren Freunden und Geschäftspartnern empfehlen.

Zusammenfassung

In ihrem hervorragenden Buch *In Search of Excellence* legten Tom Peters und Robert H. Waterman eine Reihe von Empfehlungen und Gedanken aus der Praxis von Spitzenunternehmen dar. Einige Jahre später wurde Tom Peters gefragt, ob er inzwischen zu neuen und anderen Schlußfolgerungen gekommen sei. Seine Antwort lautete, daß er nach seinen neuesten Erkenntnissen nun die Nähe zum Kunden als wichtigstes Prinzip nennen würde. Die besten Unternehmen legen äußerst starkes Gewicht auf den Kundendienst.

Ihre Aufgabe als leitender Angestellter, als Verkäufer, als Unternehmer, als Manager usw. ist es, *Kunden zu finden und zu binden.* Wenn Sie beispielsweise als Angestellter in einem Unternehmen arbeiten, müssen Sie die Kunden sogar als Ihre Chefs betrachten. Sie sind Ihre Kollegen, sie sind diejenigen Menschen, die das verwenden müssen, was Sie produzieren. Ihre Aufgabe besteht darin, alles in Ihrer Macht Stehende zu tun, damit Ihre Kunden zufrieden sind und dasselbe Produkt erneut bei Ihnen kaufen.

Kunden stellen heutzutage sehr hohe Anforderungen. Sie sind weniger loyal und wechseln den Anbieter schneller als je zuvor. Daher müssen Sie für Ihr Unternehmen bestimmte Fragen beantworten: *Wer sind meine derzeitigen Kunden, und was kaufen sie von mir?* Was erwarten sie bei einem Kauf? Was erhalten sie? Welchen Wert nehmen sie bei einem Geschäft mit mir wahr, im Vergleich zu meiner Konkurrenz? Wenn Sie die Antworten nicht kennen, sollten Sie sofort einige Kunden anrufen und sie fragen, warum sie bei Ihnen kaufen und nicht bei Ihren Wettbewerbern.

Weiterhin müssen Sie sich Gedanken über Wiederholungskäufer machen: *Aus welchen Gründen kaufen sie immer wieder bei Ihnen ein?* Fragen Sie Ihre besten Kunden, weshalb sie laufend bei Ihnen einkaufen, obwohl andere Unternehmen dieselben Produkte anbieten. Die Antwort wird Ihnen vorgeben, wie Sie Ihre Verkaufs- und Marketingaktivitäten strukturieren müssen, um auch an weniger stark überzeugte Kunden immer mehr zu verkaufen.

Die nächste Frage lautet: *Bei wie vielen Ihrer Verkäufe handelt es sich um Wiederholungskäufe?* Wieviele Kunden kommen wieder und wieder auf Sie zurück, und wieviele Verkäufe gehen an Neukunden? Wenn Sie fast ausschließlich an Neukunden verkaufen, ist Ihr Unternehmen in Gefahr. Dann sind die Kunden nicht so zufrieden mit Ihnen, daß sie erneut bei Ihnen einkaufen und Sie auch ihren Freunden empfehlen. Erfolgreiche Unternehmen gründen sich immer auf mehrfache Verkäufe an dieselben Kunden, d.h. auf einen größeren Anteil an einem Kunden.

Stellen Sie sich nun wieder vor, daß einige Jahre vergangen sind. Setzen Sie sich entweder alleine oder mit anderen an einen Tisch und legen Sie einen Block oder eine Flip-chart bereit. Definieren Sie zunächst sich selbst bzw. Ihr Unternehmen. Wenn andere in ein oder zwei Jahren zu Ihnen und Ihrem Unternehmen befragt würden, was würden Sie gerne hören? Welche Beschreibungen wären am nützlichsten und vorteilhaftesten für Ihr Unternehmen und Ihr Leben? Wie würden Sie in Ihrer Eigenschaft als Elternteil oder Ehepartner gerne beschrieben werden? Wie sollen Ihre Mitarbeiter über Sie als Vorgesetzten sprechen? Wenn Sie Verkäufer sind, was sollen dann Ihre Kunden über Sie sagen? Und wenn Sie Unternehmer sind, wie sollen die Kunden Ihr Unternehmen und speziell Ihre Produkte, Dienstleistungen und Mitarbeiter schildern? Anschließend können Sie sich noch überlegen, mit welchen Adjektiven oder Attributen Ihre Leistungen beschrieben werden sollen.

Stellen Sie sich vor, Sie könnten alles erreichen, was Sie sich wünschen. Es gibt keinerlei Hindernisse, die Sie davon abhalten, ein herausragender Mensch oder der Leiter eines herausragenden Unternehmens zu werden. Lassen Sie Ihren Gedanken freien Lauf. Als ich diese Übung vor einigen Jahren zum erstenmal durchgeführt habe, sind mir 163 Adjektive eingefallen, die ich im Zusammenhang mit mir selbst und mit meinem Unternehmen gerne gehört hätte. Beim Durchlesen merkte ich jedoch schnell, daß das viel zu viele sind. In einer langen Liste können Sie viele Adjektive zusammenfassen, weil es sich oftmals um Wiederholungen handelt. Andere wiederum können Sie ganz streichen, weil sie zwar recht angenehm klingen, aber nicht so wichtig sind. Schließlich werden etwa drei bis fünf wichtige Attribute übrigbleiben.

Wenn Sie es schaffen, für diese Attribute bekannt zu werden, dann werden diese Eigenschaften mehr als alles andere dazu beitragen, daß die Kunden mehr und auch wiederholt von Ihnen kaufen. Ihr Ziel muß lauten, eine Total-Quality-Person zu werden, die ein Total-Quality-Unternehmen leitet und Total-Quality-Produkte und -Dienstleistungen an Kunden verkauft, die immer und immer wieder bei Ihnen einkaufen. Untersuchen Sie also, was die Kunden als hochwertige Qualität betrachten – hinsichtlich der Kategorien Preis, Service, Verkaufsbedingungen und Lieferung – und bieten Sie ihnen diese Qualität immer und immer wieder.

Kapitel 12

Effektive Meetings

Ein sehr großes Dilemma besteht darin, daß Sie während der eigentlichen Arbeitszeit kaum Arbeit erledigen können. Wenn Sie als leitender Angestellter tätig sind, werden Sie feststellen, daß Ihre Zeit zu etwa 90 Prozent von anderen Menschen beansprucht wird. Sie sind nicht Herr über Ihre eigene Zeit. Wenn Sie es tatsächlich schaffen, 10 oder 20 Prozent Ihrer Arbeitszeit produktiv einzusetzen, ist das eine außerordentliche Leistung! Es bleibt jedoch die Frage, wie effektiv Sie diejenige Zeit managen, die von anderen beansprucht wird.

Was ist ein Meeting?

Sie verbringen etwa 40 bis 60 Prozent Ihrer Arbeitszeit in allen möglichen Arten von Meetings. Was verstehe ich unter Meetings? *Ich bezeichne jede Form der persönlichen Interaktion mit anderen Menschen als Meeting.* Wenn Sie mit jemandem, dem Sie im Gang begegnen, ein paar Worte austauschen, so ist das ein Meeting. Wenn Sie zwei Mitarbeiter an deren Schreibtisch aufsuchen und mit ihnen sprechen, ist es ein Meeting. Wenn Sie einen Anruf tätigen oder an einer Konferenzschaltung teilnehmen, handelt es sich um ein Meeting. Wenn Sie sich mit mehreren Leuten an einen Tisch setzen, nehmen Sie an einem Meeting teil. Ein Gespräch mit Ihrem Chef ist ein Meeting, ebenso wie ein Besuch bei einem Kunden. Mit einem Wort – Meetings sind unvermeidlich.

Es gibt sogar eine Regel, die besagt, daß die Anzahl der Unterbrechungen oder Mini-Meetings, die Sie als Manager innerhalb von einer Stunde haben, dem Quadrat der Anzahl der Personen entspricht, die für Sie arbeiten. Wenn Sie also vier Mitarbeiter unter sich haben, werden Sie etwa 16mal pro Stunde unterbrochen. Eine weitere Regel lautet, daß 50 Prozent der in Meetings verbrachten Zeit verschwendet ist. Derartige Besprechungen frustrieren die meisten Manager; jeder muß dafür sehr viel Zeit opfern, aber niemand hat das Gefühl, daß er damit viel erreicht. Die meisten Menschen wünschen sich sogar, daß sie nie mehr an Meetings teilnehmen müßten. Sie vermeiden sie, wo es nur geht.

Doch die Wahrheit ist: Meetings abzuhalten, ist Ihre Aufgabe. *Meetings sind ein wesentlicher, unabdingbarer, wertvoller und absolut unvermeidlicher Bestandteil Ihrer Aufgaben.* Sie können unmöglich ein effektiver Manager sein, wenn Sie keine Meetings und keinen Informationsaustausch mit anderen Menschen stattfinden lassen. Es gehört zu Ihren absolut unerläßlichen Fähigkeiten, Meetings abzuhalten. Sie sind ein entscheidendes Werkzeug der Leadership. Je mehr Sie darüber nachdenken, desto klarer werden Sie erkennen, daß es unmöglich ist, andere Menschen zu führen, zu managen und Ergebnisse zu erzielen, wenn man nicht in der Lage ist, sich mit anderen auszutauschen, die ebenfalls zur Erledigung der Aufgaben beitragen müssen. Die besten Unternehmen sind diejenigen, in denen häufig Besprechungen mit wichtigen Entscheidungsträgern veranstaltet werden. Die schlechtesten Unternehmen sind dagegen die Unternehmen, in denen das Thema Meeting einfach unter den Teppich gekehrt wird.

Ich habe mit Unternehmen zusammengearbeitet, in denen die wichtigsten Führungskräfte höchstens einmal in zwei oder drei Jahren zusammentreffen. Andererseits kenne ich auch Unternehmen, in denen wöchentliche Meetings stattfinden. Die Leistung dieser Unternehmen liegt fünf-, zehn-, zwanzig- oder sogar fünfzigmal über der ihrer Wettbewerber, weil sie über wesentlich effizientere Geschäftsabläufe verfügen. Denken Sie also daran, daß Meetings unvermeidlich sind. Die Frage lautet vielmehr, ob Sie Meetings effektiv gestalten können oder nicht.

Meetings sind Management in Aktion

Meetings sind Management in Aktion. Sie sind die Bewährungsprobe für Sie als Manager. Sie ähneln einem Bühnenstück mit Beleuchtung, Kameras, Action und einem Publikum. Viele Menschen begehen den Fehler, einfach in ein Meeting hineinzustolpern, ohne sich viel Gedanken darüber zu machen – aber jemandem, der an die Spitze will, passiert so etwas nicht. Diese Personen haben erkannt, daß jetzt „Showtime" ist, und sie überlassen nichts dem Zufall. Ein Meeting ist eine gute Gelegenheit, um Kompetenz im Management zur Schau zu stellen – es ist eine Gelegenheit, um sich vorzubereiten, sich Gedanken zu machen, originell und kreativ zu sein und die eigene Sichtweise der anstehenden Probleme darzulegen. Hier demonstriert man seine Fähigkeit, mit anderen effektiv zusammenzuarbeiten, sie zu beeinflussen, mit ihnen zu verhandeln und sie zu überzeugen. Es gibt keine bessere Gelegenheit für Sie, um den Menschen zu zeigen, aus welchem Holz Sie geschnitzt sind.

Außerdem können Sie bei Meetings Ihre Kommunikationsfähigkeit verbessern, denn diese läßt sich nur im Wechselspiel trainieren. Nur wenn mehrere Leute ihre Meinung kundtun, übereinstimmen oder einander widersprechen, wenn sie Fragen stellen oder Kompromisse schließen wollen, wenn sie sich intensiver und weniger intensiv mit einem Thema befassen wollen, dann können Sie zeigen, wie effektiv Sie mit anderen kommunizieren können. Darin liegt letztendlich der Schlüssel zu Ihrem Erfolg.

Bei Meetings tauschen Sie wichtige Informationen aus und erklären sie den anderen. Sie sorgen dafür, daß alle sie verstanden haben und auch die Dimensionen dieser Informationen überblicken. Sie stellen sicher, daß alle wissen, was aus welchen Gründen getan werden muß. Dazu gibt es keine bessere Möglichkeit, als sich umzusehen, die Leute und ihre Reaktionen zu beobachten und ihren Antworten und Gesprächen untereinander zu lauschen.

Ein Meeting ist eine Gelegenheit, um Probleme zu besprechen und nach Lösungen zu suchen. Manchmal gibt es dazu nur die Möglichkeit, sich mit einer Gruppe an einen Tisch zu setzen und das Problem so lange zu drehen und zu wenden, bis eine Übereinstimmung erzielt wird. Genau dies ist Ihre Aufgabe – Probleme zu beseitigen und Lösungen zu finden. Daher sind Meetings eines der wichtigsten Werkzeuge zur Erfüllung Ihrer Aufgabe. Außerdem sind Meetings notwendig, um die Ziele der Organisation zu fördern. Wenn die Organisation Ihre Ziele erreichen soll, müssen die Menschen, die für die einzelnen dazu erforderlichen Aktionen die Verantwortung tragen, Meetings abhalten.

Der Zweck eines Meetings

Bevor Sie ein Meeting einberufen, müssen Sie seinen Zweck festlegen. Wenn jemand ein Zusammentreffen vorschlägt, müssen Sie zuerst die Frage klären, *ob es überhaupt notwendig ist.* Muß wirklich ein Meeting durchgeführt werden? Manchmal heißt es nur: „Oh je, wir haben ein Problem! Wir sollten es zusammen besprechen." Sie müssen zunächst klären, wo genau das Problem liegt. Manchmal können Sie es dann innerhalb von Minuten definieren und eine Lösung finden, so daß ein Meeting völlig unnötig wäre.

Zudem müssen Sie überlegen, ob sich die Resultate, die Sie mit einem Meeting zu erzielen hoffen, nicht auch auf andere Weise erreichen lassen. Vielleicht würde ein Memo schon genügen? Oder vielleicht eignen sich eine Präsentation, ein E-Mail oder eine Telekonferenz besser? Möglicherweise müßten sich nur zwei Personen treffen und zu einem Konsens gelangen. Mit anderen Worten: Gibt es eine Möglichkeit, das Meeting ganz zu vermeiden und dennoch dieselben Ergebnisse zu erzielen?

Sie sollten sich auch fragen, was die schlimmstmögliche Folge wäre, wenn das Meeting nicht abgehalten würde. Falls es keine ernsthaften Folgen hätte, dann sehen Sie von einer Besprechung ab. Dazu gibt es eine nützliche Übung: Können Sie den Zweck des Meetings in höchstens 25 Wörtern ausdrücken? Aus welchem Grund soll es abgehalten werden? Schreiben Sie ihn auf. Wenn Sie den Grund für das Meeting klar und eindeutig formulieren, erkennen Sie oft, daß es gar nicht unbedingt notwendig ist; und wenn es doch notwendig ist, erhalten Sie manchmal Hinweise auf mögliche Verbesserungen des Ablaufs.

Nehmen wir jedoch an, Sie haben sich für das Meeting entschieden. In diesem Fall müssen Sie festlegen, *wer daran teilnehmen soll.* Dies ist eine sehr wichtige Frage, denn wenn Sie wie ich das gesamte Management durchlaufen haben, würden Sie am liebsten alle einladen, damit sich niemand ausgeschlossen fühlt. Mit etwas mehr Erfahrung erkennen Sie jedoch, daß Sie die Leute dadurch von wichtigeren Tätigkeiten abhalten, besonders wenn das Meeting gar nichts mit deren Aufgabenbereich zu tun hat.

Wer muß also an dem Meeting teilnehmen, damit es effektiv ist? Denken Sie daran, daß ein Meeting immer ineffektiver wird, je mehr Personen daran teilnehmen. Je weniger Teilnehmer Sie versammeln, desto wahrscheinlicher ist es, daß Sie das anstehende Problem tatsächlich lösen können.

Der letzte Punkt, der überdies sehr wichtig ist, lautet: *Wie hoch sind die Kosten für das Meeting*? Dieser Betrag läßt sich aus dem durchschnittlichen Stundensatz der anwesenden Personen errechnen, indem man ihn mit der voraussichtlichen Dauer des Meetings multipliziert. Nehmen Sie beispielsweise an, der durchschnittliche Stundensatz liegt bei 25 Dollar, und Sie laden zehn Personen ein. Das ergibt Kosten von 250 Dollar pro Stunde. Dazu kommen noch all die unerledigten Aufgaben, die während der Dauer des Meetings liegenbleiben. Überlegen Sie, welche Formalitäten normalerweise zu erledigen wären, wenn Sie die Genehmigung zur Ausgabe von 250 Dollar erhalten wollten. Da Sie vorhaben, durch das Abhalten des Meetings 250 Dollar auszugeben, sollten Sie sich gut überlegen, ob diese Kosten gerechtfertigt sind.

Die Vorbereitung eines Meetings

Wenn Sie ein Meeting abhalten wollen, müssen Sie zuallererst die Tagesordnung festlegen.

Tagesordnung

Die Vorbereitung einer Tagesordnung ist absolut unerläßlich. Den Profi erkennt man daran, daß er durch die Tagesordnung den Kurs des Meetings bestimmt. Unprofessionelle Menschen berufen ein Meeting ein und sagen einfach: „Also gut, da wären wir." Der Profi bereitet dagegen eine schriftliche Tagesordnung vor, in der Punkt für Punkt angegeben ist, welche Ergebnisse erzielt werden sollen.

Beginnen Sie die Tagesordnung mit einem zusammenfassenden Satz über den Zweck des Meetings. Die Frage dazu lautet: Warum wollen Sie das Meeting abhalten, und was hoffen Sie, dadurch zu erreichen? Die Antwort auf diese Frage ist gleichzeitig das Ziel des Meetings.

Die zur Diskussion stehenden Punkte sollten Sie nach ihrer Priorität ordnen. Setzen Sie dazu die 80/20-Regel ein, die besagt, daß 20 Prozent der Themen schon 80 Prozent des Werts des Meetings ergeben. Die wichtigsten Themen sollten gleich zu Beginn besprochen werden, falls die Zeit knapp wird. So können Sie die brisanten Dinge auf jeden Fall klären; die unwichtigeren Punkte lassen sich auch zu einem späteren Zeitpunkt oder in Einzelgesprächen besprechen.

Verteilen Sie die fertige Tagesordnung etwa 24 bis 48 Stunden im voraus, damit alle Teilnehmer sie kennen und sich auf das Meeting vorbereiten können. Laden Sie nur diejenigen Personen ein, deren Teilnahme für den Erfolg des Meetings entscheidend ist.

Konferenzraum und Einrichtung

Der Konferenzraum und seine Einrichtung spielen eine sehr wichtige Rolle. Erinnern Sie sich noch an die Friedensverhandlungen zum Vietnamkrieg in der Schweiz, bei dem die Parteien monatelang über die Größe und Form der Tische stritten? Die oberste Regel lautet, immer alles zu prüfen. Sehen Sie sich den Raum im voraus an. Treffen Sie Vorkehrungen für die richtigen Möbel, das Konferenzmaterial, die Mikrofonanlage usw. Gehen Sie nie einfach davon aus, daß alles funktioniert. Sorgen Sie für eine angenehme Umgebung mit der richtigen Beleuchtung und der richtigen Temperatur, und stellen Sie bei Bedarf Erfrischungen und Getränke zur Verfügung.

Die Leitung eines Meetings

Wie leiten Sie ein Meeting? Es handelt sich dabei um eine der wichtigsten Fähigkeiten eines Managers. Denken Sie daran: In dem Moment, wenn Sie den Raum betreten und die Leitung des Meetings übernehmen, beginnt Ihr Auftritt. Die Beleuchtung ist an, die Musik verklingt und alle blicken auf Sie. Sie stehen im Mittelpunkt der Aufmerksamkeit, und an der Art, wie Sie die Leitung übernehmen, erkennt man sofort, ob Sie ein Profi sind oder nicht. Ihre Aufgabe ist es, den Ablauf des Meetings perfekt zu steuern.

Beginnen Sie mit einer Zusammenfassung des Zwecks des Meetings: „Meine Damen und Herren, wir haben uns aus folgendem Grund hier versammelt, wir wollen folgendes erreichen und dazu müssen wir folgendes erledigen. Gibt es zu diesem Punkt irgendwelche Fragen?“ Wenn alle mit Ihrer Formulierung des Zwecks des Meetings übereinstimmen, können Sie fortfahren.

Als zweites kündigen Sie an, *wann das Meeting zu Ende sein wird*: „Meine Damen und Herren, wir werden dieses Meeting um 10.00 Uhr beenden.“ So weiß jeder Bescheid, und niemand muß unruhig auf seinem Stuhl herumrutschen und sich fragen, wann Schluß ist. Meetings ohne festen Anfangs- und Endzeitpunkt sind die schlechtesten von allen. Wenn das Meeting für 9.00 Uhr angekündigt ist, dann fangen Sie genau zu diesem Zeitpunkt an.

Es gilt folgende Regel: Gehen Sie davon aus, daß Zuspätkommende überhaupt nicht mehr kommen. Nehmen Sie einfach an, sie seien für eine Woche verreist, und warten Sie nicht auf ihr Erscheinen. Fangen Sie auf jeden Fall an. Meiner Erfahrung nach kommen die Leute höchstens ein- oder zweimal zu spät, denn wenn Sie einmal den Ruf erworben haben, daß Sie pünktlich beginnen, werden auch die Teilnehmer rechtzeitig erscheinen. Permanente Nachzügler machen einen sehr schlechten Eindruck, wenn sie zu spät kommen und dann nicht wissen, worum es geht.

Regen Sie die Teilnehmer des Meetings zu offenen Diskussionen an. Dies ist sehr wichtig, wenn Sie das Meeting leiten. Ich wende dazu, beispielsweise für die Mitarbeiterbesprechungen, eine sehr einfache Methode an. Ich stelle eine Frage und sage dann: „Susan, würden Sie bitte zuerst Ihre Meinung äußern? – Und was sagen Sie, Jim, und Bill und Pat und Shirley?“ Bitten Sie einfach der Reihe nach jede Person, die am Tisch sitzt, um eine Meinungsäußerung. Andernfalls kommt es oft vor, daß manche Teilnehmer nur still dasitzen.

Und noch etwas hat mir bei diesen Mitarbeiterbesprechungen sehr geholfen, das auch bei allen anderen Meetings funktioniert – *übertragen Sie die Leitung des Meetings immer wieder einem der Mitarbeiter.* Jede Woche übernimmt eine andere Person die Leitung des Meetings, so daß von der Empfangsassistentin über die Sekretärin und den Controller bis zum Vertriebsmanager jeder einmal die Gelegenheit erhält, den Vorsitz zu führen. Alle anderen halten sich zurück und überlassen der jeweiligen Person das Ruder. Das gefällt den Mitarbeitern und fördert zugleich ihre Fähigkeiten und ihr Selbstvertrauen.

Als Vorsitzender eines Meetings müssen Sie dafür sorgen, *daß die Diskussion beim Thema bleibt.* Wenn jemand einen Punkt erwähnt, der nicht auf der Tagesordnung steht, sagen Sie: „Das ist ein sehr guter Hinweis, wir übernehmen ihn als Zusatz ins Protokoll." Schlagen Sie dem Teilnehmer vor, daß Sie beide das Thema gesondert besprechen, und setzen Sie dann das eigentliche Meeting fort. Sie dürfen nicht zulassen, daß die Teilnehmer vom Thema abkommen. Sobald Sie zu einem Tagesordnungspunkt eine Lösung erarbeitet haben, fassen Sie diese zusammen: „Lassen Sie mich kurz rekapitulieren, was wir beschlossen haben. Wir sind übereingekommen, daß dies das Problem darstellt, wir haben jene Lösung entwickelt und werden folgendes unternehmen. Ist das zutreffend?" Wenn niemand einen Einwand hat, können Sie den Tagesordnungspunkt abhaken und zum nächsten übergehen.

Lassen Sie bei Bedarf *das Protokoll innerhalb von 24 Stunden ins reine schreiben und verteilen.* Falls die Gefahr besteht, daß die Teilnehmer die Aufgaben, zu denen sie sich verpflichtet haben, vergessen, oder wenn sehr viele Einzelheiten zu beachten sind, fertigen Sie das Protokoll selbst an und sorgen Sie dafür, daß es verteilt wird. Dann hat später niemand die Ausrede, daß er nicht sicher war, was er erledigen sollte, denn alles liegt schriftlich vor. Sie sparen dabei oft erstaunlich viel Zeit, wenn Sie nach dem Meeting sofort in Ihr Büro gehen und eine Zusammenfassung des Meetings diktieren.

Die Teilnahme an Meetings

Wenn Sie an einem Meeting teilnehmen, müssen Sie sich bewußt sein, daß alle anderen Sie aus den Augenwinkeln beobachten. Jeder Anwesende bildet sich eine Meinung über Sie, und *daher müssen Sie gut vorbereitet sein.* Machen Sie Ihre Hausaufgaben, bevor Sie zu einem Meeting erscheinen. Es gibt nichts Peinlicheres als eine Person, die unvorbereitet in ein Meeting kommt und sagt: „Also, wie lautet das Thema?“ Oder wenn jemand Fragen stellt, die er mit etwas Vorbereitung selbst hätte beantworten können.

Effektiv ist dagegen die Methode, gleich *innerhalb der ersten fünf Minuten des Meetings eine sinnvolle Frage zu stellen.* Auf den Inhalt kommt es gar nicht so sehr an, vielmehr haben wir herausgefunden, daß Sie in einem Meeting eine um so wichtigere Rolle spielen, je früher Sie sich beteiligen. Je später Sie sich bemerkbar machen, desto weniger Einfluß haben Sie auf das Ergebnis der Diskussion. *Seien Sie aktiv*, zeigen Sie Initiative, leisten Sie Beiträge – entscheidend ist, daß Sie Fragen stellen und Ihre Meinung und Einschätzung der Situation kundtun. Sagen Sie zu jedem Thema etwas.

Wenn sich eine Debatte entwickelt, gibt es eine andere wichtige Taktik. Lassen Sie das Gespräch zunächst hin und her gehen und beteiligen Sie sich erst zum Schluß mit einer kurzen Zusammenfassung und Ihrem Vorschlag. Wenn Sie sich nämlich erst am Ende einer Debatte zu Wort melden, haben Sie einen viel größeren Einfluß auf die endgültige Entscheidung, als wenn Sie bereits ganz zu Anfang oder in der Mitte Ihre Argumente vorbringen.

Potentielle Leader werden fast immer anhand der Qualität und Quantität ihrer Beiträge zu einem Meeting identifiziert. Aus diesem Grund dürfen Sie nicht den Fehler begehen zu denken, daß Sie einfach nur hingehen und zusehen werden. Wenn jemand nichts zu einem Meeting beiträgt, wirkt er auf die anderen Teilnehmer inkompetent. Sie müssen sich also auf jeden Fall einbringen. Entweder Sie nehmen aktiv teil, oder Sie gehen erst gar nicht hin. Sie können sich nicht vorstellen, wie sehr Ihnen ein schlechter Eindruck schaden kann. Ich habe einmal an einem Meeting teilgenommen, in dem einer der leitenden Manager einfach schweigend und beleidigt herumsaß, weil das Meeting nicht nach seinen Vorstellungen ablief. Er dachte wohl, daß die anderen ihr Verhalten ändern würden, wenn er den Gekränkten spielte. Nach dem Meeting jedoch nahm mich der CEO dieses Milliardenunternehmens beiseite und erklärte, daß er den betreffenden Manager entlassen werde.

Meetings zur Problemlösung

Im folgenden geht es um die Durchführung von Meetings zur Problemlösung – eine der wichtigsten Funktionen von Meetings. Zuallererst muß das Problem klar und deutlich definiert werden. Sorgen Sie für eine allgemeine Übereinstimmung bezüglich des Themas des Meetings. Zweitens müssen Sie mögliche Lösungen diskutieren. Fragen Sie: „Wie sehen die verschiedenen Vorgehensweisen aus?" Sie können diese bei Bedarf auch aufschreiben und genauer besprechen. Nachdem Sie sie alle diskutiert haben, müssen Sie jedoch zu einer Entscheidung gelangen. Sagen Sie: „Gut, wir gehen also folgendermaßen vor." Möglicherweise ist die Lösung nicht perfekt, aber in der Regel ist jede Entscheidung besser als gar keine.

Wenn alle mit der Lösung einverstanden sind, müssen Sie die Verantwortungsbereiche verteilen. Es ist absolut unerläßlich, daß Sie eine Übereinstimmung darüber erzielen, wer welche Aufgaben erledigt. Wer übernimmt welchen Teil der Verantwortung? Es muß jedem einzelnen klar sein, was genau er zu tun hat.

Der letzte wichtige Tagesordnungspunkt eines Meetings zur Problemlösung ist die Festlegung einer Frist, bis zu der die Lösung umgesetzt werden muß. Ein Meeting oder eine Diskussion, die ohne Fristsetzung beendet wird, ist nur eine bedeutungslose Unterhaltung.

Maßnahmen gegen ineffektive Meetings

Wie lassen sich ineffektive Meetings vermeiden? Nun, zunächst gibt es mehrere mögliche Gründe für die mangelnde Effektivität. Der erste und häufigste Grund sind *vage Ziele und eine unklare Richtung.* Es gibt keine Tagesordnung, und die Teilnehmer wissen nicht genau, worum sich das Meeting dreht. Die Diskussion geht hin und her, und alle sind frustriert, weil anscheinend nichts erreicht wird. Hier liegt der Fehler in der ungenügenden Planung des Meetings.

Der zweite Grund ist, *daß es dem Leiter nicht gelingt, die Diskussion beim Thema zu halten.* Der Vorsitzende verliert die Kontrolle, und die Teilnehmer wechseln das Thema oder sprechen und diskutieren in kleinen Grüppchen. Dies dürfen Sie in den Meetings unter Ihrem Vorsitz auf keinen Fall zulassen.

Der dritte Grund besteht darin, *daß der Vorsitzende oder ein anderer Teilnehmer das Meeting zu stark dominiert.* Dieser Fall tritt ein, wenn einer der Teilnehmer eine sehr starke Persönlichkeit hat und zu viel, zu laut und zu schnell redet, so daß die übrigen Teilnehmer schließlich den Kampf aufgeben und sich aus dem Gespräch zurückziehen. Solche Meetings sind sehr frustrierend und völlig umsonst.

Der vierte Grund besteht darin, *daß die Gruppe zu keinem gemeinsamen Ergebnis kommt.* In allen diesen Fällen liegt der Fehler beim Leiter des Meetings, in der Leadership. Es ist Ihre Aufgabe, als Leiter für eine klare Tagesordnung zu sorgen, das Meeting unter Kontrolle und die Leute beim Thema zu halten, laute Sprecher auf ihren Platz zu verweisen und sicherzustellen, daß das Meeting erfolgreich verläuft.

Maximierung der Effektivität von Meetings

Es folgt nun eine Checkliste, anhand derer Sie die Effektivität von Meetings maximieren können. Erstens sollten Sie immer schon vor Beginn anwesend sein. Zweitens müssen Sie sich gut vorbereiten. Drittens sollten Sie das Meeting pünktlich beginnen und beenden. Viertens gehen Sie davon aus, daß Zuspätkommende überhaupt nicht kommen, und fangen trotzdem pünktlich an. Fünftens sollten Sie als Leader den Teilnehmern gestatten, das Meeting vorzeitig zu verlassen, wenn sie ihre Beiträge geleistet haben. Sechstens sollten Sie als Teilnehmer um Erlaubnis bitten, das Meeting verlassen zu dürfen, wenn Sie keine weiteren Beiträge mehr leisten können. Siebtens sollten Sie, wann immer möglich, Ihre Meetings im Stehen abhalten. Viele Manager entfernen heute schon alle Stühle aus ihrem Büro, wenn sie dort ein Meeting abhalten wollen. Alle Teilnehmer müssen dann stehen, so daß sich das Meeting meist nicht sehr in die Länge zieht. Und nun der letzte Punkt: Nehmen Sie sich fest vor, sowohl ein exzellenter Leiter als auch ein hervorragender Teilnehmer von Meetings zu werden. Der Schlüssel liegt in der Vorbereitung; sie ist das Markenzeichen des Profis. Wenn Sie es schaffen, bei Meetings einen bleibenden Eindruck zu hinterlassen, nützt dies Ihrer Karriere mehr als alles andere.

Zusammenfassung

Denken Sie daran: Einige der in diesem Kapitel behandelten Fähigkeiten können Sie nur durch Übung perfektionieren. Einige große Unternehmen veranstalten für ihre leitenden Angestellten umfassende Schulungen zum Thema Management von Meetings. Diese Unternehmen investieren hier viel Zeit und Geld, weil sie erkannt haben, daß ein Manager in einem Meeting als Multiplikator dient. Den Faktor der Multiplikation bilden die anwesenden Teilnehmer – die Summe kann sich manchmal auf mehrere Tausend Dollar belaufen. Je besser Sie das Management von Meetings beherrschen, desto mehr Gelegenheiten zur Leitung wichtiger Meetings werden Sie erhalten.

Zu Beginn meiner Laufbahn hatte ich diese Zusammenhänge natürlich noch nicht durchschaut. Manchmal sagte ich in Meetings kein Wort, weil mir der Mut dazu fehlte. Zu den Folgetreffen wurde ich dann oft nicht mehr eingeladen. So erkannte ich, daß die Menschen den Eindruck erhalten, man habe nichts zum Thema beizutragen, wenn man sich ruhig verhält. Daraufhin begann ich, mich zu ändern. Ich bemerkte, daß die Leute, die am meisten respektiert wurden, immer gut vorbereitet zu Meetings erschienen. Sie hatten sich schon im voraus Notizen zu den Tagesordnungspunkten gemacht. Hin und wieder hatten sie sogar Präsentationen vorbereitet, kamen schon vor Beginn und klebten Plakate an die Wand, um sie später bei ihren Ausführungen zu verwenden. Sie hatten erkannt, daß ein Meeting ihnen die Gelegenheit zur Selbstdarstellung bot.

Wenn Sie ein Meeting leiten – meist sind wir alle ja gerne demokratisch, partizipativ und Laisser-faire eingestellt – möchten Sie vielleicht nicht unbedingt dominant erscheinen. Sie denken, Sie tun dem Meeting und den Teilnehmern einen Gefallen, wenn Sie sich zurückhalten und den anderen das Wort überlassen. Doch das Gegenteil ist der Fall. Sie machen in einer solchen Situation einen ineffektiven, unentschlossenen und etwas nutzlosen Eindruck. Die Teilnehmer sind dann oft wütend, ihre Zeit in einem solchen Meeting vergeudet zu haben.

Ich habe im Lauf der Jahre Meetings mit einigen der mächtigsten Personen in den USA geleitet, mit den leitenden Managern von milliardenschweren Unternehmen – Menschen mit sehr starken Persönlichkeiten, die klare Meinungen vertreten und sie offen aussprechen. Ich habe Meetings geführt, bei denen zunächst niemand bereit war, dem anderen zuzuhören. Dabei habe ich festgestellt, daß man die Teilnehmer dazu bringen kann, sich besser zu verhalten, indem man an einem ordnungsgemäßen Management des Meetings festhält. Hinterher hört man dann immer: „Mann, das war ein tolles Meeting. Ich bin sehr froh, daß Sie es so entschlossen geführt haben und uns immer wieder in unsere Schranken verwiesen haben.“ Oft hat man mir sogar schon gesagt: „Ich bin froh, daß Sie mich zurückgehalten haben, denn ich weiß, daß ich meistens zuviel rede.“ Die Teilnehmer honorieren es, wenn Sie ein Meeting richtig dirigieren.

Vor kurzem leitete ich ein Strategieplanungs-Meeting für ein milliardenschweres Unternehmen, das ich nie vergessen werde. Die leitenden Manager dieses Unternehmens waren im ganzen Land verstreut tätig, und zwei von ihnen waren noch relativ jung und waren in weit entfernten Geschäftsstellen eingesetzt. Da sie jedoch beide Experten auf ihrem Spezialgebiet waren, wurden sie eingeladen, um einen Beitrag zur Strategieplanung zu leisten. Insgesamt nahmen 22 Personen an dem Meeting teil. Ich war von dem CEO des Unternehmens beauftragt worden, das Meeting zu leiten, und verbrachte vorher viel Zeit mit ihm, um mir ein Bild von den Teilnehmern zu machen. Über diese beiden jungen Manager aus den entlegenen Geschäftsstellen wußte er jedoch nur wenig.

Zu Beginn des Meetings erledigten wir einige der Dinge, über die ich in diesem Kapitel gesprochen habe. Wir einigten uns auf die Tagesordnung und auf bestimmte Ziele. Bei der Behandlung der Tagesordnungspunkte ging es reihum, und jedem Teilnehmer wurden Fragen gestellt. Als der erste der Junior-Manager an die Reihe kam, sagte er: „Nun, ich habe mir dazu viele Gedanken gemacht“, und er schlug seine zahlreichen Unterlagen auf. Er fuhr fort: „Ich habe gründlich recherchiert und einige meiner Leute mit Nachforschungen beauftragt...“, und er brachte Zahlen, Fakten und sowohl kreative als auch konstruktive Gedanken und Empfehlungen vor. Der zweite Junior-Manager hatte ebenfalls viele Ideen vorzutragen und war ebenso erstaunlich zu beobachten.

Einer der älteren Senior-Manager in dem Meeting war jedoch der Ansicht, daß so junge Manager hier völlig fehl am Platze seien. Er fühlte sich und seine Ansichten – die vergleichsweise altmodisch waren – nicht genügend respektiert, stritt beleidigt gegen alle anderen an und war nicht bereit, einzulenken. Nach dem Meeting ging ich mit dem CEO des Unternehmens spazieren. Er gestand mir, daß dies für ihn ein sehr bemerkenswerter Tag gewesen sei, und daß er den Senior-Manager entlassen wolle. Er sagte: „Ich habe bei ihm noch nie ein so unangemessenes Verhalten bemerkt, aber ich kann Ihnen versichern, daß er in diesem Unternehmen keine Zukunft mehr hat. Ich wußte gar nicht, wie schlecht er ist, bis ich ihn heute beobachten konnte. Aber haben Sie die beiden jungen Manager gesehen? Ich habe sie noch nie zuvor in Meetings beobachten können, aber sie werden es in unserem Unternehmen noch weit bringen. Solche Leute können wir wirklich gut gebrauchen."

Es war mir eine große Freude, ihre Fotos ein paar Wochen später in der Spalte der Personalnachrichten in der Zeitung zu sehen. Sie waren in diesem multinationalen Konzern beide auf die Positionen von Senior Vice Presidents berufen worden und leiteten nun wichtige Geschäftsbereiche mit einem Volumen von mehreren hundert Millionen Dollar, und dies war einzig und allein auf ihre hervorragenden Leistungen bei dem Meeting zurückzuführen.

Möglicherweise stellt sich bei Ihnen der Erfolg nicht sofort in dieser Größenordnung ein, aber trotzdem erhalten Sie bei jedem Meeting die Gelegenheit, Ihre Kompetenz zu demonstrieren. Verpatzen Sie diese Chance nicht!

Kapitel 13

Schaffung eines vertrauensvollen Umfelds

Die Schaffung und Erhaltung eines vertrauensvollen Arbeitsumfelds ist eine der wichtigsten Aufgaben für Sie als leitenden Manager oder Leader in Ihrem Unternehmen. In allen Unternehmen mit den höchsten Leistungen, den höchsten Gewinnen, den meisten Innovationen, der größten Kreativität, der höchsten Qualität und dem besten Service besteht ein außerordentlich hohes Vertrauensniveau. Wenn Sie also nach dem Vorbild der anderen erfolgreichen Organisationen handeln, werden Sie auch die gleichen Resultate erzielen.

„Ich mag meinen Arbeitsplatz"

Ihre vordringlichste Aufgabe als Topmanager besteht darin, das Beste aus Ihren Mitarbeitern herauszuholen. Die Mitarbeiter sind Ihre teuerste Ressource und stellen den größten Anteil an Ihren Kosten, aber sie werden gleichzeitig am schlechtesten genutzt. Wenn Sie es schaffen, das Beste aus ihnen herauszuholen, bewirken Sie dadurch mehr für die Leistung, Produktivität, für die Resultate und die Rentabilität Ihres Unternehmens als mit allen anderen Maßnahmen.

Wir wissen, daß Menschen am meisten leisten, wenn sie sich wohl fühlen und wenn sie von Ihnen und anderen Personen respektiert und geachtet werden. Es ist Ihre Aufgabe, eine Umgebung zu schaffen, die Ihren Mitarbeitern dieses Gefühl vermittelt. Die Menschen brauchen diese psychologischen, emotionalen Elemente wie den Sauerstoff zum Atmen.

Hier ergibt sich jedoch ein Dilemma, eine paradoxe Situation: Sie müssen Ihre Mitarbeiter motivieren, aber Sie können es nicht. Die Leute werden nicht vom Manager motiviert – Sie als Manager können niemanden motivieren. Sie können einzig und allein *die Bedingungen schaffen, in denen Motivation stattfinden kann.* Auch der beste Botaniker kann eine Pflanze nicht zum Wachsen bringen. Er kann nur eine Gewächshausumgebung mit dem richtigen Boden, mit Nährstoffen, Pflege, Dünger, Wasser und der richtigen Temperatur schaffen, die den Samen zum Keimen bringen und das Wachstum der Pflanze fördern, bis sie ihre volle Blüte erlangt.

Motivation ist immer Eigenmotivation. Die Motivation der Menschen kommt von innen. Die Frage lautet dabei nur, wie Sie es schaffen, die Motivation zur Blüte zu bringen. Wie erzeugen Sie ein Umfeld, in dem Ihre Mitarbeiter all ihre bisherigen Leistungen weit übertreffen? Wir wissen, daß zuerst die demotivierenden Faktoren beseitigt werden müssen, um Spitzenleistungen hervorbringen zu können – wie bei einer seltenen Pflanze. Sie beseitigen den kühlen Luftzug, der die Pflanze schädigt. Zuerst müssen Sie alle Dinge aus der Welt schaffen, die negativ wirken können.

Für die Arbeitsumgebung bedeutet das, daß Sie alles entfernen, was bei den Mitarbeitern Unzufriedenheit erzeugen oder sie demotivieren könnte. Anschließend müssen Sie die motivierenden Faktoren verstärken. Das Negative wird abgebaut, das Positive wird verstärkt – so einfach ist das.

Denken Sie jedoch immer an folgenden Satz, der eine wichtige Regel beinhaltet: *Menschen sind dann motiviert, wenn sie ein hohes Selbstwertgefühl besitzen.* Dies ist der Maßstab für Ihr Unternehmen, Ihren Job und Ihre Arbeitsumgebung. Die Menschen sollten zueinander sagen: „Ich mag meinen Arbeitsplatz.“ Sie müssen sich daher immer fragen: Was müßte geschehen oder was müßte ich tun, damit meine Mitarbeiter sich an ihrem Arbeitsplatz wirklich wohl fühlen? Wenn Sie sich auf diesen speziellen Punkt konzentrieren, ergibt sich eine höhere Leistung von selbst.

Die Psychologie der Selbsterkenntnis

Das wichtigste von allem ist die Entdeckung der Selbsterkenntnis. Meiner Ansicht nach stellt die Theorie der Selbsterkenntnis den größten Durchbruch in der Psychologie des 20. Jahrhunderts dar – sie hat mein Leben verändert, als ich von ihr erfuhr. Sie ist so revolutionär, daß sie Verhaltensweisen, Leistung und Effektivität erklären kann. Sie erklärt Ihre Persönlichkeit sowie Ihr Begeisterungs- und Motivationsniveau. Warum sind manche Menschen stärker motiviert als andere? Es liegt an ihrem Selbstverständnis. Warum sind manche Menschen begeisterungsfähiger, positiver eingestellt und leistungsfähiger als andere? Es liegt an ihrer Selbstauffassung. Wenn Sie diesen psychologischen Zusammenhang einmal verstanden haben, liefert er Ihnen die Anleitung zur Entwicklung hochleistungsfähiger Mitarbeiter. Sie werden in der Lage sein, das Beste aus den Menschen herauszuholen, die für Sie arbeiten.

Zunächst möchte ich die Grundlagen dieser Theorie darlegen, die aus *drei psychologischen Prinzipien* bestehen. Über diese drei Prinzipien wurde während der gesamten Menschheitsgeschichte viel gesprochen und geschrieben, und durch die psychologische Forschung wurden sie während der letzten Jahrzehnte bestätigt.

Das Prinzip des Glaubens

Das Prinzip des Glaubens bildet den Anfang. Man könnte es auch als Gesetz bezeichnen, so mächtig ist es. Es lautet folgendermaßen: Alles, woran Sie mit Überzeugung glauben, wird für Sie zur Wirklichkeit. Sie glauben nicht das, was Sie sehen, sondern Sie sehen, was Sie glauben. Wenn Sie zutiefst von etwas überzeugt sind, beeinflußt es alle Ihre Wahrnehmungen. Sie sehen etwas aufgrund Ihrer eigenen Programmierung. William James von der Harvard-Universität sagt, daß der Glaube die Tatsachen erzeugt. Warum? Weil das, was Sie glauben, Ihre Einstellung bestimmt. Ihr Glaube und Ihre Einstellungen beeinflussen wiederum Ihr Verhalten und Ihre Handlungsweisen, und diese bestimmen, was mit Ihnen geschieht.

Wir wissen, daß sich die Menschen hauptsächlich durch ihre eigenen einschränkenden Gedanken Grenzen setzen. Man denkt beispielsweise: „Ich kann das nicht; ich weiß nicht, ob ich es kann; ich bin nicht gut genug.“ Meist ist eine solche Annahme jedoch vollkommen subjektiv. Sie gründet sich nicht auf die Realität. Wenn Sie aber von sich selbst glauben, daß Sie in irgendeiner Weise eingeschränkt sind, dann wird dies für Sie zur Wirklichkeit, weil Sie aufgrund dieses Glaubens handeln.

Das Prinzip der Erwartungen

Das zweite Prinzip ist das Prinzip der Erwartungen. Die American Society of Training and Development hat vor kurzem veröffentlicht, daß man dort nach 50jähriger Erforschung der menschlichen Motivationen zu der Erkenntnis gelangt ist, daß die Erwartungen sich als wichtigster Prophezeiungsfaktor erwiesen haben. Es wurde postuliert – und durch diese Forschungen erwiesen – daß alles, was ein Mensch mit Bestimmtheit erwartet, zu einer „Self-fulfilling Prophecy“ wird: Wenn Sie etwas erwarten, passiert es auch.

Erfolgreiche Menschen hegen positive Erwartungen an sich selbst. Sie gehen davon aus, daß alles gut geht, daß sie Erfolg haben werden, daß sie aus Mißerfolgen lernen können, daß sie gemocht und akzeptiert werden und daß sie aus jeder Situation einen Vorteil ziehen können. Und die große Überraschung ist, daß in der Regel alles ihren Erwartungen gemäß eintrifft.

Darüber hinaus wissen wir, daß das Verhalten anderer Menschen größtenteils davon abhängt, was Sie von ihnen erwarten. Alle Vorgesetzten, die hohe Anforderungen stellen, haben auch Mitarbeiter mit hohen Erwartungen. Im Gegensatz dazu haben Vorgesetzte mit niedrigen Erwartungen auch Mitarbeiter mit derselben Einstellung.

Das Prinzip der Übereinstimmung

Das dritte Prinzip ist das der Übereinstimmung. Es besagt, daß Ihre äußere Welt von Ihrer inneren Welt bestimmt wird. Ihre äußere Welt spiegelt nur das wider, was Sie in Ihrem Innersten tatsächlich sind. Aus diesem Grund behaupten wir, daß Leadership nicht von Ihren Handlungen abhängt, sondern von Ihrer Persönlichkeit.

Die Beziehung zwischen Selbstverständnis und Effektivität

Ihr Selbstverständnis – Ihre innere Programmierung – hat sich von frühester Kindheit an gebildet und entwickelt. Bei der Geburt ist es noch nicht vorhanden. Erst wenn Sie älter werden und sich selbst im Verhältnis zu Ihrer Umwelt betrachten lernen, entwickelt es sich. Sie lernen während Ihres Wachstums einiges Richtige und viel Falsches. Ihr Verhalten als Erwachsener wird dann von Ihrem Glauben, Ihren Erwartungen, Ihren inneren Überzeugungen und Ihrem Selbstverständnis geleitet. Der Weg zu einer Veränderung Ihrer Leistungen, Ihres Verhaltens, Ihrer Erwartungen und Ihrer Einstellung führt also nur über eine Veränderung der Struktur Ihres Selbstverständnisses.

Ein durchschnittlicher Mensch setzt in seinem Leben und in seiner Arbeit weniger als zehn Prozent seines Effektivitätspotentials ein. Wenn man es genau betrachtet, sinkt die Zahl sogar auf etwa zwei Prozent. Dieser Mensch könnte wesentlich effektiver arbeiten, aber er schränkt sich selbst ein. Wir wissen, daß zwischen Ihrem Effektivitätsniveau und Ihrem Selbstverständnis ein direkter Zusammenhang besteht. Wenn Ihre Effektivität bei nur zehn Prozent liegt – und das ist schon großzügig geschätzt –, dann haben Sie auch ein geringes Selbstverständnis. Durch eine Steigerung Ihres Selbstverständnisses können Sie jedoch auch Ihre Effektivität erhöhen. Je besser Sie sich selbst fühlen, um so leistungsfähiger und effektiver sind Sie.

Eine weitere interessante Erkenntnis ist, daß jeder Mensch eine ganze Reihe verschiedener Mini-Selbstverständnisse mit sich herumträgt. Für jeden Teil Ihres Lebens, der wichtig für Sie ist, haben Sie ein spezielles Selbstverständnis. Sie haben ein Selbstverständnis davon, wieviel Sie essen, wieviel Sie wiegen, wie Sie sich kleiden, wie Sie Auto fahren, wie Sie Golf oder Tennis spielen. Ebenso haben Sie ein Selbstverständnis davon, wie intelligent und kreativ Sie sind, welche Art von Ehepartner und Elternteil Sie sind, was für eine Art Kind Sie für Ihre Eltern waren. Und Sie haben ein Selbstverständnis davon, welche Art von Manager Sie sind und wie gut Sie die einzelnen Aufgaben erfüllen, die zu dieser Position gehören – Management, Organisation, Personalwesen, Delegieren, Beaufsichtigen usw. Für jeden dieser Bereiche schätzen Sie sich hoch oder weniger hoch ein, und Ihr Verhalten und Ihre Leistung in jedem Bereich richtet sich genau nach dieser Selbsteinschätzung. Wenn Sie Ihre eigene Leistung steigern wollen, müssen Sie Ihre Überzeugungen ändern. Wenn Sie die Leistung Ihrer Mitarbeiter steigern wollen, müssen Sie deren Selbsteinschätzung ebenfalls ändern.

Bei näherer Betrachtung stellt sich heraus, daß sich das gesamte Selbstverständnis eines Menschen aus dem Durchschnitt all seiner Gedanken, Ideen und Überzeugungen bezüglich seiner eigenen Person ergibt. Sie bilden zusammen ein einziges Selbstverständnis. Wir wissen nun folgendes: Wenn Sie sich selbst durchschnittlich hoch einschätzen, zeichnen Sie sich durch große Leistungen aus. Sie sind eine positive, glückliche, energische und kreative Persönlichkeit mit niedrigem Streßpegel und hohem Effektivitätsniveau. Wenn Sie dagegen eine niedrige durchschnittliche Selbsteinschätzung haben, besitzen Sie die gegenteiligen Eigenschaften.

Das Selbstverständnis setzt sich aus drei wichtigen Elementen zusammen, die alle miteinander verbunden sind.

Die Idealvorstellung von Ihrem Selbst

Das erste, wirklich sehr interessante Element ist Ihre Idealvorstellung von sich selbst. Sie besteht aus Ihren Zielen, Tugenden, Werten und aus den positiven Erwartungen, die Sie hegen – aus allem, was Sie an anderen am meisten bewundern.

Es wurde bereits festgestellt, daß der Mensch sich immer in Richtung seiner dominierenden Ziele und Erwartungen weiterentwickelt. Wenn jemand für ein geachtetes Unternehmen mit hohen Werten, einer guten Vision und Mission arbeitet, werden die Leute anerkennend über ihn sprechen. Als Folge davon erhöht sich die eigene Idealvorstellung dieser Person zusammen mit ihren Hoffnungen und Erwartungen. Wenn Sie einer Person sagen, daß sie wirklich gute Arbeit leistet und daß sie sogar noch besser werden kann, erhält sie dadurch eine viel höhere Idealvorstellung von sich selbst.

Wir wissen, daß wirklich erfolgreiche Menschen ganz genau wissen, woran sie glauben und wofür sie eintreten. Es ist eines der Hauptkennzeichen eines Leaders, daß er genau weiß, wer er ist und woran er glaubt. Eines der Merkmale weniger erfolgreicher Menschen sind dagegen unklare oder gar fehlende Ideale und Ziele.

Das Selbstbild

Das Selbstbild, das Sie von sich haben, bildet den zweiten Teil Ihres Selbstverständnisses. Es beinhaltet die Art und Weise, wie Sie über sich selbst denken – es fungiert sozusagen als Ihr innerer Spiegel. Bevor Sie etwas unternehmen, blicken Sie jeweils in diesen Spiegel, um zu sehen, wie Sie sich in der bevorstehenden Situation bewähren werden. Wie Sie sich dann in der Außenwelt verhalten, hängt direkt von dem Bild ab, das Sie in Ihrem Inneren sehen.

Die Psychologen auf diesem Gebiet sind der Meinung, daß Sie in der Außenwelt höhere Leistungen erbringen können, wenn Sie in Ihrem Inneren entsprechende Bilder visualisieren. Das neue Bild wird von Ihrem Unterbewußtsein als Anweisung verstanden – beinahe in der Art einer Programmierung –, und das Unterbewußtsein richtet dann Ihr Verhalten und Ihre Körpersprache entsprechend neu aus, so daß Sie sich in der Außenwelt so verhalten, wie Sie es sich im Inneren vorgestellt haben.

Die Regel lautet, daß alle Verbesserungen in Ihrem Leben zunächst mit einer Veränderung Ihrer gedanklichen Vorstellungen beginnen. Wichtig ist in diesem Zusammenhang, daß Ihr Selbstbild wesentlich davon beeinflußt wird, wie andere Menschen Sie behandeln. Wenn Sie also gut behandelt werden und alle Ihnen sagen, was für ein guter Mensch Sie sind und daß Sie hervorragend arbeiten, erhalten Sie ein besseres Bild von sich selbst, was wiederum dazu führt, daß sich Ihre Leistung entsprechend steigert.

Das Selbstwertgefühl

Das dritte Element des Selbstverständnisses – der Kernreaktor, aus dem es seine Energie bezieht, – ist das Selbstwertgefühl. Dieses läßt sich am besten dadurch definieren, wie gerne Sie sich selbst haben, wie sehr Sie sich selbst achten und in welchem Maß Sie sich selbst als wertvollen Menschen betrachten. Wir bringen den Menschen laufend bei, sich selbst immer wieder zu sagen: „Ich mag mich, ich mag mich, ich mag mich."

Es ist Ihre Aufgabe als Manager, dafür zu sorgen, daß Ihre Mitarbeiter sich selbst mögen und respektieren können. Es gibt ein Poster, auf dem steht: „Ich mag nicht so sehr dich, als vielmehr das gute Gefühl, das du mir vermittelst." Alle guten Manager, leitenden Angestellten und Leader haben die Fähigkeit, Menschen zu inspirieren. Sie schaffen eine vertrauensvolle Umgebung und behandeln ihre Mitarbeiter so, daß diese mit sich selbst zufrieden sind und sich an ihrer Arbeitsstätte wohl fühlen.

Zwischen Ihrem Selbstwertgefühl, Ihrer Persönlichkeit und Ihrer Einstellung gibt es einen direkten Zusammenhang. Menschen, die sich selbst akzeptieren, haben eine positive geistige Einstellung, Menschen, die sich selbst nicht mögen, haben dagegen eine negative Haltung. Je zufriedener Sie mit sich selbst sind, desto liebenswürdiger können Sie mit anderen Menschen umgehen und desto freundlicher werden diese wiederum zu Ihnen sein. Je lieber Sie sich selbst mögen, desto energiegeladener und kreativer sind Sie auch und desto besser wird Ihnen alles gelingen.

Nun komme ich bei meiner Darlegung der psychologischen Theorie der Selbsterkenntnis zu einem Wendepunkt, zu einem der größten Feinde jeglicher persönlicher Leistungsfähigkeit. Wenn alles so einfach wäre, wie ich es bisher geschildert habe – lieben Sie sich selbst, und alles wird besser – dann gäbe es keine Probleme. Doch es gibt ein Problem, und es besteht aus zwei Dingen: aus Furcht und Zweifel.

Furcht und Zweifel

Furcht und Zweifel waren schon immer die größten Widersacher menschlichen Glücks und menschlicher Leistungsfähigkeit. Jegliche Art von Furcht lähmt die Leistungsfähigkeit. Man erstarrt wie ein Reh im Scheinwerferlicht, obwohl das Auto unaufhaltsam auf einen zurollt. Furcht umklammert Sie wie ein eiserner Ring und unterminiert Ihre Effektivität. Sie wirkt wie ein Mechanismus, der Ihre sämtlichen kreativen Fähigkeiten ausschaltet und bewirkt, daß Niedergeschlagenheit und Sorge Ihre Leistung hemmen. Zweifel bewirkt dagegen, daß Sie sich zu billig verkaufen. Selbstzweifel, also Zweifel an den eigenen Fähigkeiten gilt als der größte Feind der Leistungsfähigkeit. Der bekannte Psychologe Abraham Maslow hat einmal gesagt, daß die Geschichte der Menschheit aus lauter Frauen und Männern besteht, die sich selbst zu billig verkauften und sich mit weniger zufriedengaben, als sie hätten erreichen können.

Die beiden größten Ängste konzentrieren sich hauptsächlich in zwei Bereichen. Der erste ist die *Angst vor dem Versagen.* Sie bildet das größte Hindernis für Erfolge im Leben eines Erwachsenen. Sie fürchten, einen Fehler zu begehen, Status, Prestige, Belohnungen, Geld oder die Arbeit zu verlieren. Was geschieht, wenn ich verliere? Was ist, wenn ich arm werde, keine Arbeit mehr habe? Der Gedanke an das eigene Versagen und an die sich daraus ergebenden Folgen führt zu einem inneren Trauma. Besonders Menschen, die in ihrer Kindheit stark kritisiert wurden, sind als Erwachsene sehr anfällig für Versagensängste.

Der zweite wichtige Bereich ist die *Angst vor Ablehnung,* die Furcht *vor Mißbilligung, vor Lächerlichkeit, vor Peinlichkeit* und besonders *vor Kritik.* Wenn Sie als Kind oft kritisiert wurden, hängt Ihr gesamtes Selbstwertgefühl davon ab, von anderen gemocht und akzeptiert zu werden. Sie bemühen sich außerordentlich um Akzeptanz. Menschen, die überempfindlich auf Kritik reagieren, werden als Persönlichkeiten des Typs A bezeichnet. Sie sind so besessen von dem Bedürfnis nach Anerkennung von seiten Ihres Vorgesetzten, daß sie sich selbst unerbittlich antreiben. Sie gewinnen aber niemals eine tatsächliche persönliche Befriedigung aus ihren Leistungen.

Bei normalen Menschen liegen diese großen Ängste direkt unterhalb der Oberfläche. Sie können durch einen Blick oder durch eine bestimmte Situation ganz leicht ausgelöst werden. Nehmen Sie als Beispiel die Situation eines Meetings. Jemand sagt etwas, und Sie blicken ihn daraufhin ganz streng an. Wenn Sie der Vorgesetzte dieser Person sind, kann es sein, daß deren Ängste plötzlich an die Oberfläche kommen. Die Person kann nicht mehr antworten, ihr Magen verkrampft sich, das Herz beginnt zu rasen, der Blutdruck steigt. Die plötzliche Anspannung kann dazu führen, daß alle Ängste zum Vorschein kommen. Dadurch werden die Menschen wütend, defensiv, negativ, nervös, unsicher, ängstlich usw.

Verbannen Sie die Furcht vom Arbeitsplatz

Wie können Sie nun eine vertrauensvolle Arbeitsumgebung schaffen? Sie wissen es jetzt: Sie müssen die Furcht vom Arbeitsplatz verbannen. Dies wird zu Ihrer wichtigsten Aufgabe. W. Edwards Deming spricht in seinem wunderbaren Werk davon, daß der Schlüssel zu hoher Leistung und hervorragender Organisation darin liegt, die Furcht zu vertreiben, sie aus der Arbeitsumgebung zu eliminieren.

Widerspruch und Diskussionen sind dennoch erlaubt. Sie können trotzdem streiten und alles mögliche tun, aber eines ist absolut verboten: Niemand darf Angst haben. Die Mitarbeiter müssen ihre Meinung sagen und tun dürfen, was sie wollen. Sie können sogar ihren Vorgesetzten widersprechen, weil sie keine Angst zu haben brauchen. Darin liegt der Schlüssel zur Schaffung einer vertrauensvollen Umgebung.

Wie bringen Sie dies zuwege? Nun, zunächst müssen Sie sich fest vornehmen, *jegliche Kritik aus Ihrem Vokabular zu streichen.* Niemand wird mehr für irgendetwas kritisiert, weder Ihre Kinder noch Ihr Ehepartner und auch nicht Ihre Mitarbeiter. Das bedeutet nicht, daß Sie sich nicht mehr aufregen dürfen, und es bedeutet auch nicht, daß Sie nie mehr frustriert sein werden. Beides ist vollkommen normal und natürlich. Aber Sie dürfen niemanden mehr herabsetzen, Sie dürfen Ihren Ärger nicht mehr an anderen auslassen, und Sie dürfen niemandes Leistung schmälern. Ebenso wie Sie nicht einfach mit einem Hammer auf ein Gerät einschlagen, dürfen Sie auch Ihre Mitarbeiter nicht mehr durch Kritik vernichten. Wenn Sie die Maschine kaputtschlagen, funktioniert sie nicht mehr, und ebenso ist es mit Ihren Mitarbeitern.

Außerdem ist es wichtig, daß Sie *unabsichtliche Fehler akzeptieren.* Dies ist Ihre Bewährungsprobe: Die Mitarbeiter müssen wissen, daß sie einen Fehler begehen können, ohne sofort kritisiert und verurteilt zu werden. Wenn ein Fehler passiert, müssen Sie ganz ruhig nach dem Grund fragen. Nachdem er Ihnen erklärt wurde, sagen Sie: „Sie sind dafür verantwortlich. Was werden Sie dagegen unternehmen?“ So zwingen Sie die Person, ihre Verantwortung anzuerkennen und sich Auswege zu überlegen, aber Sie geben gleichzeitig zu verstehen, daß damit nicht die Welt untergeht. Ein derartiges Arbeitsumfeld werden die Mitarbeiter zu schätzen wissen.

Sie ermutigen die Menschen dadurch, *vernünftige Risiken einzugehen.* Niemand muß garantieren, daß alles immer perfekt funktioniert. Natürlich müssen die Mitarbeiter ihre Aktionen sorgfältig überlegen, sie dürfen nichts Unvernünftiges unternehmen, aber sie haben die Möglichkeit, Risiken einzugehen, und nur durch Risiken lernen und wachsen die Menschen. Wenn dann einmal etwas nicht nach Plan abläuft, sagen Sie einfach: „Nun, es kann nicht alles gutgehen.“

Stärken und bestätigen Sie bei jeder Gelegenheit das Selbstwertgefühl Ihrer Mitarbeiter. Ein positives Selbstbild wird hauptsächlich durch regelmäßige Anerkennung und Belohnung erzeugt. Sie müssen den Menschen immer wieder sagen, wie gut sie arbeiten, denn dadurch erhöhen Sie ihr Selbstwertgefühl. Sie bewirken damit, daß sich Ihre Mitarbeiter selbst akzeptieren können. Außerdem sollten Sie die Mitarbeiter spüren lassen, daß sie Ihnen am Herzen liegen und daß Sie sich für sie und ihr Wohlergehen interessieren. Sollten Sie dennoch einmal jemanden kritisiert haben – und tut es Ihnen leid –, dann entschuldigen Sie sich sofort. Gehen Sie zum ihm und sagen Sie: „Es tut mir leid, ich hätte das nicht sagen dürfen. Mein Ärger ist mit mir durchgegangen, ich habe es nicht so gemeint.“

Widmen Sie sich ganz der Aufgabe, eine Umgebung zu erzeugen, in der Ihre Mitarbeiter sich durch und durch wohl fühlen. Vertreiben Sie die Angst und schaffen Sie ein vertrauensvolles Arbeitsklima, so daß jeder, der bei Ihnen arbeitet, sagen kann: „Ich mag meinen Arbeitsplatz.“

Zusammenfassung

Wenn Sie als Manager eine Organisation und Mitarbeiter mit hoher Leistungsfähigkeit heranbilden wollen, müssen Sie unbedingt Vertrauen erzeugen. Dieser Prozeß beginnt – einfach ausgedrückt – mit der Ausmerzung der Angst. Als ich mich über Kindererziehung informierte, las ich in einem Buch die folgende kleine Bemerkung: „Wenn Ihre Kinder Sie anlügen, wer hat sie dann so verängstigt, daß sie es nicht mehr wagen, die Wahrheit zu sagen?“ Ich hielt dies für eine sehr bemerkenswerte Aussage. Ich ging sofort zu meinen Kindern und erklärte ihnen: „Sagt bitte immer die Wahrheit. Ich verspreche euch, daß ich euch niemals böse sein werde, wenn ihr mich nicht anlügt.“

In vielen Unternehmen werden leider oft die Überbringer schlechter Nachrichten bestraft. Dort gerät die Person in Schwierigkeiten, die dem Vorgesetzten von einem Fehlschlag oder einem Problem berichten muß. Sie müssen jedoch in Ihrem Unternehmen klarstellen, *daß ab jetzt niemand mehr etwas zu befürchten hat, wenn er sich selbst treu bleibt und die Wahrheit sagt.* Die Entscheidung darüber, für welches Verhalten Ihr Unternehmen auf dem Markt bekannt wird, liegt allein in Ihrer Hand. Wenn Ihr Unternehmen daher für Offenheit und Ehrlichkeit stehen soll, müssen Sie allen Mitarbeitern erklären, daß sie niemals in Schwierigkeiten geraten werden, wenn sie die Wahrheit sagen und sich offen und ehrlich verhalten. Einige der weltweit größten Unternehmen verdanken dieser Philosophie ihren Erfolg.

Ich leitete vor kurzem ein Meeting der wichtigsten Manager eines Milliarden-Unternehmens, bei dem auch einige beobachtende Reporter und Berater anwesend waren. Diese Reporter und Berater waren sehr überrascht, daß einige Junior-Manager und sogar einige Abteilungsleiter aufstanden und heftig mit dem CEO des Unternehmens diskutierten. Der CEO brachte ebenso heftig seine Gegenargumente vor, während andere Manager wiederum andere Ansichten vertraten. Jede Richtlinie, bei der die Teilnehmer nicht übereinstimmten, und jeder strittige Punkt wurden ausführlich und leidenschaftlich besprochen.

Die Beobachter waren sicher, daß diese Manager entlassen werden würden. Wie konnten sie so mit ihrem obersten Vorgesetzten umgehen? Doch die Leitung des Unternehmens hatte erkannt, daß Mitarbeiter, die ihre Meinung offen kundtun dürfen, weitaus bessere Leistungen erbringen. An diesem Maßstab sollten auch Sie Ihr Unternehmen und Ihre Eignung als Leader messen.

Der Maßstab lautet: Wie frei können die Menschen Ihnen ihre Meinung mitteilen? Wagen es die Mitarbeiter, zu Ihnen zu kommen und offen einer Ihrer Richtlinien zu widersprechen? Ich rede hier nicht der Respektlosigkeit oder Unhöflichkeit das Wort, aber können Ihre Leute einfach sagen: „Bill, Brian oder Susan, das finde ich nicht richtig. Ich denke, wir sollten das nicht tun. Der Punkt liegt mir wirklich sehr am Herzen.“ Können Ihre Mitarbeiter sich so äußern, oder behalten sie ihre Meinung für sich?

Wenn Sie sich darauf konzentrieren, das Selbstwertgefühl Ihrer Mitarbeiter aufzubauen, werden Sie feststellen, daß die Angst direkt unter der Oberfläche lauert. Deshalb müssen Sie sehr darauf achten, sie nicht durch Kritik freizusetzen. Sie dürfen die Mitarbeiter auf keinen Fall herabsetzen, wenn ihnen ein Fehler unterlaufen ist oder wenn sie ein Risiko eingegangen sind, das sich als zu hoch erwiesen hat. Sie müssen die Angst vertreiben, und das erreichen Sie insbesondere dadurch, daß Sie *auch Fehler zulassen.* Sie müssen Ihren Mitarbeitern klarmachen, daß Fehler erlaubt sind, solange sie daraus lernen.

Es gibt eine berühmte Geschichte über Thomas J. Watson Sr., den Gründer von IBM. Das Unternehmen hatte ungefähr 10 000 000 Dollar in die Entwicklung einer neuen Technologie investiert, die nicht funktionierte, und er rief deshalb den für die Entwicklung zuständigen Vizepräsidenten zu sich in sein Büro im obersten Stockwerk des Hauptgebäudes in New York. Dieser kam, schloß die Tür hinter sich und sagte sofort: „Sir, ich weiß, warum Sie mich gerufen haben. Es ist, weil dieses Projekt so hohe Verluste verursacht hat. Ich werde es Ihnen aber leichtmachen – ich kündige selbst. Ich kann leider nichts mehr ändern.“ Watson sah ihn an und antwortete: „Kündigen? Wir haben gerade 10 000 000 Dollar in Ihre Weiterbildung investiert. Sie werden jetzt nicht kündigen und die ganze gewonnene Erfahrung mitnehmen! Sprechen wir lieber über Ihr nächstes Projekt.“

Das ist die Einstellung, die Vertrauen schafft. Mit dieser Einstellung erzeugen Sie ein Arbeitsklima, in dem Ihre Mitarbeiter hohe Leistungen erbringen. Wenn die Mitarbeiter wissen, daß sie ihre Meinung äußern dürfen, daß sie die Wahrheit sagen, Fehler machen und Risiken eingehen können, solange sie daraus lernen und an ihren Fehlern wachsen, werden sie Ihnen keine Schwierigkeiten bereiten. Sie werden feststellen, daß die besten Topmanager an der Spitze der größten Unternehmen auch einmal ganz unten angefangen haben und dort die Möglichkeit erhielten, durch Versuch und Irrtum zu lernen und aufzusteigen. Wenn es Ihnen gelingt, eine Atmosphäre des Vertrauens zu erzeugen, schaffen Sie dadurch ein leistungsstarkes Unternehmen voller Mitarbeiter, die allesamt Spitzenleistungen erbringen.

Kapitel 14

Grundlagen der Motivation

Haben Sie sich je gefragt, warum Menschen etwas tun oder nicht tun? Warum sie etwas erledigen, womit Sie gar nicht gerechnet haben, oder warum sie genau das tun, was Sie erwarten? Warum verhalten sich Menschen auf eine bestimmte Art und Weise?

Es ist unbedingt notwendig, die Grundlagen der Motivation zu kennen. Wenn Sie Kinder haben, wie bringen Sie sie dann dazu, das zu tun, was Sie wollen? Wenn Sie ein Manager mit Personalverantwortung sind, wie schaffen Sie es, daß die Mitarbeiter nach Ihren Anweisungen handeln? Wenn Sie ein Verkäufer sind, wie veranlassen Sie die Kunden zum Kauf?

In diesem Kapitel behandle ich die Grundlagen der Motivation anhand von Forschungsergebnissen aus diesem Jahrhundert, und insbesondere aus den zurückliegenden 50 Jahren. Auf diesem Gebiet wurden bahnbrechende Erkenntnisse gewonnen, mit deren Hilfe Sie Menschen dazu bringen können, sich so zu verhalten, wie Sie es sich wünschen – oder mit deren Hilfe Sie zumindest verstehen, warum sie es nicht tun.

Die Maslow´sche Bedürfnispyramide

Der bekannte Psychologe Abraham Maslow erreichte in den 40er Jahren einen großen Durchbruch – er stellte sozusagen die gesamte Wissenschaft der Psychologie auf den Kopf. Beginnend mit Sigmund Freud am Ende des letzten Jahrhunderts bis zum Ende der 40er Jahre hatten sich Psychologie und Psychiatrie fast ausschließlich mit unglücklichen, geisteskranken oder zerstörten Persönlichkeiten beschäftigt, also nur mit Menschen, die schwerwiegende Probleme hatten. Maslow untersuchte dagegen gesunde, lebensfrohe Menschen, die mit ihrem Leben zufrieden waren, die viel reisten, die sich wohl fühlten, die viel Geld verdienten und ein schönes Leben und großen Respekt bei ihren Mitmenschen genossen. Er wollte herausfinden, was sie alle gemeinsam hatten.

Anfangs warf er auf der Suche nach den gemeinsamen Nennern von Erfolg und Leistung sein Netz sehr weiträumig aus und fragte beispielsweise: Wie gefällt Ihnen Ihr Leben? Wie läuft es bei Ihnen zu Hause? Wie geht es Ihrer Familie, Ihren Freunden, Ihrer Karriere und Ihrer Gesundheit? Wie fühlen Sie sich innerlich?

Andere Menschen fragte er: Welche Menschen in Ihrem Umfeld erbringen die höchsten Leistungen? Welche Menschen bewundern und achten Sie am meisten?

Er fand heraus, daß es mehrere Dimensionen von Leistung gibt, und daß Menschen durch unterschiedliche Faktoren motiviert werden können. Er erkannte, daß es möglich sein müßte, eine Situation so zu strukturieren, daß die positiven Faktoren betont würden und die Menschen wesentlich höhere Leistungen erbringen würden, wenn man diese Motivatoren – die negativen und die positiven – analysieren könnte.

Maslows großer Durchbruch kam mit dem Entwurf seiner Motivationstheorie anhand der sogenannten Bedürfnispyramide.

Die Maslow`sche Bedürfnispyramide besteht aus fünf Ebenen. Gemäß den Erkenntnissen von Maslow muß jede Ebene – von unten nach oben – bis zu einem gewissen Grad befriedigt werden, bevor sich ein Mensch jeweils der nächsthöheren Ebene zuwenden kann. Gerät jedoch eine der unteren Ebenen wieder aus dem Gleichgewicht, kehrt die Person sofort wieder auf diese Ebene zurück. Lassen Sie mich das genauer erklären.

Die Maslow`sche Bedürfnispyramide

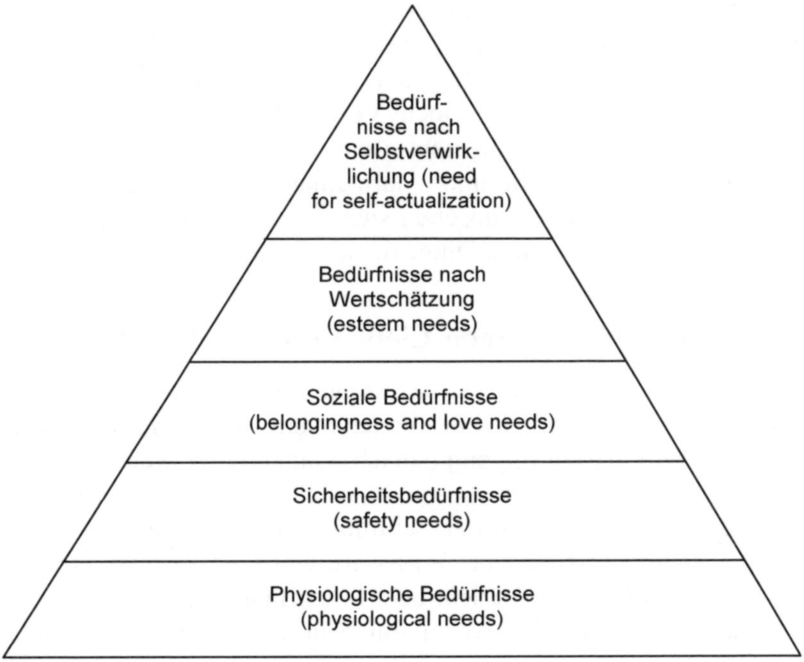

Die physiologischen Bedürfnisse

Die unterste Ebene der Pyramide bilden die physiologischen Bedürfnisse, bei denen sich alles um das physische Überleben des Menschen dreht. Der Mensch benötigt Nahrung, ein Dach über dem Kopf und Wärme, um zu überleben. Die größte Furcht des Menschen ist die Furcht vor dem Tod und die Furcht vor Verstümmelung. Aus diesem Grund muß ein Mensch zunächst sicher sein, daß ihm körperlich nichts zustößt – daß er überleben wird –, bevor er an andere Bedürfnisse denken kann. Wenn ein Mensch am Verhungern ist, denkt er sicher nicht daran, das Haus neu einzurichten und hübschere Möbel zu kaufen.

Das Bedürfnis nach Sicherheit und Geborgenheit

Wenn das Überleben sichergestellt ist, folgt auf der zweiten Ebene der Pyramide das Sicherheitsbedürfnis. Menschen müssen sich sowohl körperlich als auch emotional in ihren Beziehungen sicher fühlen. Außerdem brauchen sie finanzielle Sicherheit und müssen fähig sein, für sich zu sorgen. Die Angst vor einem Verlust der Sicherheit ist einer der wichtigsten Motivatoren. Sie steht als treibende Kraft hinter allen Sicherheitsdiensten, Riegeln und Alarmanlagen, Versicherungen usw. Menschen brauchen und wünschen sich eine solide Grundlage der Sicherheit, bevor sie an andere Dinge denken können.

Das Bedürfnis nach Liebe und Zugehörigkeit

Die dritte Ebene bildet das Bedürfnis nach Liebe und Zugehörigkeit. Sobald der Mensch weiß, daß er überleben und sich sicher fühlen kann, strebt er seinem Wesen folgend danach, von anderen Menschen akzeptiert zu werden, sich mit ihnen gut zu verstehen und einer Gruppe anzugehören. Stellen Sie sich den schlimmsten Schwerverbrecher in einem Hochsicherheitstrakt vor. Was wäre wohl die härteste Strafe? Es wäre die Einzelhaft. Sie entzieht dem Menschen eines seiner Grundbedürfnisse. Sie können ihm weder mit dem Tod drohen noch ihn verhungern lassen, aber Sie können ihm die Gesellschaft anderer Menschen vorenthalten, und das ist die schlimmste Strafe von allen.

Die Menschen brauchen also das Gefühl der Zugehörigkeit, sie müssen wissen, daß sie akzeptiert werden, daß sie andere Menschen kennen und daß andere Menschen wiederum sie kennen. Viele Menschen treten nur aus dem Grund in eine Organisation ein, um dieses Bedürfnis zu befriedigen.

Das Bedürfnis nach Status, Anerkennung und Achtung

Die Bedürfnisse der untersten drei Ebenen – Überleben, Sicherheit und Zugehörigkeit – sind sogenannte Grund- oder Primärbedürfnisse. Sie müssen unbedingt erfüllt werden, damit eine Person sich der vierten Ebene zuwenden kann. Ab der vierten Ebene kommen die Sekundärbedürfnisse ins Spiel, die im Arbeitsumfeld als Motivatoren dienen können. Hier ist als erstes das Bedürfnis nach Anerkennung und Status zu nennen. Achtung ist ein Gefühl, das eine Person sich selbst gegenüber empfindet. Sie beginnt mit der Selbstachtung, dem Gefühl, sich selbst zu akzeptieren und zu mögen, geht über in die Liebe zu anderen und endet damit, daß man selbst von anderen geliebt wird.

Es ist bekannt, daß ein Mensch nur fähig ist, andere zu lieben und zu akzeptieren, wenn er sich selbst mag. Davon hängt es auch ab, wie sehr andere ihn lieben und akzeptieren, und dies wiederum hat Auswirkungen auf seine Selbstachtung. Selbstachtung steht in direktem Zusammenhang mit Respekt vor der eigenen Person. Sie entsteht aus dem Wissen, daß Sie von den Menschen in Ihrer Umgebung respektiert, gemocht, bewundert und anerkannt werden. Dieses Bedürfnis ist ebenfalls äußerst wichtig.

Sehr viel von dem, was wir tun, geschieht entweder um zu erreichen, daß andere uns lieben, oder um zu kompensieren, daß sie es nicht tun. Die heutige Psychologie ist zu der Erkenntnis gelangt, daß Menschen mit hoher Selbstachtung weitaus bessere Leistungen erbringen als Personen, die sich nicht als geachtet und geliebt empfinden.

Befriedigen Sie die Bedürfnisse Ihrer Mitarbeiter

Eine Ihrer wichtigsten Aufgaben als Manager besteht darin, die verschiedenen Bedürfnisse Ihrer Mitarbeiter zu befriedigen. Für das Überlebensbedürfnis der meisten Menschen in unserer Gesellschaft ist bereits gesorgt, und solange eine Person eine Wohnung hat und ein Gehalt bezieht, stellt es kein Problem dar.

Wichtiger ist dagegen schon das Bedürfnis nach Sicherheit. Wenn der Arbeitsplatz in Gefahr ist, reagieren die meisten Menschen mit großer Unsicherheit. Vor dem Hintergrund der zahlreichen Entlassungen in der heutigen Zeit hat eine Umfrage in den USA ergeben, daß sich 37 Prozent der Arbeitskräfte unsicher fühlen und Angst um die Sicherheit ihres Arbeitsplatzes haben. Dieses Gefühl wirkt sich sehr negativ auf deren Effektivität aus. Es entzieht den Menschen ihr Potential.

Das Bedürfnis nach Zugehörigkeit ist dagegen in Gefahr, nicht erfüllt zu werden, wenn Ihr Verhältnis zu den Mitarbeitern getrübt ist. Die Beziehung zwischen Ihnen und Ihren Mitarbeitern ist ein wichtiger

Faktor für dieses Zugehörigkeitsgefühl, und wenn sie nicht gut ist, fühlen sich Ihre Mitarbeiter unsicher. Sie bemühen sich dann verstärkt darum, von Ihnen akzeptiert zu werden, und können sich nicht mehr so sehr darauf konzentrieren, Spitzenleistungen zu erzielen.

Die Selbstachtung beruht auf dem Gefühl, akzeptiert, wichtig und wertvoll zu sein. Was immer Sie tun können, um den Menschen ein höheres Selbstwertgefühl zu geben, trägt zu einer Erhöhung ihrer Leistungsfähigkeit bei.

Das Bedürfnis nach Selbstverwirklichung

Wenn schließlich auch das Bedürfnis nach Achtung und Anerkennung erfüllt ist, steigen die Menschen in der Pyramide in die fünfte Ebene auf, in der sie nach Selbstverwirklichung streben. Sie haben das Bedürfnis, sich selbst auszudrücken und alles zu erreichen, was im Rahmen ihrer Fähigkeiten möglich ist. Dies können die Menschen nur dann, wenn sie einen Beruf ausüben, der ihnen Freude bereitet, und wenn sie ihre Aufgaben dabei bestmöglich erfüllen können.

Es gibt im Management zahlreiche Konzepte wie etwa Stretch-Ziele, die volle Ausschöpfung der Kapazitäten einer Person oder die Erhöhung der Leistungserwartung – sie alle haben mit dem Bedürfnis nach Selbstverwirklichung zu tun. Wenn ein Mensch das Gefühl hat, in seiner Leistung bis an die eigenen Grenzen zu gehen und wenn er dabei Erfolg hat, wenn er Fortschritte erzielt und regelmäßig Feedback und Bestätigung aus seiner Umgebung erhält, fühlt er sich selbst unschlagbar. Leistungen werden zum überwiegenden Teil aus psychischer bzw. emotionaler Energie gespeist, aus der Energie, die aus dem tiefsten Inneren einer Person stammt. Die Person erreicht ein höheres Leistungsniveau und fühlt sich dadurch unglaublich gut. Daraus resultiert ein kontinuierlicher Strom kreativer und physischer Energie, mit der sie in immer kürzerer Zeit immer mehr Aufgaben bewältigt.

In jeder Organisation gibt es die sogenannten „Top-Performer". Das sind Menschen, die leistungsfähiger sind als andere und ihre Aufgaben wesentlich effektiver erledigen. In Vertriebsorganisationen gilt beispielsweise oft die 80/20-Regel, d.h. daß 20 Prozent der Verkäufer 80 Prozent des Umsatzes erzielen, selbst wenn alle denselben Hintergrund, dieselbe Ausbildung, Erfahrung, Schulung und dasselbe Alter haben.

Nur eine geringe Zahl von Personen kann derart hohe Leistungen erbringen, und das sind die Menschen, die sich selbst respektieren und von der Qualität ihrer Arbeit überzeugt sind.

In späteren Jahren gelangte Maslow bei seinen Forschungen zu dem Schluß, daß es auf noch höheren Ebenen zwei weitere Bedürfnisse bzw. Motivatoren gibt. Daher fügte er seiner Pyramide noch zwei neue Dimensionen hinzu.

Schönheit

Die erste von ihnen ist die Schönheit. Durch sie lassen sich die Menschen ebenfalls in hohem Maß motivieren – körperliche Schönheit, die Schönheit der Natur, der Musik, von Filmen, Gedichten, Kunst usw. Schönheit ist ein so starker und gesunder Motivator, daß die Menschen oft sehr viele Opfer bringen, um die Freuden der Schönheit genießen zu können. Denken Sie jedoch daran: Solange ein Mensch sich um seinen Arbeitsplatz sorgen muß, ist er nicht fähig, Schönheit wahrzunehmen und zu schätzen.

Neugier und die Suche nach Wahrheit

Das letzte und oberste aller Bedürfnisse in der Pyramide ist die Neugier, die Suche nach Wahrheit. Dabei handelt es sich zum einen um die Wahrheit über das eigene Ich – das eigene Bewußtsein und Selbstverständnis –, aber zum anderen auch um die Wahrheit in bezug auf Philosophie, Religion und Metaphysik. Die bedeutendsten Denker in der Geschichte, die großen Akademiker, Forscher und Wissenschaftler, waren alle auf der Suche nach der Wahrheit – sie bildete ihre wichtigste Motivation.

Es ist interessant, an sich selbst zu beobachten, wie man auf seinem Lebensweg langsam in der Bedürfnispyramide aufsteigt und sich dabei in späteren Lebensjahren immer mehr in Richtung Schönheit und Wahrheit orientiert.

Strukturieren Sie die Umwelt so, daß höhere Leistungen gefördert werden

Es ist nun also bekannt, daß Menschen entweder dadurch motiviert werden, daß sie Mängel kompensieren müssen, oder dadurch, daß sie ihr volles Potential ausschöpfen wollen. Die traurige Wahrheit lautet, daß nach manchen Schätzungen 99 Prozent der Bevölkerung noch damit beschäftigt sind, ihre Mängel zu kompensieren, anstatt zu versuchen, das Bestmögliche aus sich und ihren Fähigkeiten herauszuholen.

Eine Ihrer wichtigsten Aufgaben als Manager ist es daher, das Arbeitsumfeld so zu strukturieren, daß immer mehr Mitarbeiter in immer höhere Ebenen der Pyramide aufsteigen. In Organisationen mit hoher Leistungsfähigkeit arbeiten immer mehr Menschen bereits aus dem Grund, ihre Bedürfnisse nach Anerkennung und Selbstverwirklichung zu erfüllen. In problematischen Organisationen sind die Mitarbeiter dagegen sehr unsicher und noch damit beschäftigt, ihre Mängel zu kompensieren. Sie sind noch nicht in der Lage, an die Verwirklichung ihres eigenen Potentials und des Potentials ihrer Aufgabe und ihres Unternehmens zu denken. Spitzenleistungen werden immer erst dann erzielt, wenn die tieferliegenden Bedürfnisse voll erfüllt sind.

Wir haben folgendes herausgefunden: Damit ein Bedürfnis auf höherem Niveau erfüllt werden kann, müssen zunächst alle Bedürfnisse auf den unteren Ebenen befriedigt werden – und diese sind bei jedem Menschen unterschiedlich ausgeprägt. Manche Menschen kommen beispielsweise schon sehr gut zurecht, wenn sie nur einmal pro Monat von ihrem Manager gelobt werden, andere dagegen benötigen konstantes Lob. Sie müssen laufend bestärkt werden, wie eine Pflanze, die viermal täglich gegossen werden muß, sonst sinkt ihre Motivation.

Sie als Manager müssen sich also fragen: Welche Bedürfnisse haben meine Mitarbeiter? Was spornt sie an, was bremst sie? Was stimuliert sie und was hält sie zurück? Anschließend müssen Sie den Mitarbeitern ein dauerhaftes Gefühl der Sicherheit verschaffen. Sie müssen sie ständig bestärken und dafür sorgen, daß ihre Grundbedürfnisse immer erfüllt bleiben, so daß sie zu Höchstleistungen fähig werden.

Die Theorie der Motivation nach McGregor

Die Motivationstheorie von Douglas McGregor übte besonders in den 50er und 60er Jahren einen enormen Einfluß aus. Nach dem Zweiten Weltkrieg stammten die meisten Manager zunächst aus dem Militär. Dort waren sie daran gewöhnt, mit Infanterie- und Marinesoldaten umzugehen, die sich zum Teil freiwillig gemeldet hatten, die zum Teil aber auch eingezogen worden waren. Aus diesem Grund war das Motivationsniveau meist nicht sehr hoch, und es entstand die sogenannte Theorie X.

Nach dieser Sichtweise der alten Schule werden die Menschen als von Grund auf faul und unreif betrachtet. Sie sind undiszipliniert, unmotiviert und müssen sorgfältig überwacht und diszipliniert werden, wenn eine Aufgabe erledigt werden soll. Ein hierarchischer, autoritärer und diktatorischer Managementstil entspricht dieser veralteten Denkweise. Jeder, der seine Aufgabe nicht zufriedenstellend erfüllte, wurde entlassen.

Die Theorie X war anwendbar auf Arbeitskräfte, die gerade die auf den Weltkrieg folgende Wirtschaftskrise durchgemacht hatten und in den 50er Jahren in ein industrielles Zeitalter eintraten. Die meisten Arbeitsplätze waren damals in Fabriken zu finden. McGregor schlug dagegen die Theorie Y vor. Danach sind die Menschen im Grunde reif und eigenmotiviert. Sie streben danach, gute Arbeit zu leisten, und benötigen dazu lediglich die entsprechende Anleitung und Unterstützung durch das Management. Diese Theorie wird heute hauptsächlich vertreten. Sie bildet die Grundlage für alle modernen Managementprinzipien zum Umgang mit Mitarbeitern.

Ich möchte nun meine eigene Theorie vorstellen, die ich *Brians Theorie Z* nennen werde. Theorie Z besagt, daß die Menschen sowohl gute als auch schlechte Leistungen erbringen, je nachdem, wie sie organisiert, geleitet und vom Management behandelt werden. Mitarbeiter sind entweder diszipliniert, positiv eingestellt und motiviert, oder sie sind negativ eingestellt, schwierig und bedürfen der ständigen Beaufsichtigung – es hängt ganz von Ihren Methoden als Manager ab. Ihre eigenen Einstellungen und Erwartungen üben einen sehr großen Einfluß auf das Verhalten Ihrer Mitarbeiter aus, weil deren Gehalt, ihre Position, ihre Achtung, ihre Belohnungen, ihr Überleben, ihre Sicherheit und ihr Zugehörigkeitsgefühl ganz in Ihrer Hand liegen. Sie als Manager haben großen Einfluß darauf, wie sich Ihre Mitarbeiter verhalten.

Die Theorie der Motivation nach Herzberg

Dies bringt uns auf die außerordentlich interessante Motivationstheorie von Frederick Herzberg. Er unterteilte die Motivation in zwei Kategorien von Faktoren. Die ersten nannte er *Hygienefaktoren*, und sie bilden das grundlegende Minimum. Sie befriedigen die Grundbedürfnisse, haben aber als Motivatoren nur sehr begrenzte Wirkung. Das Gehalt ist beispielsweise ein Hygienefaktor. Ist es nicht vorhanden, sind die Menschen unzufrieden, aber das Gehalt alleine wirkt auch nicht motivierend. Auch die Arbeitsbedingungen, wie Beleuchtung, Klimaanlage und gute Möbel, sowie grundlegende Leistungen, beispielsweise die Zuzahlung zur Krankenversicherung, zählen ebenfalls zu diesen Grundvoraussetzungen. Sind sie gegeben, ist der Mitarbeiter zufrieden, aber noch nicht motiviert. Sind sie nicht vorhanden, ist er unzufrieden und demotiviert.

Die zweite Kategorie bilden die *Motivationsfaktoren*. Diese Faktoren befriedigen höherwertige Bedürfnisse und bewirken eine Motivation. Wie lauten sie nun?

Der wichtigste Faktor – nach Ansicht von Tausenden von Angestellten – ist die Teilhabe an Wissen, die Mitgliedschaft in einem Team. Dies ist ein sehr bedeutender Motivator, dessen Wirkung dauerhaft anhält. Der zweite Faktor ist eine interessante und herausfordernde Tätigkeit. Die Mitarbeiter sind wesentlich stärker motiviert, wenn sie in ihrer Aufgabe eine Herausforderung sehen, als wenn sie nur Routinearbeiten erledigen. Drittens werden die Menschen durch gute Beziehungen zu ihren Kollegen und Vorgesetzten motiviert. Es ist wichtig, daß sie gerne mit den anderen Menschen im Büro zusammenarbeiten. Weitere Motivationsfaktoren sind Schulungen, die Möglichkeit zur Weiterentwicklung, zum Aufstieg und zur Ausschöpfung des gesamten Potentials, das in den Mitarbeitern steckt.

All diese Faktoren tragen zur dauerhaften Motivation der Menschen bei, und alle erfolgreichen Manager strukturieren die Arbeitsumgebung so, daß die Mitarbeiter all diese Faktoren laufend spüren. Gleichzeitig beseitigen sie alle negativen Faktoren. Wenn ein Mitarbeiter langweilige Aufgaben zu erledigen hat oder wenn die Kollegen nicht positiv eingestellt sind, müssen Sie dies ändern. Wenn Ihr Managementstil nicht unterstützend wirkt, müssen Sie auch ihn ändern, denn Sie wollen doch ein Arbeitsklima schaffen, in dem die Mitarbeiter von innen heraus motiviert sind, ihr Bestes zu geben.

Der Hawthorne-Effekt

In den 30er Jahren wurde in Hawthorne der sogenannte Hawthorne-Effekt entdeckt. Es wurde festgestellt, daß die Motivatoren höherer Ordnung durch die konstante Aufmerksamkeit der Manager gefördert wurden. Aufmerksamkeit erhöht die Produktion und die Qualität, und sie gleicht sogar andere Faktoren aus.

Das Management wollte eine ganz einfache Sache erproben. Es wurde beschlossen zu testen, welche Auswirkungen die Beleuchtung auf die Motivation der Arbeitskräfte hat. Doch gleichgültig, ob die Beleuchtung heller oder dunkler geschaltet wurde – die Leistung stieg. Man änderte die Beleuchtung, man führte neue Schreibtische ein – die Leistung stieg weiter. Schließlich erkannte das Management, daß die gesteigerte Leistung allein auf die höhere Aufmerksamkeit zurückzuführen war, die den Mitarbeitern zuteil wurde. Andere Faktoren spielten dabei keine sehr große Rolle mehr.

Die Theorie der Motivation nach David McClelland

Zuletzt soll nun noch David C. McClellands Motivationstheorie kurz behandelt werden. Seiner Meinung nach gibt es drei Arten von Persönlichkeiten und somit drei Faktoren, durch die Menschen motiviert werden.

Die erste Art von Personen läßt sich am stärksten durch *eigene Leistung* motivieren. Dazu gehören Unternehmer, Verkäufer, Chirurgen und Anwälte. Die zweite Art von Personen läßt sich am meisten durch *Einfluß* motivieren, den sie auf andere nehmen können. Sie werden durch die Möglichkeit motiviert, Aufgaben von anderen erledigen zu lassen. Zu dieser Kategorie zählen Manager, Koordinatoren, Administratoren, Trainer, Entwickler. Wiederum andere Personen werden durch *Kooperation* motiviert. Sie wollen gemocht und akzeptiert werden und als Mitglied eines Teams arbeiten. Darunter fallen Koordinatoren, Menschen in helfenden und unterstützenden Berufen.

Die beiden grundlegenden Motivatoren aller Mitarbeiter sind einerseits ihr Autonomiebedürfnis – sie wollen sich als Einzelperson auszeichnen – und andererseits ihr Zugehörigkeitsbedürfnis – sie wollen an einer Sache teilhaben, die größer ist als sie. Idealerweise müssen Sie diese beiden Bedürfnisse gleichzeitig befriedigen.

Was belohnt wird, wird erledigt

Das oberste aller Managementprinzipien lautet: Was belohnt wird, wird erledigt. Wenn Sie feststellen, daß die Mitarbeiter nicht das tun, was Sie wollen, dann fragen Sie sich: Wofür werden sie belohnt? Welche Motivatoren bewirken das, was ich erreichen will? Welche Motivatoren kann ich einsetzen, damit die Mitarbeiter sich wohler fühlen und jeden Tag mehr Leistung erbringen?

Zusammenfassung

Der größte Beitrag, den Sie für Ihr Unternehmen, Ihren Job und Ihre Zukunft leisten können, ist, *die Arbeitsumgebung so zu strukturieren, daß die Menschen dazu motiviert werden, ihr Bestes zu geben.*

Allerdings sind Menschen komplizierte Wesen. Jeder einzelne blickt auf eine Reihe ganz persönlicher Erfahrungen und einen eigenen Hintergrund zurück. Er hat ganz spezielle Bedürfnisse, die sich aus seiner Persönlichkeit, seiner Umgebung, seinem Vorleben und aus der bisherigen Struktur seiner Arbeitsumgebung ergeben. Aus diesem Grund müssen Sie Ihr mächtigstes Werkzeug einsetzen – Ihre Denkfähigkeit. Sie müssen sich Zeit nehmen, um über die Menschen nachzudenken, die für Sie arbeiten. Überlegen Sie, worin sie sich voneinander unterscheiden. Sie alle haben verschiedene Bedürfnisse, und Sie müssen die ideale Struktur herausfinden, die Sie um jeden einzelnen herum errichten, damit er sein Bestes geben kann.

Eine der Grundregeln lautet: *Ab einem gewissen Alter verändern sich die Menschen nicht mehr.* Sie bleiben so, wie sie sind. Es hat sich sogar herausgestellt, daß dies um so mehr gilt, wenn jemand unter Druck steht. Sie müssen also akzeptieren, daß sich die Mitarbeiter nicht mehr ändern werden und daß auch Sie es nicht schaffen werden, sie noch umzuformen. Sie können ihre vorhandenen Eigenschaften zwar verstärken, aber es ist unmöglich, ihnen neue Eigenschaften einzupflanzen.

Denken Sie also über Ihre Mitarbeiter nach. Denken Sie über Ihre Kinder, Ihren Ehepartner, Ihr Personal, Ihren Chef und Ihre Kollegen nach. Denken Sie über alle Menschen nach, auf die Sie einen positiven Einfluß ausüben können, und überlegen Sie, wie sie sich am besten motivieren lassen. Was veranlaßt sie, noch mehr von dem zu tun, was sie am besten können – für sich selbst und für Sie. Betrachten Sie die Pyramide von Maslow und fragen Sie sich, ob diese Menschen ein sehr starkes Bedürfnis nach Anerkennung haben. Benötigen sie eine konstante Bestätigung, damit sie sich wertvoll und wichtig fühlen? Ähneln diese Menschen einem löchrigen Eimer, in den Sie ständig Lob und Bestätigung nachfüllen müssen, weil es sehr schnell wieder heraustropft? Oder streben diese Personen nach Selbstverwirklichung?

Eine der wichtigsten Fragen, die Sie den Menschen direkt stellen können, lautet: *„Was spornt Sie an?* Was trägt dazu bei, daß Sie sich hervorragend fühlen? Was tun Sie am liebsten?“ Als Antwort wird dann meist eine bestimmte Tätigkeit genannt, die einem Mitarbeiter die größte persönliche Befriedigung verschafft. In vielen Unternehmen hat sich herausgestellt, daß Menschen oft weitaus produktiver arbeiten, wenn sie den ganzen Tag über nur eine bestimmte Tätigkeit ausführen, als wenn diese Tätigkeit für sie nur eine Aufgabe unter vielen darstellt. Als Folge davon wurden bestimmte Aufgaben delegiert, abgetrennt oder an andere Abteilungen abgegeben.

Wenn Sie die Theorie von McClelland betrachten, erkennen Sie, daß es drei verschiedene Typen von Menschen gibt, die jeweils durch ein anderes Bedürfnis motiviert werden. Wenn Sie einem Mitarbeiter eine Position zuweisen, in der er nicht genügend motiviert ist, arbeitet er vielleicht zufriedenstellend, aber er erreicht auf keinen Fall Spitzenleistungen. Versuchen Sie also, die speziellen Motivatoren jedes einzelnen Mitarbeiters herauszufinden, und kümmern Sie sich dabei vor allem um diejenigen Mitarbeiter, deren Leistungsniveau derzeit relativ niedrig ist. Denken Sie daran, daß schlechte Leistungen ein Zeichen dafür sind, daß den Menschen etwas fehlt. Die entscheidenden Signale sind viele Klagen, Streß und Ärger. Das schlechteste Zeichen ist, wenn Sie die Probleme mit nach Hause nehmen und dort von Ihren Mitarbeitern im Büro erzählen. Sie sind doch derjenige, der die Probleme lösen soll. Aus diesem Grund müssen Sie das Problem zuerst genau analysieren, und wenn es sich um ein Motivationsproblem handelt, dann können Sie es jetzt lösen.

Nehmen wir also an, einer Ihrer Mitarbeiter erfüllt seit einiger Zeit eine bestimmte Aufgabe als sogenannter Einzelkämpfer ganz hervorragend. Ein Beispiel dafür wäre ein Verkäufer. Wenn sehr gute Verkäufer in das Vertriebsmanagement aufrücken, kommt es oft vor, daß sie plötzlich miserable Leistungen erbringen. Warum? Laut der Theorie von McClelland ziehen gute Verkäufer ihre größte Befriedigung aus der eigenen Leistung – daraus, daß sie einen Kunden gewinnen und einen Abschluß erzielen. Wenn sie dann plötzlich Manager werden, nimmt man ihnen ihre hauptsächliche Motivation, denn dann müssen sie andere Menschen für sich die Ergebnisse erzielen lassen. Auf diese Weise verlieren Sie einen guten Verkäufer und gewinnen einen schlechten Manager.

Demgegenüber gibt es jedoch auch die Menschen, die gerne managen, gerne Einfluß ausüben, verhandeln und überzeugen. Also Menschen, die sich im Umgang mit ihren Mitarbeitern und bei Meetings bewähren und die hervorragend organisieren, planen, Mitarbeiter auswählen und Aufgaben delegieren können. Diese Personen würden dafür wahrscheinlich als Verkäufer oder in einer anderen Einzelkämpferposition versagen.

Drittens gibt es noch die Menschen, die gerne im Team arbeiten, deren Stärke es ist, gute Beziehungen zu schaffen, die gut mit anderen Personen zurechtkommen und andere koordinieren können. Diese Menschen werden von allen gemocht und kommen mit allen gut aus.

Aber sie streben weder nach großen eigenen Leistungen noch nach Gruppenleistungen. Diese Personen müssen Sie fragen: „Was sind Ihre größten bisherigen Leistungen? Worauf sind Sie besonders stolz? Welche Ihrer bisherigen Tätigkeiten hat Ihnen am meisten Befriedigung gebracht?“ Aus den Antworten ersehen Sie, um welche Art von Persönlichkeit es sich bei diesem Mitarbeiter handelt, welche Situation Sie für ihn schaffen müssen und wie Sie ihn so motivieren, daß er Spitzenleistungen erbringt.

Kapitel 15

Anspornen der Mitarbeiter zu Höchstleistungen

Ihre Mitarbeiter stellen die wertvollste Ressource dar, mit der Ihr Unternehmen Sie betraut hat. Alle Unternehmen betonen, daß die Mitarbeiter ihre wichtigsten Ressourcen sind, doch das ist noch nicht alles. Wenn Sie einmal Ihr Budget betrachten, werden durchschnittlich insgesamt 67 Prozent der Kosten in einem Unternehmen von den Mitarbeitern verursacht. Wenn Sie zuvor die Kosten der verkauften Produkte und der eingekauften Rohstoffe abziehen, steigt der prozentuale Anteil der Kosten für die Mitarbeiter sogar auf 85 Prozent an den Gesamtkosten.

Es ist Ihre Aufgabe, aus den Mitarbeitern die maximale Rendite zu erwirtschaften, und dies erreichen Sie, indem Sie deren Leistung erhöhen, so daß ihre Beiträge pro Dollar ihrer Vergütung höher werden als sie es gegenwärtig sind. Eine durchschnittliche Arbeitskraft läßt sich etwa mit einem Fahrzeug im Leerlauf vergleichen. Der Fuß befindet sich zwar auf dem Gaspedal, und manchmal hört man ein leises Motorengeräusch, aber meist arbeiten die Menschen auf sehr niedrigem Aktivitätsniveau.

Einer Ihrer wertvollsten und wichtigsten Beiträge für Ihr Unternehmen ist, eine Möglichkeit zu finden, das Gaspedal der Mitarbeiter zu betätigen, so daß Sie für dasselbe Geld weitaus mehr Leistung aus ihnen herausholen. Von dieser Fähigkeit hängt Ihr Erfolg als Manager und als Person ebenso stark ab wie von allen anderen Fähigkeiten. Um die Leistung Ihrer Mitarbeiter zu verbessern, müssen Sie vor allem Feedback liefern.

Geben Sie Feedback

„Feedback ist das Frühstück der Champions" – mein Freund Ken Blanchard hat diesen Ausspruch geprägt. Studien über optimale Leistungsfähigkeit und hohe Motivation zeigen übereinstimmend, daß Menschen hauptsächlich regelmäßiges Feedback über ihre Arbeit benötigen, um ihr Bestes geben zu können. Junge Leute, Sportler, neue Mitarbeiter usw. brauchen laufend Feedback – dadurch werden sie nicht nur motiviert, sondern sie werden auch leistungsfähiger und können ihre Arbeit optimieren. Das Bewußtsein, seine Aufgaben gut zu erledigen, stellt einen der wichtigsten Motivatoren dar. Die Mitarbeiter hören es gerne, wenn sie eine Arbeit gut erledigt haben. Feedback hilft ihnen nicht nur, die Aufgaben zukünftig noch besser zu erfüllen, sondern es motiviert sie, sie fühlen sich zufriedener und sie verwenden mehr Energie auf ihre Arbeit.

Das wichtigste ist, daß das Feedback *zum richtigen Zeitpunkt* erfolgt und *klar* und *objektiv* ist. Die Regel lautet: Wenn jemand heute etwas tut, Sie aber erst in einer Woche, in einem Monat oder sogar erst bei der jährlichen Leistungsbewertung darauf zurückkommen, wirkt sich Ihr Feedback nicht auf die Leistung dieser Person aus. Wenn Sie eine Person jedoch jedesmal sofort nach einer gelungenen Leistung loben, zeigt dies auch eine sofortige Wirkung. Je klarer, passender und objektiver daher das Feedback, desto größer ist sein Einfluß.

Der zweite Gesichtspunkt, den Sie bei Feedback beachten müssen, ist, daß Sie sich *auf die spezielle Leistung des betreffenden Mitarbeiters konzentrieren* müssen. Feedback von der Art: „Sie erledigen Ihre Arbeit sehr gut, machen Sie so weiter", hat nur begrenzte Auswirkungen auf die Motivation, weil es so allgemein formuliert ist, daß der Mitarbeiter nicht genau erkennt, was Sie überhaupt an ihm loben. Wenn Sie dagegen sagen: „Dieser Bericht war hervorragend." – „Diesen Brief haben Sie sehr gut formuliert." – „Sie haben einen wertvollen Beitrag zu dem Meeting geleistet." – „Sie haben sich in der Situation mit Susan und Harry sehr geschickt verhalten", dann hat Ihr Feedback eine hohe Wirkung, weil der Mitarbeiter erkennt, was er richtig gemacht hat. Auch wenn Sie jemanden sofort auf einen kleinen Fehler aufmerksam machen und sagen, daß er sich beim nächsten Mal ein wenig mehr Mühe geben oder es auf eine andere Weise versuchen sollte, stellt sich die Wirkung augenblicklich ein, weil zwischen dem Zeitpunkt der Äußerung und der Leistung ein direkter Zusammenhang besteht.

Drittens gilt, daß Sie *destruktive Kritik auf jeden Fall vermeiden* müssen. Destruktive Kritik wirkt negativ auf das Selbstbewußtsein, und ein vermindertes Selbstwertgefühl bewirkt geringere Leistung, niedrigere Arbeitsmoral, wenig Motivation und herabgesetzte Effektivität. Sie sollten diese Art von Kritik daher vollkommen aus Ihrer Arbeitsumgebung verbannen. Die Regel lautet: Keine Klagen, keine Kritik und keine Verurteilungen. Wählen Sie Ihre Worte immer sehr sorgfältig, damit Sie Ihre Mitarbeiter aufbauen, anstatt sie herabzusetzen. Das Feedback muß immer ein positives Gefühl zurücklassen.

Probleme mit Mitarbeitern

Mit welchen Problemen hinsichtlich der Mitarbeiter müssen Sie im allgemeinen fertigwerden? Fest steht, daß bei der Arbeit mit Menschen immer wieder Probleme auftreten werden. Menschen – einschließlich Sie selbst – sind nicht perfekt. Sie werden Tag für Tag feststellen, daß Mitarbeiterprobleme nicht nur vorkommen, sondern daß ihre Lösung zu Ihrem Aufgabengebiet gehört. Als junger Manager war ich zuerst der Meinung, daß Mitarbeiter zwar existierten, daß sie aber in meiner Arbeit nur eine periphere Rolle spielten. Mit der Zeit stellte ich jedoch fest, daß sich meine Arbeit *nur um die Mitarbeiter dreht.* Die Mitarbeiter sind Ihr Aufgabengebiet, und Sie müssen effektive Lösungen für Probleme finden – für sich selbst und für das Unternehmen. Werden Sie also nicht nervös, wenn derartige Schwierigkeiten auftreten. Sagen Sie sich einfach, daß sie schließlich zu Ihren Aufgaben gehören. Wenn Sie sie nicht lösen könnten, wären Sie nicht Manager geworden. Meistern Sie sie aber gut, werden Sie auch Manager bleiben und in Zukunft vielleicht in höhere Positionen aufsteigen.

Im Zusammenhang mit Mitarbeitern kann es zu zwei grundsätzlichen Problemen kommen. Das erste ist *mangelnde Motivation.* Ihre Mitarbeiter sind nicht mit Leib und Seele bei der Sache, sie setzen sich nicht genügend ein. Für dieses Problem gibt es vielfältige Ursachen, sowohl innerhalb als auch außerhalb des Unternehmens. Ich habe schon mit Menschen gearbeitet, die lange Zeit sehr gute Arbeit geleistet hatten, dann aber plötzlich jede Energie und Begeisterung verloren zu haben schienen. Dies ist für ein Unternehmen sehr gefährlich. Ich habe herausgefunden, daß oft ein externer Grund dahintersteckt, beispielsweise ein Ehe- oder Gesundheitsproblem, die Krankheit eines Familienmitglieds oder finanzielle Schwierigkeiten.

Sie müssen bei nachlassender Motivation also zunächst den Grund herausfinden. Weshalb verhält sich ein Mitarbeiter plötzlich vollkommen anders? Manchmal kann es natürlich sein, daß ein Mitarbeiter das Interesse an seinem Job verloren hat. Vor einigen Jahren hatte ich eine hervorragende Mitarbeiterin, die ihre Aufgaben immer sehr gut erledigte. Schließlich heiratete sie den Mann, mit dem sie schon seit acht Jahren verlobt war, und verlor von einem Tag auf den anderen jegliches Interesse an ihrer Arbeit. Sie wollte sich nur noch in ihrer Ehe engagieren. Schließlich mußten wir sie gehen lassen, weil sie uns ganz offen erklärte, daß ihr die Arbeit nicht mehr wichtig war.

Das zweite hauptsächliche Mitarbeiterproblem ergibt sich aus *mangelnder Kompetenz*. Ein Mitarbeiter ist seiner Aufgabe nicht gewachsen. Dazu gibt es eine wichtige Bemerkung: Wenn Sie einen Mitarbeiter neu einstellen und ihm eine Aufgabe zuweisen, erledigt er diese meist sehr gut. In Zeiten rascher Veränderungen kann sich diese Aufgabe jedoch täglich ein wenig ändern, bis ein Mitarbeiter, der zuerst hervorragend mit ihr zurechtkam, nach einigen Wochen oder Monaten einfach überfordert ist. Er besitzt nicht die nötigen Fähigkeiten für seinen Job.

Es gibt viele Menschen in großen Unternehmen – hauptsächlich in der Fertigung – die jahrelang hervorragende Arbeit geleistet hatten, bis die Abteilung auf computergesteuerte Werkzeugmaschinen umgestellt wurde, mit denen sie dann nicht mehr umgehen konnten. Sie verstanden die Handbücher nicht, kamen mit der Technologie nicht zurecht und waren nicht mehr in der Lage, Fehler zu beseitigen wie früher bei den manuell betriebenen Maschinen. Oft liegt es also an veränderten Arbeitsbedingungen, wenn die Mitarbeiter plötzlich nicht mehr kompetent genug sind.

Wenn nun ein Problem auftritt – wie können Sie feststellen, ob es mit mangelnder Motivation oder mangelnder Kompetenz zusammenhängt? Dafür gibt es einen ganz einfachen Test. Stellen Sie sich folgende Frage: Könnte diese Person die Aufgabe erledigen, wenn ihr Leben davon abhinge? Wenn Sie diese Frage mit ja beantworten können, ist der Mitarbeiter nur nicht genügend motiviert. Wenn die Antwort allerdings nein lautet, bedeutet das, daß der Mitarbeiter gar nicht dazu fähig ist. Es ist sehr wichtig, daß Sie diese beiden Gründe deutlich unterscheiden.

Manchmal stelle ich den Managern in meinem Publikum die Frage, ob einer von ihnen gerne 100 000 Dollar erhalten würde. Natürlich antworten alle mit ja. Also sage ich: „Gut. Ich habe hier eine Geige. Wenn einer von Ihnen hier an das Rednerpult kommt und ein Konzert von Mozart perfekt vortragen kann, gebe ich ihm 100 000 Dollar. Möchte es jemand versuchen?“ Nun, Tatsache ist, daß jeder gerne das Geld einstecken würde, aber keiner die erforderliche Fähigkeit besitzt – zu meinem Glück. Ich hoffe, daß nie ein Violinenvirtuose an meinen Seminaren teilnehmen wird.

Jede Situation ist einmalig

Für Situationen gibt es ein Gesetz, das besagt, daß jede Situation einmalig ist, weil auch jedes Individuum einmalig ist. Es gibt keine Standardlösungen. Sie werden auch im Management feststellen, daß vorgegebene Lösungen in den meisten Situationen nicht greifen. Es gibt Bücher mit 1001 Lösungen zur Motivation von Mitarbeitern, doch selbst diese kratzen wohl nur an der Oberfläche. Da also jede Person einmalig ist, müssen Sie immer davon ausgehen, daß jede Situation ebenfalls einmalig ist. Sie dürfen nie annehmen, daß eine Situation einem bestimmten Muster folgt, sondern Sie müssen sich ihr zunächst vorurteilsfrei nähern. Falls zwei Menschen daran beteiligt sind, ist die Situation sogar doppelt einmalig. Bei mehreren Personen wird die Situation dann aufgrund des verschiedenen Wissens und der unterschiedlichen Erfahrungen, der unterschiedlichen Hintergründe, Einstellungen, Meinungen, Ansätze, Motivationsniveaus und Fähigkeiten der einzelnen Personen so komplex, daß Sie sich unbedingt die Zeit nehmen müssen, alles genau anzuhören. Wichtig ist, daß Sie niemals von vornherein ein Urteil fällen.

Nehmen Sie sich die Zeit, alles gründlich zu analysieren, bevor Sie sich eine Meinung bilden. Dies ist sehr schwierig, aber es ist außerordentlich wichtig, und Sie müssen dazu klärende Fragen stellen, wie beispielsweise: Was ist geschehen? Wie, warum und wann ist es passiert? Wer ist daran beteiligt? Anschließend müssen Sie geduldig und aufmerksam zuhören. Alle hervorragenden Manager zeigen bei der Auseinandersetzung mit Mitarbeiterproblemen ein großes Maß an Geduld.

Probleme, die das Unternehmen schafft

W. Edwards Deming stellt in seinem Werk über Qualität die These auf, daß es so etwas wie schlechte Mitarbeiter gar nicht gibt. Seiner Meinung nach gibt es nur mangelhafte Prozesse und Systeme im Unternehmen. Ich persönlich bin der Meinung, daß auch hier die 80/20-Regel gilt. 80 Prozent der Probleme mit Mitarbeitern werden vom Unternehmen verursacht, und Ihre Aufgabe als Manager besteht darin, diese Probleme zu isolieren und zu lösen. Die restlichen 20 Prozent der Probleme hängen mit den Mitarbeitern selbst zusammen.

Das erste Problem, das vom Unternehmen verursacht wird, ist ein *Mangel an klaren Richtungsvorgaben und Anweisungen.* Wenn die Mitarbeiter nicht wissen, was von ihnen erwartet wird, ist dies einer der Hauptgründe für mangelnde Motivation. Leistet also ein Mitarbeiter nicht genug, dann überlegen Sie, ob Sie ihm ganz klar mitgeteilt haben, was von ihm erwartet wird, wann er dies erledigen muß und welcher Qualitätsmaßstab gilt. Falls nicht, tragen Sie als Manager die Verantwortung für seine mangelnde Leistung.

Das zweite Problem ist *fehlendes Feedback.* In diesem Fall erfahren die Mitarbeiter nicht, wie ihre Arbeit beurteilt wird. Sie erhalten kein regelmäßiges Feedback von ihrem Manager, und das wirkt ebenfalls sehr stark demotivierend. Die Mitarbeiter sagen: „Ich habe keine Ahnung, was mein Chef über mich denkt." – „Ich weiß nicht, ob das, was ich tue, richtig ist." – „Ich weiß nicht, ob mein Chef zufrieden ist." – „Ich weiß nicht, ob ich gut oder schlecht arbeite." – „Ich weiß nicht, ob mein Arbeitsplatz sicher ist."

Denken Sie daran, Feedback ist nicht nur das Frühstück der Champions, sondern es ist auch einer Ihrer Hauptverantwortungsbereiche hinsichtlich der Motivation von Mitarbeitern.

Das dritte vom Unternehmen verursachte Problem ist *fehlende Anerkennung* – ein weiterer stark demotivierender Faktor. Die Mitarbeiter leisten hervorragende Arbeit, aber niemand lobt sie dafür. Sie arbeiten hart, machen abends und am Wochenende Überstunden, aber niemand honoriert ihren Einsatz. Das führt dazu, daß bei der nächsten ähnlichen Aufgabe niemand mehr bereit ist, sie zu übernehmen. Fehlende Anerkennung ist ein ganz und gar vom Unternehmen verursachtes Problem – Sie selbst, der Manager, sind die Ursache dafür. Denken Sie daran: Je mehr Sie die Leistung Ihrer Mitarbeiter loben, desto stärker motivieren Sie sie.

Das vierte Problem entsteht durch *fehlende Belohnung*. Ein Mitarbeiter arbeitet ganz ausgezeichnet, macht sogar Überstunden, und erhält nicht das Geringste dafür. Er wird weder besonders gelobt, noch erhält er Freizeitausgleich oder einen Bonus, und schließlich kommt er zu der Ansicht: „Wenn jeder das gleiche bekommt, ganz egal, ob er schuftet wie ein Tier oder ob er alles auf die leichte Schulter nimmt, wozu soll ich mich dann anstrengen?“ Fehlende Belohnungen wirken zuerst demotivierend auf den einzelnen Mitarbeiter, und übertragen sich dann auf das ganze Team.

Das fünfte Problem sind *sich überschneidende Aufgabengebiete*. Stellen Sie sich zwei Teller vor, wobei jeder Teller eine Person repräsentiert. Auf dem Teller liegen ihrer beider Aufgabengebiete, und manche von ihnen überschneiden sich, d.h. daß für bestimmte Teile einer Aufgabe beide Personen zuständig sind und keiner von ihnen genau weiß, wer sie erledigt oder wer gerade an der Reihe ist. In diesem Fall müssen Sie für eine klare Aufgabentrennung sorgen. Jeder muß genau wissen, was er zu erledigen hat und was nicht.

Das sechste Problem bilden im Gegensatz dazu *zu weit auseinanderliegende Aufgabengebiete*, bei denen manche Dinge unerledigt bleiben. Stellen Sie sich erneut die beiden Teller vor, die jetzt weit auseinander stehen, so daß Teile der Aufgaben zwischen ihnen hindurchfallen. Diese Teile wurden niemandem zugewiesen, aber von allen wird erwartet, daß sie sie erledigen. Nun müssen Sie die beiden Teller zusammenschieben, bis sich ihre Ränder berühren, so daß jeder Teil der Arbeit einer Person zuzuordnen ist.

Vor kurzem hatte ich in meiner Firma ein ganz einfaches Problem dieser Art – es ging um die Frage, wer die Anrufe annimmt: „Nun, ich war der Meinung, er geht ans Telefon." – „Ich dachte, sie macht das." – „Was ist, wenn er/sie gerade Pause macht oder Urlaub hat?" – „Ich habe gedacht, daß dafür die anderen zuständig sind." Es handelt sich nur um eine Kleinigkeit, aber diese kann erstaunlich viel Verwirrung hervorrufen. In einem solchen Fall müssen Sie die betreffende Aufgabe isolieren, genau definieren und anschließend dafür sorgen, daß genau festgelegt wird, wer zuerst ans Telefon geht, und wer diese Aufgabe als zweiter und dritter übernimmt, wenn der erste nicht da ist.

Schließlich gibt es noch das Problem *widersprüchlicher Aufgabenverteilung*. In diesem Fall stehen die Teller in einiger Entfernung voneinander und es verlaufen Pfeile von dem einen zum anderen. Wenn der eine Mitarbeiter den einen Teil der Aufgabe erledigt, kann er den anderen nicht mehr erfüllen. Wenn er dagegen den anderen übernimmt, schafft er den ersten nicht mehr. In diesem Fall entstehen Probleme, wenn das Unternehmen erwartet, daß ein Mitarbeiter beide Teile der Aufgabe gleich gut erledigt.

Ein Beispiel: Von Vertriebsmitarbeitern wird erwartet, daß sie ständig außerhalb des Büros arbeiten und Kunden besuchen. Gleichzeitig erwartet man von ihnen, daß sie im Büro die Nachfolgeaktionen durchführen, Berichte schreiben, Spesenabrechnungen ausfüllen usw. Sie müssen oft einen unmöglichen Spagat ausführen oder laufend hin und her rennen. Die Lösung und der Schlüssel zu erfolgreicher Vertriebsarbeit – wie viele Unternehmen inzwischen erkannt haben – besteht darin, einen Assistenten einzustellen, so daß der Verkäufer laufend unterwegs sein kann, während der Assistent seine Schreibarbeit erledigt.

Leistungsbewertung

Was ist der Zweck einer Leistungsbewertung? Manche Menschen sind der Meinung, daß ein Bewertungsgespräch so abläuft, daß der Manager einfach seinen ganzen Ärger und seine Frustrationen über nicht ordnungsgemäß erledigte Arbeiten auf die Mitarbeiter ablädt. Ganz im Gegensatz dazu ist jedoch der Sinn und Zweck eines solchen Gesprächs nicht die Bestrafung oder Kritik eines Mitarbeiters, sondern die Verbesserung seiner Leistung. Die Mitarbeiter sollten den Gesprächsraum mit gesteigerter Motivation verlassen und das Gefühl haben, daß sie ihre Aufgaben in Zukunft noch besser erledigen können. Sie sollten stärker auf ihr Aufgabengebiet fokussiert sein als vor dem Gespräch.

Wenn Ihnen dies gelingt, haben Sie das Gespräch gut geführt. Wenn nicht, müssen Sie lernen, wie es geht. Es geht folgendermaßen: Sie setzen sich mit dem Mitarbeiter zusammen, der eine Aufgabe nicht richtig erledigt, und machen ihn zunächst einmal auf das Problem aufmerksam. Das Gespräch muß unter vier Augen stattfinden, weil Sie niemals einen Mitarbeiter vor Zeugen kritisieren dürfen. Sagen Sie einfach: „Es besteht ein Problem mit folgender Aufgabe, weil sie nicht so erledigt wird, wie es sein sollte. Darüber müssen wir heute sprechen, weil es so nicht weitergehen kann." Anschließend müssen Sie das Problem genau erklären und geduldig die Antwort anhören. Ziehen Sie niemals voreilige Schlüsse. Bei mir hat sich in 80 Prozent der Problemfälle mit Mitarbeitern herausgestellt, daß ihre Erklärungen sehr zufriedenstellend und logisch sind. Oft erkenne ich dadurch einen Aspekt der Situation, der mir zuvor nicht bewußt war, und manchmal ist das, was der betreffende Mitarbeiter getan hat, sogar viel besser als das, was ich ihm in Unkenntnis dieses Aspektes vorgeschlagen hätte – bevor ich ihm gut zugehört hatte.

Außerdem ist es sehr wichtig, daß Sie immer nur die Leistung kritisieren und niemals die Person selbst. Denken Sie daran, daß Kritik an einer Person deren Selbstwertgefühl herabsetzt. Sie würden schließlich auch nie mit einem Hammer auf einen nicht funktionierenden Computer einschlagen. Sprechen Sie immer davon, daß *die Arbeit* nicht zufriedenstellend erledigt wird, aber sagen Sie niemals, daß *der betreffende Mitarbeiter* nicht gut ist.

Fassen Sie die Leistungsziele erneut zusammen und gehen Sie immer davon aus, daß der Mitarbeiter in bester Absicht gehandelt hat. Erklären Sie ihm, daß Sie die Ursache des Problems verstanden haben, und wie er in Zukunft vorgehen soll. Darin liegt auch der Schlüssel aller Leistungsbewertungen – konzentrieren Sie sich nicht so sehr auf die Vergangenheit, sondern vielmehr auf die Zukunft, denn Zukunftsorientierung ist immer positiv, während die Orientierung auf die Vergangenheit immer negativ ist. In der Zukunft sind viele Verbesserungen möglich, während der Bezug auf die Vergangenheit in diesem Fall immer einer Schuldzuweisung gleichkommt, und dadurch setzen Sie die Selbstachtung und die Leistung des Mitarbeiters herab. Sagen Sie immer: „In Zukunft sollten Sie folgendes tun.“ Oder: „Warum versuchen Sie es ab jetzt nicht folgendermaßen?“ Vermeiden Sie bei Leistungsbewertungen möglichst das Wort „Sie“ und beziehen Sie sich statt dessen lieber auf sich selbst. Dadurch vermitteln Sie den Mitarbeitern das Gefühl, daß Sie ihnen keine Schuld geben. Drücken Sie Ihre eigenen Gefühle aus, und sagen Sie beispielsweise: „Ich habe folgende Erfahrung gemacht.“ – „Ich bin genauso ungeduldig wie Sie oder jeder andere Mensch.“ – „Ich mache mir ein wenig Sorgen.“ – „Ich finde, daß eine andere Vorgehensweise besser wäre.“ Aber sprechen Sie niemals so: „Sie haben das falsch gemacht.“ – „Sie haben das nicht erledigt, obwohl Sie es versprochen hatten“ usw.

Noch besser sind Formulierungen, bei denen Sie sich und den Mitarbeiter miteinbeziehen: „*Wir* haben hier ein kleines Problem.“ – „*Wir* hatten uns auf folgende Erwartungen geeinigt.“ – „*Wir* müssen *zusammen* besprechen, wie wir diese Situation lösen können.“ – „*Wir* arbeiten doch *gemeinsam* an dieser Aufgabe, wie können wir sie also besser erledigen?“

Nach der Bewertung der Leistung sollten Sie sich mit dem Mitarbeiter darauf einigen, was sich in welchem Maß und bis wann ändern muß. Besprechen Sie dies ausführlich, damit der Mitarbeiter Ihre Gründe versteht. Fassen Sie die Diskussion zusammen und halten Sie sie schriftlich in einem Memo fest: „Wir hatten folgendes Gespräch und haben uns auf folgende Punkte geeinigt. Es besteht folgendes Problem, und Sie waren damit einverstanden, diese bestimmte Aufgabe innerhalb einer bestimmten Frist zu erledigen und dabei folgende Qualitätsmaßstäbe zu berücksichtigen.“ Dieses Dokument soll der Mitarbeiter unterzeichnen, und Sie legen es in seine Akte. Dies ist außerordentlich wichtig, falls sich herausstellt, daß der Mitarbeiter für seinen Job ungeeignet ist, und Sie ihn entlassen müssen. So schützen Sie sich selbst und Ihr Unternehmen.

Entlassung als letztes Mittel

Zuletzt müssen Sie folgendes in Erinnerung behalten. Bei Problemen mit Mitarbeitern war nach alter Schule der erste Gedanke: Wir entlassen ihn und suchen einen besseren Kandidaten. Heute, nach den neuen

Erkenntnissen, sollten Sie immer zuerst versuchen, den Mitarbeiter für Ihr Unternehmen zu erhalten. Die Suche nach einem neuen Mitarbeiter kostet Zeit und Geld. Zudem ist sie unsicher und voller Risiken. Ihr erster Gedanke sollte also dahin gehen, daß der Mitarbeiter in bester Absicht gehandelt und ohne Vorsatz einige Fehler begangen hat. Sie müssen alles versuchen, um seine Leistung wieder zu verbessern und ihn in einen guten Mitarbeiter für sich und Ihr Unternehmen zu verwandeln.

Zusammenfassung

Das wichtigste Prinzip für die Effektivität eines Managers ist die *persönliche Verantwortlichkeit.* Sie müssen akzeptieren, daß Sie die vollständige Verantwortung für alles tragen, was in Ihrem Aufgabenbereich geschieht. Sie sind verantwortlich für die Mitarbeiter und für alle Ergebnisse, die von Ihnen erwartet werden.

Wenn Sie nun die Gedanken, die in diesem Kapitel behandelt wurden, in die Praxis umsetzen wollen, müssen Sie vor allem zwei Prinzipien beachten: *Relevanz* und *Unmittelbarkeit.* Mit anderen Worten müssen Sie bestimmen, was in der gegenwärtigen Situation relevant ist, und dies müssen Sie unmittelbar umsetzen. Wir wissen, daß zwischen der Schnelligkeit, mit der Sie Ihren Mitarbeitern bestimmte Maßnahmen erklären können und mit der diese Maßnahmen dann umgesetzt werden, und der Geschwindigkeit Ihrer Fortschritte als Manager eine direkte Beziehung besteht.

Was können Sie also tun? Nun, zunächst müssen Sie erkennen, daß Sie zwar gute Mitarbeiter eingestellt und die Aufgaben gut delegiert und verteilt haben, daß die Mitarbeiter auch gut geschult wurden, daß sie aber trotzdem nicht die bestmögliche Leistung erbringen. Sie müssen dafür die Verantwortung übernehmen und akzeptieren, daß das Problem sehr wahrscheinlich am Unternehmen – also an Ihnen selbst – liegt, und aus diesem Grund müssen Sie sich auch um seine Lösung kümmern. In 80 Prozent der Fälle wird das Problem vom Unternehmen verursacht, 20 Prozent der Schwierigkeiten haben dagegen Gründe, die außerhalb des Unternehmens liegen und auf die Sie keinen Einfluß haben. Wir beginnen hier also mit den 80 Prozent, die Sie unter Kontrolle bringen können.

Zunächst sollten Sie eine Liste Ihrer Mitarbeiter erstellen. Denken Sie an die verschiedenen möglichen Probleme, die von Ihrem Unternehmen verursacht werden könnten, und verteilen Sie dann für jedes dieser Probleme Punktzahlen von eins bis zehn auf die verschiedenen Mitarbeiter. Wieviele Punkte auf einer Skala von eins bis zehn würde beispielsweise Mitarbeiter Y in bezug auf seine Motivation erhalten? Viele, wenige oder mittelmäßig viele? Was müssen Sie also möglicherweise unternehmen, um seine Motivation wieder zu steigern? Wie steht es um seine Kompetenz hinsichtlich der Aufgabe, die er erfüllen soll? Ist sie hoch, mittel oder niedrig? Arbeitet er hervorragend, muß er geschult werden, oder sollte er eine andere Aufgabe erhalten, die er wesentlich besser erledigen würde? Im Hinblick auf Probleme, die seine Persönlichkeit betreffen, müssen Sie sich fragen, ob ihm die mit seiner Arbeit verbundene Verantwortung voll bewußt ist. Zur Kontrolle könnten Sie jeden Ihrer Mitarbeiter bitten, seine Aufgabenbeschreibung schriftlich darzulegen. Anschließend veranstalten Sie ein Meeting zum Thema „Wofür werde ich bezahlt?", bei dem jeder Mitarbeiter seine Aufgabe erklären und darüber mit den anderen diskutieren muß. Dies ist eine erstaunlich wirkungsvolle Übung, weil Sie dabei viele neue Entdeckungen über Ihre eigene Aufgabe und die Aufgaben anderer machen werden. Dies wird in Kapitel 28 noch einmal ausführlich dargestellt.

Die nächste Frage lautet: Erhalten Ihre Mitarbeiter von Ihnen genügend Anerkennung für ihre Leistungen? Wenn ja, wie äußert sie sich? Besteht sie einfach aus einem Lob oder einer Ermutigung, oder erhalten die Mitarbeiter auch eine Belohnung? Machen Sie viel Aufhebens darum, oder sagen Sie einfach nur: „Gute Arbeit", und lassen die Sache auf sich beruhen? Ich habe schon mit Menschen zusammengearbeitet, die nie ein Wort des Lobes, nie ein Kompliment über die Lippen brachten. Einmal sagte ein solcher Mann zu mir: „Es ist doch nicht meine Aufgabe, die Leute zu loben, sondern ich bezahle ihre Gehälter. Es ist ihre Aufgabe, die Arbeit gut zu erledigen." Nun, er blieb nicht lange Manager!

Fragen Sie sich auch folgendes: Überschneiden sich manche Aufgabengebiete, oder bleiben Aufgaben teilweise unerledigt, weil sich keiner zuständig fühlt? Gibt es Verwirrungen oder Widersprüche hinsichtlich eines Aufgabengebiets? Wissen die Mitarbeiter genau, was von ihnen erwartet wird, und sind die einzelnen Teile einer Aufgabe ausgewogen auf die Mitarbeiter verteilt?

Sie müssen diese Fragen laufend stellen und Probleme möglichst schnell erkennen. Wenn ein Problem auftritt, müssen Sie es mit dem betreffenden Mitarbeiter unter vier Augen besprechen. Wer verursacht Ihnen derzeit am meisten Streß? Ist der Grund ungenügende Motivation, oder liegt es an mangelnder Kompetenz? Mangelnde Motivation zeigt sich übrigens oft in einer negativen Einstellung, in Halsstarrigkeit, Kritik, Klagen usw. Müssen Sie mit der Person sprechen, damit sie sich wieder stärker auf eine Verbesserung ihres Verhaltens konzentriert, oder müssen Sie für eine Schulung sorgen? Müssen Sie die Person in eine Position versetzen, in der sie einen größeren Beitrag leisten kann?

In jedem einzelnen Fall müssen Sie überlegen, wie Sie die soeben behandelten Gedanken auf die Personen anwenden können, die Ihnen anvertraut wurden und die als Ihre Mitarbeiter hohe Leistungen erzielen sollen.

Kapitel 16

Die Führungskraft als Coach und Berater

Jeder will bei seiner Arbeit sein Bestes geben. Wenn das nicht der Fall ist, dann hat er an seiner Stelle nichts zu suchen. Um unsere Leistungen am Arbeitsplatz zu steigern, benötigen wir eine Ausbildung, Schulungen und Erfahrung am Arbeitsplatz selbst. Aber eines der wichtigsten Dinge, die wir brauchen, sind Menschen, die unsere Arbeit bewerten. Meister fallen nicht vom Himmel, sondern werden u.a. dadurch geschaffen, daß sie zur rechten Zeit schnelles Feedback bekommen. Sie lernen ständig von ihrer Umgebung. Sie gleichen kybernetischen Mechanismen, die permanent Informationen aus ihrer Umgebung aufnehmen und sich weiterentwickeln. Feedback ist eins der wirksamsten Mittel, um Ihren Mitarbeitern dabei zu helfen, sich zu verbessern.

Spitzenleute brauchen Feedback

Die Regel lautet: Spitzenleute brauchen Feedback; es ist das „Frühstück der Champions". Wir können uns nur weiterentwickeln, wenn wir unsere Leistungen richtig einschätzen können. Lassen Sie mich das an einem Beispiel erläutern. Stellen Sie sich vor, Sie gehen zum Bowling, aber am Ende der Bahn hängt eine Decke. Sie schieben die Kugel, wissen aber nicht, ob sie trifft, weil sie hinter der Decke verschwindet. Sie hören nur ein lautes Geräusch, und eine Stimme sagt: „Gut. Versuchen Sie es noch einmal." Oder Sie hören gar nichts und wissen überhaupt nicht, woran Sie sind.

Es ist absolut erstaunlich, wie viele Firmen und Manager überhaupt keine Rückmeldungen geben. Sie gehen ganz einfach davon aus, daß ihre Leute schon selbst herausfinden werden, ob etwas funktioniert oder nicht.

Eine Person, die Spitzenleistung bringt, zeichnet sich dadurch aus, daß sie *Feedback aufnehmen und ihr Verhalten entsprechend verändern* kann. Sie können nichts dazulernen und sich auch nicht weiterentwickeln, wenn Sie nicht in der Lage sind, Rückmeldungen anzunehmen und auch zu verinnerlichen, d.h. darüber nachzudenken, wie Sie sich ändern und verbessern können.

Wer sich nicht selbst hinterfragt, der kann sich auch nicht weiterentwickeln. Wenn Sie Ihrem Ego zuviel Wert beimessen, dann reagieren Sie auf Kritik zu empfindlich. Und Ihren Mitarbeitern geht es ebenso. Wenn sie zuviel Wert auf ihr Ego legen, dann reagieren sie auch äußerst empfindlich und legen jede Art von Feedback als Kritik aus. Sie müssen Ihren Leuten daher klarmachen, daß jegliche Rückmeldung von Ihrer Seite lediglich als Hilfe gedacht ist, damit sie sich verbessern können, und daß sie keineswegs in irgendeiner Weise herabgesetzt werden sollen.

Eine wirklich herausragende Führungskraft zeichnet sich dadurch aus, daß sie ihre Mitarbeiter erfolgreich coachen und beraten kann und stets das nötige Feedback gibt. Alle Menschen sind lernfähig. Wir lernen ständig etwas dazu und verbessern uns, indem wir Feedback aus unseren Erfahrungen ziehen. Ein ganz einfaches Beispiel: Sie machen sich auf den Weg zu einem Ort am anderen Ende der Stadt, wo Sie noch nie gewesen sind. Sie biegen an einer Ecke ab, und Sie fahren irgendeine Straße entlang. Einmal nehmen Sie die falsche Abzweigung, aber letztendlich kommen Sie irgendwann an. Wenn Sie diese Strecke das nächste Mal fahren, werden Sie nicht so oft falsch abbiegen wie beim ersten Mal. Beim dritten, vierten oder fünften Mal kennen Sie dann den schnellsten, direktesten und einfachsten Weg.

Auf diese Weise laufen fast alle Lernprozesse ab. Sie nehmen permanent Feedback auf und verbessern sich. Und *eine der wichtigsten Formen von Feedback besteht in den Rückmeldungen, die Sie von Ihrem Vorgesetzten bekommen.* Dieses Feedback hilft Ihnen, die richtige Richtung einzuhalten. Sie in Ihrer Position als Manager sollten sicherstellen, daß Ihre Mitarbeiter Rückmeldungen als positiv empfinden.

Ihre Aufgabe als Leader ist es, den maximalen Ertrag aus den Mitarbeitern zu ziehen, in die Ihr Unternehmen investiert hat.

Gelungenes Coaching, gute Beratung und Feedback können einen Mitarbeiter zu einer Leistungssteigerung von bis zu zehn Prozent bringen. Sein Gehalt bleibt gleich, so daß der Mitarbeiter bei gleichbleibenden Kosten zehn Prozent mehr produziert. Diese zehn Prozent zusätzlicher Leistung und Produktivität wirken sich direkt auf den Nettogewinn aus, weil der Gesamtumsatz gegenüber unveränderten Gehaltskosten um zehn Prozent steigt. Das bedeutet, daß es in Ihrer Hand liegt, die Gesamtleistung zu steigern, indem Sie Ihre Mitarbeiter coachen und ihnen Feedback geben, so daß der Einzelne seine Leistung verbessern kann.

So erzielen Sie den höchsten Ertrag aus Ihren Mitarbeitern

Hier sind die Schlüssel, um den höchstmöglichen Ertrag aus Ihren Mitarbeitern zu erzielen.

Wählen Sie Ihre Mitarbeiter sorgfältig aus

Zunächst einmal sollten Sie Ihre Mitarbeiter unter Berücksichtigung sowohl ihrer persönlichen Einstellungen als auch ihrer fachlichen Fähigkeiten sorgfältig auswählen. Viele Firmen sind inzwischen zu der Einsicht gekommen, daß Persönlichkeit und Charakter einer Person wichtiger sind als spezielle Fertigkeiten, denn Fertigkeiten können erlernt werden und sind irgendwann auch überholt. Persönlichkeit und Charakter hingegen sind angeborene, tiefsitzende und fundamentale Eigenschaften einer Person. Manchmal ist es sinnvoller, charakterstarke Leute einzustellen und sie fachlich zu schulen, als Leute mit den erforderlichen Fertigkeiten einzustellen, die aufgrund ihrer Einstellungen und ihrer Persönlichkeit weniger für die Stelle geeignet sind. Ich werde auf das Einstellen neuer Mitarbeiter in Kapitel 25 noch ausführlich eingehen.

Schulen Sie Ihre Mitarbeiter gründlich

Schulen Sie Ihre neuen Mitarbeiter gründlich, so daß sie ihre Aufgaben hervorragend erledigen können. Oftmals stellen wir Leute ein und werfen sie dann einfach ins kalte Wasser, d.h. wir schicken sie z.B. ohne die entsprechende vorherige Schulung zu den Kunden, um etwas zu verkaufen.

Wir setzen sie auf ihren Arbeitsplatz und sagen: „Also, das hier ist Ihre Arbeit, Sie haben so etwas Ähnliches ja früher schon einmal gemacht, viel Glück damit."

Erfahrungsgemäß arbeiten jedoch diejenigen Unternehmen, die die besten Leute einstellen und auch langfristig halten können, ihre neuen Mitarbeiter gründlich ein und bieten ihnen für neue Aufgaben stets ein Orientierungstraining an. In diesen Unternehmen erwartet niemand von einer Person, daß sie hervorragende Arbeit leistet, ohne daß sie vorher entsprechend geschult, gecoacht, beraten und angeleitet wurde.

Beobachten Sie Ihre Mitarbeiter und geben Sie Feedback zur Verbesserung

Beobachten Sie die Leistung neuer Mitarbeiter genau, und geben Sie ihnen Rückmeldungen, damit sie sich verbessern können. Der Sinn einer solchen Vorgehensweise ist mehr als offensichtlich, trotzdem halten sich nur die wenigsten Führungskräfte daran.

Das liegt daran, daß Führungskräfte heutzutage zu sehr mit anderen Dingen beschäftigt sind. Wenn sie dann mit schwachen Leistungen konfrontiert werden, geben Sie nur Anweisungen, anstatt gemeinsam mit dem Mitarbeiter die Gründe für die Fehlleistung zu analysieren. Aus Äußerungen wie: „Machen Sie dies", oder „Machen Sie das nicht" kann ein Mitarbeiter nichts lernen.

Feedback zum Zweck der Leistungsverbesserung ist etwas anderes als konstruktive Kritik. Das müssen Sie sich unbedingt klarmachen. Der Begriff „konstruktive Kritik" wird von den meisten Menschen mit der Frage verbunden, ob sie offen für konstruktive Kritik seien. Und wissen Sie, wie die Antwort auf diese Frage eigentlich immer lauten müßte? „Nein, bin ich nicht." Denn der Begriff „konstruktive Kritik" wird fast immer dazu mißbraucht, um den Mitarbeiter fertigzumachen und um ihn in seiner Selbstachtung herabzusetzen. Das ist kein Feedback, das zu einer Leistungsverbesserung führt.

Das Ziel von Rückmeldungen zur Leistungsverbesserung besteht darin, die individuelle Leistung zu verbessern, und nicht darin, jemanden zu bestrafen oder herabzusetzen. Feedback zur Leistungsverbesserung bedeutet, daß die Leute sich nach einer solchen Unterredung besser und kompetenter fühlen als vorher.

Der Mitarbeiter wird sich tatsächlich wohler fühlen, denn Leistung und Selbstachtung einer Person sind, wie ich oben bereits erwähnt habe, untrennbar miteinander verknüpft. Wenn Sie einen Menschen in seiner Selbstachtung herabsetzen, indem Sie ihn kritisieren, dann vermindern Sie auch seine Leistung. Wenn Sie jedoch dem Selbstbewußtsein eines Menschen einen Schub versetzen, indem Sie ihm Ideen liefern, wie er seine Arbeit besser machen könnte, und wenn Sie dabei diplomatisch geschickt vorgehen, dann wird er auch mit sich selbst zufriedener sein.

Geben Sie Ihren Mitarbeitern zusammen mit dem Feedback immer konkrete Vorschläge für eine Verbesserung. Beziehen Sie sich stets auf die Zukunft, wenn Sie mit einem Mitarbeiter sprechen, der Hilfe benötigt. Sagen Sie ihm, worum er sich beim nächsten Mal verstärkt kümmern soll und was er eher vernachlässigen kann. Geben Sie ihm einen Tip, wie er in Zukunft in einer ähnlichen Situation handeln könnte. Sprechen Sie immer von der Zukunft und nicht von der Vergangenheit, denn die Zukunft läßt sich immer optimistisch sehen. Mit einem Rat für die Zukunft kann eine Person etwas anfangen; wenn man Menschen jedoch die Fehler ihrer Vergangenheit vorwirft, reagieren sie eher angespannt.

Betrachten Sie sich als Berater

Feedback in Form von Coaching und Ratschlägen gehört zu den Hauptaufgaben eines Managers. Es ist ein ebenso unerläßlicher Bestandteil Ihrer Arbeit wie die Kommunikation mit Ihren Mitarbeitern. Sie haben eine leitende Position inne, weil Sie Ihr Wissen und Ihre Fertigkeiten derart erweitert haben, daß Sie andere anleiten und führen können. Ihren Mitarbeitern das nötige Feedback zu geben, ist daher eine Ihrer wichtigsten Pflichten. Ihre Aufgabe muß es sein, Ihre Mitarbeiter zu fördern, und das gelingt Ihnen am besten dadurch, daß Sie Ihre Leute instruieren und beraten.

Mir hat es zu Anfang meiner Karriere sehr geholfen, mich als eine Art Berater zu sehen. Beim Delegieren einer Aufgabe habe ich immer die entsprechenden Anweisungen erteilt. Der betreffende Mitarbeiter hat sich dann um die Angelegenheit gekümmert oder auch nicht – meistens wurde die Arbeit nur unzureichend erledigt. Wenn der Mitarbeiter mir dann sein Ergebnis vorlegte, mußte ich ihm in der Regel sagen, daß ich mir das leider anders vorgestellt hatte, und ihm erneut Anweisungen geben. Meist wurde die Aufgabe jedoch auch im zweiten Anlauf nicht richtig erledigt. Da wurde mir bewußt, wozu ich als Manager da war, und ich habe es bis heute nicht vergessen.

Vor einigen Jahren stellte ich einen jungen Mann ein, der gerade seinen MBA-Abschluß gemacht hatte. Ich ging davon aus, daß er alles wußte, was ich in dieser Stelle von ihm erwartete, und beauftragte ihn mit einer Break-even-Analyse und einer Zusammenstellung der finanziellen Eckdaten für das laufende Projekt. Ich fragte ihn jeden Tag nach seinen Fortschritten, und schließlich ging ich hin und wollte seine Ergebnisse sehen. Da sah er mich an und sagte, er wisse gar nicht genau, wie eine solche Analyse erstellt wird. Da wurde mir klar, daß ich ihm eine Aufgabe übertragen hatte, ohne mir die Zeit zu nehmen, um ihm zu erklären, wie er vorgehen mußte.

Eine Ihrer und meiner wichtigsten Aufgaben als Manager ist es daher, für unsere Mitarbeiter als Berater zu agieren. Wir müssen es unseren Mitarbeitern ermöglichen, sich zu verbessern. Wir haben eine Führungsposition inne, weil wir wissen wie es geht, und unsere Mitarbeiter wissen das anfangs noch nicht.

Wenn Sie Ihre Mitarbeiter coachen und beraten, müssen Sie Ihre soziale Kompetenz als Manager einsetzen – hier ist Ihre Persönlichkeit gefragt. Es ist leicht zu sagen: „Erledigen Sie dies und machen Sie das", und die Person dann mit der Aufgabe allein zu lassen. Eine souveräne Führungspersönlichkeit hingegen zeichnet sich durch die Fähigkeit aus, ihre Mitarbeiter mit diplomatischem Fingerspitzengefühl zu unterweisen, sie anzuleiten und zu informieren, Feedback aufzunehmen und zu überprüfen, ob die neue Information auch verinnerlicht wurde.

Wann sollten Sie Ihre Mitarbeiter coachen und beraten?

Stehen Sie Ihren Mitarbeitern zur Seite, wann immer es nötig ist. Coaching und Beratung sind keine Sache, die Sie einmal im Monat oder alle sechs Monate oder nur an einem bestimmten Tag in der Woche erledigen, sondern immer dann, wenn Sie sehen, daß einer Ihrer Mitarbeiter vor einem Problem steht. Loben Sie Ihre Mitarbeiter auch prompt, wenn sie eine Arbeit zu Ihrer Zufriedenheit ausgeführt haben. Sagen Sie ihnen: „Da haben Sie gute Arbeit geleistet."

Wenn einer Person hingegen ein Fehler unterläuft, sollten Sie ihr mit Rat zur Seite stehen. Wenn ein Problem auftritt, wenn sich eine Herausforderung stellt, wenn Verwirrung und Frustration herrschen oder vielleicht sogar finanzielle Verluste gemacht wurden, dann sagen Sie dem betreffenden Mitarbeiter: „Ich denke, wir sollten uns einmal zusammensetzen und darüber sprechen, wie Sie mit dieser Situation effektiver umgehen könnten."

Sie müssen den Leuten andeuten, daß sie sehr viel effektiver handeln könnten. Wenn Sie es so formulieren, wird der Mitarbeiter erfreut sein, denn jeder möchte gerne effektiver sein. Damit nehmen Sie der Person die Angst, daß sie nun Ärger bekommen wird. Statt dessen wird sie neuen Mut schöpfen und sich vornehmen, in Zukunft effektiver zu handeln. Coaching und Beratung bestehen darin, daß Sie angemessenes Feedback geben, Ihre Mitarbeiter anleiten und sie gegebenenfalls korrigieren, damit sie sich verbessern können und wertvollere Arbeitskräfte für das Unternehmen werden.

Vorbereitung eines Coaching- und Beratungsgesprächs

Beim Coaching und bei der Beratung Ihrer Mitarbeiter müssen Sie mehrere Punkte beachten. Zunächst einmal sollten Sie ein solches Treffen gründlich vorbereiten. *Nehmen Sie sich immer reichlich Zeit für das Gespräch* – vielleicht eine Stunde –, in der Sie alles in Ruhe mit dem Mitarbeiter durchgehen können. Ein solches Gespräch ist meist eine heikle Angelegenheit, deshalb sollten Sie es nie zwischen Tür und Angel führen. Es ist so etwas wie ein chirurgischer Eingriff in die Karriere eines anderen.

Wenn Sie die erfolgreichsten Menschen in Industrie und Wirtschaft fragten, würden viele von ihnen sagen, daß sie nur deshalb soweit gekommen sind, weil sich ein früherer Vorgesetzter stets die Zeit nahm, um sie in dem zu unterweisen, was ihnen noch fehlte. Dies sollten auch Ihre Mitarbeiter später einmal von Ihnen sagen können. Sie sollten derjenige sein, der die Karriere seiner Mitarbeiter angeschoben hat, derjenige, der entscheidend zu ihrem beruflichen Erfolg beigetragen hat.

Ein Beratungsgespräch müssen Sie daher *im voraus planen und die nötigen Vorbereitungen treffen.* Machen Sie sich Notizen. Schreiben Sie einige Punkte auf, die Sie mit dem Mitarbeiter besprechen wollen. Notieren Sie sich Ihre Beobachtungen und Bedenken. Halten Sie die Empfehlungen fest, die Sie der Person vielleicht geben möchten.

Finden Sie einen für beide Seiten günstigen Zeitpunkt für das Gespräch. Ich frage die betreffende Person immer, wann es ihr am besten passen würde. Vermeiden Sie Anordnungen wie: „Ich erwarte Sie um zehn Uhr in meinem Büro." Um zehn Uhr könnte der Mitarbeiter gerade sehr viel zu tun haben. Sagen Sie daher lieber: „Ich würde mich gerne einmal eine Stunde mit Ihnen unterhalten, weil ich einige Vorschläge habe, die für Sie vielleicht nützlich sein könnten. Wann wäre es Ihnen recht? Ich hätte heute Nachmittag noch einen Termin frei, würde Ihnen das passen?" So wird der Mitarbeiter nicht überraschend aus einer wichtigen Arbeit gerissen und kann entspannter in das Gespräch gehen.

Lassen Sie sich während eines solchen Treffens nicht unterbrechen. Wenn Sie während des Gesprächs Anrufe entgegennehmen oder andere Unterbrechungen dulden, signalisieren Sie Ihrem Mitarbeiter damit indirekt, daß er nicht so wichtig ist. Wenn Sie hingegen Ihrer Sekretärin sagen, daß Sie für niemanden zu sprechen sind, oder wenn Sie sich mit dem Mitarbeiter an einen ruhigen Ort zurückziehen, vermitteln Sie der Person das Gefühl, wichtig zu sein.

Gehen Sie nicht mit einer starren Erwartungshaltung in ein solches Coaching- und Beratungsgespräch hinein. Bleiben Sie offen. Daß dieser Mitarbeiter seiner Aufgabe nicht gerecht geworden ist oder einen Fehler gemacht hat, kann die verschiedensten Ursachen haben. *Unterstellen Sie ihm stets guten Willen.* Das ist von äußerster Wichtigkeit und sollte der Leitsatz jedes Managers sein. Gehen Sie immer davon aus, daß der Mitarbeiter seinem Wissensstand entsprechend sein Bestes gibt, und daß er grundsätzlich gewillt ist, sich noch weiter zu verbessern.

Ich war selbst schon enttäuscht von meinen Mitarbeitern, bis ich mich dann mit ihnen zusammengesetzt habe, um das Problem zu besprechen. Der betreffende Mitarbeiter wußte meist schon von sich aus, was ich ansprechen wollte, und erklärte mir, wo die eigentliche Ursache des Problems lag, und daß er im Grunde nicht dafür verantwortlich war. Er wollte damit keineswegs die Schuld auf irgendeine andere Person abschieben, sondern mir lediglich klarmachen, daß er am Ende einer Kette von Schwierigkeiten stand, die irgendwo anders ihren Ausgangspunkt genommen hatte.

Unterstellen Sie Ihren Mitarbeitern daher stets die besten Absichten. Gehen Sie nicht mit vorgefaßten Meinungen an die Sache heran. Gehen Sie vielmehr davon aus, daß ihre Mitarbeiter sich verbessern wollen, wenn ihre Aufgaben ihnen Probleme bereiten oder wenn ihnen ein Fehler unterlaufen ist. Sollte eine Person hingegen offensichtlich nicht gewillt sein, aus ihren Fehlern zu lernen, sollten Sie über mögliche Konsequenzen nachdenken.

Coaching zur Leistungssteigerung

Beim Coaching zur Leistungssteigerung handelt es sich um einen Prozeß, und der erste Schritt besteht darin, daß Sie sich mit dem Mitarbeiter zusammensetzen und *ihn darauf aufmerksam machen, daß seine Leistung unbefriedigend ist.* Drücken Sie sich dabei klar und verständlich aus, nennen Sie die Dinge beim Namen. Verwenden Sie „wir“ und „ich“, wenn Sie das Problem beschreiben. Ich drücke mich in solchen Situationen etwa folgendermaßen aus: „Wir haben hier ein kleines Problem. Die Arbeit wird nicht ganz so erledigt, wie sie es eigentlich sollte“, oder „Ich bin ziemlich frustriert und mache mir allmählich Sorgen darum, wie gewisse Dinge hier ablaufen. Ich wollte daher mit Ihnen sprechen und sehen, ob wir das nicht ändern können, damit ich mir keine Gedanken mehr darum machen muß."

Erklären Sie sich für das Problem zuständig. Sie haben dem Mitarbeiter diese Position übertragen, daher sind Sie auch indirekt für die Schwierigkeiten zuständig, die er an seinem Arbeitsplatz hat. Lassen Sie Ihren Ärger nicht an dem Mitarbeiter aus. Konzentrieren Sie sich auf das Problem und die objektive Leistung, und werden Sie nicht persönlich.

Stellen Sie sich vor, die mangelhafte Leistung sei eine Vase, die zwischen ihnen in der Mitte des Tisches steht. Sie sprechen zwar miteinander, aber immer über die Vase. Nicht die Person ist das Thema, sondern die Aufgabe. Sie sprechen beide aus ihrer jeweiligen Perspektive über die Vase und bleiben dabei immer so sachlich, ruhig und objektiv, als ob es sich um die Arbeit einer dritten Person handelte. Sprechen sie miteinander, als ob noch eine dritte Partei an dem Gespräch beteiligt wäre. Dadurch vermeiden Sie, daß die andere Person in die Defensive gerät und verstockt reagiert, anstatt für Verbesserungen offen zu bleiben.

Als nächstes *gehen Sie die vereinbarte Leistung, die festgesetzten Ziele und Erwartungen durch.* Sagen Sie zu dem Mitarbeiter: „Wenn ich mich recht erinnere, hatten wir uns darauf geeinigt, daß es auf diese Art und Weise ausgeführt wird. Das erwarten wir als Ergebnis." Manchmal werden Sie zu Ihrem größten Erstaunen feststellen, daß der Mitarbeiter völlig verblüfft antwortet, er habe nicht gewußt, daß die Aufgabe auf diese Weise erledigt werden sollte; das habe ihm nie jemand gesagt.

Mir ist das selbst schon passiert, und ich konnte mir kaum vorstellen, daß wirklich niemand dem Mitarbeiter erklärt hatte, was von ihm erwartet wurde. Ich sagte mir: „Das kann nicht sein. Der direkte Vorgesetzte muß doch eine Aufgabenbeschreibung verfaßt haben." Als ich mir diese Beschreibung dann genauer durchlas, mußte ich feststellen, daß der Problembereich wirklich nicht darin enthalten war. Der Mitarbeiter war also gar nicht verantwortlich.

Verschaffen Sie sich immer Klarheit über die tatsächlichen Umstände, bevor Sie mit einem Mitarbeiter sprechen. *Bitten Sie den Mitarbeiter um seinen Input.* Woran liegt es seiner Meinung nach, daß in seinem Bereich nicht alles so läuft, wie es sollte? Was hält er für das

Problem? Was sollte seiner Meinung nach unternommen werden? Haben Sie ein offenes Ohr für die Vorschläge des Mitarbeiters.

Ziehen Sie immer in Betracht, daß es eine völlig vernünftige und einleuchtende Erklärung für das Problem geben kann. Vielleicht ist der Grund für die Verzögerungen bei der Berichterstellung, daß die Computer zu langsam sind und von zu vielen Personen genutzt werden. Das ist mir neulich in meinem eigenen Unternehmen passiert. Ich habe meine Leute gefragt, woran es liegt, und man sagte mir, die EDV-Anlage sei veraltet. Ich bin auch nur ein ganz normaler Chef und war daher anfangs nicht begeistert von dem Gedanken, viel Geld für neue Computer ausgeben zu müssen. Aber ich mußte zugeben, daß wir der Entwicklung wirklich drei oder vier Jahre hinterher hinkten. Daher haben wir unsere Rechner aufgerüstet, und nun wird alles mit Lichtgeschwindigkeit bearbeitet. Sie sehen also, daß es durchaus nicht immer an einer Person liegen muß.

Beziehen Sie sich auf die Zukunft, wenn Sie über die Leistung eines Mitarbeiters sprechen. Was soll er in Zukunft tun, bis wann soll er es erledigt haben, welche Maßstäbe sollen für das Ergebnis angesetzt werden? Einigen Sie sich mit der Person darauf, was gemacht werden soll. Setzen Sie eine Frist, innerhalb derer sich die Leistung verbessert haben sollte, und legen Sie einen Termin fest, an dem die Fortschritte überprüft werden. Sagen Sie Ihrem Mitarbeiter: „Lassen Sie uns gemeinsam daran arbeiten, diese Sache wieder in Ordnung zu bringen. Ich stehe Ihnen zur Verfügung, wenn Sie Hilfe brauchen. Kommen Sie ruhig zu mir und fragen Sie mich, denn diese Angelegenheit geht uns beide an."

Beenden Sie das Gespräch mit den Worten: „*Ich habe vollstes Vertrauen zu Ihnen.* Ich weiß, daß Sie Ihre Sache gut machen werden. Sie haben in der Vergangenheit gute Arbeit geleistet, daher bin ich zuversichtlich, daß Sie das schaffen werden. Ich danke Ihnen, daß Sie sich Zeit für dieses Gespräch genommen haben." So wird der Mitarbeiter sich bestärkt fühlen und fest daran glauben, daß er fähig ist, etwas zu verändern.

Machen Sie sich im Verlauf des Gesprächs genaue Notizen. Wenn es sich um ein besonders ernstzunehmendes Problem handelt, sollten Sie nach der Besprechung ein Memo verfassen, in dem Sie festhalten, worauf Sie sich mit dem Mitarbeiter geeinigt haben. Sorgen Sie dafür, daß der Mitarbeiter dieses Memo erhält, damit es später nicht zu Mißverständnissen kommt. Falls die betreffende Person langfristig keine Verbesserungen zeigt, können Sie dies dann schriftlich belegen, was unter rechtlichen Aspekten sehr wichtig ist.

Die sieben Vorteile von Coaching und Beratung

Der Einsatz von Coaching und Beratung hat sieben Vorteile. Der erste Vorteil besteht darin, daß es in der Regel zu einer *rapiden Leistungssteigerung* führt. Manchmal hat die mangelhafte Leistung nur eine einzige Ursache, und wenn Sie diese dem Mitarbeiter genauer erklären, wird er in allen Bereichen bessere Arbeit leisten. Diese eine Vorgehensweise, die er nicht beherrschte, hat ihn vielleicht auch in allem anderen behindert.

Zweitens ist es eine der *sinnvollsten Weisen, auf die Sie als Manager Ihre Zeit nutzen können.* Wenn Sie einem Mitarbeiter seine Aufgaben gewissenhaft erklären, wird er auch gute Arbeit leisten und Spitzenleistungen für Sie erbringen.

Drittens *fördert Coaching und Beratung ein Gefühl der Zugehörigkeit.* Der Mitarbeiter merkt, daß Sie sich Zeit nehmen, um ihm zu helfen. Das zeigt ihm, daß er dazugehört, daß er ein Teil des Unternehmens ist, was sich wiederum positiv auf seine Motivation auswirkt.

Viertens *erhöht es die Motivation der Mitarbeiter und gibt ihnen Selbstvertrauen.* Wenn Menschen das Gefühl haben, sich in ihrer Arbeit zu verbessern, werden sie auch sicherer im Umgang mit ihren Aufgaben; sie sehen bessere Chancen für sich in der Zukunft und sie können mehr aus ihrem Leben machen.

Der fünfte Vorteil besteht darin, daß Sie *mit Coaching und Beratung den Grundstein zu einem Spitzenteam legen* können. Die besten Unternehmen haben die besten Leute, und wenn auch Sie die besten Mitarbeiter haben wollen, müssen Sie sie dabei unterstützen, sich zu verbessern.

Sechstens ist Coaching und Beratung *für den langfristigen Erfolg eines Mitarbeiters unerläßlich.* Der Mitarbeiter muß regelmäßig beraten werden, damit er auf lange Sicht seine Leistung steigern kann.

Und siebtens ist es der Schlüssel zur *nachhaltigen Konkurrenzfähigkeit* Ihres Unternehmens. Mit Coaching und Beratung können Sie das Beste aus Ihren Mitarbeitern herausholen und bewirken, daß sie sich gut fühlen.

Konzentrieren Sie sich beim Feedback-Gespräch auf die Arbeit

Als letzten Punkt möchte ich noch erwähnen, daß Coaching und Beratung Ihrer Mitarbeiter nicht bedeuten, daß Sie als Psychotherapeut auftreten sollen. Sie sind nicht der Lebensberater Ihrer Mitarbeiter. Konzentrieren Sie sich in einem Feedback-Gespräch auf die Aufgabe, thematisieren Sie nicht das Privatleben und die persönlichen Probleme Ihres Gegenübers. Sie sind kein ausgebildeter Psychotherapeut, versuchen Sie deshalb auch nicht, einer zu sein. Es genügt vollkommen, wenn Sie geduldig zuhören. Ihr Ziel ist es, die Kenntnisse des Mitarbeiters zu erweitern und so seinen Wert für das Unternehmen zu steigern. Wenn Sie das regelmäßig tun, werden Sie eine hervorragende Führungskraft sein.

Zusammenfassung

Angestellte reagieren auf Feedback von seiten ihres Vorgesetzten in der Regel außerordentlich empfindlich. Sie müssen daher mit Bedacht vorgehen, wenn Sie Feedback geben. Seien Sie freundlich und feinfühlig; zeigen Sie sich mitfühlend. Werden Sie nicht unsachlich oder gar boshaft. Aber Feedback zu geben, ist unerläßlich; die herausragendsten Führungskräfte fördern ihre Mitarbeiter heutzutage systematisch durch Rückmeldungen.

Um dieses Konzept und auch die anderen in diesem Kapitel besprochenen Punkte umzusetzen, könnten Sie zunächst eine Liste mit allen

Ihren Mitarbeitern aufstellen. Dann überlegen Sie sich, welche Schwächen und Stärken Ihre Mitarbeiter haben und in welchem Bereich sie noch Hilfe benötigen. Vielleicht fehlt ihnen die Erfahrung; vielleicht brauchen sie eine Schulung. Oder sie müssen intensiver angeleitet werden.

Ich habe in diesem Zusammenhang festgestellt, daß viele Menschen sich dessen gar nicht bewußt sind, daß sie unbefriedigende Arbeit leisten, und daß sie auch nicht wissen, wie sie sich verbessern können, wenn es ihnen niemand sagt. Über die Jahre hinweg habe ich mit sehr vielen Menschen zusammengearbeitet, mit Führungskräften, mit Leitern bedeutender Unternehmen, mit Personen aus Vertrieb, Marketing und Management und natürlich mit meinen eigenen Mitarbeitern, und ich war immer wieder erstaunt, wie oft Leute sagen: „Ich weiß einfach nicht, wie ich mit dieser Situation umgehen soll." Ich antworte ihnen dann: „Nun, warum versuchen Sie es nicht einmal so?" Und die betreffende Person entgegnet: „Das ist kaum zu glauben, daran habe ich noch nie gedacht." Wenn die Leute dann auf diese Weise vorgehen, werden sie plötzlich in allen Bereichen ihrer Arbeit effektiver.

Sie können auch regelmäßige Besprechungen mit Ihren Mitarbeitern abhalten, bei denen Sie kein konkretes Feedback geben, sondern einfach nur fragen, welche Bereiche verbesserungsbedürftig sind und wie Sie als Manager ihnen dabei helfen könnten. Sind Ihre Mitarbeiter mit Aufgaben oder Menschen konfrontiert, bei denen Ratschläge von Ihrer Seite von Nutzen wären?

Man sagt, für Kinder seien Liebe und Zuwendung gleichbedeutend mit Zeit, die man für sie aufbringt. Für Angestellte könnte man diese Aussage so umwandeln, daß Interesse und Anteilnahme an ihrer Arbeit ebenfalls an der Zeit erkennbar sind, die sich der Manager für sie nimmt. Wenn Sie sich beispielsweise gegen Ende des Arbeitstages mit Ihren Mitarbeitern zusammensetzen und in lockerer Atmosphäre fragen, wie die Arbeit vorangeht und ob irgendein Eingreifen von Ihrer Seite ihnen weiterhelfen könnte, werden Sie sehr oft etwa hören: „Tja, ich stehe in dieser Angelegenheit vor einem Dilemma." – „Ich weiß nicht, wie ich mit dieser Sache umgehen soll." – „Ich komme hier einfach nicht weiter." Sie könnten dann antworten: „Nun, warum versuchen Sie nicht einmal dies?" – „Haben Sie schon einmal daran gedacht, es so zu machen?" – „Vielleicht könnte ich Sie zu einer Schulung schicken. Es gibt da einen wirklich guten Fortbildungskurs zu genau diesem Thema."

Ihre Mitarbeiter werden in ihrer Arbeit weitaus motivierter sein, wenn sie wissen, daß sie auf Ihre Unterstützung und Hilfe zählen können. Sie haben dann eine positivere Grundeinstellung und werden Ihnen mehr Sympathie entgegenbringen. Das alles führt dazu, daß auch ihre Selbstachtung steigt, und wenn sie dann bei ihrer Arbeit auf die unvermeidlichen Rückschläge und Enttäuschungen stoßen, wird ihnen das die nötige zusätzliche Kraft verleihen, um mit der Situation fertigzuwerden. Viele der erfolgreichsten Menschen sind nur deshalb in ihre heutigen Positionen gelangt, weil sie ihren Vorgesetzten, der sich stets um sie kümmerte, nicht enttäuschen wollten.

Wenn Sie mit Ihren Mitarbeitern sprechen, sollten Sie auch die Schwächen jedes einzelnen bedenken. Wo geht gerade etwas schief? Wie könnten Sie dieser Person helfen, ihre Aufgaben besser in den Griff zu bekommen?

In meinem eigenen Unternehmen wenden wir routinemäßig das Konzept der sogenannten *Intervention* an. Wenn ein offensichtlich kompetenter und erfolgsorientierter Mitarbeiter vor einer außergewöhnlichen Herausforderung steht, setzen sich zwei oder drei von uns mit ihm zu einem Gespräch zusammen und fragen ihn, ob sie ihm irgendwie weiterhelfen können.

Oftmals ist der direkte Vorgesetzte dieser Person ein bißchen zu schroff, und die Person traut sich daher nicht so recht, Fragen zu stellen. Sehr oft wissen die Leute auch nicht, daß es Möglichkeiten gibt, Unterstützung zu erhalten; sie kennen das System nicht. Daher kann es vorkommen, daß Sie die unbefriedigende Arbeitsleistung eines Mitarbeiters, die auf lange Sicht zu seiner Entlassung führen würde, manchmal mit den einfachsten Mitteln verbessern können.

Es gibt drei Grundregeln, die man kennen muß, um erfolgreich zu sein. Die erste Regel lautet, daß jede größere Schwierigkeit zu Anfang nur ein kleines Problem war, das man zu der Zeit leicht hätte beheben können. Die zweite Regel ist, daß jede Stärke eines Mitarbeiters zu einer Schwäche werden kann, wenn sie an der falschen Stelle eingesetzt wird. Umgekehrt kann sich jede Schwäche als Stärke herausstellen, wenn sie richtig eingesetzt wird.

Die allerwichtigste Regel jedoch besagt, daß jeder einzelne Ihrer Mitarbeiter zu enormen Leistungssteigerungen fähig ist, wenn er von Ihnen das nötige Feedback erhält. Fangen Sie daher heute noch damit an, den wichtigsten Leuten in Ihrem Arbeitsumfeld die entsprechenden Rückmeldungen zu geben, damit diese Leute in allem, was sie tun, hervorragende Arbeit leisten können.

Kapitel 17

Empowerment – Mitarbeiter zu Spitzenleistungen führen

Ein Merkmal, das alle erfolgreichen Leader der Menschheitsgeschichte gemeinsam haben, ist der Einfluß ihrer Persönlichkeit auf die Leistung ihrer Untergebenen. Die Fähigkeit, andere Menschen zu einer Leistungssteigerung zu bringen, zu der sie alleine nie fähig gewesen wären, zeichnet jeden guten Leader oder Manager aus. Schon in der Bibel heißt es: *„Sehr gut, du bist ein tüchtiger und treuer Diener. Du bist im Kleinen ein treuer Verwalter gewesen, ich will dir eine große Aufgabe übertragen."* Das ist ein äußerst wichtiger Punkt.

Ich habe mit unzähligen Unternehmen und Managern gearbeitet und dabei festgestellt, daß die meisten am Anfang ihrer Karriere zunächst nur für eine sehr kleine Anzahl von Mitarbeitern verantwortlich waren. Wenn Ihre Mitarbeiter dann unter Ihrer Führung immer bessere Leistung bringen, fällt das automatisch auf Sie und Ihre Führungsqualitäten zurück, und man wird Ihnen die Verantwortung für eine immer größere Anzahl von Mitarbeitern übertragen. Ich arbeite mit Männern und Frauen zusammen, Unternehmensleitern und -leiterinnen, die zwischen 10 000 und 50 000 Beschäftigte unter sich haben, und sie alle haben ganz unten auf der Karriereleiter angefangen, allein oder vielleicht noch mit einem Assistenten zusammen, und das können Sie auch.

Ihre Aufgabe als Leader ist es, die Energie, die Phantasie und die Intelligenz jedes einzelnen Mitarbeiters zum Wohl des Unternehmens freizusetzen und zu kanalisieren. Bekanntlich nutzen die meisten Menschen nur einen geringen Prozentsatz ihres Potentials. Diese Leute warten nur darauf, daß jemand auf sie zukommt und sie fordert. Ihre

Fähigkeit, solche Menschen zu motivieren, zu inspirieren und zu Höchstleistungen zu beflügeln, ist die Meßlatte, an der Ihre Kompetenz als Manager gemessen wird. Eine hervorragende Führungskraft wird Output, Qualität, Produktivität, Rentabilität und Endergebnis einer gegebenen Kommunikationssituation ungeheuer verbessern – allein mit Hilfe ihrer Persönlichkeit.

Worin besteht nun Ihre Aufgabe als Manager? Als Sie noch ein einfacher Angestellter waren, haben Sie die Arbeit erledigt; als Manager hingegen ist es nun Ihre Aufgabe, andere die Arbeit ausführen zu lassen. Sie müssen andere dazu bringen, die Arbeit zu machen. Sagen Sie nie: „Wenn etwas richtig gemacht werden soll, muß man es immer selbst in die Hand nehmen." Sagen sie statt dessen: „Wenn etwas richtig gemacht werden soll, muß man andere dazu bringen, es gut zu erledigen." Grundvoraussetzung jeglichen Empowerments ist jedoch, daß Sie von Anfang an die richtigen Mitarbeiter ausgesucht haben.

Wählen Sie geeignete Mitarbeiter aus

Gutes Management besteht zu 95 Prozent aus der richtigen Auswahl der Mitarbeiter, wie ich in Kapitel 25 noch näher erläutern werde. Wenn Sie die falschen Leute haben, ist es äußerst schwer, sie zu Höchstleistungen zu führen. Wenn Sie neue Mitarbeiter einstellen, *achten Sie deshalb auch auf deren Persönlichkeit und Charakter, Ausstrahlung und persönliche Einstellungen.* Die persönlichen Eigenschaften des Bewerbers müssen genauso berücksichtigt werden wie seine fachliche Eignung. Während jedoch fachliche Fähigkeiten immer angepaßt oder ausgebaut werden können, sind Charaktereigenschaften, Persönlichkeit und Lebenseinstellungen beim erwachsenen Bewerber relativ festgelegt.

Lassen Sie sich Zeit bei der Einstellung neuer Mitarbeiter, denn Schnellschüsse gehen oft nach hinten los. Je länger Sie für eine Einstellungsentscheidung brauchen, desto klüger wird diese ausfallen. Ich hatte kürzlich mit einem Manager zu tun, der sich im Laufe seiner Karriere den Ruf erworben hatte, bei der Auswahl neuer Mitarbeiter sehr geschickt zu sein. Und wissen Sie, was sein Geheimnis war? Er stellte nie jemanden ein, den er nicht mindestens 30 Tage kannte! Versuchen

Sie das einmal. Geben Sie sich eine längere Bedenkzeit, und Sie werden staunen, wieviel bessere Entscheidungen Sie treffen werden!

Der letzte Punkt ist nun, *sich von ungeeigneten Mitarbeitern zu trennen.* Sie müssen Ihre Mitarbeiter beobachten und sich von all jenen trennen, die einen negativen oder gar destruktiven Einfluß ausüben oder keinen Einsatz zeigen, denn sie vergiften das Arbeitsklima und demotivieren andere. Außerdem stellen solche Leute für Sie auch ein persönliches Ärgernis dar. Darauf werde ich in Kapitel 26 noch näher eingehen und auch das Vorgehen bei einer Kündigung beschreiben.

Leiten Sie neue Mitarbeiter an

Damit ein neuer Mitarbeiter in seiner neuen Stelle gute Leistungen bringen kann, müssen Sie von Anfang an viel von ihm verlangen. Lasten Sie ihn zu 110 Prozent mit Arbeit aus. Wenn Sie den Werdegang eines beliebigen Angestellten über 20 Jahre verfolgen, werden Sie feststellen, daß sein Erfolg nicht zuletzt davon abhängig ist, ob er von Anfang an entsprechend gefordert wurde. Was bedeutet das nun genau? Wenn Sie einen neuen Mitarbeiter am Anfang zu sehr schonen, ist er 20 Jahre später immer noch nicht belastbar. Wenn Sie ihn hingegen sofort voll fordern, ihn mit vollem Einsatz arbeiten lassen, wird er 20 Jahre später immer noch vollen Einsatz bringen. Sehen Sie daher zu, daß Ihre Mitarbeiter stets voll ausgelastet und gefordert sind. Überhäufen Sie sie mit Arbeit.

Weiterhin sollten Sie für jeden neu eingestellten Mitarbeiter *einen Verantwortlichen bestimmen, der – wenn Sie es nicht selbst tun – direkt mit dem Neuling zusammenarbeitet,* der ihn anleitet, ihm zeigt, was zu tun ist, der ihm die nötigen Rückmeldungen gibt und ihn prompt korrigiert. Je enger ein neuer Mitarbeiter mit einer solchen Schlüsselperson zusammenarbeitet, desto mehr wird er leisten und desto früher wird er eigenverantwortlich handeln können.

Es ist unbedingt erforderlich, neue Leute gleich zu Anfang gründlich anzuleiten und einzuarbeiten. Ein guter Manager sollte niemals davon ausgehen, daß jemand seine Aufgaben selbst erkennen wird, nur weil er bereits Erfahrung hat oder ein intelligenter Mensch ist. Sie müssen einen neuen Mitarbeiter immer einarbeiten, ihm alles sorgfältig erklären und sich Zeit nehmen, ihn mit der Unternehmensphilosophie vertraut zu machen. Wußten Sie schon, daß ein durchschnittliches Großunternehmen seine Beschäftigten ein bis zwei Jahre lang einem Trainingsprogramm unterzieht, bevor diese überhaupt das erste Mal die Chance bekommen, zu zeigen, was sie können? Die besten amerikanischen Unternehmen geben 6000 Dollar für die Schulung ihrer Vertriebsleute aus, die schlechtesten hingegen keinen Pfennig.

Machen Sie Ihre Erwartungen deutlich

Dies ist ein wichtiger Grundsatz für erfolgreiches Empowerment. Es hat sich immer wieder gezeigt, daß *klare Erwartungen* eines der wirksamsten Mittel sind, um aus entsprechend qualifizierten Leuten überragende Leistungen herauszuholen. Wenn Menschen die Erwartungen, die an sie gestellt werden, klar vor Augen haben, können sie zielstrebig agieren. Indem Sie klare Erwartungen formulieren, geben Sie ihnen das Gefühl, erfolgreich zu sein. Klare Erwartungen zu haben, heißt zu sagen: „Hier sind die Ziele. Das erwarte ich von Ihnen. So soll es aussehen."

Arbeitsanweisungen müssen klar, detailliert und geduldig gegeben werden, so daß die betreffende Person genau weiß, was zu tun ist. Wenn ich beispielsweise jemanden in mein Büro rufe, um ihm eine Aufgabe zuzuteilen, bestehe ich darauf, daß er einen Schreibblock mitbringt. Jeder bei uns weiß, daß man etwas zum Schreiben mitnehmen muß, wenn man zu einer Besprechung mit Brian geht. Ich lasse meine Mitarbeiter mitschreiben, während ich eine Aufgabe erkläre. Danach müssen sie mir ihre Aufzeichnungen noch einmal vorlesen. Und wissen Sie was? Selbst bei sehr guten, kompetenten und intelligenten Leuten ist in 50 Prozent der Fälle das, was sie mir dann vorlesen, etwas anderes als das, was ich ihnen aufgetragen habe. Aber indem man sie noch einmal vorlesen läßt und sie dann korrigiert, steigert man die Wahrscheinlichkeit enorm, daß sie ihre Aufgabe gut erledigen, weil sie dann wirklich genau wissen, was von ihnen erwartet wird.

Des weiteren sollten Sie jedes Mal, wenn Sie eine Aufgabe spezifizieren, sich auch die Zeit nehmen, um *meßbare Leistungsstandards für die Ausführung zu setzen.* Denn nur was gemessen wird, wird auch wirklich ausgeführt. Ihre Mitarbeiter müssen wissen, woran die zufriedenstellende Erledigung einer Aufgabe gemessen werden soll. Setzen Sie daher entsprechende Standards fest, damit Ihre Mitarbeiter die eigenen Handlungen zielstrebiger danach ausrichten und besser verfolgen können, zu ihren eigenen Beobachtern werden und sich selbst fortlaufend verbessern können.

Wenn Sie jemandem eine Aufgabe geben, *setzen Sie Fristen für alle Teilschritte.* Ihre Mitarbeiter brauchen und wollen feste Fristen. In unseren Studien über Leadership haben wir festgestellt, daß Leute zwar einerseits nach viel Freiheit verlangen, andererseits jedoch auch eine sogenannte *milde Struktur* brauchen. Sie wünschen sich einen Rahmen, innerhalb dessen sie sich frei bewegen können, aber sie brauchen Fristen, um in Bestform arbeiten zu können.

Wenn Sie selbst es jedoch nicht gewöhnt sind, Fristen zu setzen, werden Ihre Angestellten sich solchen Fristsetzungen entgegenstellen. Deshalb müssen Sie mit Terminen bestimmt sein; Ihre Mitarbeiter müssen merken, daß es Ihnen ernst ist. Nur wenn ein festgesetzter Termin auch ernstgenommen wird, werden alle mit vereinten Kräften darauf hinarbeiten, daß er eingehalten wird. Wenn Sie hingegen nicht entschieden auftreten, werden Ihre Leute immer wieder versuchen, den Termin hinauszuschieben, und das dürfen Sie nicht zulassen.

Ein weiterer Punkt, der erfahrungsgemäß zur Leistungsverbesserung beiträgt, ist *eine Prioritätenliste für alle Aufgaben*, die man erteilt. Wenn ich beispielsweise von einer Geschäftsreise zurückkomme, muß ich meist sehr viel aufarbeiten. Ich verteile dann die Arbeit an zehn verschiedene Mitarbeiter, und auf jeden einzelnen Auftrag klebe ich einen Zettel, auf dem die Dringlichkeit vermerkt ist: „Sehr wichtig, Nummer eins.“ – „Muß diese Woche erledigt werden.“ – „Erledigen Sie das, wenn Sie dazu kommen.“ – „Machen Sie das als zweites, wenn Sie Nummer eins fertig haben.“ Es hilft den Leuten wirklich, ihr Bestes zu geben, wenn sie die Reihenfolge der Prioritäten kennen. Nehmen Sie sich also immer die Zeit, jeden Auftrag, den Sie erteilen, entsprechend seiner Dringlichkeit einzustufen.

Der letzte Schritt besteht nun darin, die Erfüllung Ihrer Erwartungen zu überprüfen. Sie können nicht davon ausgehen, daß jemand eine Arbeit ordentlich ausführt, wenn Sie das Ergebnis nicht regelmäßig kontrollieren. *Selbst Ihre kompetentesten, intelligentesten und treuesten*

Mitarbeiter brauchen regelmäßige und prompte Rückmeldungen, damit sie wissen, ob sie auf dem richtigen Weg sind oder nicht.

Praktizieren Sie partizipatives Management

Setzen Sie partizipatives Management zum Empowerment Ihrer Mitarbeiter ein. Partizipatives Management unterscheidet sich grundlegend von autoritärem Management, das mit Weisungen arbeitet, und auch vom Laisser-faire-Management, wo jeder machen kann, was er will.

Partizipatives Management heißt, daß man über Dinge spricht, daß man verschiedene Meinungen hört, diskutiert und einen Konsens für jede Aufgabe findet. Dabei entstehen Loyalität, Engagement, Einsatzbereitschaft und vor allen Dingen ein Gefühl der alleinigen Zuständigkeit. Eine Person bringt dann Höchstleistungen, wenn sie sagen kann: „Für diesen Job bin ich ganz allein zuständig. Das ist meine Aufgabe. Sie wurde mir zwar von Ihnen erteilt, aber jetzt bin ich verantwortlich."

Wie erreichen Sie dieses Gefühl der Zuständigkeit bei Ihren Mitarbeitern? Das ist ganz einfach: Im selben Maße, wie jemand über eine Aufgabe sprechen und Fragen dazu stellen kann, wächst auch das Gefühl der Zuständigkeit für eben diese Aufgabe. Wenn Sie die Aufgabe einfach nur delegieren, bleibt der Mitarbeiter unbeteiligt. Wenn er jedoch die Möglichkeit bekommt, darüber zu sprechen, wird er sich voll und ganz mit dieser Aufgabe identifizieren.

Halten Sie regelmäßige Besprechungen ab

Partizipatives Management setzt voraus, daß *regelmäßig Besprechungen stattfinden.* Wenn alles nach Plan läuft, reicht es, sich einmal in der Woche zu treffen, um sich über die Fortschritte auszutauschen. Wenn alles jedoch sehr schnell gehen muß, kann es nötig werden, täglich zusammenzukommen. Ich kenne Unternehmen, die sich in einer Notsituation befinden, in denen die Ereignisse sich sozusagen überschlagen; in einem solchen Fall muß man sich eventuell sogar zweimal täglich treffen.

Solche Besprechungen sind die beste Möglichkeit, um Mißverständnisse aus der Welt zu schaffen, Probleme zu lösen, alle auf dem laufenden zu halten und die Arbeit voranzubringen. Ihre Mitarbeiter fühlen sich wohler, wenn sie sich regelmäßig mit anderen über ihre Arbeit austauschen können. Ihre Aufgabe als Manager ist es bei solchen Besprechungen nicht, den Leuten Anweisungen zu geben; Sie sollen vielmehr als Coach, als Partner und Helfer auftreten.

Hören Sie lediglich zu und machen Sie eventuell Vorschläge. Sie sind der Drahtzieher im Hintergrund, der seinen Leuten einen Stups in die richtige Richtung gibt und ihnen die nötigen Hilfsmittel zur Verfügung stellt. Bringen Sie alle dazu, sich an der Diskussion zu beteiligen und bei der Aufgabenverteilung mitzureden. Fragen Sie jeden einzelnen nach seiner Meinung. Überzeugen Sie die Leute von dem Projekt, bringen Sie sie dazu, sich für Aufgaben freiwillig zu melden, und sorgen Sie dafür, daß sich alle an der Diskussion um die Vorgehensweise beteiligen.

Denken Sie daran, daß mit dem Gefühl der Beteiligung immer auch die Einsatzbereitschaft wächst.

Binden Sie Ihre Mitarbeiter auch emotional in Ihre Projekte ein

Wir wissen, daß Leader, die mit Empowerment arbeiten, *ihre Mitarbeiter auch auf der emotionalen Ebene ansprechen.* Ein durchschnittlicher Angestellter, der nur wenig Leistung bringt, wird zu Höchstform auflaufen, wenn er auch emotional in ein Projekt eingebunden wird. Er unternimmt dann weit größere Anstrengungen als im Normalfall. Ihre Aufgabe ist es, diese Kräfte freizusetzen.

Wie können Sie das erreichen? Der Anfang ist ganz einfach: Seien Sie selbst begeistert. Sie können niemand anderen stärker begeistern als sich selbst. Wenn Sie wollen, daß Ihre Leute Einsatz zeigen, dann zeigen Sie selbst Einsatz. Wenn Sie wollen, daß Ihre Mitarbeiter mit Leib und Seele bei der Sache sind, dann müssen auch Sie sich voll und ganz darauf einlassen. Wenn Ihre Mitarbeiter mit Feuereifer an die Arbeit gehen sollen, dann müssen Sie ihnen mit gutem Beispiel vorangehen. Je mehr Sie selbst emotional beteiligt sind, desto eher werden Ihre Mitarbeiter dies spüren und sich anstecken lassen.

Eine Möglichkeit, um eine solche emotionale Einbindung zu erreichen, ist *die Festsetzung höherer Wertmaßstäbe.* Ich habe festgestellt, daß die besten Manager ständig über die Wertmaßstäbe ihres Unternehmens sprechen: „Wir machen nur qualitativ hochwertige Arbeit. Wir operieren auf der Ebene höchster Integrität. Wir achten bei allem, was wir tun, auf beste Qualität. Wir schätzen unsere Kunden. Wir leisten erstklassigen Service." Je mehr Sie Ihre Leute dazu bringen, nach höheren Standards zu streben, desto motivierter werden sie an die Arbeit gehen.

Erklären Sie die Mission des Unternehmens. *Erklären Sie Ihre Vision* – Ihr Vorhaben, ein starkes Unternehmen mit hochqualifizierten Leuten, hochwertigen Produkten und erstklassigem Service aufzubauen. Menschen lassen sich gern mitreißen, wenn es um die Erfüllung von Missionen oder Visionen geht, die hohe Werte verkörpern.

Erklären Sie ihnen *den Sinn* ihrer Arbeit, denn je besser sie diesen Sinn verstehen, desto mehr werden sie sich um die Ausführung bemühen. Sagen Sie ihnen, warum ihre Arbeit wichtig ist. Veranschaulichen Sie ihnen, welche positive Wirkung ihre Bemühungen auf die Kunden haben werden. Machen Sie ihnen deutlich, daß die Arbeit jedes einzelnen zählt. Zeigen Sie ihnen, wie sie mit ihren Produkten und Dienstleistungen umgehen sollen. Machen Sie ihnen klar, wie wichtig es in bezug auf die Kunden ist, daß sie hervorragende Arbeit leisten.

Die Formel für hohe Leistung

Kommen wir nun zu einem besonders interessanten Punkt – der Formel für hervorragende Leistung. Diese Formel besagt, daß Motivation multipliziert mit Kompetenz die Leistung ergibt. Eine hochmotivierte Person ohne entsprechende Befähigung erbringt keine Leistung. Eine fähige Person ohne jede Motivation wird genauso wenig leisten. Um Spitzenleistungen erbringen zu können, müssen beide Faktoren zusammenkommen.

Motivation

Motivation ist eine Funktion mit vier Variablen. Zuallererst ist Motivation eine Funktion des *Leadership-Stils.* Ein guter Leader kann enormen und unmittelbaren Einfluß auf Menschen ausüben. Eine Veränderung des Führungsstils oder der Austausch des Leaders wirkt sich stärker auf die Leistung der Mitarbeiter aus als jeder andere Faktor.

Die zweite Variable der Motivationsfunktion ist die *Belohnungsstruktur*. Leute handeln, um belohnt zu werden. Dabei kann es sich sowohl um materielle Belohnung, etwa Geld, oder um immaterielle Belohnung handeln, wie z.B. Respekt, Wertschätzung, Position, eigenes Büro, Zeit, die der Vorgesetzte sich für den Mitarbeiter nimmt, usw. Überlegungen dazu, wie die Mitarbeiter belohnt werden möchten und welche Art von Anerkennung sie brauchen, um Höchstleistungen zu erbringen, müssen unbedingt in die Mitarbeitermotivation einbezogen werden.

Die dritte Variable ist die *Bedürfnisstruktur* des einzelnen. Benötigt eine bestimmte Person viel oder eher wenig Aufmerksamkeit? Braucht sie Autonomie? Arbeitet jemand besser in einer Gruppe? Braucht er viel Verantwortung? Was benötigt eine bestimmte Person, um Höchstleistungen erzielen zu können?

Die letzte Variable schließlich ist die *Unternehmenskultur.* Wie sieht das Arbeitsumfeld aus? Sagen die Leute: „Hier arbeite ich gerne“, oder verkriechen sie sich und fühlen sich unwohl bei ihrer Arbeit? Die Unternehmenskultur ist wie das Klima, das das Wachstum einer Pflanze beeinflußt. Wenn es kalt und windig ist, wenn eine negative Atmosphäre vorherrscht, dann arbeiten die Leute auf Sparflamme, wenn jedoch ein gutes Klima herrscht, sind alle zu Höchstleistungen motiviert.

Befähigung

Der zweite Teil der Formel ist die Befähigung, und diese hat ebenfalls vier Variablen.

Die erste Variable sind die *natürlichen Begabungen.* Welche Begabungen bringt jeder einzelne mit? Wenn Sie die Arbeit so strukturieren, daß jeder Mitarbeiter seine Talente einbringen kann, wird er viel bessere Leistungen bringen.

Die zweite Variable ist die *Ausbildung*. Welche Ausbildung formeller oder informeller Art haben die Angestellten erhalten?

Die dritte Variable ist die *Erfahrung*. Wieviel Erfahrung bringen die Leute mit? Auf welchem Gebiet waren sie bisher erfolgreich, und wie kann dieses Potential für die Zukunft genutzt werden?

Die vierte Variable schließlich ist das *Training*. Training ist sehr wichtig, und es ist zudem der einzige Faktor, den Sie direkt beeinflussen können, indem Sie Ihre Mitarbeiter selbst schulen lassen. Durch entsprechendes Training können Sie Ihre Leute zu Spitzenleistungen führen.

Bieten Sie Ihren Mitarbeitern daher regelmäßige Schulungen an, geben Sie ihnen die Möglichkeit, sich weiterzuentwickeln. Genauso wie der Trainer in einem Sportverein sein Team das ganze Jahr über trainiert, müssen Sie als Manager Ihre Mitarbeiter auch das ganze Jahr über schulen. Der heutige Vertrag zwischen Arbeitgebern und Managern, zwischen dem Unternehmen und dem Arbeiter oder Angestellten, sieht ganz anders aus als früher. Heute wird nicht mehr eine lebenslange Anstellung garantiert, sondern vielmehr eine lebenslange Anstellbarkeit.

Was heißt das konkret für Sie? Es heißt, daß es in Ihrer Verantwortung liegt, Ihren Leuten die nötigen Werkzeuge an die Hand zu geben, damit sie, falls sie das Unternehmen einmal verlassen sollten, etwas mitnehmen können, hochqualifiziert sind und eine neue Anstellung finden, die genauso gut oder sogar besser bezahlt ist. Es motiviert Menschen sehr, wenn sie sehen, daß sie sich in ihrer Arbeit verbessern.

Beständiges Wachstum ist der zuverlässigste Motivator im menschlichen Verhalten. Nichts kann eine Person so glücklich machen wie das Gefühl, als Mensch zu wachsen und sich zu verbessern. Jedesmal, wenn einer Ihrer Mitarbeiter gute Arbeit leistet und Sie dann zu ihm sagen: „Also, das haben Sie aber gut gelöst." – „Sie werden ja immer besser." – „Das ist super." – „Das ist tausendmal besser als letzte Woche, letzten Monat, letztes Jahr", dann bekommt diese Person einen regelrechten Motivationsschub. Das ist ein äußerst starker Motivator und eine hervorragende Methode, um einen Mitarbeiter zu Höchstleistungen zu beflügeln.

Sieben Schritte zum Empowerment

Der erste Schritt auf dem Weg zum Empowerment ist die *Herausforderung*. Übertragen Sie Ihren Mitarbeitern Aufgaben, die das Äußerste von ihnen fordern. Ich habe festgestellt, daß die meisten Menschen sich ständig beschweren, daß sie zuviel zu tun haben. Sie jammern, daß sie von morgens bis abends im Streß seien. Aber wissen Sie was? Für diese Leute gäbe es nichts Schrecklicheres, als Leerlauf bei der Arbeit zu haben. Also überschütten Sie Ihre Mitarbeiter mit Arbeit. Fordern Sie sie. Geben Sie ihnen mehr Arbeit, als sie sich jemals selbst zugetraut hätten. Dann werden sie sich vielleicht beschweren, aber im Grunde gefällt es ihnen, denn es gibt ihnen ein Gefühl der Stärke.

Freiheit ist der zweite Schritt zum Empowerment. Lassen Sie Ihre Mitarbeiter selbständig arbeiten. Wenn Sie die Arbeit einmal delegiert haben und alle Aufgaben klar sind, dann lassen Sie Ihren Leuten soviel Freiraum wie möglich. Menschen lieben ein gewisses Maß an Freiheit innerhalb eines festen Rahmens.

Kontrolle ist der dritte Schritt auf dem Weg zum Empowerment. Kontrolle wiederum bedeutet, daß Sie Ihren Leuten nicht völlige Freiheit lassen. Setzen Sie regelmäßige Termine für Rückmeldungen fest und lassen Sie sich in regelmäßigen Abständen einen Überblick geben. Damit machen Sie Ihren Mitarbeitern deutlich, daß die letzte Entscheidung immer noch bei Ihnen als Manager liegt.

Respekt ist der vierte wichtige Schritt. Das bedeutet, Sie müssen vor allen Dingen zuhören können. Hören Sie sich die Meinungen Ihrer Mitarbeiter an, wenn diese das Bedürfnis haben, darüber zu reden. Als junger Manager dachte ich, daß ich auch etwas unternehmen müsse, wenn ich mir anderer Leute Meinung anhöre, aber das stimmt nicht, Sie müssen einfach nur zuhören. Wenn Ihnen jemand vorschlägt: „Wir sollten das und das tun“, dann sagen Sie: „Ja, das ist eine gute Idee, ich werde es mir überlegen.“ Sie müssen daraufhin nicht handeln, sondern nur zuhören. Menschen müssen die Möglichkeit haben, ihren Vorgesetzten ihre Meinungen darzulegen, damit sie sich ernstgenommen fühlen.

Menschliche Wärme ist der fünfte Schlüssel zum Empowerment. Seien Sie freundlich. Geben Sie anderen das Gefühl, interessant und wichtig zu sein. Lachen Sie über ihre Witze und nehmen Sie Anteil an ihrem Leben. Genau wie eine Pflanze Wärme zum Wachsen braucht, brauchen auch Menschen Wärme, um sich entfalten zu können.

Der sechste Schritt zum Empowerment sind *Erfolgserlebnisse.* Geben Sie Ihren Mitarbeitern Aufgaben, die sie bei ihrem gegenwärtigen Erfahrungsstand gut bewältigen können, und loben Sie sie, wenn sie eine Aufgabe erfolgreich abgeschlossen haben.

Der siebte Schritt sind *positive Erwartungen.* Dies ist der stärkste Motivator von allen. Sagen Sie zu Ihren Leuten: „Ich weiß, daß Sie das können. Ich glaube an Sie. *Ich habe vollstes Vertrauen zu Ihnen.*"

Die drei stärksten Motivatoren

Die drei wichtigsten Mittel, um größtmögliche Motivation und Empowerment zu erreichen, sind *Belohnung* materieller oder immaterieller Art, öffentliche *Anerkennung* für jegliche Anstrengung und *Bestärkung* in den Verhaltensweisen, die beibehalten werden sollen. (Im Amerikanischen sind dies die drei „R" der Motivation: *reward, recognition, reinforcement.*)

Fördern Sie Ihre Mitarbeiter

Die lohnendste Aufgabe für Sie als Manager ist es, Ihre Mitarbeiter zu fördern. Betrachten Sie Ihre Mitarbeiter als Ressourcen, die Ihnen anvertraut wurden. Sie sollten sie nutzen und diese Leute zu einem Spitzenteam machen. Sie können Ihre Mitarbeiter zu Leistungen führen, die sie ohne Ihre Hilfe niemals erreicht hätten, und das wird sich herumsprechen. Wenn Sie Ihre Mitarbeiter zu Höchstleistungen führen, bedeutet das für Sie automatisch eine erfolgreiche Karriere, schnellere Beförderung, größere Sicherheit und unbegrenzte Möglichkeiten, sich als Führungskraft stetig zu verbessern.

Zusammenfassung

Neu Gelerntes können Sie nur verinnerlichen, indem Sie es anwenden. Das Erfolgsrezept heißt *lernen und anwenden.* Je schneller Sie eine bestimmte Empowerment-Methode in der Praxis anwenden, desto schneller wird sie Ihnen in Fleisch und Blut übergehen, und desto wahrscheinlicher ist es, daß Sie nicht nur diese eine Methode wiederholt anwenden, sondern auch alle anderen Methoden ausprobieren. Je länger die Zeitspanne zwischen Lernen und Anwenden ist, desto unwahrscheinlicher wird es, daß Sie das neu Gelernte überhaupt anwenden.

Wie also können Sie Menschen zu Höchstleistungen führen? Denken Sie zunächst immer daran, daß man aus niemandem gute Leistungen herausholen kann, der dazu nicht geeignet ist. Daher besteht der erste Schritt für Sie immer darin, Ihre Leute genau zu beobachten und zu überlegen, ob Sie die richtigen Mitarbeiter für die jeweilige Aufgabe ausgewählt haben. Wenn es nötig sein sollte, trennen Sie sich von den falschen Leuten. Eine ungeeignete Person kann das gesamte Arbeitsklima vergiften – sowohl für die Kollegen als auch für Sie selbst.

Als nächstes überlegen Sie, was Sie als Manager tun können, damit Ihre Leute mehr Selbstvertrauen gewinnen. Lassen Sie mich ein Beispiel geben. Ich habe bei vielen Unternehmen, die kurz vor dem Bankrott standen, einen Umkehrprozeß einleiten können. Ich war dort mit Situationen völliger Demoralisierung konfrontiert, und meine erste Handlung bestand jedesmal darin, alle Beteiligten zu einer Besprechung zusammenzurufen. Ich bitte in einem solchen Fall der Reihe nach jeden zu berichten, woran er gerade arbeitet, wie es vorangeht, ob es irgendwelche Probleme gibt oder ob ihm etwas Sorgen bereitet. Und allein schon die Tatsache, daß alle einmal in einem Raum zusammensitzen und eine Chance zur Besprechung Ihrer Probleme erhalten, leitet in vielen Unternehmen und Abteilungen die Wende ein.

Als Leader müssen Sie die Lage einschätzen, alle Schlüsselfiguren zusammenbringen und fragen: „Woran arbeiten Sie gerade, wie gehen Sie dabei vor und welche Probleme gibt es?“ Damit haben Sie im Nu eine Gruppe ziellos vor sich hin arbeitender Menschen sinnvoll koordiniert; sie sind wieder motiviert und bringen das Projekt voran. Plötzlich weiß jeder, woran der andere gerade arbeitet. Jeder weiß, wo die Probleme liegen, und kann Lösungen beisteuern. Wenn Sie die Leute darum bitten, einen Beitrag zur Lösung eines Problems zu leisten, dann haben sie das Gefühl, wichtig für das Unternehmen zu sein. Sie sind motivierter und bringen bessere Leistungen. Sie sind zufriedener mit sich selbst und auch mit Ihnen als Leader.

Betrachten Sie Ihre Mitarbeiter und fragen Sie sich im Hinblick auf die Motivation, welche natürlichen Begabungen sie mitbringen. Es kann nämlich vorkommen, daß jemand, der in einer bestimmten Position keine Leistung bringt, weil ihm diese Aufgabe nicht liegt, in einer anderen Funktion hervorragende Arbeit leisten könnte.

Fragen Sie sich weiterhin, welche Ausbildung die Leute haben. Manchmal verfügt jemand über Zusatzqualifikationen, die von unschätzbarem Wert sein können. Was hat der einzelne Mitarbeiter vorher gemacht, und vor allen Dingen – in welchem Bereich hat er in der Vergangenheit Erfolg gehabt? Womit hat er sich in seiner letzten Arbeitsstelle hervorgetan? Das ist ein wertvoller Hinweis darauf, an welcher Stelle man ihn jetzt erfolgreich einsetzen könnte.

Ein weiterer wichtiger Faktor ist das Training. Welche Art von Schulung kann ein Mitarbeiter noch gebrauchen? Wie kann er sich noch weiter verbessern? Das sind die entscheidenden Punkte, die Sie beachten müssen, um das Beste aus Ihren Leuten herauszuholen.

Motivation und Empowerment bedeuten aber auch, kritisch zu prüfen, ob Ihr eigener Leadership-Stil im einzelnen Fall angemessen ist. Ich selbst unterteile meine Mitarbeiter in zwei Typen.

Die eine Sorte will in Ruhe gelassen werden. Ich bespreche mich einmal in der Woche mit ihnen, und das reicht völlig aus. Ab und zu brauchen sie ein paar Anregungen oder Anweisungen, doch in diesem Fall kommen sie von selbst auf mich zu. Diese Leute brauchen nicht viel Input. Wenn ich ihnen ständig Ratschläge gäbe, dann würde sie das eher demotivieren.

Der andere Typ von Mitarbeitern ist ebenso kompetent, hochqualifiziert und gut bezahlt, braucht jedoch kontinuierliche Bestätigung. Diese Leute suchen den ständigen Austausch. Sie wollen wissen, wie ihre Leistungen beurteilt werden, und sie sprechen gerne über Ihre Arbeit. Sie brauchen ständig Rückmeldungen, und sie wollen immer hören, daß sie gut sind. Es ist wie bei einem Faß ohne Boden, ich schütte ständig Wärme, Bestätigung, Lob und Ermutigung hinein, und es fällt einfach hindurch. Diese Leute sind dann zwar für kurze Zeit zufrieden, aber das hält nicht lange vor. Sie hungern bald wieder nach mehr Bestätigung.

Sie müssen sich daher fragen, wie die Bedürfnisstruktur jedes einzelnen Mitarbeiters aussieht. Müssen Sie die Belohnungsstruktur verbessern? Brauchen manche vielleicht eine andere Form der Belohnung? Benötigt jemand eher materielle oder immaterielle Belohnung? Ist beispielsweise für einen bestimmten Mitarbeiter eher Freizeitausgleich oder eher mehr Geld erstrebenswert?

Lesen Sie alles, was ich in diesem Kapitel ausgeführt habe, noch einmal durch, und fragen Sie sich dabei stets, wie Sie Ihre Mitarbeiter zu Höchstleistungen führen können. Wie können Sie das Selbstwertgefühl Ihrer Mitarbeiter steigern? Denn wer mehr von sich selbst hält, der wird auch mehr leisten, und wer mehr leistet, bringt bessere Ergebnisse – und dann stehen auch Sie als Manager besser da.

Kapitel 18

Effektive Gestaltung des Wandels

Anfang dieses Jahrhunderts absolvierte man nach der Schule eine Lehre, arbeitete sich dann in einer Stellung ein und blieb in der Regel bis zum Lebensende bei dieser Arbeit. Bis in die 50er Jahre, also noch im Industriezeitalter, war es durchaus üblich, daß jemand dreißig, vierzig Jahre bei ein und derselben Firma blieb und – vielleicht mit einigen kleinen Verbesserungen – stets die gleiche Arbeit verrichtete.

Heute hingegen treffen Sie innerhalb von einem einzigen Jahr mehr Entscheidungen als Ihre Großeltern in ihrem ganzen Leben. Veränderung bestimmt heute unser Leben. Der Wandel tritt in allen Lebensbereichen auf und nimmt beständig an Tempo zu. Die Fähigkeit, mit Veränderungen produktiv umgehen zu können, entscheidet über Ihr psychisches Wohlbefinden, Ihr Glück, Ihre Leistung und Ihre Effektivität im Leben. Diesen Zusammenhang will ich im folgenden Kapitel näher erläutern.

Stellen Sie sich den Veränderungen

High-Performance-Manager sind Meister im Umgang mit Veränderungen. Sie fühlen sich von Veränderungen nicht überrollt, sondern sie ergreifen, wie Tom Peters es einmal ausdrückte, die Chancen, die eine Veränderung bietet. Man könnte vielleicht sagen, sie beherrschen die Situation, statt von der Situation beherrscht zu werden. Sie lassen die Dinge nicht einfach geschehen. Sie sind selbst die proaktive Kraft in ihrem Leben, und das müssen auch Sie werden. Macher warten nicht, bis etwas passiert, sie sorgen selbst dafür, daß bestimmte Veränderungen eintreten. Sie behalten die Oberhand über die Ereignisse, indem sie beide Hände ans Steuer legen und die Richtung bestimmen.

Psychologen sagen, daß das Gefühl, alles unter Kontrolle zu haben, das wichtigste Merkmal einer positiven Geisteshaltung ist. Es ist wichtig zu spüren, daß man sein Leben im Griff hat. Das deutlichste Merkmal einer negativen Geisteshaltung hingegen ist das Gefühl, die Kontrolle verloren zu haben, ein Opfer der Ereignisse zu sein – das Gefühl, daß man nichts tun kann, daß alles hoffnungslos ist und man den Dingen hilflos gegenübersteht. Kontrolle über die Ereignisse zu haben, ist der Schlüssel zu Spitzenleistungen.

Nehmen Sie Ihr Leben in die Hand

Je mehr Sie das Gefühl haben, Ihr Leben selbst zu bestimmen, desto wohler werden Sie sich in Ihrer Haut fühlen. Umgekehrt sind sie um so unzufriedener mit sich selbst, je weniger Sie in der Lage sind, die Umstände zu beeinflussen, je mehr Sie das Gefühl haben, den Ereignissen ausgeliefert zu sein.

In der Psychologie wird derzeit viel auf dem Gebiet des Kontrollverlustes geforscht. Die zentrale Frage dabei lautet: Wovon geht die Kontrolle über das Leben einer Person aus? Hat die Person das Gefühl, daß sie selbst diese Kontrolle ausübt, daß sie selbstbestimmt ist und ihr Leben in der Hand hat? Oder kommt die Kontrolle von außen, von ihrem Chef, von Rechnungen, von dem, was andere Leute von ihr erwarten? Wird die Person von der Situation beherrscht, von Problemen oder von Erfahrungen, die sie in der Vergangenheit gemacht hat?

Wovon geht in Ihrem Leben die Kontrolle aus? Wenn sie von innen kommt, dann haben Sie wenig Streß und bringen hohe Leistungen. Wenn der Ausgangspunkt der Kontrolle jedoch extern ist, dann fühlen Sie sich von außen beherrscht, sind entsprechend gestreßt und bringen wenig Leistung.

Kontrolle ist das entscheidende Element. Es gibt zwei Möglichkeiten, um einer Sache Herr zu werden: Sie können Kontrolle ausüben, indem Sie die Situation in Angriff nehmen oder indem Sie sich umdrehen und weggehen. Beide Extreme funktionieren. Wahrscheinlich hat jeder im Laufe seines Lebens schon Situationen erlebt, wo er einfach gesagt hat: „Was soll's“, das Ganze hinter sich ließ und eben dadurch das Gefühl bekam, wieder alles im Griff zu haben. Und es hat sicherlich auch bei Ihnen andere Situationen gegeben, in denen Sie die Ärmel hochgekrempelt und sich ans Werk gemacht haben und eben dadurch die Situation wieder unter Kontrolle gebracht und sich wunderbar gefühlt haben. Beide Methoden können sehr wirkungsvoll sein.

Angefangen bei Arnold Toynbees Arbeit über die Evolution der Zivilisationen, wurde im Laufe der Jahre immer wieder festgestellt, daß das ganze Leben aus einer Kette von Herausforderungen und Reaktionen besteht. Etwas passiert, und man reagiert darauf. Wenn man effektiv reagiert, kann man sich verbessern, wenn die Reaktion hingegen ineffektiv ist, kann man an dieser Erfahrung nicht wachsen.

Daraus hat man abgeleitet, daß die Fähigkeit, angemessen reagieren zu können, über Erfolg oder Mißerfolg entscheidet. Und diese Fähigkeit ist das einzige, was Sie unmittelbar beeinflussen können. Sie haben keine Kontrolle über die Dinge, die Ihnen im Leben passieren; sie ereignen sich mit einer Geschwindigkeit, die Sie nicht ändern können. Lediglich Ihre Reaktionen auf diese Ereignisse unterliegen Ihrer Kontrolle. Und ob Sie angemessen oder unangemessen reagieren, hat entscheidenden Einfluß auf Ihr Leben.

Schon einfachstes *Zeitmanagement* ermöglicht es Ihnen, die Abfolge der Ereignisse in Ihrem Leben in Ihrem Sinne zu beeinflussen. Anstatt die Dinge unkontrolliert und zufällig ablaufen zu lassen, nehmen Sie es in die Hand zu entscheiden, was Sie zuerst in Angriff nehmen, was danach folgen soll und womit Sie sich überhaupt nicht befassen werden.

Es steht Ihnen immer frei, die Reihenfolge der Ereignisse in Ihrem Leben festzulegen, vielleicht nicht kurzfristig, aber doch auf lange Sicht. Mit dieser Entscheidungsfreiheit gewinnen Sie ein Gefühl von Macht und Kontrolle über Ihr Leben. Sie bestimmen Ihr eigenes Schicksal, denn es sind immer Ihre eigenen Entscheidungen, die am Ende alles, was Ihnen widerfährt, festlegen. Das heißt mit anderen Worten, wenn Sie sich gestreßt fühlen, wenn Ihnen alles aus der Hand gleitet, wenn Sie das Gefühl haben, daß die ganze Welt sich gegen Sie verschworen hat, dann ist es an der Zeit, andere und bessere Entscheidungen zu treffen.

Seien Sie flexibel

Die wichtigste Eigenschaft, die Sie brauchen, um im weiteren Verlauf Ihrer Karriere maximale Leistung bringen zu können, ist Flexibilität. Dem Manager Institute zufolge wird Flexibilität im 21. Jahrhundert absolut unabdingbar sein. In der heutigen Zeit entwickelt sich alles so schnell, daß jemand, der unbeweglich und unflexibel ist, der starr an einer Linie festhält und nicht bereit ist, sich zu verändern, im Sturm wie eine Kiefer brechen wird, statt sich wie die Weide zu biegen. Die besten Leute sind immer geistig und emotional flexibel. Sie passen sich veränderten Umständen an, anstatt stur dagegen anzukämpfen. Wie Sie die erforderliche Flexibilität erreichen können, will ich Ihnen im folgenden darlegen.

Der erste Schritt besteht im *Akzeptieren* der Tatsachen. Akzeptieren Sie die Situation, so wie sie ist. Stellen Sie sich vor, Sie haben ein Picknick geplant, und plötzlich regnet es. Regen Sie sich nicht auf, sondern nehmen Sie es so hin, wie es ist. Das Wetter ist eben so. Sie stellen einen neuen Mitarbeiter ein, aber er ist nicht gut. Lassen Sie sich nicht aus der Ruhe bringen. Tatsachen sind Tatsachen, daran läßt sich nicht rütteln. William James von der Harvard-Universität hat gesagt, der erste Schritt im erfolgreichen Umgang mit Schwierigkeiten sei die Bereitschaft, sie als solche anzunehmen. Man muß die Umstände zunächst akzeptieren, wie sie sind, und sich dann Gedanken darüber machen, wie man sie verändern kann.

Flexibel sein bedeutet immer auch, *sich anpassen* zu können. Passen Sie Ihr Verhalten der neuen Situation an. Akzeptieren Sie, daß die Wirklichkeit jetzt so aussieht. Schon Darwin hat festgestellt, daß nur diejenigen überleben, die sich den Veränderungen in ihrer Umgebung optimal anpassen können.

Der dritte Schritt auf dem Weg zu mehr Flexibilität ist zu *reagieren*. Reagieren bedeutet handeln. Effektiv zu reagieren heißt, sich zu fragen, welche Reaktion in der derzeitigen Situation die größte Wirkung zeigen würde, und dann genau so zu handeln – selbst wenn Sie eigentlich etwas anderes geplant hatten. Seien Sie flexibel – und Sie werden feststellen, daß unflexibles Verhalten Ihr größter Streß- und Sorgenfaktor war. Stehen Sie daher neuen Situationen offen gegenüber, seien Sie bereit, verschiedene Herangehensweisen in Betracht zu ziehen. Ein äußerst nützliches Hilfsmittel, um zu flexiblerem Verhalten zu gelangen, ist das sogenannte „Zero-based Thinking".

Zero-based Thinking

Zero-based Thinking ist ein Verfahren zur Problemlösung, das in unserer heutigen Zeit und auch für die Zukunft von großer Bedeutung ist. Es besteht darin, daß Sie regelmäßig wichtige Entscheidungen, die Sie in der Vergangenheit getroffen haben, noch einmal in Frage stellen. Rufen Sie sich alle bedeutsamen Entscheidungen noch einmal ins Gedächtnis zurück und fragen Sie sich folgendes: Gibt es etwas, das ich von meinem jetzigen Standpunkt aus betrachtet nicht noch einmal so machen würde?

Denken Sie einmal darüber nach. Es handelt sich hier um einen sehr wichtigen Punkt, denn in genau diesem Moment ist jeder einzelne Mensch mit wenigstens einer, wenn nicht gar mehreren Situationen in seinem Leben konfrontiert, die Zero-based Thinking erfordern. Sie werden Ihr Leben nie in den Griff bekommen, wenn Sie ständig nur versuchen, eine Situation zu retten, in die Sie sich niemals noch einmal begeben würden, wenn Sie ganz neu anfangen könnten.

Sie sollten sich folgendes fragen: Gibt es im zwischenmenschlichen Bereich Situationen, die ich so nicht noch einmal haben wollte? Gibt es im Beruf vielleicht jemanden, den ich heute nicht mehr einstellen würde, jemanden, den ich aus heutiger Sicht nicht mehr befördern würde? Gibt es eine bestimmte Aufgabe, die ich heute nicht mehr übernehmen – oder nicht mehr delegieren – würde? Gibt es ein Produkt oder eine Dienstleistung, die ich besser nicht auf den Markt gebracht hätte? Hätte ich mit dem Wissen, das ich jetzt habe, irgendeine Entscheidung so nicht getroffen oder eine Investition nicht getätigt?

Wie können Sie nun feststellen, ob eine bestimmte Situation Zero-based Thinking erfordert? Wichtige Indikatoren sind Streß und Sorgen, die sich beispielsweise darin äußern, daß Sie zu Hause über Ihre beruflichen Probleme sprechen, daß Sie nicht abschalten können und nachts nicht gut schlafen. Und warum? Weil Sie das Gefühl haben, keine Kontrolle über die Ereignisse zu haben, wenn Sie mit Situationen umgehen müssen, die Sie aus heutiger Sicht so nicht mehr herbeiführen würden. Sie fühlen sich gestreßt. Sie haben das Gefühl, daß Ihnen alles aus der Hand gleitet, daß Sie Veränderungen nicht beeinflussen können.

In einer solchen Situation müssen Sie an den Anfang zurückgehen und sich fragen, ob Sie aus heutiger Sicht genauso handeln würden. Und wenn Sie diese Frage verneinen müssen, dann ist die nächste Frage: Wie kommen Sie da jetzt so schnell wie möglich heraus?

Setzen Sie Prioritäten

Eine weitere Schlüsselfähigkeit zur effektiven Gestaltung des Wandels ist, Prioritäten zu setzen und weniger wichtige Angelegenheiten zurückzustellen. Darauf werde ich in Kapitel 21 noch ausführlich eingehen. Vorrangige Aufgaben müssen in größerer Zahl und früher erledigt werden als andere. Solche Aufgaben erhöhen den Wert Ihrer Arbeit, sie sind wichtig, sie müssen unbedingt erledigt werden. Angelegenheiten mit niedriger Priorität lassen Sie liegen.

Man arbeitet heutzutage mit 120- bis 130prozentigem Einsatz, und Sie haben keine Zeit übrig. Ihr Schreibtisch und Ihr Terminkalender sind voll, Sie können keine neuen Aufgaben mehr übernehmen, ohne etwas Altes zu streichen. Wenn Sie beide Hände voll haben, können Sie auch nicht noch etwas anderes annehmen, ohne vorher etwas abzulegen. Sie müssen Dinge von der Prioritätenliste streichen, die vor kurzem vielleicht noch von größter Dringlichkeit waren, inzwischen jedoch nicht mehr so wichtig sind wie andere Aufgaben.

Die einzige Möglichkeit, sich um alle Angelegenheiten mit höchster Priorität kümmern zu können, besteht darin, bei anderen Aufgaben zurückzuschrauben, zu kürzen, und Dinge, die weniger wichtig sind, zu minimieren oder gar zu eliminieren. Wir nennen diesen Prozeß *kreatives Streichen (creative abandonment).* Kreativ bedeutet in diesem Zusammenhang, daß Sie sehr bewußt überlegen und entscheiden. Sie schauen sich alle Tätigkeiten an, die Ihre Zeit in Anspruch nehmen, und fragen sich, welche Sie streichen können.

Wenn sie eine Entscheidungshilfe brauchen, fragen Sie Ihren Chef, Ihre Freunde, Ihren Ehepartner, ob sie etwas erkennen, womit Sie von heute auf morgen aufhören könnten, ohne daß es irgendwelche negativen Auswirkungen auf Ihr Leben hätte. Sie werden merken, daß andere Menschen die Aktivitäten, mit denen Sie Ihre Zeit verschwenden und die eigentlich nicht so wichtig sind, sehr klar erkennen können.

Erkennen und beseitigen Sie Engpässe

Eine weitere Schlüsselfähigkeit im Umgang mit Veränderungen ist das Erkennen von Engpässen. Fragen Sie sich, ob zwischen Ihrer jetzigen Situation und Ihrem angestrebten Ziel ein Hindernis liegt. Welche Faktoren bestimmen die Geschwindigkeit, mit der Sie auf Ihr Ziel zugehen können?

Das Erkennen von Engpässen wird als Verfahren zur Problemlösung im kommenden Jahrhundert von größter Bedeutung sein. Es bedeutet, daß Sie sich ständig Fragen stellen müssen. Welcher Faktor bestimmt die Geschwindigkeit? Was hindert Sie daran, Ihren Umsatz zu steigern? Wenn Sie mehr verdienen möchten, wenn Sie abnehmen wollen, wenn Sie gern mehr Zeit mit Ihrer Familie verbringen würden – was auch immer Ihre Hauptziele sind, finden Sie heraus, was das entscheidende Hindernis auf dem Weg dorthin ist. Welche Faktoren halten Sie vom Erreichen Ihrer Ziele ab?

Engpässe können Sie jedoch nur erkennen, wenn Sie Ihre *Ziele und Etappenziele klar vor Augen haben.* Sie sollten genau wissen, was Sie erreichen müssen, um dorthin zu gelangen. Man kann nicht ins Schwarze treffen, wenn man die Zielscheibe nicht sieht. Wenn Sie sich vollständig im klaren darüber sind, was Sie schaffen oder erreichen wollen, dann fragen Sie als nächstes nach dem Faktor, der die Geschwindigkeit auf dem Weg dorthin bestimmt. Sie werden feststellen, daß es irgendwo ein Nadelöhr, einen kritischen Faktor gibt, und wenn Sie den identifiziert haben, dann richten Sie all Ihre Anstrengungen darauf, ihn aus dem Weg zu schaffen. Sie werden sehen, daß Sie Ihrem Ziel plötzlich sehr viel schneller näher kommen.

Was ist das größte Hindernis? Machen Sie nicht den gleichen Fehler wie die meisten Leute – arbeiten Sie nicht ein bißchen an diesem und ein bißchen an jenem Projekt, verzetteln Sie sich nicht. Konzentrieren Sie sich statt dessen auf die wichtigste Aufgabe, die Sie einen entscheidenden Schritt weiterbringen kann.

Eine wichtige Regel im Zusammenhang mit Engpässen ist *die 80/20-Regel.* Sie besagt in diesem Fall, daß die Faktoren, die Sie behindern und zurückhalten, zu 80 Prozent von innen kommen. Wenn es um ein Unternehmen geht, liegen die Gründe innerhalb der Firma, wenn es um eine Person geht, liegen die Probleme in der Person selbst begründet. Nur 20 Prozent der Beschränkungen gehen auf externe Faktoren zurück.

Eine souveräne Person wird immer zuerst bei sich selbst und innerhalb ihrer Organisation nach den Faktoren suchen, die die Geschwindigkeit des Vorankommens bestimmen; ein durchschnittlicher Mensch hingegen sucht nach externen Faktoren. Sobald Sie jedoch nach außen schauen, verlieren Sie das Gefühl, die Dinge unter Kontrolle zu haben. Sie geben Kontrolle an andere ab und erhöhen damit Ihren Streßpegel; Sie fühlen sich hilflos und verlieren die Hoffnung.

Um ein Gefühl der Kontrolle zu erlangen, müssen Sie *handlungsorientiert* sein. Ich wiederhole es hier noch einmal: Nehmen Sie Schwierigkeiten in Angriff, handeln Sie, und Sie werden sehen, daß das Problem damit schon fast gelöst ist.

Oder Sie beschäftigen sich so intensiv mit der Verwirklichung Ihrer Ziele, daß Sie keine Zeit haben, über irgendwelche Kleinigkeiten oder Probleme nachzudenken.

Alle leistungsstarken Männer und Frauen sind handlungsorientiert. Sie sind in der Lage, Prioritäten zu setzen und bewegen sich daher so schnell auf Ihre wichtigsten Ziele zu, daß sie ein ungeheuer starkes Gefühl von Macht und Kontrolle, ein enormes Potential an Energie und Enthusiasmus verspüren, und das müssen auch Sie erreichen.

Der „Sorgenknacker"

Eine großartige Methode, um Veränderungsprozesse aktiv steuern zu können, ist der „Sorgenknacker". Die Wirksamkeit dieses „Sorgenknackers" – der Ausdruck *worry buster* stammt von einem meiner Seminarteilnehmer – basiert darauf, daß alle Furcht und alle Sorgen im Grunde nichts anderes sind als ein durch Unentschlossenheit hervorgerufener, anhaltender Angstzustand. Veränderungen bewirken oft, daß Sie sich viele Sorgen machen. Wenn Sie es schaffen, all die Dinge, die

Ihnen Sorgen bereiten, aus der Welt zu schaffen, können Sie viel flexibler und effektiver mit Ihrem Leben umgehen.

Um das zu erreichen, müssen Sie zuallererst die Problemsituation klar definieren. Fragen Sie sich: Was genau bereitet mir Sorgen? Sie werden feststellen, daß die Sorgen in 50 Prozent der Fälle allein dadurch verschwinden, daß man sie auf den Punkt bringt.

Als zweites überlegen Sie, was im ärgsten Fall passieren könnte. Seien Sie dabei ganz ehrlich mit sich selbst. Je klarer Ihnen die Situation ist, desto leichter ist es, eine Lösung zu finden. Wenn Sie sich das schlimmstmögliche Szenario einmal vor Augen geführt haben, werden Sie feststellen, daß Sie damit den größten Streß schon abgebaut haben. Denn meist rufen nicht die zu erwartenden Folgen selbst das Streßgefühl hervor, sondern vielmehr die Angst davor, diesen Folgen ins Auge zu sehen. Stellen Sie sich einfach auf das Schlimmste ein, und Sie werden sehen, daß Ihre Sorgen von ganz allein verschwinden.

Als drittes versuchen Sie, die negativen Folgen zu minimieren. Setzen Sie alle Hebel in Bewegung, daß das schlimmstmögliche Szenario nicht eintritt. In den Managementkursen des MBA-Institute gibt es einen Ausdruck für diese Technik: die *Minimax-Risiko-Regel.* Dabei wird der minimal und maximal mögliche Schaden, den eine Situation verursachen kann, analysiert.

Wie können Sie also die schlimmstmöglichen Folgen so weit wie möglich minimieren? Das ist ein sehr wichtiger Denkansatz. John Paul Getty, der es immerhin bis zum reichsten Mann der Welt gebracht hat, folgte einer einfachen Regel. Er sagte: „Immer wenn ich ein Geschäft abschließen will, frage ich mich: Was ist das Schlimmste, was mir dabei passieren kann? Und dann sehe ich zu, daß es nicht passiert.“

Setzen Sie sich feste Ziele

Wenn Veränderungen Streß und Sorgen hervorrufen, ist das so gut wie immer auf ein Fehlen von festen Zielsetzungen zurückzuführen. Unentschlossenheit gibt uns das Gefühl, daß wir die Situation nicht in der Hand haben. Mit festen Zielsetzungen hingegen können Sie Einfluß auf den Verlauf der Veränderungen nehmen und sicherstellen, daß sie in eine positive Richtung gehen. Legen Sie also ganz klar fest, was Sie wollen; keine verschwommenen Ziele und keine Unentschlossenheit.

Halten Sie Ihre Ziele schriftlich und detailliert fest. Setzen Sie sich eine Frist zum Erreichen Ihrer Ziele und Meilensteine auf dem Weg dorthin. Machen Sie einen Plan. Erstellen Sie eine Liste mit allem, was Sie tun müssen, um Ihre Ziele zu erreichen. Eine solche Liste mit all Ihren Zielen und Plänen gibt Ihnen das Gefühl, daß Sie alles im Griff haben.

Ordnen Sie die Liste nach Prioritäten; was müssen Sie zuerst, als zweites, drittes usw. in Angriff nehmen? Dann fangen Sie mit dem Punkt an, der die höchste Priorität hat, und arbeiten jeden Tag ein bißchen auf Ihr Ziel hin. Allein der Akt des Ziele- und Prioritätensetzens, des Planens und des In-Angriff-Nehmens gibt Ihnen ein starkes Gefühl der Kontrolle; Ihr Streßpegel sinkt und Sie fühlen sich dem Umgang mit Veränderungen gewachsen.

Übernehmen Sie Verantwortung

Sie brauchen nicht nur feste Ziele, sondern Sie müssen auch bereit sein, die alleinige Verantwortung für Ihr Leben zu übernehmen. Es besteht ein direkter Zusammenhang zwischen der Bereitschaft, Verantwortung zu übernehmen, und dem Gefühl, die Ereignisse unter Kontrolle zu haben. Und es besteht weiterhin ein direkter Zusammenhang zwischen diesem Gefühl der Kontrolle und positiven Emotionen wie z.B. Zufriedenheit.

Wenn Sie bereit sind, ein bestimmtes Maß an Verantwortung zu übernehmen, um voranzukommen, werden Sie ihr auch gewachsen sein. Wenn Sie Verantwortung übernehmen, sind Sie nicht nur zufriedener mit sich selbst, sondern entwickeln auch Ihre Persönlichkeit und erhöhen Ihre Kompetenz; und das gleiche gilt auch für andere Menschen, wenn Sie sie dazu ermutigen, ebenfalls Verantwortung zu übernehmen. Die Grundregel für Erfolg im Leben lautet: *Es liegt in meiner Hand, wieviel ich erreichen kann.*

Das Impuls-Prinzip des Erfolgs

Ein weiteres Prinzip für den erfolgreichen Umgang mit Veränderungen beruht darauf, daß alles im Leben dem Gesetz der Trägheit unterliegt. Man benötigt eine Menge Energie, um die Trägheit zu überwinden, aber wenn man einmal in Bewegung ist, dann geht es immer weiter. Bleiben Sie auch in Bewegung und stürzen Sie sich auf die Verwirklichung Ihrer Ziele. Dann haben Sie gar keine Zeit mehr, sich Sorgen zu machen, Angst vor Veränderungen zu haben oder unsicher zu sein, ob Sie noch Herr der Lage sind.

Lassen Sie sich von Widerständen nicht beirren

Lassen Sie sich nicht beirren, wenn Sie auf Widerstände stoßen, geben Sie niemals auf. Sie werden Veränderungen erfolgreich meistern und die Verhältnisse nach Ihren Vorstellungen gestalten können, wenn Sie flexibel bleiben und alle Möglichkeiten in Betracht ziehen, wenn Sie klare Zielsetzungen haben und bereit sind, Verantwortung zu übernehmen, wenn Sie Ihre wichtigsten Ziele in Angriff nehmen und beständig darauf hinarbeiten – und wenn Sie niemals aufgeben.

Zusammenfassung

Das Tempo der Veränderungen, mit denen Sie umgehen müssen, ist die Hauptursache für Streß, Sorgen und Verwirrung. Es ist daher von allerhöchster Wichtigkeit, daß Sie Ihre geistigen Fähigkeiten bewußt und gezielt einsetzen, um die Veränderungsprozesse so zu steuern, daß Sie mit ihnen wachsen, anstatt von ihnen überrollt zu werden. Wie können Sie das erreichen? Lassen Sie mich die drei wichtigsten Punkte noch einmal zusammenfassen.

Machen Sie sich zuallererst klar, daß Sie das Gefühl haben müssen, Ihr Leben im Griff zu haben. Dieses Gefühl wird sich niemals einstellen, solange Ihr Leben von externen Faktoren bestimmt wird, d.h. solange Sie nur auf Ereignisse reagieren, anstatt sie aktiv zu beeinflussen.

Dieses Gefühl der Kontrolle können Sie erreichen, indem Sie die folgenden Methoden anwenden.

An erster Stelle steht das Prinzip des *Zero-based Thinking*. Zero-based Thinking praktizieren Sie, indem Sie sich beständig fragen, ob es etwas in Ihrem Leben gibt, das Sie heute nicht noch einmal so machen würden. Seien Sie dabei ehrlich zu sich selbst. Es bedarf ungeheuren Mutes, sich einzugestehen, daß Sie in Ihrem Leben vielleicht Fehler gemacht haben, und daß diese Fehler manchmal in sehr wichtige Bereiche hineinwirken, daß sie andere Menschen, Beruf, Beziehungen, Geld, Zeit oder Gefühle betreffen. Nichtsdestotrotz hat sich im Laufe der Zeit gezeigt, daß diese Entscheidungen nicht richtig für Sie waren.

Wenn Sie Erfolg haben wollen, müssen Sie sich zunächst einmal bewußt machen, daß Untersuchungen zufolge 70 Prozent aller Entscheidungen, die Sie treffen, sich im Lauf der Zeit als falsch herausstellen. Es kommt also nur darauf an, wie Sie mit der Erkenntnis umgehen, daß Sie eine falsche Entscheidung getroffen haben. Manche Leute sind zu angespannt, um überhaupt zugeben zu können, daß sie einen Fehler gemacht haben. Eine herausragende Persönlichkeit hingegen gibt einen Fehler entweder zu oder sagt zumindest, daß sie ihre Meinung geändert hat. Sie bleiben flexibel, indem Sie sich nicht unnötig schwer damit tun, zu sagen, daß Sie es sich anders überlegt haben oder daß Ihnen ein Fehler unterlaufen ist. Nur so können Sie Veränderungen meistern. Wenn Sie hingegen unbedingt recht behalten wollen – und das wollen die meisten Leute –, dann können Sie auch nicht zugeben, daß Sie vielleicht nicht perfekt sind. Und dann verschwenden Sie sehr viel Zeit damit, eine Entscheidung zu verteidigen, zu der Sie eigentlich gar nicht mehr stehen, weil Sie diese Entscheidung so nicht mehr treffen würden, wenn Sie noch einmal die Chance dazu hätten.

Das zweite Prinzip ist, *Engpässe zu erkennen*. Fragen Sie sich bei all Ihren Projekten: Was hindert mich daran, das Glück, den Gesundheitszustand, das Einkommen oder den Erfolg zu erreichen, den ich haben möchte? Machen Sie sich bewußt, daß 80 Prozent der Hindernisse in Ihnen selbst oder innerhalb Ihres Unternehmens begründet liegen. Wenn ein Unternehmen die gewünschten Verkaufszahlen oder den angestrebten Gewinn nicht erreicht, liegt das zu 80 Prozent an den Mitarbeitern, den Produkten, den Dienstleistungen und der Organisationsstruktur des Unternehmens selbst.

Im Laufe meiner Arbeit mit den verschiedensten Organisationen habe ich festgestellt, daß oftmals sämtliche Probleme eines Unternehmens darauf zurückzuführen sind, daß eine inkompetente oder schlichtweg die falsche Person eine Schlüsselposition innehat. Und niemand traut sich zu sagen, daß es an diesem Mitarbeiter liegt. Diese Person kann oder will ihrer Aufgabe nicht gerecht werden.

Ein entscheidender Durchbruch im heutigen unternehmerischen Denken ist die Vorstellung von Kernkompetenzen. Wir wissen, daß Ihre Fähigkeit als Manager, Ihre Ziele zu erreichen, allein durch Ihre Mitarbeiter begrenzt wird. Und begabte Mitarbeiter werden mit ihren Aufgaben fertig, sie verfügen über die nötigen Kernkompetenzen.

Das dritte Prinzip schließlich ist *das Setzen von Prioritäten.* Es ist absolute Zeitverschwendung, sich mit großer Sorgfalt Aufgaben zu widmen, die im Grunde unnötig sind. Viele von uns arbeiten mit voller Konzentration an Aufgaben, die vielleicht zu einem früheren Zeitpunkt einmal wichtig oder vielversprechend waren, die es aber heute nicht mehr sind. Sie können Ihre Zukunft und das Tempo der Veränderungen nur beeinflussen, wenn Sie Prioritäten setzen und Unwichtiges streichen, so daß Sie mehr Zeit für Aufgaben haben, die für Ihr Leben und Ihre Arbeit wirklich entscheidend sind.

Kapitel 19

In sieben Schritten zu persönlichen Höchstleistungen

Sie selbst sind Ihr wertvollstes Kapital. Sie selbst sind das Kostbarste und Wichtigste in Ihrem Leben. Aufgrund Ihrer Ausbildung, Ihrer Berufserfahrung und Ihrer besonderen Fähigkeiten sind Sie dorthin gekommen, wo Sie heute stehen; aber Ihre Persönlichkeit und Ihre Fähigkeit, alles aus sich herauszuholen, sind der eigentliche Schlüssel zum Erfolg. Indem Sie Ihr persönliches Potential voll ausschöpfen, können Sie einen wertvollen Beitrag sowohl für den Fortschritt Ihres Unternehmens als auch für Ihr persönliches Leben leisten.

Um persönliche Höchstleistungen vollbringen zu können, müssen Sie *die Grundlagen perfekt beherrschen.* Das ist eine alte Weisheit. Auch Vince Lombardi äußerte sich entsprechend, als er die Green Bay Packers übernahm und gefragt wurde, ob er die Taktik ändern, Spieler auswechseln werde oder etwas anderes verändern wolle. Er sagte: „Nein, wir werden einfach in den Grundtechniken Spitze sein. Wir werden unser Handwerk so gut beherrschen, daß die gegnerische Mannschaft nicht gegen uns ankommt, selbst wenn sie genau weiß, was wir vorhaben." Das sollte auch Ihr Ziel sein.

Es gibt sieben Grundlagen für effektives Management; sieben Methoden, um das Beste aus sich herauszuholen. Die erste Voraussetzung ist, daß Sie scharf nachdenken und die richtigen Fragen stellen können.

1. Nutzen Sie Ihre Denkfähigkeit und stellen Sie Fragen

Die erste Schlüsselfrage, die Sie sich stellen sollten, ist: *Wofür werde ich bezahlt?* Dazu möchte ich Ihnen kurz von einer Studie berichten, die Robert Half and Associates durchgeführt haben. Half sagt, daß jeder Angestellte das Dreifache seines Gehaltes kostet. Das bedeutet, daß Sie für jeden Dollar, den Ihr Unternehmen Ihnen zahlt, eine Leistung im Wert von mindestens drei Dollar für das Unternehmen bringen müssen.

Was würden Sie also antworten, wenn jemand Sie fragt, wofür Ihr Arbeitgeber Ihnen jeden einzelnen Dollar Ihres Gehaltes zahlt und worin eigentlich der Beitrag im Wert von drei Dollar von Ihrer Seite besteht, der Ihr Gehalt rechtfertigt? Leute, die diese Frage beantworten können, sind für ihr Unternehmen von unschätzbarem Wert. Wer die Antwort nicht kennt, sollte schleunigst darüber nachdenken.

Welche meßbaren Ergebnisse erwartet man von Ihnen? Ein Arbeitnehmer wird immer eingestellt, um eine bestimmte Menge an körperlicher oder geistiger Arbeit oder geistigem Potential bereitzustellen, das dann vom Arbeitgeber genutzt wird, um Produkte herzustellen oder Dienstleistungen zu schaffen, die sich verkaufen lassen. In diesem Sinne ist körperliche Arbeit ein Produktionsfaktor. Und deshalb müssen Sie sich fragen: Was trage ich zum Fortschritt des Unternehmens bei, aus welchem Grund wurde ich eingestellt, wofür werde ich bezahlt?

Weiterhin dürfen Sie sich nicht als Angestellter sehen, sondern müssen sich als eigenständiger Unternehmer begreifen. Diese Einstellung zeichnet die drei Prozent der Spitzenkräfte in der amerikanischen Wirtschaft aus – sie sehen sich als eigenständige Unternehmer, ganz egal, auf wessen Gehaltsliste sie stehen. Unabhängig davon, ob Ihnen das Unternehmen gehört oder ob Sie darin angestellt sind, Sie sollten sich immer als Selbständigen betrachten, der seine Dienste an das Unternehmen verkauft.

Dazu gebe ich Ihnen eine Übung, wie sie neuerdings in vielen Unternehmen angewandt wird. Stellen Sie sich vor, Sie seien gerade entlassen worden. Dann gehen Sie nach Hause, setzen sich hin und schreiben ein Angebot zu Ihrer derzeitigen Stelle – ein Angebot, was Sie für

Ihr Gehalt und die Zusatzleistungen zu arbeiten bereit sind. Treten Sie dabei jedoch als selbständiger Vertragspartner auf, der dem Unternehmen seine Dienste anbietet. In diesem Schreiben müssen Sie darlegen, was Sie genau zu tun gedenken, welche Ergebnisse Sie für das Unternehmen erzielen werden und wieviel Geld Sie dafür in Rechnung stellen werden. Sie werden staunen, wieviel klarer Ihnen Ihr eigener Job und Ihre Leistung für das Unternehmen sein werden, nachdem Sie ein solches Angebot verfaßt haben.

Die nächste Frage lautet: *Was können Sie – und nur Sie – leisten, das das Unternehmen einen entscheidenden Schritt weiterbringt?* Es gibt immer etwas, das Sie können und das einfach nicht erledigt würde, wenn Sie sich nicht darum kümmern. Wenn Sie diese Aufgabe jedoch wahrnehmen und darin erfolgreich sind, dann wird dies Ihr Unternehmen einen entscheidenden Schritt voranbringen. Und genau für diese Aufgabe wurden Sie eingestellt. Um in diesem Bereich Ergebnisse zu bringen, stehen Sie auf der Gehaltsliste. Deshalb ist es von so außerordentlicher Wichtigkeit zu wissen, welche Aufgabe das ist, und ebenso wichtig ist es, daß Sie genau diese Aufgabe hervorragend bewältigen, denn nur dann stehen Ihnen alle beruflichen Möglichkeiten offen.

2. Definieren Sie die Schlüsselbereiche, in denen Sie Resultate liefern müssen

Sie können als Manager nicht effektiv sein, ohne die Schlüsselbereiche, in denen Sie Ergebnisse liefern müssen, klar definiert zu haben. Mit Hilfe dieser Definition können Sie herausfinden, warum Sie auf der Gehaltsliste stehen und welche Resultate von Ihnen erwartet werden.

Der erste Schlüsselbereich sind die *Kundenbedürfnisse*. Positive Resultate ergeben sich nicht automatisch aus Ihren Aufgaben oder aus Ihrer Geschäftstätigkeit, entscheidend sind vielmehr äußere Faktoren. Und jeder effektive Manager weiß, daß die Bedürfnisse seiner Kunden der wichtigste dieser äußeren Faktoren ist. Fragen Sie sich also: Wer sind meine Kunden, und was brauchen sie, damit sie zufrieden sind?

Lassen Sie mich kurz definieren, was ein Kunde ist. Ein Kunde ist eine Person, deren Zufriedenheit über Ihren beruflichen Erfolg und Ihr

Fortkommen entscheidet. Auch Ihr Chef kann Ihr Kunde sein, denn von seiner Zufriedenheit mit Ihrer Arbeit hängt viel von Ihrem beruflichen Erfolg ab. Ebenso können Ihre Angestellten oder Ihre wichtigsten Mitarbeiter Ihre Kunden sein, denn wenn diese Leute nicht zufrieden sind, werden Sie mit Ihrer Arbeit nicht vorankommen. Und natürlich kann auch eine Person außerhalb des Unternehmens Ihr Kunde sein, der Ihre Produkte und Dienstleistungen kauft und verbraucht. Ihr Erfolg hängt immer davon ab, wie gut Sie produzieren und inwieweit Sie Ihre Kunden zufriedenstellen.

Der zweite Schlüsselbereich sind die *wirtschaftlichen Faktoren.* Welche Ziele streben Sie im finanziellen Bereich an? Wie sehen die finanziellen Ziele aus, für die Sie eingestellt wurden? Sollen Sie die Einnahmen steigern? Wenn ja, um wieviel? Sollen Sie Kosten einsparen oder kontrollieren? Wenn ja, um welche Kosten handelt es sich? Sollen Sie den Gewinn erhöhen? In welcher Größenordnung? Je näher Sie den spezifischen finanziellen Zielsetzungen kommen, desto unersetzlicher werden Sie für Ihr Unternehmen. Und je genauer Sie Ihre Aufgaben im Hinblick auf die finanziellen Zielsetzungen definieren, desto wertvoller sind Sie für Ihr Unternehmen.

Der dritte Schlüsselbereich ist die *Qualität.* Welche Qualitätsstandards müssen Sie einhalten und welche müssen Sie verbessern? Es steht jedem frei, entweder die Qualitätsstandards zu übernehmen, die der Vorgesetzte vorgibt, oder aber eigene – höhere – Standards zu setzen und darauf hinzuarbeiten.

Der vierte Schlüsselbereich ist die *Produktivität.* Was sind Ihre Ziele? Welche Produktivitätsstandards müssen Sie einhalten, wo müssen Sie die Produktivität verbessern oder steigern? Diese Fragen müssen Sie beantworten können. Ich sage immer, man kann nicht ins Schwarze treffen, wenn man das Ziel nicht sieht. Solange Sie die Schlüsselbereiche, in denen Sie Resultate liefern müssen, nicht klar vor Augen haben und nicht wissen, wie Sie die Ergebnisse in diesen Bereichen gezielt verbessern können, werden Sie keine hervorragenden Leistungen bringen und auf Ihrem derzeitigen Kompetenz- und Gehaltsniveau stehenbleiben.

Innovation ist der fünfte Schlüsselbereich. Welche neuen, besseren, schnelleren, billigeren, leichteren Ideen, Produkte, Dienstleistungen und Methoden können Sie einführen? Sie müssen sich klarmachen, daß sich 80 Prozent der heute gängigen Produkte und Dienstleistungen in fünf Jahren komplett erneuert haben werden. Die meisten von uns werden im 21. Jahrhundert Aufgaben haben, die heute noch nicht einmal existieren. Wir werden vollkommen neuartige Produkte und Dienstleistungen anbieten für Kunden und Märkte, die wir uns heute noch nicht einmal ausmalen können. Wenn Sie also nicht ständig an neuen, besseren, schnelleren, leichteren, billigeren Produkten, Dienstleistungen und Methoden arbeiten, dann werden andere Sie überholen. Behalten Sie stets im Auge, wie Sie Ihren Zuständigkeitsbereich verbessern können. Wie können Sie größere Effizienz, höhere Produktivität, ein besseres Kosten-Nutzen-Verhältnis erreichen?

Der sechste Schlüsselbereich ist die *Personalentwicklung*. Wie können Sie den Wert Ihrer Mitarbeiter steigern? Viele Führungskräfte haben sich in Ihren jeweiligen Unternehmen damit einen Namen gemacht, daß sie talentierte Leute erkennen und diese Ressourcen dann entsprechend fördern, indem sie ihnen beratend zur Seite stehen und sie fortbilden, als Mentor oder Coach agieren, ihnen die Möglichkeit geben, Erfahrungen zu sammeln und ihnen Feedback geben. Und da Sie selbst Ihr größtes Kapital sind, sollten Sie sich fragen, wie Sie sich Tag für Tag selbst fördern und weiterentwickeln und so den Wert Ihres Unternehmens steigern können.

Der siebte Schlüsselbereich ist die *Organisationsentwicklung*. Welche Schritte unternehmen Sie, um die organisatorischen Abläufe in Ihrem Unternehmen zu verbessern? Prozesse wie Reengineering, Restrukturierung und Reinventing passieren nicht irgendwo da draußen, sondern sie sollten tagtäglich, ja sogar stündlich in Ihrem Unternehmen ablaufen. Wie können Sie Ihr Unternehmen und Ihre eigenen Aktivitäten beständig reorganisieren, neu definieren und restrukturieren, damit sie schneller, kostengünstiger und effizienter werden? Was können Sie zur derzeitigen Entwicklung und Verbesserung der Gesamtfunktion Ihres Unternehmens beitragen?

3. Setzen Sie Leistungsstandards

Nachdem Sie nun die Schlüsselbereiche kennen, in denen Sie Ergebnisse liefern müssen, sollten Sie im nächsten Schritt die entsprechenden Leistungsstandards setzen. Das ist äußerst wichtig. Die Leistungsstandards in jedem dieser Schlüsselbereiche müssen *klar definiert, meßbar und zeitlich begrenzt* sein, d.h. es muß einen festen Zeitpunkt geben, bis zu dem ein gewisser Standard erreicht sein muß.

Wenn Sie selbst keine Leistungsstandards haben, dann wissen Sie auch nicht, welche Leistung Sie bringen müssen. Und wenn Sie keine Leistungsstandards für Ihre Mitarbeiter setzen, dann wissen auch sie nicht, welche Leistung von ihnen erwartet wird. Sie können Ihren Leuten und auch Ihrem Unternehmen keinen größeren Gefallen tun, als die Leistungsstandards für Schlüsselbereiche eindeutig zu definieren und festzulegen.

Wenn Sie einen Leistungsstandard einmal gesetzt haben, muß er zur Grundlage jeglicher *Belohnung,* jeglicher *Anerkennung* und jeglichen *Vorankommens* werden. Menschen können nur durch Leistung vorankommen. Wenn Sie etwas anderes als Leistung belohnen, etwa Dienstalter oder Freundschaft, führt das unweigerlich zu mittelmäßigen Leistungen und verärgerten Mitarbeitern, und Ihre besten Leute werden abwandern.

Die *Grundregel für gutes Management* von meinem Freund Michael LeBoeuf besagt, daß nur etwas getan wird, wenn dafür eine Belohnung winkt. Wenn Ihnen also die Erledigung einer bestimmten Arbeit sehr am Herzen liegt, müssen Sie diese Arbeit entsprechend hoch belohnen. Überprüfen Sie daher immer zuerst das Belohnungssystem, wenn eine bestimmte Arbeit nicht so erledigt wird, wie Sie das gerne möchten. Belohnen Sie die Leistung, die Sie sehen möchten? Belohnen Sie gute Leistung? Und wie kontrollieren Sie die Einhaltung der Leistungsstandards? Durch Monitoring oder durch nachträgliche Inspektion? Verlangen Sie hervorragende Leistung?

Das ist übrigens der Knackpunkt jeden Managements. Die besten – und bestbezahlten – Manager verlangen von sich und anderen stets hervorragende Leistung. Schlechte Leistung wird gnadenlos bestraft. Wenn Sie die Überwachung der Leistungsstandards auch nur ein kleines bißchen schleifen lassen, dann erfüllen Sie eine Ihrer wichtigsten Aufgaben nicht, nämlich gute Arbeit zu leisten.

4. Bündeln Sie Ihre Kräfte

Das Bündeln all Ihrer Kräfte ist ein weiterer Schlüssel zur persönlichen Höchstleistung. Wenden Sie in allen Bereichen die 80/20-Regel an. Fragen Sie immer: Welche 20 Prozent meiner Handlungen machen 80 Prozent meines Wertes aus?

Geben Sie niemals der Versuchung nach, zuerst den Kleinkram zu erledigen. Arbeiten Sie immer nur an den Dingen, die wirklich wichtig sind.

Setzen Sie klare Prioritäten für Ihre Arbeit, bevor Sie anfangen (darauf werde ich in Kapitel 21 ausführlich eingehen). Arbeiten Sie nicht einfach drauflos. Machen Sie eine Liste, auf der die einzelnen Aufgaben nach Wichtigkeit geordnet sind. Wenn Sie für jeden Tag eine solche Liste haben, dann fragen Sie sich immer wieder: Wenn ich völlig unerwartet einen Monat auf Geschäftsreise gehen müßte, welchen einen Posten von dieser Liste würde ich vorher noch erledigen? Und damit fangen Sie dann an. Lassen Sie sich durch nichts unterbrechen, bis Sie diese Aufgabe erledigt haben.

Konzentrieren Sie sich immer auf die Aktivitäten, die sich am ehesten auszahlen. Wenn Sie nicht genau wissen, welche das sind, dann sprechen Sie mit Ihrem Chef oder Ihren Mitarbeitern und fragen Sie sie nach ihrer Meinung. Fragen Sie, was das Wichtigste wäre, das Sie im Moment zum Fortschritt des Unternehmens beitragen können. Und machen Sie dann das, was diese Leute Ihnen sagen.

Wenn Sie die Projekte mit der höchsten Priorität einmal angefangen haben, dann bringen Sie sie zu Ende, ohne sich ablenken oder beirren zu lassen. Ein solches Verhalten ist kennzeichnend für Selbstdisziplin, Selbstkontrolle und hohe Leistungsfähigkeit. Entscheiden Sie sich für die wichtigste Aufgabe und konzentrieren Sie sich darauf; fangen Sie nichts anderes an, bevor Sie damit fertig sind.

Eine weitere Schlüsselfrage, die Sie sich stellen müssen, ist: *Womit verschwende ich am meisten Zeit?* Manchmal muß die Frage auch heißen: Mit wem verschwende ich am meisten Zeit? Und wie kann ich diese Faktoren ausschalten? Das ist eine sehr wichtige Frage, denn nur so können Sie für die wirklich wichtigen Dinge Zeit gewinnen. Überlegen Sie immer, wie Sie Ihre Zeit jetzt im Moment am besten nutzen können. Und was auch immer das sein mag, nehmen Sie es sofort in Angriff und bringen Sie es auch zu Ende.

Um hervorragende Leistung bringen zu können, sollten Sie sich sowohl über die Schlüsselbereiche, in denen Sie Resultate liefern müssen, als auch über die entsprechenden Leistungsstandards vollkommen im klaren sein, und sich dann auf die eine Aufgabe konzentrieren, die nur Sie wahrnehmen können und mit der Sie Ihre Zeit am sinnvollsten nutzen.

5. Steigern Sie Ihre Leistung

Sie können Ihre Arbeitsergebnisse um ein Vielfaches steigern, indem Sie effektiver handeln; ich werde in Kapitel 20 noch ausführlich erläutern, wie Sie Ihr Leistungspotential voll ausschöpfen können. Vergessen Sie nicht, daß Ihre Belohnung stets von den Ergebnissen bestimmt wird, die Sie erbringen. Je mehr Sie schaffen, desto mehr werden Sie belohnt. Deshalb stelle ich Ihnen hier einige Techniken vor, mit denen Sie Ihre Leistung steigern können.

Arbeiten Sie schneller. Entwickeln Sie bei all Ihren Handlungen ein Gefühl der Dringlichkeit. Sehen Sie zu, daß Sie mit Ihrer Arbeit vorankommen. Erledigen Sie die Dinge sofort, wenn sie anstehen.

Arbeiten Sie länger und härter. Fangen Sie eine Stunde früher an. Denken Sie an die Drei-zu-eins-Regel: In jeder Stunde, die Sie ohne Unterbrechung arbeiten, schaffen Sie die Arbeit von drei Stunden. Alle leistungsstarken Leute kommen früher zur Arbeit, arbeiten fast die ganze Mittagspause durch und bleiben abends länger da. Und so schaffen sie auch erheblich mehr als ein durchschnittlicher Arbeitnehmer.

Die dritte Regel lautet: *Das Wichtigste zuerst.* Damit steigern Sie Ihren Wert. Wenn Sie klare Prioritäten setzen, haben Sie mit Sicherheit das Wichtigste erledigt, wenn der Tag zu Ende geht.

Viertens: *Machen Sie das, was Sie am besten können.* Erledigen Sie Dinge, mit denen Sie Erfahrung haben, damit Ihnen die Aufgaben schneller, besser und leichter von der Hand gehen und Ihnen weniger Fehler unterlaufen.

Fünftens: *Vereinfachen Sie Ihre Aufgaben.* Lassen Sie Dinge weg, die nicht länger notwendig sind. Fassen Sie Teilaufgaben zu einer einzigen Aufgabe zusammen und erledigen Sie diese in einem Rutsch. Streichen Sie unwichtig gewordene Aufgaben völlig.

6. Effektives Delegieren

Ein weiterer Schlüssel zu Spitzenleistungen ist effektives Delegieren (ich werde darauf in Kapitel 20 im einzelnen eingehen). Sie können als Manager und auch als Mensch nur in dem Maße wachsen, wie Sie in der Lage sind, untergeordnete Aufgaben an andere zu delegieren.

Praktizieren Sie *Management by Objectives (MBO).* Geben Sie anderen Leuten klare Anweisungen, am besten nach vorheriger Absprache und in schriftlicher Form. Geben Sie Ihren Mitarbeitern klare Ziele vor, auf die sie hinarbeiten können. Setzen Sie Leistungsstandards und feste Termine. Und dann lassen Sie die anderen selbständig arbeiten.

Um erfolgreich delegieren zu können, sollten Sie *Management by Exception (MBE)* praktizieren. Sagen Sie den Leuten, denen Sie eine Aufgabe übertragen haben, daß sie nur zu Ihnen kommen sollen, wenn sie wirklich Hilfe brauchen. MBO und MBE werden Ihnen das Delegieren erleichtern.

7. Seien Sie ein Vorbild

Spitzenleistung als Manager setzt auch voraus, daß Sie als Führungskraft ein *Vorbild für Ihre Mitarbeiter* sind. Nur zwei Prozent der Führungskräfte in unserer Gesellschaft sehen sich als Vorbilder und sind sich bewußt, daß sie bei all ihren Handlungen beobachtet werden. Auch Sie setzen jedesmal Standards, wenn Sie etwas sagen oder tun, und damit tragen Sie eine große Verantwortung, denn Menschen glauben Taten mehr als Worten.

Ihr Verhalten wirkt sich auf das gesamte Arbeitsumfeld aus. Ihre Mitarbeiter sagen vielleicht nichts, aber sie beobachten Sie die ganze Zeit. Gehen Sie also in allem, was Sie tun, mit gutem Beispiel voran, insbesondere was Ihre Arbeitsweise betrifft, denn Ihre Mitarbeiter werden sich Ihnen darin anpassen. Die Grundregel sollte immer sein, daß der Chef am meisten arbeitet. Wenn der Chef faul ist, dann werden sich alle vor der Arbeit drücken. Wenn er hingegen hart arbeitet, werden sich auch die anderen ein Bein ausreißen. Sie sollten innerhalb Ihres Verantwortungsbereiches immer derjenige sein, der am härtesten arbeitet.

Was Ihre Arbeitsweise angeht, so sollten Sie *klare Prioritäten setzen*. Arbeiten Sie nur an den wichtigsten Aufgaben und ziehen Sie diese konzentriert durch, wenn Sie wollen, daß andere dasselbe tun. Gehen Sie mit gutem Beispiel voran, indem Sie etwas früher erscheinen, etwas später nach Hause gehen und in der Zwischenzeit etwas härter arbeiten.

Was Ihr Verhalten angeht, *behandeln Sie alle mit Höflichkeit und Respekt*. Ihre Mitarbeiter sehen, wie Sie mit anderen Menschen umgehen, und wenn Sie dabei höflich und respektvoll sind, dann werden es Ihre Mitarbeiter auch sein.

Demonstrieren Sie Dringlichkeit, erledigen Sie Aufgaben prompt und zügig. Wenn sich plötzlich eine neue Aufgabe ergibt, dann handeln Sie schnell, damit es Ihnen alle anderen nachtun.

Fragen Sie sich: Wie sähe dieses Unternehmen aus, wenn alle sich so verhalten würden wie ich? Wenn die Antwort lautet, daß es in diesem Fall ein besseres Unternehmen wäre, dann wird es auch besser werden. Als Manager müssen Sie eine herausragende Persönlichkeit sein, kein Durchschnittsmensch. Ihr Ziel ist es, zu den obersten zehn Prozent der Fachleute auf Ihrem Gebiet zu gehören. Was auch immer Sie tun, streben Sie stets danach, einer der besten in Ihrem Bereich zu werden.

Das können Sie ganz leicht erreichen: *Setzen Sie sich hohe Standards*, und weichen Sie nicht davon ab, was auch immer passiert. Orientieren Sie sich immer an dem besten, das in Ihnen steckt. Souveräne Persönlichkeiten vergleichen sich niemals mit anderen Leuten, ganz gleich, ob diese über oder unter ihnen stehen, sondern sie messen sich stets nur an ihrem eigenen Potential.

Arbeiten Sie Zeit Ihres Lebens an Ihrer persönlichen und beruflichen Weiterentwicklung. Dieser Prozeß ist nie abgeschlossen. Sie sind ständig dabei, sich zu verbessern. Und sich zu verbessern, bedeutet – im Geschäftsleben wie im Sport – beständiges Lernen und Anwenden des Gelernten. Übung macht den Meister. Erkennen Sie, was für Ihr berufliches Vorankommen wirklich entscheidend ist. Verdeutlichen Sie sich die Schlüsselbereiche, in denen Sie Ergebnisse bringen müssen, und die dazu notwendigen Leistungsstandards. Machen Sie sich Ihre Stärken bewußt und bauen Sie sie aus, bis Sie zu den Besten Ihres Fachs gehören.

Zusammenfassung

Einer der wichtigsten Bausteine Ihres Erfolgs ist Ihr persönliches Programm zur Entwicklung Ihrer Führungsqualitäten. Zu Beginn dieses Kapitels habe ich Ihnen geraten, sich als eigenständiger Unternehmer zu begreifen. Jetzt schlage ich Ihnen noch vor, sich außerdem als Leiter Ihrer eigenen Fortbildungsabteilung zu sehen, denn die Schulungen, die Ihnen Ihr Unternehmen bietet, stellen lediglich ein Minimum dar.

Ich habe mit Unternehmen gearbeitet, die voller Stolz darauf hinweisen, daß ihre Leute jedes Jahr mindestens 40 Stunden Fortbildung bekommen. In vielen der besten Unternehmen gehen die Mitarbeiter dann im November oder Dezember zu diesen Schulungen, um die 40 Stunden im laufenden Jahr noch unterzubringen. Aber dies ist genau die falsche Vorgehensweise.

Wenn ich Ihnen 100 000 Dollar anbieten würde, die Sie entweder am 1. Januar oder am 31. Dezember desselben Jahres haben könnten, wann würden Sie das Geld nehmen? Natürlich am 1. Januar. Und warum? Weil Sie es dann über das ganze Jahr hinweg ausgeben können. Wenn ich Ihnen nun wertvolles Wissen vermitteln wollte, Techniken, wie Sie effektiver arbeiten könnten, und Fertigkeiten, die Sie in Ihrem Beruf weiterbringen würden – zu welchem Zeitpunkt würden Sie dieses Wissen erwerben wollen? Am 1. Januar oder am 31. Dezember, nächstes Jahr oder in fünf Jahren? Natürlich so schnell wie möglich, damit Sie es für Ihr Leben und zum Erreichen Ihrer Ergebnisse nutzen können.

Alles, was eine Führungskraft ausmacht – Schlüsselbereiche und Leistungsstandards festzulegen, Prioritäten zu setzen, sich als Vorbild zu betrachten, alles daranzusetzen, um Produktivität und Leistung zu erhöhen, innovativ zu sein, die Mitarbeiter aufzubauen –, all das sind erlernte Fähigkeiten. Es gibt kein Gen für hervorragende Managementqualitäten. Wir müssen uns die entsprechenden Fähigkeiten aneignen. Deshalb erlernen wir sie und wenden sie an, ohne damit gleich die ganze Welt verändern zu wollen.

Schauen Sie sich also an, was Sie in diesem Kapitel gelernt haben, suchen Sie sich den Punkt heraus, der Sie besonders angesprochen hat, und versuchen Sie, diese Anregung für sich zu nutzen. Diesen für Sie nützlichen Punkt dürften Sie ganz leicht herausfinden, denn er wird Sie spontan ansprechen. Sie werden denken: „Ja, das sollte ich auch einmal probieren", oder: „Das sollte ich auch öfter tun." Es handelt sich dann meist um einen persönlichen Schwachpunkt. Suchen Sie sich den entsprechenden Punkt heraus und arbeiten Sie daran. Und suchen Sie sich zunächst wirklich nur einen einzigen Punkt heraus. Wenn Sie sich wenigstens eine Sache zu Herzen nehmen, ist es sehr wahrscheinlich, daß Sie nach und nach noch andere Anregungen aufgreifen werden. Wenn Sie jedoch nicht einmal einen einzigen Punkt für sich zu nutzen versuchen, dann werden Sie im Endeffekt gar nichts verändern. Zögern Sie nicht lange, denn mit Zögern werden Sie nie etwas erreichen.

Was wissen wir über Einkommen? Wenn Sie so sind wie ich, dann möchten Sie, wenn Sie eine gewisse Anzahl von Jahren investieren, auch soviel Geld wie möglich dabei verdienen. Niemand sollte sich mit 25 000 Dollar im Jahr zufriedengeben, wenn er mit ein paar zusätzlichen Qualifikationen und Fähigkeiten, die ihm zu besseren Ergebnissen verhelfen, leicht auf 50 000 oder gar 100 000 Dollar kommen könnte.

Setzen Sie sich also zum Ziel, im Laufe Ihres Lebens soviel wie möglich zu verdienen. Die Höhe des Einkommens richtet sich zu einem großen Teil nach der Ausbildung und Berufserfahrung, die Sie vorweisen können. Jedes Jahr, das man in den USA nach Abschluß der High School in eine formale Ausbildung investiert, schlägt heute mit etwa 10 bis 25 Prozent mehr Jahresgehalt zu Buche.

Neuesten Untersuchungen zufolge verdient ein College-Absolvent, der vier Jahre studiert hat, 52 Prozent mehr als ein High-School-Absolvent. Nehmen wir einmal an, ein High-School-Absolvent kann 2000 Dollar im Monat verdienen, wenn er sich entsprechend anstrengt und einen qualifizierten Job bekommt. Ein College-Absolvent würde also im gleichen Fall 3000 Dollar verdienen. Und wenn Sie sich kontinuierlich weiterbilden, wird sich auch Ihr Einkommen entsprechend erhöhen.

Ich will damit vor allem sagen, daß alles, was ich Ihnen hier vorstelle, erlernbar und fester Bestandteil jeder MBA-Ausbildung ist. Diese Techniken werden von jedem Topmanager überall auf der Welt angewandt, und auch Sie können sich diese Techniken aneignen, indem Sie sich theoretisch damit auseinandersetzen und sie praktisch anwenden – so lange, bis auch Sie bessere Ergebnisse erzielen.

Sie werden bald mehr zum Fortschritt Ihres Unternehmens beitragen können, Sie werden die Einkünfte und den Absatz steigern, die Kosten reduzieren und den Nettogewinn erhöhen, und Sie werden feststellen, daß Ihnen auch Ihre Organisation mehr Respekt und Wertschätzung entgegenbringt.

Dann müssen Sie nicht mehr um eine Gehaltserhöhung bitten. Die besten Leute fragen nie nach einer Gehaltserhöhung, sondern sie bekommen eine Gehaltserhöhung, weil sie so wertvoll sind, daß ihre Vorgesetzten fürchten, sie würden sonst zur Konkurrenz abwandern. Das Wichtigste ist, daß Sie die Grundlagen beherrschen, dann gewinnen Sie auch Ihren persönlichen Superbowl.

Kapitel 20

Nutzung Ihres Potentials

Selbst wenn Sie für den Rest Ihres Lebens mit voller Kraft arbeiten würden, wenn Sie jedes nur erdenkliche Hilfsmittel nutzen würden, um Ihre Fähigkeiten zu erweitern, wären Sie immer noch meilenweit von der Nutzung des gesamten Potentials entfernt, über das ein Mensch verfügt. Die Erkenntnis, daß jeder einzelne von uns ein außerordentliches Potential hat, das wir normalerweise überhaupt nicht nutzen, stellte für mich vor vielen Jahren einen Wendepunkt in meinem Leben dar. Es ist wie eine Art Reservepotential, das wir für irgendeinen Zweck aufheben. Aber ich habe eine gute Nachricht für Sie: Sie können weit mehr an Leistung, Ergebnissen, Befriedigung und Belohnung aus sich herausholen, als Sie je für möglich gehalten hätten, einfach indem Sie von denen lernen, die es vor Ihnen geschafft haben.

In diesem Kapitel geht es darum, wie Sie Ihr Potential voll ausschöpfen können. Ich werde Ihnen dazu einige Konzepte vorstellen, die von den erfolgreichsten und leistungsstärksten Menschen in unserer Gesellschaft eingesetzt werden. Das erste Konzept heißt Schnelligkeit.

Geschwindigkeit

Geschwindigkeit ist in unserer heutigen Zeit äußerst wichtig. Geschwindigkeit bedeutet, daß Sie ein *Gefühl der Dringlichkeit entwikkeln* müssen. Sie müssen handeln, die Dinge in Angriff nehmen, damit vorankommen, schnell sein. Wir wissen heute, daß ein schnelles Tempo der Schlüssel zum Erfolg ist. Die Leute wollen alles möglichst sofort erledigt haben und messen Geschwindigkeit daher einen großen Wert bei.

Sie haben sicher auch schon einmal eine Firma aus den Gelben Seiten herausgesucht und dort wegen einer bestimmten Sache angerufen. Und wenn diese Firma dann sagt: „Wir können uns erst nächste Woche darum kümmern, reicht das?“, dann sagen Sie: „Nein“, legen auf und suchen sich die nächste Firma. Und wenn dieses Unternehmen dann den Auftrag sofort erledigen kann, dann werden Sie auch in Zukunft immer mit ihm zusammenarbeiten und nie mehr bei der ersten Firma anrufen.

Daher sollten Sie immer, wenn jemand etwas von Ihnen will, sagen: „Natürlich, das erledige ich sofort.“ Andere schätzen es, wenn Sie ihre Angelegenheiten als genauso dringlich betrachten wie sie selbst. Suchen Sie also immer nach Möglichkeiten, noch schneller, kostengünstiger und unkomplizierter zu agieren. Suchen Sie nach Wegen, wie Sie Dinge für sich und andere noch zügiger erledigen können. Je schneller Sie sind, desto schneller können Sie handeln und desto mehr Energie haben Sie. Je schneller Sie agieren, desto mehr lernen Sie und desto schneller kommen Sie voran. Je schneller Sie handeln, desto wertvoller sind Sie für andere und desto mehr Selbstachtung haben Sie.

Setzen Sie zur Steigerung Ihrer eigenen Effektivität die Technologie ein. Betrachten Sie Technologien wie Computer, Datenbanken, das Internet usw. nicht als Selbstzweck – viele von uns sind nun einmal technisch nicht besonders begabt –, sondern vielmehr als Mittel zur Zeitersparnis. Machen Sie sich klar, daß jede dieser Technologien entwickelt wurde, um ein bestimmtes Ziel schneller erreichen zu können. Der erste Computerchip hatte 0,3 MIPs oder 300 000 Instruktionen pro Sekunde. Der neueste Pentium Prozessor hat 100 MIPs, also 100 000 000 Instruktionen pro Sekunde. Das ist schon sehr schnell, aber die Sony Playstation, die in vielen Kinderzimmern steht, hat bereits eine Milliarde Instruktionen pro Sekunde. Und alles nur, um schneller zu einem Ergebnis zu kommen.

Wie können Sie neue Technologien für sich nutzen? Wie können Sie Computer, Laptop und Mobiltelefon einsetzen, um die Informationen zu bekommen, die Sie benötigen, und so Ihre Aufgaben schneller zu erledigen? Betrachten Sie die Technologie als Freund, nicht als Feind. Zeit ist die Währung der 90er Jahre. Die erste Frage, wenn man etwas Neues sieht, lautet heute immer: Wie lange dauert das? Wie schnell ist das? Zeit ist heute die universelle Triebkraft, und die Reduzierung, die Minimierung des Zeitaufwandes ist die Triebkraft jeden Fortschritts sowohl in der Technik als auch in der Geschäftswelt. Betrachten und planen Sie daher alles aus dem Blickwinkel des Zeitaufwandes. Wie kann ich etwas noch schneller erledigen? Wie kann ich es besser machen? Wie kann ich für mich und andere Zeit sparen?

Komprimierung

Ein weiterer Schlüssel zur besseren Nutzung Ihres Potentials ist die Komprimierung. Komprimierung bedeutet, daß Sie *mehrere Arbeiten oder Aufgaben zu einer einzigen zusammenfassen.* Ich habe das gerade kürzlich einmal bei mir selbst beobachtet.

Ich war Lebensmittel einkaufen, und als ich nach Hause kam, habe ich den Einkauf erst einmal im Auto liegengelassen und bin ins Haus gegangen. Kurz darauf bin ich wieder hinausgegangen, habe die Sachen aus dem Auto geholt und in die Küche gebracht. Dann habe ich nach der Post geschaut. Daraufhin bin ich wieder in die Küche zurückgegangen, habe die Lebensmittel ausgepackt und die Einkaufstüten weggeworfen. Dann habe ich einige Sachen in den Kühlschrank bzw. den Küchenschrank geräumt, andere habe ich zunächst einmal liegengelassen, weil ich nicht genau wußte, wo ich sie hintun sollte. Später bin ich dann noch einmal in die Küche gegangen und habe endgültig alles weggeräumt. Auf diese Weise habe ich den Zeitaufwand für das Einräumen von Lebensmitteln um 500 Prozent gesteigert, anstatt die Arbeit in *Echtzeit* zu erledigen.

Echtzeit bedeutet, daß Sie mehrere Teilarbeiten oder -aufgaben zu einer einzigen komprimieren und diese dann unverzüglich und in einem Arbeitsgang erledigen. In meinem Falle hieße das, die Lebensmittel einzukaufen, nach Hause zu kommen, alles sofort in die Küche zu bringen, auszupacken und wegzuräumen und zu guter Letzt die Einkaufstaschen wegzuwerfen. Es ist absolut erstaunlich, wieviel Zeit Sie sparen können, wenn Sie Ihre Aufgaben auf diese Art verdichten und in einem Arbeitsgang erledigen.

Lesen Sie Bücher, hören Sie sich Kassetten an und besuchen Sie Kurse. All diese Dinge stellen verdichtete Zeit dar, verdichtetes Geld, verdichtetes Leben. Den meisten Menschen ist heute gar nicht bewußt, daß kontinuierliche Weiterbildung der schnellste Weg ist, um auf ihrem Gebiet an die Spitze zu gelangen. Das in solchen Büchern, Kassetten und Kursen enthaltene Wissen zu erwerben, hat andere Leute manchmal Hunderte von Stunden und Tausende von Dollar gekostet, aber jetzt ist es in dieser komprimierten, leicht verdaulichen Form für Sie vorhanden.

Oft benötigt eine Person 20 oder 30 Jahre Erfahrung im Gegenwert von Hunderten oder gar Tausenden Millionen Dollar, um die wichtigsten Lektionen in einem bestimmten Feld zu lernen, und dann verwendet diese Person zwei, drei, vier oder auch fünf Jahre darauf, das alles in einem Buch oder in einer anderen Form festzuhalten, die Sie dann für ein paar läppische Dollar erwerben können. Und dann sagen manche Leute noch: Dieses Buch oder diese Kassetten kann ich mir nicht leisten. Das ist doch lächerlich. Dieses Buch oder diese Kassette, genau dieser Absatz oder diese Zeile kann Ihnen vielleicht Jahre harter Arbeit ersparen. Die erfolgreichsten Menschen in unserer Gesellschaft sind die, die ständig aus jeder verfügbaren Quelle Neues dazulernen.

Single-handling – Nehmen Sie alles nur einmal in die Hand

Ein weiterer Schlüssel zur optimalen Ausnutzung Ihres Potentials ist das *Single-handling*. Single-handling bedeutet, daß Sie jeweils nur eine einzelne Aufgabe, ruhig auch eine umfangreiche Aufgabe, in Angriff nehmen und auch zu Ende bringen. Sie müssen so etwas wie einen *Abschlußzwang* entwickeln, ein starkes Bestreben, etwas fertigzustellen. Anstatt eine einmal angefangene Tätigkeit zwischendurch liegenzulassen, etwas anderes zu erledigen, wieder zu dieser Aufgabe zurückzukommen und sie dann nochmals zu unterbrechen, sollten Sie sich zwingen, ein Projekt am Stück durchzuziehen.

Manchmal kostet es große Überwindung, stundenlang an einer Sache weiterzuarbeiten, aber jedesmal, wenn Sie eine wichtige Aufgabe abgeschlossen haben, werden Sie einen Energieschub verspüren. Ihre Selbstachtung steigt; Sie fühlen sich stark und sind bereit für noch größere Aufgaben. Single-handling ist eine der wirksamsten Zeitmanagement-Methoden, die jemals entwickelt wurde. Bringen Sie daher eine einmal begonnene Arbeit ohne Unterbrechung zu Ende.

Konzentration

Ich muß zugeben, daß Konzentration meine Lieblingstechnik zur optimalen Ausschöpfung meines vorhandenen Potentials ist. Konzentration hängt eng mit Single-handling zusammen. Es bedeutet, daß Sie die 80/20-Regel anwenden: Welche 20 Prozent meiner Handlungen machen 80 Prozent meiner Ergebnisse aus? Konzentrieren Sie sich auf die Projekte, die den größten Wert erzielen. Ihre Fähigkeit zur Konzentration auf die Aufgaben mit dem höchsten Wert entscheidet über Ihren Erfolg oder Mißerfolg.

Wenn Sie sich einmal die Gewinner und Verlierer in unserer Gesellschaft anschauen, werden Sie feststellen, daß die erfolgreichsten Menschen sich stets auf die wertvollen Aufgaben konzentrieren, während die weniger Erfolgreichen sich mit unwichtigen Dingen aufhalten. Das führt unweigerlich zu einem fatalen Verdrängungsmechanismus: Wenn Sie all Ihre Zeit auf Tätigkeiten von geringem Wert verwenden, bleibt keine Zeit mehr für die Aufgaben mit hohem Wert.

Ihr Beitrag zum Fortschritt Ihres Unternehmens

Jetzt kommt meine Lieblingsfrage, wenn es darum geht, Ihr Leistungspotential voll auszuschöpfen: *Was können Sie – und nur Sie allein – leisten, um Ihr Unternehmen einen entscheidenden Schritt voranzubringen?* Wenn Sie diese Aufgabe nicht wahrnehmen, dann wird es niemand tun. Wenn Sie sich jedoch darum kümmern, dann wird es für Ihr Unternehmen, Ihre Abteilung, Ihre Kunden und sogar für Ihr Leben von großer Bedeutung sein. Es gibt in jedem beliebigen Moment nur eine einzige Sache, zu der nur Sie allein fähig sind und die von entscheidender Bedeutung ist, wenn sie gut ausgeführt wird. Welche Aufgabe ist das für Sie persönlich in diesem Moment? Welche Aufgabe ist es im allgemeinen? Wo können Sie entscheidenden Einfluß nehmen? Diese Frage zu stellen und zu beantworten, ist der Schlüssel zur vollen Ausschöpfung Ihres Potentials und zur Vervielfachung Ihrer Leistung.

Die nächste Schlüsselfrage lautet: *Wofür genau werden Sie bezahlt?* Wenn Ihr Sohn oder Ihre Tochter Sie fragen würde: „Mama, Papa, warum gibt euch die Firma Geld?", was würden Sie antworten? Könnten Sie kurz und prägnant auf die Rückseite Ihrer Visitenkarte schreiben, warum Sie ein Recht auf das Geld haben, das man Ihnen zahlt und das Sie gerne verdienen wollen?

Eine gute Übung hierzu, die ich in Kapitel 19 bereits erwähnt habe, ist, sich vorzustellen, daß Ihr Chef Ihnen eröffnet, Ihr Arbeitsplatz solle gestrichen werden. Sie erhalten jedoch die Möglichkeit, sich als selbständiger Mitarbeiter erneut darum zu bewerben. Dafür müssen Sie jedoch ein Angebot schreiben, in dem Sie darlegen, was Sie in der besagten Position zu tun gedenken, was Ihre Arbeit wert ist, wieviel Geld Sie dafür verlangen, welche Qualitätsstandards Sie anlegen werden, wie lange Sie dafür brauchen werden usw. Ihre Vorgesetzten werden dieses Angebot dann prüfen und überlegen, ob sie es verantworten können, das Geld, das Sie momentan in dieser Position erhalten, für die Leistungen auszugeben, die Sie in Ihrem Angebot klar definiert haben.

Und auch Sie können Ihren Mitarbeitern keinen größeren Gefallen tun, als sich mit ihnen zusammenzusetzen und ihnen diese Fragen zu stellen. Warum stehen Ihre Mitarbeiter auf der Gehaltsliste? Wofür bezahlen Sie sie? Welchen Beitrag leisten sie zur Erreichung der Unternehmensziele, die es Ihnen überhaupt erst ermöglichen, sie zu bezahlen? Jeder einzelne Mitarbeiter muß diese Fragen beantworten können.

Reengineering

Reengineering ist eine weitere wirkungsvolle Methode, um Ihr Potential optimal zu nutzen. Kurz gesagt beinhaltet Reengineering, daß Sie jeden Ihrer Arbeitsschritte analysieren. Sie überlegen, welche Teile Sie vereinfachen, outsourcen oder völlig eliminieren können. Beim Reengineering werden Sie feststellen, daß sich im Lauf der Zeit unzählige überflüssige Einzelschritte in den Arbeitsprozeß eingeschlichen haben.

Ihre Aufgabe besteht darin, diese überflüssigen Schritte zu eliminieren, zu konsolidieren oder zu komprimieren – kurz, alles daranzusetzen, den Zeitaufwand und die Anzahl der Arbeitsschritte zur Erreichung eines bestimmten Zieles so gering wie möglich zu halten. Wie können Sie Ihre Arbeit durch Reengineering effektiver gestalten? Wie läßt sich Ihre Abteilung effektiver organisieren? Wie können Sie Ihr ganzes Unternehmen effektiver organisieren? Wie können Sie Ihr gesamtes Leben effektiver gestalten?

Halten Sie immer Ausschau nach Möglichkeiten, um mit weniger Schritten zu einem Ergebnis zu gelangen. Welche Bereiche Ihrer Arbeit können Sie konsolidieren? Was können Sie ausbauen, damit es andere Bereiche Ihrer Arbeit mit einschließt? Welche Aufgaben können Sie kombinieren, damit sie schneller erledigt werden? Das alles sind entscheidende Denkwerkzeuge – indem Sie diese Fragen stellen und auch beantworten, können Sie Ihre angeborenen Fähigkeiten weitaus besser nutzen.

Restrukturierung

Restrukturierung ist heutzutage in aller Munde. Eine Restrukturierung Ihrer Person und Ihres Lebens setzt strategische Planung voraus. Sie müssen sich hinsetzen, Abstand gewinnen und Ihr Leben, Ihre Arbeit und Ihre Ziele einmal von außen betrachten und dann neue *Prioritäten* für Ihre wichtigsten Aufgaben setzen. Angelegenheiten mit hoher Priorität müssen in größerer Zahl und früher erledigt werden als andere. Dazu müssen Sie natürlich die weniger wichtigen und gänzlich unnötigen Dinge klar erkennen. Solche unwichtigen Angelegenheiten erledigen Sie später und in geringerer Anzahl oder überhaupt nicht.

Bedenken Sie: Um etwas Neues anfangen zu können, muß etwas Altes wegfallen. Warum? Weil Ihr Terminkalender voll ist. Die meisten Manager arbeiten heute mit 110- bis 130prozentigem Einsatz. Sie haben immer zuviel zu tun und zuwenig Zeit. Mit dem einen beginnen können heißt, mit dem anderen aufzuhören. Etwas Neues aufnehmen können heißt gleichzeitig, etwas anderes ablegen zu müssen.

Die wirkungsvollste Technik zur Steigerung Ihrer persönlichen Leistung ist meiner Meinung nach zu entscheiden, welche Tätigkeiten Sie ein für alle Mal streichen können, damit Sie mehr Zeit für die wirklich entscheidenden Dinge haben. Und welche sind das? Schauen Sie sich an, welche Angelegenheiten Sie immer wieder verschieben – das sind die Dinge, die Sie ganz streichen sollten. Solche Angelegenheiten von geringer Priorität bringen Sie bei Ihrer Arbeit kaum voran; Sie sollten sich statt dessen auf die entscheidenden Punkte konzentrieren.

Dazu verrate ich Ihnen eine weitere Schlüsselmethode: Wann immer Sie einem großen Problem oder einer akuten Bedrohung gegenüberstehen, wenn Sie ein wichtiges Ziel oder eine gute Gelegenheit vor Augen haben, dann konzentrieren Sie sich ganz darauf. Richten Sie Ihre gesamte Aufmerksamkeit darauf, lassen Sie sich voll und ganz darauf ein. Die geballte Kraft Ihres Geistes, Ihrer Intelligenz und all Ihrer Fähigkeiten ist das wirksamste Mittel, wenn es darum geht, eine gute Gelegenheit zu erkennen, ein Ziel zu erreichen oder ein Problem zu lösen. Wenn Sie hingegen nur halbherzig darangehen, dann kann es Wochen, Monate oder gar Jahre dauern, bis Sie endlich am Ziel sind.

Reinventing – Altes neu definieren

Reinventing ist eine weitere wirkungsvolle Technik, um Ihr Potential voll auszuschöpfen. Sie sollten sich selbst, Ihre Aufgaben, Ihre Zukunft regelmäßig neu definieren. Manche Leute sagen, man solle sich selbst alle sechs Monate neu definieren. Das bedeutet, daß man sich zurücklehnt, sich und sein Leben betrachtet und sich fragt: In welche Richtung bewege ich mich? Wohin will ich? Was mache ich gerne? Wo kann ich am meisten leisten?

Stellen Sie sich einmal vor, Ihre gesamte Welt würde zusammenbrechen, oder Sie würden ans andere Ende der Welt verschlagen, wo es Ihren gesamten Berufszweig nicht gäbe, und Sie müßten sich für die Zukunft völlig neu orientieren. Was würden Sie anders machen? Was würden Sie besser machen? Was würden Sie auf keinen Fall mehr tun? Worauf würden Sie besonderen Wert legen?

Machen Sie sich bewußt, daß sich die Anforderungen an Wissen und Können in Ihrem Bereich alle drei bis fünf Jahre verdoppeln. Das liegt daran, daß sich die Menge der veröffentlichten Informationen und des publizierten Wissens auf Ihrem Gebiet wie in allen anderen Fachgebieten auch alle drei bis fünf Jahre verdoppelt.

Als ich vor einigen Jahren anfing, Vorträge zu halten, habe ich immer gesagt, der Kenntnisstand verdoppelt sich alle zehn Jahre. Dann waren es nur noch sieben oder acht Jahre, später alle fünf oder sechs Jahre. Inzwischen wächst das Wissen auf einem bestimmten Gebiet alle drei bis fünf Jahre um 100 Prozent. Nächstes Jahr oder übernächstes Jahr hat sich dieser Zeitraum vielleicht schon auf zwei bis drei Jahre verkürzt, und das Jahr danach auf ein bis zwei Jahre.

Bis zum Jahr 2000 wird sich das Wissen jedes Jahr verdoppeln. Das heißt, Sie könnten alles Wissen dieser Welt nehmen und zu einem Stapel auftürmen, so hoch wie ein Bürogebäude mit dreißig, vierzig oder fünfzig Stockwerken. Und ein bis zwei Jahre später könnten Sie einen ebenso hohen Stapel mit dem neuen Wissen, das sich innerhalb dieses Jahres angesammelt hat, daneben stellen.

Was bedeutet das für Sie? Es bedeutet, daß Ihr Wissensstand in rasantem Tempo wachsen muß. Sie müssen Ihre Kenntnisse alle zwei bis drei, alle drei bis vier, alle vier bis fünf Jahre verdoppeln, nur um auf dem laufenden zu bleiben. Aber lediglich auf dem laufenden zu bleiben, heißt noch nicht, daß Sie Fortschritte machen. Fragen Sie sich also: Was muß ich lernen? Was muß ich üben? Was muß ich perfekt beherrschen, um in drei bis fünf Jahren ein führender Vertreter meines Fachs zu sein? Was muß ich perfekt können, um das zu verdienen und das Leben zu führen, das ich mir vorstelle? Wer seine Zukunft nicht plant, der hat auch keine. Daher müssen Sie vor allem entscheiden, in welchem Bereich Sie sich in der Zukunft an die Spitze hocharbeiten wollen, damit Sie Ihr Leben dann so leben können, wie Sie es sich erträumen.

Reorganisation

Eine weitere Methode zur besseren Nutzung Ihres Potentials ist die Reorganisation Ihrer Arbeit und Ihres Lebens. Suchen Sie nach Wegen, wie Sie auf Dauer mehr Energie aus sich herausholen können. Sie könnten beispielsweise Ihre Aufgaben minimieren, indem Sie delegieren und outsourcen. Befreien Sie sich von all den Kleinigkeiten, die einen großen Teil Ihrer Zeit in Anspruch nehmen, damit Sie mehr Zeit für die wirklich entscheidenden Dinge haben. Sie können Ihre Produktivität maximieren, indem Sie Computer und Datenbanken nutzen. Vergessen Sie nicht: Wissen ist Macht. Wissen ist wertvoll. Je mehr Wissen und besondere Fähigkeiten Sie haben – oder sich zumindest zugänglich machen können –, desto wertvoller sind Sie.

Sie können Ihre Erfolgschancen erhöhen, indem Sie Ihr Wissen und Ihre Fähigkeiten erweitern und indem Sie zusätzliche Fertigkeiten erlernen, die Sie zur effektiveren Verwertung Ihrer Fähigkeiten nutzen können. Sie könnten z.B. lernen, vor Publikum zu sprechen, um so mit Ihren Begabungen und Fähigkeiten auch Einfluß auf andere nehmen zu können und andere zu überzeugen. Sie könnten lernen, mit dem Computer umzugehen, damit Sie Zugang zu Datenbanken erhalten. Sie könnten eine Fremdsprache lernen, damit Sie Ihr Unternehmen auch im Ausland vertreten können.

Darauf baut der nächste Punkt auf: *Das Gesetz der Vielseitigkeit* ist eine weitere Form der Potentialausschöpfung. Dieses Gesetz besagt, daß der komplexeste Organismus innerhalb einer Gruppe von Organismen schließlich an die Spitze dieser Gruppe aufsteigen wird. Das heißt, diejenige Person innerhalb einer beliebigen Gruppe von Personen, die über das meiste Wissen verfügt, wird diese Gruppe schließlich anführen.

Das Prinzip der integrierten Intelligenz

Dieses letzte Prinzip besagt, daß diejenige Person, die die meisten Einzelinformationen gleichzeitig integrieren und davon ausgehend eine bestimmte Vorgehensweise festlegen kann, allen anderen voraus ist. Diesem Prinzip zufolge werden Sie um so erfolgreicher sein, je mehr Wissen und Fertigkeiten Sie haben, die Sie bei Ihrer Arbeit einsetzen können. Ihr Wissensschatz ist der Schlüssel zu Ihrer Zukunft, der Schlüssel zur Ausschöpfung Ihres gesamten Potentials. Je mehr Wissen und besondere Fähigkeiten Sie besitzen und je besser Sie diese für Ihr Unternehmen einzusetzen verstehen, desto erfolgreicher werden Sie sein.

Zusammenfassung

Ihr Leben und Ihre Arbeit durch Reengineering umzugestalten ist nicht schwer, denn alles, was Sie dazu brauchen, ist erlernbar. Sie entwikkeln eine bestimmte Fertigkeit, wie beispielsweise Schreibmaschine schreiben, und wenden diese Fertigkeit dann in all Ihren Handlungen an.

Beginnen Sie einfach damit, daß Sie einen beliebigen Prozeß aus Ihrem täglichen Leben nehmen, der scheinbar viel Zeit in Anspruch nimmt und aus vielen Einzelschritten besteht. Erstellen Sie dann eine Liste aller Einzelschritte – und seien sie noch so klein –, die Sie benötigen, um vom Anfang bis zum Ziel zu gelangen.

Dann überprüfen Sie jeden einzelnen Schritt auf der Liste mit der Absicht, 30 Prozent davon im ersten Durchgang zu streichen. Wie können Sie Schritte eliminieren? Als erstes prüfen Sie, welche Teilschritte nicht mehr nötig sind. Als zweites überlegen Sie, welche Schritte ähnlich sind und sich zu einem Schritt zusammenfassen lassen. Kann eine bestimmte Aufgabe auch von einer anstatt von zwei Personen erledigt werden? Kann etwas davon durch Outsourcing an eine andere Firma oder gar an eine Einzelperson abgegeben werden, die es schneller und besser erledigen kann?

Viele Unternehmen sehen sich mit der Tatsache konfrontiert, daß ihre Kunden zwar für die von ihnen angebotenen Produkte und Dienstleistungen bezahlen, nicht aber für all die anderen Arbeiten, die außerdem noch anfallen. Ich gebe Ihnen ein Beispiel: In meinem eigenen Unternehmen, das nicht besonders groß ist, werden die Gehaltsabrechnungen von einer beauftragten Firma erledigt – weil unsere Kunden uns nicht dafür bezahlen, daß wir uns mit Gehaltsabrechnungen beschäftigen. Außerdem gibt es andere Firmen, die auf Gehaltsabrechnungen spezialisiert sind, die 40 Stunden pro Woche nichts anderes tun und es daher schneller und kostengünstiger erledigen können als wir selbst. Überlegen Sie also, wie Sie Aufgaben durch Konsolidierung, Komprimierung, Eliminierung, Outsourcing oder Downsizing so umgestalten können, daß sich die Anzahl der Einzelschritte verringert.

Die Restrukturierung Ihres Lebens und Ihrer Arbeit ist eine weitere unerläßliche Voraussetzung für die optimale Nutzung Ihres Potentials.

Sie sollten alle Ihre Handlungen, alles, womit Sie sich beschäftigen, einmal überdenken und sich fragen, welche dieser Dinge den meisten Wert für Ihr Leben erbringen. Anschließend fragen Sie sich: *Wie kann ich mein Leben so gestalten, daß ich mich mehr mit solchen Angelegenheiten beschäftige, die wichtiger sind und mehr Menschen betreffen, und weniger mit den Dingen, die überhaupt nicht wichtig sind?*

Lassen Sie mich hierzu eine kurze Geschichte erzählen. Ein großes Versicherungsunternehmen stellte einmal fest, daß die Zentrale sechs Wochen brauchte, um die eingesandten Versicherungsanträge der Vertreter zu bearbeiten und einen Versicherungsschein auszustellen. In der Zwischenzeit konnte es sich der neue Kunde schon wieder anders überlegt haben. Die Versicherungsvertreter waren verständlicherweise nicht glücklich mit der Situation, da sie ihr Geld erst bekamen, nachdem der Abschluß bestätigt und bezahlt worden war.

Sie engagierten deshalb einen Fachmann, der den Prozeß von dem Moment an, in dem der Vertreter den Versicherungsantrag ausfüllt, bis zu dem Zeitpunkt, zu dem er den bewilligten Versicherungsvertrag zurückbekommt, unter die Lupe nahm. Er stellte fest, daß der gesamte Prozeß etwa sechs Wochen dauerte und aus 24 Einzelschritten bestand, daß jedoch die Zeit, die zur konkreten Bearbeitung der Versicherungspolice verwendet wurde, nur ganze 17 Minuten betrug. Jemand prüfte den Vorgang und leitete ihn weiter. Ein anderer legte ihn auf einen Stapel und schob ihn beiseite. Der nächste schickte ihn ein Stockwerk höher, dann wieder ein Stockwerk tiefer usw.

Also wurde der gesamte Ablauf neu organisiert. 23 der 24 Arbeitsschritte wurden einer einzigen Person zugewiesen. Nun wurde ein eingeschickter Antrag nur noch von einer Person bearbeitet, und eine zweite Person überprüfte den Vorgang noch einmal. Innerhalb weniger Monate war die Bearbeitungszeit auf 24 Stunden zurückgegangen – und die Versicherungsabschlüsse schnellten in die Höhe. Ich könnte Ihnen noch viele solcher Geschichten erzählen, in denen sich eine unglaubliche Anzahl von nutzlosen, ineffizienten Aufgaben und Handlungen in einen Arbeitsprozeß einschleichen und dort wie Sand im Getriebe wirken.

Wenn Sie in Ihrer Arbeit effektiv sein wollen, müssen Sie *vor allen Dingen Prioritäten setzen.* Fragen Sie die Menschen in Ihrer Umgebung, ob sie bei Ihnen irgendetwas bemerken, das viel Zeit in Anspruch nimmt, aber gar nicht so wichtig ist. Gibt es etwas, worauf Sie sehr viel Zeit verwenden? Gehen Sie z.B. einkaufen, kommen nach Hause, und gehen dann wieder los, um noch etwas anderes zu besorgen? Warum erledigen Sie nicht alle Einkäufe auf einmal? Warum schreiben Sie nicht alle Ihre Briefe in einem Durchgang? Warum machen Sie nicht alle Ihre sportlichen Übungen hintereinander? Warum fassen Sie Ihre Aufgaben nicht zusammen, damit Sie in kürzerer Zeit mehr schaffen?

Ihre vorrangige Aufgabe im Leben muß stets sein, das meiste aus sich herauszuholen. Wie Abraham Maslow sagte: Der einzige Zweck im Leben eines Menschen ist es, alles zu werden, wozu er fähig ist – und das erreichen Sie am besten, indem Sie Ihre Zeit auf Dinge verwenden, die für Ihr Leben und Ihre Arbeit wirklich wichtig sind, und indem Sie diese Dinge schneller, einfacher, besser und effizienter erledigen. Wenn Sie sich das angewöhnen, werden Sie staunen, wieviel mehr Sie schaffen können, wieviel entspannter Sie sein werden, wieviel mehr man Sie respektieren wird, wieviel mehr Geld Sie verdienen werden und wieviel mehr Sie zum Erfolg Ihres Unternehmens beitragen können. Die Voraussetzung ist jedoch, daß Sie bereit sind, etwas zu verändern.

Kapitel 21

Festlegung von Prioritäten

Lassen Sie mich zu Anfang eine Frage stellen: Haben Sie zuviel zu tun? Oder zuwenig? Wann drohte Ihnen das letzte Mal alles über den Kopf zu wachsen? Wenn es Ihnen wie den meisten Managern geht, dann arbeiten Sie unter 110-, 120- oder gar 130prozentigem Einsatz Ihrer Kapazitäten. Sie haben zuviel zu tun und zuwenig Zeit. Sie stehen permanent unter Druck. Jedesmal, wenn Sie eine Sache erledigt haben, sind bereits wieder zwei neue dazugekommen. Deshalb ist es sowohl für Ihre Effektivität im persönlichen Leben als auch für Ihre Effektivität als Manager unerläßlich, daß Sie Prioritäten setzen können. Diese Fähigkeit entscheidet über Erfolg oder Mißerfolg im Leben, sie ist ein Zeichen geistiger Reife.

Entscheiden zu können, was wichtig und was weniger wichtig ist, stellt eine notwendige Voraussetzung für Ihr Glück, Ihren Erfolg und Ihre Leistungsfähigkeit dar, denn allein schon das Gefühl, zuwenig Zeit zu haben, von anstehenden Aufgaben erdrückt zu werden, beeinträchtigt bereits Ihre Effektivität. Wenn dieser Zustand über längere Zeit andauert, kann das sogar gesundheitliche Folgen haben, von Streß und Sorgen bis hin zu Magengeschwüren und totaler Erschöpfung; er kann sich auf Ihre Persönlichkeit und Ihre Leistung auswirken.

Schriftlich festgehaltene Prioritäten, an denen Sie täglich gezielt arbeiten, können jedoch in bezug auf Ihre Leistung und Ihre Effektivität Wunder wirken. Das dritte Gesetz von Murphy besagt, daß Sie jedesmal, wenn Sie eine bestimmte Sache in Angriff nehmen wollen, immer zuerst etwas anderes erledigen müssen. Es gibt immer soviele Dinge zu erledigen. Beginnen wir daher mit dem ersten Grundsatz:

Sie müssen sich entscheiden

Jeder Handlung oder auch jeder Unterlassung einer Handlung – allem, was Sie tun oder nicht tun – liegt eine Auswahl zugrunde. Sie legen fest, was wichtig und was weniger wichtig ist. Der Mensch hat die Möglichkeit, abzuwägen und auszuwählen. Sie wählen jeden Tag, jeden Moment, zwischen Dingen, die Sie als wichtig oder auch weniger wichtig eingestuft haben. Jedesmal, wenn Sie sich für *A* entscheiden, bedeutet das, daß *A* für Sie auf der Grundlage Ihres Wertesystems, Ihrer Persönlichkeit und Ihres Beurteilungsvermögens wichtiger ist als *B*. Sie treffen in jeder einzelnen Minute eine bestimmte Wahl.

Und der entscheidende Punkt ist, daß diese Auswahl, diese Entscheidungen Ihr gesamtes Leben bestimmen. Es ist, als kämen Sie in jeder Minute des Tages an eine Kreuzung, an der Sie entscheiden müssen, in welche Richtung Sie weitergehen. Indem Sie sich jedoch für die eine Richtung entscheiden, fällt die andere Möglichkeit vollends weg. Ihre Fähigkeit, eine kluge Wahl zu treffen, hat bis zum heutigen Zeitpunkt bereits jede Eigenschaft und jeden Aspekt Ihres Lebens bestimmt, und sie wird auch weiterhin die Qualität Ihres tagtäglichen Lebens bestimmen.

Das Gesetz des Entweder-Oder

Das zweite wichtige Prinzip könnte man auch das Gesetz des Entweder-Oder nennen. Etwas tun heißt gleichzeitig, etwas anderes nicht zu tun. Wir verfallen sehr früh in unserem Leben der irrigen Annahme, daß wir alles machen können. Daher werden uns immer mehr Aufgaben übertragen; wir kaufen mehr Bücher, als wir jemals werden lesen können, und mehr Kassetten, als wir uns je anhören können; wir übernehmen weit mehr Verpflichtungen, als wir jemals einlösen können – ohne uns überhaupt bewußt zu sein, daß eine bestimmte Handlung automatisch eine andere ausschließt.

Anstatt eine anstehende Aufgabe direkt anzugehen, sollten Sie sich daher zunächst einmal fragen: Was werde ich nicht tun können, wenn ich diese Aufgabe beginne? Sie sollten die Dinge stets auch aus dieser

Perspektive betrachten. Wenn Sie etwa beschließen, am Wochenende Golf zu spielen, dann beschließen Sie gleichzeitig, diese Zeit nicht mit Ihrer Familie zu verbringen. Wenn Sie sich dafür entscheiden, während Ihres Urlaubs ein Buch zu lesen, dann entscheiden Sie sich gleichzeitig dagegen, diese Zeit für Sport oder Treffen mit guten Freunden zu nutzen.

Jedesmal, wenn Sie sich für eine Sache entscheiden, entscheiden Sie sich gleichzeitig gegen etwas anderes. Es ist wichtig, daß Sie in einem solchen Fall zuerst überlegen, was Ihnen durch eine solche Entscheidung verlorengeht, bevor Sie sich endgültig festlegen.

Stellen Sie unwichtige Dinge zurück

Das dritte Prinzip, das sich aus den beiden ersten ergibt, ist, daß die Festlegung von Prioritäten auch bedeutet, unwichtige Dinge zurückzustellen. Angelegenheiten mit hoher Priorität müssen in größerer Anzahl und früher als andere erledigt werden; unwichtige Dinge sollten Sie hingegen später und auch nur vereinzelt erledigen. Der Knackpunkt dabei ist, daß Sie nur dann genug Zeit für die wichtigen Dinge in Ihrem Leben haben, wenn Sie andere, unwichtig gewordene Dinge fallenlassen.

Zu der Zeit, als ich geheiratet habe, habe ich mich mit allem möglichen beschäftigt und war in den verschiedensten Bereichen aktiv. Ich habe dann aber gemerkt, daß das Eheleben und die Gründung eines Hausstands viel Zeit in Anspruch nehmen. Als unser erstes Kind kam, nahm ich gerade Flugstunden, ging regelmäßig joggen, spielte Racquetball und fuhr ständig zu Tagungen. Aber ich stellte schnell fest, daß mein Kind sehr viel Zeit beanspruchte, also hörte ich mit den Flugstunden auf, ging nicht mehr so oft joggen und schränkte die Tagungsbesuche ein.

Sie müssen sich also fragen: Welche Dinge in meinem Leben, mit denen ich mich derzeit beschäftige, sind unwichtig und würden mir, wenn ich sie aufgeben würde, eine Menge zusätzlicher freier Zeit verschaffen, die ich dann auf wirklich wichtige Dinge verwenden könnte? Und wenn Sie sich nicht sicher sind, fragen Sie andere. Fragen Sie Ihren Chef, Ihren Ehepartner, Ihre Freunde, ob ihnen etwas auffällt, das sehr zeitaufwendig ist und das Sie ohne großen Verlust aufgeben könnten. Sehr oft werden diese Leute Sie sofort auf etwas aufmerksam machen, was Ihnen selbst gar nicht aufgefallen wäre.

Die 80/20-Regel

Eine sehr wichtige Regel, die Ihnen hilft, die richtigen Prioritäten zu setzen, ist die sogenannte 80/20-Regel, die ich schon mehrmals erwähnt habe. Sie stammt von Vilfredo Pareto, einem italienischen Ökonomen, der bereits 1895 sagte, daß man alles in das wenige Wichtige und das viele Triviale aufteilen könne.

Es ist statistisch erwiesen, daß dieser Grundsatz für eine große Anzahl von Fällen zutrifft. Die 80/20-Regel besagt, daß nur 20 Prozent Ihrer Handlungen 80 Prozent des Wertes all Ihrer Handlungen ausmachen. Wenn Sie also eine Liste mit zehn Aufgaben haben, dann sind zwei davon so wertvoll wie die übrigen acht zusammen. Wie können Sie die 80/20-Regel nun für sich nutzen?

Grundsätzlich müssen Sie diese Regel auf alle Lebensbereiche anwenden, und zwar mit Hilfe einer Liste. Alle leistungsstarken Männer und Frauen arbeiten mit Listen. Schauen Sie immer wieder auf Ihre Liste, um zu entscheiden, welcher eine oder welche zwei der Punkte, die Sie dort festgehalten haben, wertvoller sind als alle anderen. Und dann wenden Sie das Prinzip des *kreativen Aufschiebens* an. Es wird Ihnen trotz aller guten Vorsätze nichts anderes übrigbleiben, als bestimmte Dinge aufzuschieben, da Sie zuviel zu tun und zuwenig Zeit haben. Daher sollten Sie grundsätzlich die 80 Prozent Ihrer Vorhaben aufschieben, die nur 20 Prozent Ihres Wertes ausmachen, damit Sie entsprechend mehr Zeit für die entscheidenden 20 Prozent Ihrer Aufgaben haben. Lernen Sie, die richtigen Aufgaben zu verschieben. Stellen Sie die eher zweitrangigen Dinge bewußt und mit voller Absicht zurück.

Von größter Wichtigkeit ist auch, die wichtigen von den dringenden Aufgaben zu unterscheiden. Sortieren Sie Ihre Vorhaben daher nach den Kategorien Dringlichkeit und Wichtigkeit.

Die vier Quadranten des Zeitmanagements

Eine gutes Hilfsmittel für die richtige Einordnung der einzelnen Aufgaben ist, sich ein in vier Quadranten unterteiltes Diagramm vorzustellen. Der erste Quadrant erhält den Namen *Quadrant der Dringlichkeit.* Hier stehen die Aufgaben, die wichtig und dringend sind, die Ihnen unmittelbar im Nacken sitzen. Das sind vielleicht Personen, die Sie kontaktieren müssen, Termine, die Sie wahrnehmen müssen, Aufgaben, die unbedingt erledigt werden müssen, und Verpflichtungen, denen Sie nachkommen müssen. Die meisten Leute verwenden den Großteil Ihrer Zeit auf die Dinge, die in diesen Quadranten einzuordnen sind. Diese Dinge sind grundsätzlich von außen vorgegeben, sie werden von anderen Menschen und externen Verpflichtungen bestimmt. Solche Verpflichtungen stehen beispielsweise in Ihrer Stellenbeschreibung oder ergeben sich aus der Arbeit, die Sie erledigen müssen.

Der zweite Quadrant ist der *Quadrant der Effektivität.* Dort ordnen Sie die Aufgaben ein, die zwar wichtig, aber zeitlich nicht dringend sind. Diese Dinge können Sie aufschieben. Es handelt sich hier üblicherweise um umfangreiche, wichtige Vorhaben, die sich früher oder später in den ersten Quadranten verschieben, weil sie irgendwann dringend werden.

Nehmen Sie z.B. eine Hausarbeit, die Sie für ein Seminar an der Universität schreiben müssen. Der Professor sagt Ihnen gleich zu Beginn des Seminars, daß diese Hausarbeit zu 50 Prozent in Ihre Beurteilung einfließen wird. Da sie also sehr wichtig für Ihre Note ist, sollten Sie sofort mit der Planung und Ausarbeitung dieser Hausarbeit anfangen. Und wann, denken Sie, werden die meisten Hausarbeiten geschrieben? Richtig – kurz vor dem Abgabetermin. Solche Aufgaben werden ein ums andere Mal verschoben, solange sie noch nicht dringend sind. In dem Moment, in dem diese Dinge dann jedoch dringend werden, entscheiden sie nicht selten über Erfolg oder Mißerfolg einer Person oder eines Unternehmens.

Wenn Sie sich vorrangig den Aufgaben in Quadrant zwei widmen, erzielen Sie eine größere Wirkung durch Ihre Anstrengungen. Es sind langfristige Vorhaben von weitreichender Bedeutung, aber sie sind im

Moment nicht dringend. Ist es wichtig oder dringend, daß Sie ein bestimmtes Buch lesen, um Ihre Fähigkeiten zu steigern? Nun, ich würde sagen, es ist nicht unbedingt dringend, aber doch wichtig. Ist es eine Sache von höchster Dringlichkeit, daß Sie Zeit mit Ihrer Familie verbringen? Nein, Sie können das verschieben, aber es ist trotzdem von größter Wichtigkeit, da Ihr persönliches Glück und auch Ihr Erfolg davon abhängen. Je mehr Sie sich mit den Dingen in Quadrant zwei beschäftigen, desto effektiver und wertvoller werden Sie in Ihrer Arbeit.

Der dritte Quadrant ist der *Quadrant der Selbsttäuschung*. Hier stehen Dinge, die zwar dringend, aber nicht wichtig sind, wie z.B. das klingelnde Telefon, Unterbrechungen bei der Arbeit, Leute, die hereinschauen, die Post, Zeitungen, die gelesen werden müssen, Gespräche mit Kollegen usw. Und was machen die meisten Leute? Wenn sie all ihre wichtigen und dringenden Vorhaben aus Quadrant eins erledigt haben, gehen sie zur Entspannung direkt zu Quadrant drei über, wo sie zwar etwas zu tun haben, aber eigentlich doch nichts Wichtiges schaffen. Die Dinge in Quadrant drei beeinflussen das Leben nicht im geringsten.

Ein normaler Angestellter beschäftigt sich heutzutage 50 Prozent seiner Zeit mit Aufgaben aus Quadrant drei, d.h. 50 Prozent der Zeit werden auf Dinge verwandt, die für das Unternehmen vollkommen wertlos sind. Die Hälfte der regulären Arbeitszeit wird mit nutzlosem Schwatzen, privaten Telefongesprächen, verlängerten Mittagspausen, Kaffeetrinken und Zeitunglesen verbracht. Weil sie sich an ihrem Arbeitsplatz befinden, denken die Leute, daß sie auch bei diesen Tätigkeiten arbeiten. In Wirklichkeit leisten sie keinerlei Beitrag für den Erfolg ihres Unternehmens.

Wenn die Leute dann aus Quadrant eins, dem Quadranten der Dringlichkeit, zu Quadrant drei, dem Quadranten der Selbsttäuschung übergegangen sind und dort alles erledigt haben, was denken Sie, machen sie als nächstes? Anstatt sich nun den Aufgaben in Quadrant zwei, dem Quadranten der Effektivität, zu widmen, gehen sie direkt weiter zu Quadrant Nummer vier, wo sie sich mit Dingen beschäftigen, die weder dringend noch wichtig sind.

Quadrant vier ist der *Quadrant der Verschwendung*. Hier verschwendet man seine Zeit. Ganz gleich, wie viele Aufgaben aus Quadrant vier ein Mitarbeiter erledigt, es hat keinerlei Auswirkungen auf die Effektivität des Unternehmens. Nur sehr wenige Menschen sind wirklich effektiv, denn all die anderen sind lediglich sehr beschäftigt und fühlen sich am Ende eines Arbeitstages zwar müde und gestreßt, haben sich aber nicht den wirklich wertvollen Aufgaben gewidmet.

Wie läßt sich nun der konkrete Wert einer bestimmten Aufgabe ermitteln? Der entscheidende Faktor sind die potentiellen langfristigen Konsequenzen dieser Aufgabe. Sie muß etwas Wichtiges, Wertvolles, Entscheidendes bewirken. Wenn Sie also die nächsten 40 Jahre fleißig Kaffeepausen machen, Hunderte und Tausende von Stunden mit Kaffeetrinken verbringen, dann werden Sie vielleicht einer der größten Kaffeepausenexperten der Weltgeschichte, aber es wird Sie nicht voranbringen.

Ordnen Sie die Aufgaben nach ihrer Wichtigkeit

In welcher Reihenfolge sollten Sie bei der Erledigung Ihrer Aufgaben vorgehen? Ich schlage Ihnen folgendes System vor: Zuerst erstellen Sie, wie schon gesagt, eine Liste mit all den Dingen, die Sie erledigen müssen. Dann wenden Sie die von mir so genannte *A-B-C-D-E-Methode* an.

Jedem Punkt auf der Liste wird einer dieser Buchstaben zugeordnet. Eine *Aufgabe der Kategorie A* muß unbedingt erledigt werden, sonst kann das schwerwiegende Konsequenzen haben. Eine *Aufgabe der Kategorie B* ist etwas, das ebenfalls erledigt werden sollte, wobei die Konsequenzen im Falle einer Unterlassung jedoch etwas milder ausfallen; es könnte z.B. einer anderen Person Umstände oder Unannehmlichkeiten bereiten. Als Faustregel gilt, daß Sie niemals eine *B-Aufgabe* in Angriff nehmen sollten, solange noch eine *A-Aufgabe* aussteht. Der Schlüssel zu hoher Effektivität besteht darin, sich völlig auf die *Aufgaben der Kategorie A* zu konzentrieren. Was ist nun, wenn mehrere *Aufgaben der Kategorie A* anstehen? Ganz einfach – numerieren Sie sie in der Reihenfolge ihrer Wichtigkeit durch, also *A1, A2, A3* usw.

Eine *Aufgabe der Kategorie C* ist etwas, worum man sich gerne kümmern würde und das einem Spaß machen würde. Leider ist ihre Erledigung aber eigentlich völlig unerheblich, wie z.B. die fällige Autowäsche oder der Anruf wegen einer Zeitungsanzeige usw. Auch hier gilt wieder die Regel: Nie eine *C-Aufgabe* anfangen, solange noch eine *B-Aufgabe* unerledigt ist.

Bei den *Aufgaben der Kategorie D* steht das D für „delegieren". Delegieren Sie soviel wie möglich an Leute, die auf einer niedrigeren Gehaltsstufe stehen als Sie selbst. Vielen Menschen ist nicht bewußt, daß sie jedesmal, wenn sie einem anderen eine Aufgabe übertragen, eigentlich delegieren. Wenn Sie sich auf dem Heimweg vom Büro beim chinesischen Take-away an der Ecke etwas zu essen holen, dann delegieren Sie das Kochen. Wenn Sie mit Ihrem Auto in die Waschanlage fahren, dann delegieren Sie das Autowaschen. Wenn Sie den Nachbarsjungen Ihren Rasen mähen lassen, dann delegieren Sie Ihre Gartenarbeit. Versuchen Sie stets, durch Delegieren möglichst viel zusätzliche Zeit zu gewinnen, die Sie dann für die wenigen Dinge nutzen können, die nur Sie selbst erledigen können.

Die *Aufgaben der Kategorie E* schließlich müssen eliminiert werden. Streichen Sie alles, was nur irgend geht, damit Sie wiederum mehr Zeit für die wirklich entscheidenden Dinge haben.

Für das Wichtigste ist immer genug Zeit

Sie werden niemals genug Zeit für alles haben, aber immer genug Zeit für das Wichtigste. Ihre Aufgabe besteht also darin, zu entscheiden, was das Wichtigste ist. Dazu können Sie sich vier Fragen stellen.

Erstens: *Welche Ihrer Aktivitäten haben den höchsten Wert?* Welche der Dinge, die Sie tun, sind für Sie persönlich, für Ihr Leben und Ihre Arbeit von größtem Nutzen? Diese Dinge sollten Sie ganz klar vor Augen haben, denn selbst wenn Sie gute Arbeit leisten, nutzt Ihnen das für Ihre Zukunft gar nichts, wenn es sich dabei nur um Aktivitäten von geringem Wert handelt.

Zweitens: *Welches sind die Schlüsselbereiche, in denen Sie Resultate liefern müssen?* Ein Schlüsselbereich, in dem Sie Resultate liefern müssen, ist etwas, das in Ihrer Verantwortung liegt. Es ist meßbar, es muß zu einem Ergebnis führen, und Ihre Effektivität und Ihr Erfolg werden daran gemessen. Hervorragende Leistungen in einem solchen Schlüsselbereich sind für Ihr Fortkommen unerläßlich. Die meisten Leute haben nur drei bis fünf solcher Schlüsselbereiche. Was sind Ihre Schlüsselbereiche? Und welcher davon ist am wichtigsten? Was ist das vorrangigste Ziel, das Sie für sich und für Ihr Unternehmen erreichen müssen? Das müssen Sie immer im Auge behalten.

Die dritte Frage kennen Sie bereits aus mehreren vorangehenden Kapiteln: *Warum stehen Sie auf der Gehaltsliste?* Wozu sind Sie eingestellt worden? Ist es auch für Ihre Mitarbeiter klar ersichtlich, wofür sie bezahlt werden?

Die vierte Frage lautet: *Was können Sie, und nur Sie allein, leisten, das Ihr Unternehmen einen entscheidenden Schritt voranbringt, wenn Sie es gut machen?* Das ist eine meiner Lieblingsfragen, wenn es um die Effektivität einer Person geht. Wo würde Ihr Einsatz den größten Nutzen für Ihr Unternehmen bringen? Wenn Sie dort ansetzen und sich ganz darauf konzentrieren, dann werden Sie bald ein sehr wertvoller und sehr effektiver Manager sein.

Konzentrieren Sie sich auf Ergebnisse

In aller Regel wird sich Ihre Bezahlung nach den Ergebnissen richten, die Sie liefern. Wir leben in einer Leistungsgesellschaft, d.h. ein Arbeitsplatz ist heutzutage nichts anderes als die Gelegenheit, ein Resultat liefern zu können, für das wir dann bezahlt werden. Sie müssen daher immer die Frage im Auge behalten, welche Ergebnisse Sie erzielen müssen, um sich ein Leben nach Ihren Vorstellungen leisten zu können. Wie können Sie noch mehr dieser Resultate liefern?

Fragen Sie sich, welche Ergebnisse von Ihnen erwartet werden. Viele Leute sind so auf die Abwicklung ihrer Aufgaben fixiert, daß sie dabei völlig vergessen, daß auch Resultate von ihnen erwartet werden. Sie machen sich mehr Gedanken über die einzelnen Aktivitäten als über das Endergebnis.

Ein Ergebnis ist etwas, das Sie produzieren und das dann für jemand anderen zu einem Input wird. Es ist etwas, das ein anderer verwerten muß, um den Arbeitsprozeß fortzuführen. Zur Steigerung der persönlichen Leistung und Effektivität ist es daher unerläßlich, sich mehr auf das angestrebte Ergebnis als auf die Einzelaktivitäten zu konzentrieren.

Effektives Zeitmanagement

Viele Leute haben das Gefühl, daß sie ständig viel zu tun haben – aber sie täuschen sich. Die goldene Regel in bezug auf Prioritäten lautet: *Geben Sie nie der Versuchung nach, die kleinen Dinge zuerst zu erledigen.* Diese kleinen Dinge vermehren sich wie die Fliegen. Und wenn Sie mit diesen kleinen Dingen erst einmal anfangen, dann werden Sie am Ende eines Arbeitstages nichts Wesentliches geschafft haben. Sie waren sicherlich sehr beschäftigt, aber Sie haben leider nichts Sinnvolles zustande gebracht.

Es hat sich im Zusammenhang mit Zeitmanagement und Prioritäten immer wieder herausgestellt, *daß jeder Mißerfolg auf planloses Handeln zurückzuführen ist.* Anders ausgedrückt: Mit sorgfältiger Planung, den richtigen Prioritäten und einer klaren Bestimmung der wesentlichen Einzelaufgaben wird jede Aktion zum Erfolg führen. Das sind die Voraussetzungen für jeden großen Erfolg sowohl im Berufs- wie auch im Privatleben.

Die Schlüsselfrage für erfolgreiches Zeitmanagement lautet: *Wie kann ich meine Zeit im Moment am sinnvollsten nutzen?* Wenn Sie in der Lage sind, Prioritäten zu setzen, Ihre Aufgaben in die Kategorien *A, B, C, D* und *E* einzuteilen, die Dinge zu bestimmen, die weniger dringend aber doch sehr wichtig sind, die langfristigen Konsequenzen Ihrer Handlungen zu überblicken und dann Ihre Zeit möglichst sinnvoll zu nutzen – dann halten Sie den Schlüssel zur persönlichen Höchstleistung bereits in Händen. Und wenn Sie das auch Ihren Mitarbeitern vermitteln können, werden Sie bald über ein Team verfügen, das mehr leistet, als Sie es sich jemals hätten vorstellen können.

Zusammenfassung

Ihr wichtigstes Kapital ist Ihre Fähigkeit, Geld verdienen zu können, d.h. Ihre Fähigkeit, eine Aufgabe zu bewältigen und Resultate zu liefern. Aber Sie haben grundsätzlich zuviel zu tun und zuwenig Zeit. Wie können Sie also das, was ich oben besprochen habe, nutzen, um die richtigen Prioritäten zu setzen?

Zunächst *erstellen Sie eine Liste mit allen Dingen, um die Sie sich kümmern müssen.* Dann setzen Sie Ihre stärkste Waffe ein – Ihre Denkfähigkeit. Fragen Sie sich mit Ihrer Liste im Hinterkopf: Wenn ich einen Monat auf Geschäftsreise gehen müßte und nur noch Zeit für einen Punkt auf der Liste hätte, welchen Punkt würde ich dann vorher noch erledigen? Diese Aufgabe streichen Sie sich rot an. Wenn Sie Zeit für zwei Dinge hätten, was wäre dann das zweite? Streichen Sie auch das rot an. Am Ende haben Sie Ihre *A1*- und *A2-Aufgaben*, eventuell auch noch *A3* und *A4*.

Wissen Sie, was der größte Schwachpunkt jedes Arbeitsprozesses ist? Wenn wir eine Prioritätenliste erstellt haben, alle Aufgaben durchgegangen sind und entsprechende Termine festgelegt haben, dann erliegen wir oft der Versuchung – sozusagen zum „Aufwärmen" –, noch schnell ein paar Kleinigkeiten zu erledigen, kurz einen Kaffee zu holen, die Zeitung zu lesen oder ein kurzes Telefonat zu erledigen, bevor wir dann die wirklich großen Projekte in Angriff nehmen. Ich kenne das aus eigener leidvoller Erfahrung, denn ich selbst habe jeden Fehler gemacht, den man in bezug auf Zeitmanagement nur machen kann.

Es kann Ihr Leben verändern, wenn Sie *jeden Tag mit dem wichtigsten anstehenden Projekt beginnen.* Machen Sie sich am Abend zuvor eine Liste, markieren Sie die wichtigsten Aufgaben, bereiten Sie Ihre Arbeit und das Arbeitsumfeld vor, und wenn Sie dann morgens ins Büro kommen, gehen Sie frisch ans Werk. Beginnen Sie ohne Umschweife mit dem wichtigsten Projekt und bleiben Sie dabei, bis Sie es zu Ende gebracht haben. Wenn Sie jeden Morgen einen lebenden Frosch verspeisen müßten, dann könnten Sie den Rest des Tages locker angehen, da Sie mit Sicherheit das Unangenehmste, das Ihnen passieren kann, schon hinter sich gebracht haben. Stellen Sie sich Ihre wichtigsten Projekte als diesen lebenden Frosch vor – sie sind unangenehm, schwierig und fordern das Äußerste von Ihnen. Aber wenn Sie wirklich jeden Morgen sofort Ihr schwierigstes Projekt in Angriff nehmen, nicht abschweifen und sich den ganzen Tag nicht ablenken lassen, werden Sie mehr schaffen als Sie es sich jemals hätten vorstellen können.

Es gibt etwas in uns, das uns sagt, daß das Leben lebenswert ist. Ihr Leben ist kostbar, es ist wichtig, und es wird nicht ewig dauern, daher müssen Sie soviel wie möglich aus Ihrem Leben herausholen. Sie kennen sicherlich das Gefühl, wenn Sie sich mit Kleinigkeiten beschäftigen, daß eine innere Stimme Ihnen sagt: Mit dem, was ich hier mache, vergeude ich wertvolle Lebenszeit; das ist nicht die beste Art, um mein einziges, kostbares Leben zu leben.

Deshalb sollten Sie sich mit wertvollen Dingen beschäftigen. Wenn Sie sich selbst disziplinieren – und Selbstdisziplin, Selbstbeherrschung und Selbstkontrolle sind die Voraussetzung, um Prioritäten richtig setzen zu können –, *wenn Sie sich also zwingen, an Aufgaben mit hohem Wert zu arbeiten, dann werden Sie merken, wie Sie immer zufriedener mit sich und Ihrem Leben werden.* Dann sagt Ihre innere Stimme: So mache ich mehr aus meinem Leben. So nutze ich alle meine Kapazitäten und bringe die bestmögliche Leistung. Und Sie werden staunen – je mehr Sie sich auf Ihre wertvollsten Aufgaben, die *A-Aufgaben* konzentrieren, desto eher werden Sie sich auch Ihrer *E-Aufgaben* entledigen, desto leichter wird es Ihnen fallen, die *D-Aufgaben* zu delegieren, und desto besser werden Sie wiederum bei Ihren wichtigsten Aufgaben sein.

Machen Sie sich immer wieder bewußt, daß Sie sich nur durch Lernen und praktisches Anwenden verbessern können. Wenn Sie sich bei den entscheidenden Dingen anstrengen, dann werden Sie nicht nur selbst besser, sondern Sie tragen auch mehr zum Erfolg Ihres Unternehmens bei. Sie erfreuen sich immer größerer Wertschätzung, bekommen mehr Anerkennung, erhalten die entsprechenden Belohnungen, und nicht zuletzt bereiten Sie sich auch darauf vor, in der Zukunft einen größeren Verantwortungsbereich übernehmen zu können.

Ihr Leben wird einen völlig anderen Verlauf nehmen, wenn Sie es schaffen, sich mit der nötigen Selbstdisziplin künftig nur noch denjenigen Dingen zu widmen, die wirklich entscheidend sind. Sobald Sie anfangen, sich vorrangig mit den Aufgaben zu beschäftigen, die nur Sie allein erledigen können, und sich wirklich dazu zwingen, jeden Tag mit diesen Aufgaben zu beginnen und auch dabeizubleiben, wird sich Ihr ganzes Leben ändern. Fragen Sie sich also noch einmal: Welche Aufgabe können derzeit nur Sie allein wahrnehmen, die, wenn sie gut gemacht wird, entscheidende Bedeutung hat? Wie können Sie Ihre Zeit jetzt in diesem Moment am sinnvollsten nutzen?

Kapitel 22

Wahre persönliche Größe

Sie verfügen über enorme Reserven an geistigem Potential, das Sie bisher nie auch nur annähernd voll ausgenutzt haben. Es hat meinem Leben eine entscheidende Wende gegeben, als ich vor einigen Jahren auf diese einfache statistische Angabe stieß: Der normale Durchschnittsmensch nutzt nur etwa zehn Prozent seines Potentials für Effektivität. Als ich mich jedoch näher mit diesem Thema befaßte, stellte sich heraus, daß auch diese Zahl nur eine grobe Schätzung war.

Wir verfügen über hundert Milliarden Gehirnzellen, und nach Angaben des Stanford Brain Institute nutzt der Mensch nur etwa zwei Prozent dieses Potentials. Das bedeutet, wenn Sie und ich auch nur zehn Prozent unseres Potentials einsetzen würden, könnten wir unsere derzeitige Leistungsfähigkeit um 500 Prozent steigern – selbst Einstein hat Untersuchungen zufolge nie mehr als 15 Prozent seines geistigen Potentials eingesetzt, und er war einer der brillantesten Köpfe unseres Jahrhunderts.

In diesem Kapitel werde ich Ihnen zeigen, wie Sie Ihre bisherigen Leistungsgrenzen um ein Vielfaches übersteigen können, indem Sie Ihre geistigen Fähigkeiten aktivieren und so Ihr Potential weit besser ausschöpfen. Ich habe diese Methoden unzähligen Leuten vermittelt und kann Ihnen versichern, daß sie funktionieren. Sie sind vielfach getestet und haben sich als erfolgreich erwiesen. Lassen Sie mich mit einem der wichtigsten Grundsätze oder auch Konzepte für unsere heutige Zeit beginnen – dem Konzept des kleinen, aber feinen Unterschieds.

Der kleine Vorsprung

Dieses Konzept könnte man auch als die Theorie des Erfolgs aufgrund eines kleinen Unterschieds bezeichnen. Es besagt schlicht und einfach, daß geringe Unterschiede im Hinblick auf die Fähigkeiten zu sehr großen Unterschieden im Hinblick auf die Leistung führen. Wenn etwa ein Unternehmen sich in irgendeiner Kleinigkeit auszeichnet, dann setzt es sich dadurch von seinen Konkurrenten ab, die das gleiche Produkt oder die gleiche Dienstleistung auf dem gleichen Markt zum gleichen Preis anbieten, und kann so oftmals erstaunliche Verkaufserfolge verbuchen.

Dieser kleine Vorsprung ist von äußerster Wichtigkeit. Alle erfolgreichen Leute haben solche kleinen Besonderheiten entwickelt, durch die sie sich von anderen unterscheiden. Sie sind in bestimmten Bereichen eben ein kleines bißchen besser als andere. Einer Studie zufolge sind sie in den kritischen Bereichen, die für ihre Kunden und auch für ihre persönliche Leistung von besonderer Bedeutung sind, um etwa drei Prozent besser.

Das folgende Beispiel veranschaulicht diesen Sachverhalt: Ein Pferd, das ein Pferderennen mit einer Nasenlänge gewinnt, erhält als Preis zehnmal soviel Geld wie das Pferd, das als Zweiter ins Ziel kommt. Bedeutet das nun, daß das Siegerpferd, das einen zehnmal so hohen Siegespreis erhält, zehnmal schneller war? Oder ist es wenigstens doppelt so schnell? Keineswegs – es ist lediglich um eine Nasenlänge schneller.

In der Wirtschaft kann ein Unternehmen, das einen Kunden gewinnt und diesen auch langfristig an sich binden kann, Umsatz, Einnahmen, Provision und Gewinn, die ihm durch diesen Kunden zufließen, zu hundert Prozent für sich verbuchen. Heißt das, daß dieses Unternehmen auch um hundert Prozent besser ist als seine Konkurrenten? Nein. Es ist ihnen lediglich eine Nasenlänge voraus. Den minimalen Vorsprung, den Sie Ihren Konkurrenten gegenüber haben, zu erkennen und auszubauen, kann Ihr Leben verändern. Wo sind die Punkte in Ihrem Leben, in Ihrer Karriere, die für Sie einen solchen minimalen Vorsprung bedeuten könnten? Das führt uns zu den sogenannten kritischen Erfolgsfaktoren.

Kritische Erfolgsfaktoren

Wissenschaftliche Untersuchungen an der Harvard-Universität haben ergeben, daß sich alle Aktivitäten eines Arbeitstages, einer Arbeitswoche oder auch eines Arbeitsjahres um lediglich fünf bis sieben dieser kritischen Faktoren oder auch Aktivitäten gruppieren – und in diesen müssen Sie definitiv gut sein, um Erfolg zu haben. Ich habe festgestellt, daß dies dem Pareto-Prinzip ähnelt, das sich auf alle Aktivitäten und Lebensbereiche anwenden läßt.

Der Erfolg von Eltern bei der Erziehung ihrer Kinder beispielsweise wird durch die folgenden kritischen Faktoren bestimmt: Zeit, Geduld, Verständnis, Zuhören können, Einbringen von Emotionen, Hilfestellung, Erziehung usw. Es gibt etwa sieben Dinge, die Sie als Eltern gut beherrschen müssen. Es gibt sieben Dinge, die Sie gut machen müssen, um ein guter Ehemann oder eine gute Ehefrau zu sein. Und es gibt sieben Dinge, in denen Sie gut sein müssen, um als Manager erfolgreich zu sein. Das könnten beispielsweise Planung, Organisation, Stellenbesetzung, Delegieren, Kreativität, Innovation und das Ansetzen gewisser Maßstäbe sein. Sie werden diese Faktoren selbst am besten identifizieren können. Wenn Ihnen das Unternehmen gehört, sind diese Faktoren vielleicht Produktqualität, Dienstleistungen, Distribution, Verwaltung, Leadership-Management, Vertrieb und Marketing.

Sie können jedoch sicher sein, daß Sie erhebliche Probleme bekommen, wenn einer dieser kritischen Faktoren im argen liegt, und zwar aus folgendem Grund. Der kritische Erfolgsfaktor, in dem Sie am schwächsten sind, setzt die obere Grenze für die Verwertung all Ihrer anderen Fähigkeiten und Fertigkeiten. Stellen Sie sich vor, Sie sind in sechs der sieben für Ihren Erfolg entscheidenden Bereiche absolute Spitzenklasse, im siebten sind Sie jedoch schwach – dann wird dieser siebte Bereich Ihrer Leistung Grenzen setzen.

Sie müssen daher zunächst Ihre kritischen Erfolgsfaktoren bestimmen und dann Ihren persönlichen Schwachpunkt erkennen, denn dieser ist in den meisten Fällen die vorrangige Ursache für Streß, Beschwerden, Probleme und Schwierigkeiten. Welcher Bereich auch immer das sein mag, daran müssen Sie arbeiten. Und falls Sie sich nicht sicher sind, wo genau Ihr Schwachpunkt liegt, dann fragen Sie andere. Wenn Sie diesen Bereich in den Griff bekommen, kann das Ihre Leistungsfähigkeit quasi über Nacht verdoppeln, da Sie dann auch alle anderen Fähigkeiten voll einsetzen können.

Fragen Sie sich, welche einzelne Fähigkeit die größte Wirkung für Ihre Zukunft hätte, wenn Sie sie gezielt entwickeln und letztendlich beherrschen würden. Manchmal ist es nur die Verbesserung einer einzelnen Fähigkeit, die Ihnen eine bessere Nutzung all Ihrer anderen Qualitäten ermöglicht und so Ihre Leistungsfähigkeit entscheidend steigert. Welche Fähigkeit könnte das in Ihrem Fall sein?

Die letzte Regel in bezug auf den kleinen Vorsprung und die kritischen Erfolgsfaktoren ist folgende: *Alles zählt.* Eine hervorragende Führungskraft wird nichts als selbstverständlich ansehen. Sie weiß, daß alles eine Bedeutung hat. Malcolm Forbes hat einmal gesagt, „gut genug" sei selten gut genug. Alles zählt. Nicht nur, was Ihrer Meinung nach von Bedeutung sein sollte, sondern alles. Alles, was Sie tun, hilft oder schmerzt. Es vermehrt oder vermindert. Wenn Sie die ganze Welt einmal aus diesem Blickwinkel betrachten, werden Sie sich fast schon automatisch verbessern.

Was sind Ihre Ziele?

Um all Ihre Fähigkeiten beruflich voll zur Geltung bringen zu können, müssen Sie genau wissen, was Sie wollen. Wenn man im Leben Mißerfolge hinnehmen muß und nicht das erreicht, was man hätte erreichen können, ist das meist darauf zurückzuführen, daß man weder eine Richtung noch klare Ziele hat. Sie müssen wissen, wohin Sie wollen. Um das herauszufinden, gebe ich Ihnen hier einige Hilfen.

Ziele lassen sich in drei Hauptgruppen aufteilen, die Sie alle klar vor Augen haben sollten.

Erstens: *Was sind Ihre Ziele im persönlichen und familiären Bereich?* Das sind die Endziele, in deren Dienst Sie alles andere stellen. Sie stellen den Sinn in Ihrem Leben dar. Nietzsche hat gesagt, wenn jemand nur genug Sinnstiftendes in seinem Leben hat, dann kann er fast alle Umstände ertragen. Was wollen Sie für sich selbst und für Ihre Familie hinsichtlich Heim, Auto, Reisen, Zeit und Raum, Urlaub usw. erreichen? Welche Ziele haben Sie in diesen Bereichen? Machen Sie sich diese Ziele ganz klar, denn Ihre Arbeit ist hier nur das Mittel zum Zweck, nicht der Zweck an sich.

Zweitens: *Was sind Ihre Ziele im beruflichen und finanziellen Bereich?* Auf diese Ziele arbeiten Sie hin, um schließlich das zu erreichen, was Ihnen wichtig ist, was Ihrem Leben einen Sinn gibt. Wenn Sie sich über die relative Bedeutung Ihrer beruflichen und finanziellen Ziele im Vergleich zu den persönlichen und familiären Zielen klar werden wollen, dann fragen Sie sich einfach, was Sie tun würden, wenn Sie nur noch sechs Monate zu leben hätten. Ich denke nicht, daß jemand antworten würde, daß er gerne mehr Zeit im Büro verbringen würde.

Wenn Sie nur noch sechs Monate zu leben hätten, wären die Ziele, die Ihrem Leben seinen Sinn geben, ungleich wichtiger. Sie werden jedoch bei der Verwirklichung Ihrer beruflichen und finanziellen Ziele sehr viel motivierter sein, wenn Sie diese übergeordneten, sinnstiftenden Ziele klar vor Augen haben. Worin bestehen nun Ihre beruflichen und finanziellen Ziele? Wieviel wollen Sie heute, nächste Woche, nächsten Monat, nächstes Jahr, in fünf oder zehn Jahren verdienen? Wo wollen Sie dann in Ihrer beruflichen Laufbahn stehen? Und was müssen Sie tun, um dort hinzukommen?

Das bringt uns zur dritten Gruppe von Zielen, und das sind *Ihre Ziele für Ihre persönliche und berufliche Entwicklung*. Diese Gruppe stellt die Art und Weise dar, wie Sie die obengenannten Ziele erreichen können. Hier geht es darum, wie Sie sich, Ihre Fähigkeiten und Fertigkeiten soweit entwickeln, daß Sie Außerordentliches leisten können. Wie sehen diese Ziele aus? Worin müssen Sie hervorragend sein, damit Sie die gewünschten Umstände erreichen und schließlich die Dinge, die Ihrem Leben einen Sinn geben, genießen können?

Schließlich gilt es noch zu fragen, was *der endgültige Hauptzweck* im Hinblick auf all Ihre Ziele ist. Welches ist das Ziel, mit dem Sie gleichzeitig eine größere Anzahl all Ihrer anderen Ziele abdecken können, wenn Sie es erreichen? Frauen und Männer können Großes vollbringen, wenn sie sich über dieses eine entscheidende Ziel völlig im klaren sind und all ihre Energien darauf konzentrieren.

Sie allein sind für Ihr Leben verantwortlich

Der nächste Schritt zur Nutzung all Ihres gesamten Potentials besteht darin, die alleinige Verantwortung für Ihr Leben zu übernehmen. Sie müssen sich klarmachen, daß Sie sich selbst zu dem gemacht haben, was Sie heute sind. Begreifen Sie sich als eigenständigen Unternehmer; sehen Sie sich als Direktor Ihrer eigenen Dienstleistungsfirma; betrachten Sie sich als einen Menschen, der aufgrund seiner eigenen Entscheidungen und aus eigenem Entschluß dorthin gekommen ist, wo er heute steht. Niemand hat Sie dazu gezwungen, es war Ihre eigene Entscheidung. Und wenn Sie damit nicht glücklich sind, dann treffen Sie andere Entscheidungen, mit denen Sie zufrieden sein können.

Wenn Sie für Ihr eigenes Leben verantwortlich sein wollen, dann dürfen Sie keine Ausflüchte suchen und niemand anderem die Schuld geben. Denken Sie an die Worte von Benjamin Disraeli, man solle sich nie beklagen und nie etwas erklären. Keine fadenscheinigen Entschuldigungen. Wenn Sie mit etwas nicht glücklich sind, dann ändern Sie es. Und wenn Sie bereit sind, etwas zu ändern, dann beklagen Sie sich nicht. Souveräne Menschen machen niemals andere für ihre Probleme verantwortlich, sie kritisieren niemand anderen für ihre eigenen Fehler und versuchen nicht, sich herauszureden. Sie gehen einfach vorwärts.

Streben Sie immer nach dem Höchsten

Der nächste Schlüssel zu persönlicher Leistung besteht darin, stets nur nach dem Höchsten zu streben. Seien Sie immer der Beste. Ich habe festgestellt, daß viele Menschen über Jahre hinweg einfach nur Ihre Arbeit erledigen, bis plötzlich etwas passiert, das ihre Welt auf den Kopf stellt, und fortan sind diese Leute fest entschlossen, auf ihrem Gebiet zu den Besten zu gehören.

Dieser Entschluß allein ist bereits der entscheidende Schritt, denn von da an orientieren Sie sich in eine völlig neue Richtung. Sie geben sich nicht mehr mit dem Status quo zufrieden. *Welche Fähigkeit hätte die durchschlagendste positive Wirkung auf Ihr Leben, wenn Sie sie voll nutzen würden?* Welche Fertigkeit würde Ihren Fortschritt und Ihre

Karriere beschleunigen, wenn Sie sie hervorragend beherrschen würden? Nur mit hervorragenden Leistungen können Sie Großartiges erreichen.

Stellen Sie sich eine Leiter vor, deren Seitenteile theoretisches Wissen und bestimmte Fertigkeiten repräsentieren, während jede Sprosse eine hervorragende Leistung darstellt, die Sie auf dem Weg zum Erfolg immer höher und höher aufsteigen läßt. Viele Leute behaupten, daß sie Großes leisten würden, wenn sie nur den richtigen Job hätten. Aber so funktioniert es nicht. Sie müssen vielmehr bei Ihren derzeitigen Aufgaben so gute Arbeit leisten, daß Sie auf dieser Leiter mehr oder weniger hochgezogen werden, weil andere Ihnen aufgrund Ihrer guten Leistungen immer mehr Verantwortung übertragen. Erfolg und High Performance stellen sich automatisch ein, wenn Sie bei allem, was Sie tun, Ihr Bestes geben, und einen Schritt nach dem anderen gehen. Es gibt keinen anderen Weg.

Kaizen heißt die japanische Managementphilosophie zur kontinuierlichen Selbstverbesserung. Versuchen auch Sie, jeden Tag ein kleines bißchen besser zu werden. Suchen Sie sich jeden Tag etwas, das Sie irgendwie verbessern können, das Sie üben können – etwas, das Sie anders machen können –, und mit der Zeit werden sich diese kleinen Verbesserungen zu einer enormen Steigerung Ihrer Gesamtleistung akkumulieren.

Entwickeln Sie Mut und Selbstvertrauen

Ein weiterer Schlüssel zur Maximierung Ihrer persönlichen Leistung sind Mut und Selbstvertrauen. *Nichts ist dem Erfolg hinderlicher als Angst. Angst ist das größte Hindernis auf dem Weg zum Erfolg.* Angst hält uns zurück, und Selbstzweifel lähmen uns mehr als alles andere.

Ich habe in diesem Zusammenhang jedoch eine erstaunliche Entdeckung gemacht, die mein Leben verändert hat. Als junger Mann hatte ich vor allem und jedem Angst. Doch wissen Sie, was ich herausgefunden habe? Alle Menschen haben Angst. Es ist uns ein bißchen peinlich, aber Tatsache ist, daß alle intelligenten Leute auch Ängste haben. Sie wissen, daß es auf dieser Welt Dinge gibt, vor denen man sich fürchten muß.

Und wissen Sie, was der Unterschied zwischen einem Helden bzw. einer Heldin und einem ganz normalen Durchschnittsbürger ist? Was der Unterschied zwischen einem mutigen Menschen und einem Feigling ist? Nun, ein mutiger Mensch überwindet seine Angst. Mutige Menschen tun etwas, obwohl sie Angst davor haben, während ein Feigling zurückweicht oder der Situation aus dem Weg geht; er hofft, daß alles von allein besser wird, steckt den Kopf in den Sand oder leidet still vor sich hin.

Der amerikanische Dichter und Philosoph Ralph Waldo Emerson berichtet von einer Lektion, die er als junger Mann lernte und die sein ganzes Leben veränderte. Er stellte fest, daß man es sich zur Gewohnheit machen muß, gerade die Dinge in Angriff zu nehmen, vor denen man Angst hat. Um glücklich oder erfolgreich sein zu können, darf man nie vor den Dingen zurückschrecken, die man fürchtet. Es liegt allein an uns, ob wir es uns zur Gewohnheit machen, Dinge, die uns Angst machen, anzupacken, oder aber ihnen auszuweichen.

Sie sollten sich angewöhnen, Ihren Ängsten ins Auge zu sehen. Nach meiner Erfahrung ist es weitaus besser, in einer beängstigenden Situation wenn möglich denjenigen Faktor oder diejenige Person zu identifizieren, die einem konkret Angst macht, und sich dann gezielt damit zu befassen. Und je öfter Sie eine bestimmte Verhaltensweise wiederholen, desto eher entwickelt sie sich zu einer festen Gewohnheit – daher können Sie sich mutiges Verhalten genauso angewöhnen wie Feigheit. Dorothea Brande formulierte 1935 einen einfachen Grundsatz, wie Sie sich mutiges Verhalten antrainieren können: Wenn Sie herausgefunden haben, was Sie wollen, dann handeln Sie so, als ob ein Fehlschlag völlig unmöglich sei – dann werden Sie es auch erreichen.

Seien Sie sich selbst und anderen gegenüber ehrlich

Um persönliche Leistung erbringen zu können, müssen Sie absolut ehrlich mit sich selbst und mit anderen sein. *Integrität ist die Grundlage jeder starken Persönlichkeit.* Integrität ist die Eigenschaft, die für einen Leader am wichtigsten ist und die ihm den größten Respekt verschafft. Integer zu sein bedeutet nichts anderes, als zu sich selbst zu stehen. Seien Sie immer ehrlich mit sich selbst.

Souveräne Menschen machen sich nichts vor. Sie können sich selbst objektiv einschätzen; sie kennen ihre Stärken und Schwächen genau; sie blicken den Tatsachen ins Auge. Wenn Sie diese Ehrlichkeit sich selbst gegenüber erreicht haben, dann wenden Sie dieses Prinzip auch im Umgang mit anderen an. Sagen Sie die Wahrheit, leben Sie die Wahrheit. Machen Sie Aufrichtigkeit zu Ihrem Markenzeichen. Sie werden staunen, wie weit Sie damit kommen können.

Umgeben Sie sich mit positiven Menschen

Wenn Sie all Ihre Fähigkeiten optimal zum Einsatz bringen wollen, dann brauchen Sie die richtigen Leute um sich herum. Umgeben Sie sich mit Menschen, die positiv auf Sie wirken. Suchen Sie die Gesellschaft von Menschen, die Erfreuliches zu sagen haben, mit denen Sie gerne zusammen sind, die Sie glücklich machen.

Laut einer von David McClelland an der Harvard-Universität durchgeführten Studie stehen oder fallen Sie zusammen mit Ihrer Referenzgruppe, d.h. den Leuten, mit denen Sie regelmäßig verkehren. Der Einfluß, den Ihre Referenzgruppe auf Ihren Erfolg oder Ihren Mißerfolg hat, kann bis zu 90 Prozent ausmachen. Wie heißt es doch so schön: Sage mir, mit wem du gehst, und ich sage dir, wer du bist.

Wenn Sie aus Ihren zwischenmenschlichen Beziehungen Kraft schöpfen wollen, dann machen Sie einen möglichst großen Bogen um negative Menschen, d.h. um Leute, die Sie demotivieren, die sich immer nur beklagen und andere kritisieren. Distanzieren Sie sich von solchen Leuten. Ihr Leben ist zu kurz, um Zeit mit negativen Menschen zu verbringen.

Werden Sie ein guter Redner

Um Ihre Karriere voranzubringen, müssen Sie ein guter Redner sein. Ein leistungsstarker Manager muß in der Lage sein, vor einer Gruppe von Menschen frei zu sprechen. Gute rhetorische Fähigkeiten sind für Ihre Karriere und Ihr Leben hilfreicher, als Sie vielleicht denken.

Die meisten Menschen haben Angst davor, aufzustehen und vor einer Gruppe von Leuten das Wort zu ergreifen. Diese Angst müssen Sie überwinden, indem Sie sich ihr stellen. Verhalten Sie sich einfach so, als ob ein Mißerfolg schlicht unmöglich wäre. Wieso treten Sie nicht Ihrer örtlichen Toastmaster-Vereinigung bei? Nehmen Sie die Gelben Seiten zur Hand, schlagen Sie die Nummer nach und rufen Sie an, man wird Sie mit Sicherheit zum nächsten Treffen herzlich einladen. Oder belegen Sie einen Dale-Carnegie-Kurs zum Thema Öffentlichkeitsarbeit; dort lernen Sie effektives freies Sprechen innerhalb einiger Wochen. Wofür auch immer Sie sich entscheiden – nur durch Übung können Sie ein guter Redner werden.

Kleider machen Leute

Ein weiterer wichtiger Punkt ist Ihr äußeres Erscheinungsbild. Ihr Image ist von größter Bedeutung, wenn Sie Großes erreichen wollen, denn Sie werden unweigerlich auch nach Ihrem Äußeren beurteilt. Untersuchungen zufolge gehen 95 Prozent des ersten Eindrucks, den andere von Ihnen haben, auf das Konto Ihrer Kleidung. Warum das? Nun, selbst an einem schönen Tag sind 95 Prozent Ihres Körpers von Kleidungsstücken bedeckt.

Mein Rat ist deshalb sehr einfach: Kaufen und lesen Sie mindestens ein gutes Buch zum Thema Kleiderwahl im Geschäftsleben. Die Ergebnisse jahrelanger Untersuchungen stehen Ihnen heute in jedem Buchladen als Taschenbuch zur Verfügung. Besorgen Sie sich einen guten Ratgeber, der Ihnen Tips gibt, wie Sie sich in dieser oder jener Branche zu einem bestimmten Anlaß kleiden sollten, und halten Sie sich daran. Sie werden staunen, wie anders Sie plötzlich von den Leuten, mit denen Sie geschäftlich zu tun haben, aufgenommen und behandelt werden.

Hier noch ein kleiner Tip am Rande: Kleiden Sie sich nicht Ihrer derzeitigen Stellung entsprechend, sondern richten Sie Ihre Kleiderwahl nach der Position aus, die Sie gerne bekleiden möchten. Kleiden

Sie sich so, wie es für eine Position angemessen wäre, die zwei Stufen über Ihrer derzeitigen Stellung steht.

Entwickeln Sie sich persönlich wie beruflich kontinuierlich weiter

Sie müssen sich im persönlichen wie im beruflichen Bereich stetig weiterentwickeln. Diesen Rat kann ich nicht oft genug wiederholen. Lesen Sie jeden Tag eine Stunde in einem Fachbuch oder einer Fachzeitschrift. Wenn Sie nur eine Stunde am Tag für die Weiterbildung auf Ihrem Fachgebiet nutzen, werden Sie nach ein paar Jahren zu den weltweit kenntnisreichsten Spezialisten Ihres Fachs zählen. Hören Sie sich beim Autofahren Fortbildungskurse auf Kassette an. Der Mensch verbringt im Durchschnitt 500 bis 1000 Stunden pro Jahr in seinem Auto. Nutzen Sie diese Zeit zum Lernen.

Nutzen Sie jede Fortbildungsmöglichkeit, die sich Ihnen bietet und leisten Sie harte Arbeit. Mit kontinuierlicher harter Arbeit lenken Sie die Aufmerksamkeit der entsprechenden Schlüsselpersonen am schnellsten auf sich. Fangen Sie morgens ein bißchen früher an, bleiben Sie abends ein bißchen länger und arbeiten Sie ein bißchen härter. Konzentrieren Sie sich auf Ihre wichtigste Aufgabe und arbeiten Sie jede Minute, die Sie an Ihrem Arbeitsplatz sind.

Handeln Sie

Die letzte Schlüsselqualität, über die Sie verfügen müssen, um Großartiges leisten zu können, ist Handlungsbereitschaft. Erledigen Sie etwas, bringen Sie etwas in Ordnung und entwickeln Sie dabei ein Gefühl der Dringlichkeit. Erledigen Sie alles sofort. Alle erfolgreichen Menschen sind *handlungsorientiert.* Wenn Sie hohe Prioritäten setzen, klare Ziele haben, Verantwortung übernehmen, sich ständig verbessern und dazu noch sofort handeln, werden Sie erstaunliche Dinge vollbringen. Geben Sie nicht auf, bevor Sie am Ziel sind. Wenn Sie einmal etwas in Angriff genommen haben, dürfen Sie nie mehr aufgeben.

Zusammenfassung

Sie verfügen über enorme Reserven an Potential, das Sie normalerweise nicht nutzen. Dieses Potential müssen Sie freisetzen. Stellen Sie sich vor, Sie würden alle Lichter im Haus einschalten, anstatt sich nur in einem einzigen erleuchteten Zimmer aufzuhalten. Das zu bewerkstelligen, ist einfacher als Sie denken. Alle Männer und Frauen in der Geschichte, die Außerordentliches geleistet haben, sind so vorgegangen. *Die Voraussetzung ist, daß Sie genau wissen, was Sie wollen.*

Fragen Sie sich daher: *Was sind meine Ziele im persönlichen und familiären Bereich?* Wofür tun Sie eigentlich das, was Sie gerade tun? Wozu stehen Sie jeden Morgen auf? Nur Menschen, die einen Sinn hinter ihrer Arbeit erkennen, können sich auch richtig dafür begeistern; dieser Sinn treibt sie an. Je mehr gute Gründe Sie dafür haben, alles aus sich herauszuholen, desto motivierter und auch konzentrierter werden Sie sein; Sie werden Ihre Zeit besser nutzen und stärker bestrebt sein, sich zu verbessern.

Die zweite Frage, die Sie sich stellen müssen, ist: *Was sind meine Ziele im finanziellen und beruflichen Bereich?* Ich rate meinen eigenen Mitarbeitern immer, sich zu fragen, welche Position sie als nächstes innehaben wollen oder wie ihr nächster beruflicher Schritt aussehen soll. Und fast noch wichtiger ist die Frage, was sie absolut gut beherrschen müssen, um in einer neuen Position oder einer neuen Arbeitsstelle gut verdienen zu können.

Wußten Sie schon, daß jedes Jahr 20 bis 30 Prozent aller Arbeitsstellen wegfallen? 50 Prozent aller Berufstätigen in den USA arbeiten derzeit erst weniger als ein Jahr in ihrer momentanen Stelle. Unsere Kinder werden im nächsten Jahrhundert Berufe ausüben, die es heute noch gar nicht gibt, in Unternehmen, die heute noch nicht existieren. Sie werden Produkte und Dienstleistungen verkaufen, die bis jetzt noch niemand erfunden hat, um Bedürfnisse zu befriedigen, die die Kunden heute noch gar nicht haben. 80 Prozent aller Dinge, die wir in fünf Jahren benutzen werden, gibt es heute so noch nicht, und das heißt, daß unsere Arbeit sich höchstwahrscheinlich auch zu 80 Prozent verändern wird.

Was sind also Ihre beruflichen und finanziellen Ziele? Wenn Sie vorhaben, eine Menge Geld zu verdienen, dann müssen Sie sich folgendes vor Augen halten: Ich habe diesen oder jenen Beruf und will folgendes erreichen. Was müssen Sie besonders gut können, um in Ihrem Beruf soweit voranzukommen, daß Sie das Geld verdienen, das Sie sich vorstellen?

Die dritte Frage lautet: *Was sind Ihre Ziele für Ihre persönliche und berufliche Entwicklung?* Und mit diesen Dingen sollten Sie sich nicht nur einmal im Monat oder gar nur einmal im Jahr befassen, das dürfen nicht nur gute Vorsätze für das neue Jahr sein. Diese Dinge müssen Ihnen vielmehr in Fleisch und Blut übergehen.

Die Bereitschaft, Verantwortung zu übernehmen, ist ein weiterer entscheidender Faktor auf dem Weg zu Ihrer persönlichen Höchstleistung. Souveräne Persönlichkeiten zeichnen sich dadurch aus, daß sie selbst Verantwortung übernehmen und die Schuld nicht bei anderen Personen suchen. Solche Leute sagen sich: Es liegt ganz allein an mir, ob aus einer Sache etwas wird oder nicht. Wenn ich will, daß etwas passiert, dann muß ich es selber in die Hand nehmen. Manche Leute sagen, daß man menschliche Reife erlangt hat, wenn man nicht mehr erwartet, daß Hilfe von außen kommt. Reife ist, wenn man einsieht, daß man die Dinge selbst in die Hand nehmen muß. Der nächste Schritt besteht dann darin, sich die einzelnen Schritte näher zu überlegen.

Sind Sie ein guter Redner? Könnte es für Sie von Nutzen sein, sich in diesem Bereich zu verbessern? Ich habe schon mit sehr vielen Managern gearbeitet, und einer davon erzählte mir kürzlich, daß er nach dem Besuch meines Kurses meinem Rat gefolgt ist und tatsächlich einer Toastmaster-Vereinigung beitrat, um dort einmal wöchentlich seine rhetorischen Fähigkeiten zu trainieren. Nach sechs Monaten konnte er souverän frei sprechen und wurde daraufhin beruflich prompt mit Präsentationen betraut. Als ich ihn nach einem Jahr wiedertraf, erzählte er mir, daß er inzwischen zweimal befördert worden sei, ein eigenes Büro und eine eigene Sekretärin habe, 40 Prozent mehr verdiene als vorher und außerdem zu allen Senior-Board-Meetings eingeladen werde. Er sagte, seine rhetorischen Fähigkeiten haben seine Karriere entscheidend beeinflußt, weil er dadurch sehr viel wertvoller für sein Unternehmen geworden sei.

Wie sieht es mit Ihrem Image aus? *Würden Ihre Kollegen und Vorgesetzten aufgrund Ihres äußeren Erscheinungsbildes sagen: Ich bin stolz darauf, daß diese Person in meinem Unternehmen arbeitet?* Sehr viele talentierte Leute stehen sich selbst im Weg, weil ihnen nicht bewußt ist, wie wichtig das äußere Erscheinungsbild ist.

Im Hinblick auf Ihre fortlaufende persönliche und berufliche Entwicklung sollten Sie sich drei Dinge zu Herzen nehmen, die Ihr Leben verändern könnten. Erstens: *Lesen Sie jeden Tag eine Stunde.* Diese tägliche Stunde wird sich zu einem Buch pro Woche addieren. Ein Buch in der Woche bedeutet 50 Bücher pro Jahr und entsprechend 500 Bücher in zehn Jahren. Ein durchschnittlicher Erwachsener liest lediglich ein Buch pro Jahr. 58 Prozent der Erwachsenen lesen nach der Schule kein einziges Buch mehr. Zweitens: *Hören Sie sich beim Autofahren Kassetten an.* Ein fahrendes Auto, in dem Audiokurse laufen, ist als Lernatmosphäre kaum zu übertreffen. Und drittens: *Nehmen Sie an möglichst vielen Schulungen teil.* Vergessen Sie nicht, daß nur Sie allein dafür verantwortlich sind, wie gut Sie in Ihrem Beruf werden. Halten Sie Ihre Ziele also schriftlich fest, überlegen Sie, was Sie unternehmen müssen, um diese Ziele zu erreichen, und dann fangen Sie an.

Kapitel 23

Verbesserung Ihres Verhandlungsgeschicks

Dr. Howard Gardner von der Harvard-Universität hat vor einigen Jahren ein Buch mit dem Titel *Frames of Mind* veröffentlicht, in dem er die sieben „Intelligenzen" jedes Menschen beschreibt. Eine dieser Intelligenzen ist die sogenannte „soziale Intelligenz" (interpersonelle Intelligenz). Sie bezeichnet die Fähigkeit, mit anderen Menschen auskommen zu können, verhandeln, kommunizieren, überzeugen und interagieren zu können, kurz: in zwischenmenschlichen Beziehungen effektiv zu sein. Gardner weist auch darauf hin, daß die soziale Intelligenz im heutigen amerikanischen Berufsleben am besten bezahlt und am höchsten respektiert wird.

Ein wichtiger Teil der sozialen Intelligenz ist die Fähigkeit, in eigener Sache gut verhandeln zu können. Verhandlungsgeschick ist eine äußerst wichtige Fähigkeit, und wenn Sie diese Fähigkeit gut beherrschen, dann wird sich das auf alle Bereiche ihres Lebens positiv auswirken, denn das ganze Leben besteht aus Verhandlungen.

Sie müssen verhandeln, um im Restaurant einen guten Tisch zu bekommen; sie müssen verhandeln, wenn Sie etwas kaufen oder verkaufen wollen; sie müssen verhandeln, um morgens ins Badezimmer zu kommen.

Die eigentliche Frage in bezug auf Verhandlungsgeschick ist ganz einfach: Sind Sie gut im Verhandeln oder nicht? Manche Leute sagen, daß sie nicht gerne verhandeln. Was sie damit jedoch eigentlich ausdrücken, ist, daß sie nicht besonders gut verhandeln können.

Verhandlungsgeschick ist eine Fertigkeit, die Sie erlernen können, genauso wie Sie auch Lesen und Schreiben oder eine Fremdsprache lernen können. Verhandlungsgeschick läßt sich erwerben, vorausgesetzt, daß Sie mit der richtigen Einstellung an die Sache herangehen: Betrachten Sie Verhandlungen jeglicher Art als ein Spiel. Sie wollen etwas Bestimmtes, Ihre Gegenspieler wollen etwas anderes. Sie müssen mitspielen, und Sie müssen lernen, gut zu spielen. Ihre Fähigkeit, in eigener Sache gut zu verhandeln, entscheidet über Ihren Erfolg in allen Lebensbereichen, und sie entscheidet darüber, was Sie bekommen. Im folgenden nenne ich Ihnen einige Bereiche, in denen Verhandlungsgeschick besonders wichtig ist.

Bereiche, in denen Ihr Verhandlungsgeschick wichtig ist

Sie müssen verhandeln, wenn Sie mehr Geld verdienen oder bessere Zusatzleistungen bekommen wollen. In vielen Unternehmen ist das tatsächliche Gehalt des einzelnen ein Tabuthema, da manche Mitarbeiter eine bessere Bezahlung und bessere Zusatzleistungen ausgehandelt haben als andere. Und da Sie soviel wie möglich verdienen wollen, müssen Sie lernen, wie Sie durch geschicktes Verhandeln wirklich die höchstmögliche Bezahlung für Ihre Leistung herausholen können. Sie müssen verhandeln, wenn Sie die besten Arbeitsbedingungen, die besten Möglichkeiten und Aufstiegschancen für sich erwirken wollen, sonst wird das alles ein anderer bekommen, der vielleicht längst nicht so gut ist wie Sie.

Sie müssen verhandeln, wenn es um die Einstellung, Bezahlung und Beförderung Ihrer eigenen Mitarbeiter geht. Wenn Sie eine Person einstellen, ist das nichts anderes als der Erwerb von menschlichen Ressourcen zu einem möglichst günstigen Preis für Ihr Unternehmen. Daher ist Ihr Verhandlungsgeschick immer auch ein sehr wichtiger Aspekt Ihrer Managementqualitäten.

Insbesondere müssen Sie für Ihr Unternehmen auch beim Ankauf von Produkten, Dienstleistungen oder Räumlichkeiten und Ausstattung sowie in bezug auf Pachten und Mieten möglichst vorteilhafte Bedingungen aushandeln. Sie müssen die besten Verkaufsabschlüsse aushandeln und vor allen Dingen bei Vertragsabschlüssen großes Verhandlungsgeschick beweisen. Die Person mit dem größten Verhandlungsgeschick ist für das Unternehmen ein sehr wichtiger Mitarbeiter, und Sie könnten diese Person sein.

Alles ist Verhandlungssache

Die Grundregel lautet: Alles ist Verhandlungssache. Wo auch immer Sie hinschauen, ob es sich um Preise, Fristen oder Konditionen handelt, alles ist von jemandem so festgesetzt worden. Wenn ein Unternehmen oder eine Organisation einen Preis für ein Produkt festsetzt, dann ist das nichts weiter als eine Schätzung dessen, was auf dem Markt möglich ist. Jedes Sonderangebot und jede Preisreduzierung ist nichts weiter als das Eingeständnis, daß die Schätzung falsch war und somit korrigiert worden ist.

Betrachten Sie einen festgesetzten Preis daher niemals als endgültig, es handelt sich immer nur um einen Schätzwert. Er stellt ein Angebot dar, über das sich verhandeln läßt. Wenn Ihr Verhandlungspartner sagt: „Es tut mir leid, das läßt sich nicht verhandeln“, oder: „Am Preis kann ich nichts ändern“, dann verlangen Sie einfach, mit jemand anderem zu sprechen. Arbeiten Sie sich in der Hierarchie so lange nach oben vor, bis Sie an jemanden geraten, der befugt ist zu verhandeln. Wenn Sie sich vom Verkäufer über den Manager bis zum Direktor oder gar zum Geschäftsinhaber vorarbeiten, werden Sie irgendwann fast immer diejenige Person finden, die die Konditionen ändern kann.

Erfragen Sie sich Ihren Weg zum Erfolg – die Zukunft gehört den Leuten, die sich trauen, Fragen zu stellen. Viele Menschen lassen sich aus Angst vor Zurückweisung oder einer negativen Antwort davon abhalten, zu fragen. Diesen Fehler dürfen Sie nicht machen. Im schlimmsten Fall erhalten Sie ein „Nein“ als Antwort, und dann können Sie immer noch fragen: „Warum nicht?“ So einfach ist das. Wenn Sie etwa fragen, ob ein Preisnachlaß möglich wäre, werden Sie sich wundern, wie schnell Preise fallen können. Man will Sie als Kunden nicht verlieren, deshalb kommt man Ihnen entgegen.

Planung und Vorbereitung

Um erfolgreich verhandeln zu können, müssen Sie allerdings *genau wissen, was Sie wollen.* Sie müssen Ihr Ziel klar vor Augen haben. Fragen Sie sich daher, bevor Sie mit Verhandlungen beginnen, welches Ergebnis Sie in dieser bestimmten Situation anstreben. Fragen Sie sich auch, was Sie bereit sind zu geben, um dieses Ergebnis zu bekommen. Je genauer Sie vorher über diese beiden Punkte nachgedacht haben, desto effektiver werden Sie verhandeln können.

Wenn Sie beispielsweise etwas kaufen oder jemanden einstellen wollen, überlegen Sie sich vorher, wieviel Geld Sie höchstens auszugeben bereit sind. Dann werden Sie nicht einfach überrannt, wenn sich die Zahlen in eine Richtung entwickeln, die außerhalb Ihrer Reichweite liegt. Wenn Sie hingegen selbst etwas verkaufen oder sich um eine Arbeitsstelle bewerben, dann müssen Sie sich überlegen, wieviel Geld Sie mindestens bekommen wollen.

Zum Verhandeln gehört auch das *Aussteigen.* An welchem Punkt, bei welcher oberen oder unteren Grenze würden Sie aus der Verhandlung aussteigen? Wenn Sie sich diesen Punkt vorher überlegt haben, werden Sie beim Verhandeln ungeahnte Stärke entwickeln.

Ich untersuche, lehre und praktiziere Verhandlungstechniken seit 30 Jahren, und ich habe festgestellt, daß der Erfolg einer Verhandlung zu 80 Prozent von der richtigen Vorbereitung abhängt. Machen Sie Ihre Hausaufgaben. Je besser Sie vorbereitet sind, desto größer ist die Wahrscheinlichkeit, daß Sie ein gutes Geschäft machen werden. *Überlegen Sie sich, was die Hauptthemen sind,* die während der Verhandlung zur Sprache kommen werden. Und *was wollen Sie erreichen?*

Wenn es um mehrere verschiedene Punkte geht, sollten Sie wissen, was Ihre Ziele in den einzelnen Bereichen sind. Bei einem Bewerbungsgespräch beispielsweise werden Sie wissen wollen, wie hoch die Bezahlung ist, welche zusätzlichen Leistungen Sie bekommen, welche Aufstiegsmöglichkeiten und welche Zulagen es gibt, wie die Zukunft aussieht, welche Art von Schulungen Sie bekommen usw. Alle diese Punkte müssen vorab verhandelt werden. Sie können Ihren Verhandlungspartner auch fragen, welche Ziele er verfolgt und was er erreichen will. Dann wissen Sie, wo Ihr Gegenüber steht, und können nun Ihrerseits Ihre Intentionen offenbaren.

Als nächstes stellen Sie fest, in welchen Punkten Ihre Vorstellungen auseinandergehen. Bei jeder Verhandlung gibt es Punkte, die unabdingbar sind, und andere, die lediglich wünschenswert sind. Für den einen Verhandlungspartner müssen gewisse Punkte unbedingt erfüllt sein, für den anderen sind wiederum andere Punkte unerläßlich. Daneben gibt es eine Vielzahl von eher nebensächlichen Dingen, die man ganz gerne hätte, die aber nicht so wichtig sind. Machen Sie sich also bewußt, daß nicht alle Verhandlungspunkte das gleiche Gewicht für Sie oder Ihren Verhandlungspartner haben.

Fragen Sie sich, welche Ausgangspositionen die einzelnen Parteien haben. Wovon gehen die betreffenden Personen aus? Es kann durchaus vorkommen, daß die Einstiegsforderungen einer Partei völlig unrealistisch sind. Es gab schon Gewerkschaftsverhandlungen, bei denen anfangs der dreifache Lohn und die Halbierung der Arbeitszeit gefordert wurden, wobei das nur eine Verhandlungsstrategie darstellt. In vielen Fällen sind die Ziele und Erwartungen jedoch recht realistisch, und dann können die Verhandlungen sehr einfach sein. Insbesondere wenn beide Seiten sich vorab entsprechende Gedanken gemacht haben, kommt es meist zu einer Einigung, mit der beide Parteien zufrieden sind.

Eine gute Methode, um sich auf Verhandlungen vorzubereiten, ist der *gedankliche Rollentausch*. Ich nenne das manchmal auch die „Anwaltsmethode", denn angehende Anwälte müssen während ihres Jurastudiums jeden Fall immer zuerst vom Standpunkt der Gegenseite aus darlegen, bevor sie ihre eigene Argumentation ausarbeiten. Nur durch dieses Hineinversetzen in den Gegner ist es ihnen möglich, sich wirklich alle Punkte ins Bewußtsein zu rufen, die die Gegenseite eventuell anführen könnte. Und genauso müssen auch Sie vorgehen. Versuchen Sie, sich den Standpunkt Ihres Gegenübers klarzumachen, bevor Sie Ihre eigene Taktik vorbereiten. Sie werden staunen, wieviel geschickter und schneller Sie während der Verhandlungen reagieren können.

Geschäftliches Verhandlungsgeschick

Bei geschäftlichen Verhandlungen muß die erste Frage immer lauten: *Was ist in diesem Falle wichtig?* Ist es wichtig, das meiste aus einem

Geschäft herauszuholen, da es sich um eine einmalige Sache handelt und Sie die betreffende Person sowieso nie mehr wiedersehen werden? Oder ist es wichtig, einen Geschäftsabschluß zu erreichen, der die Basis für eine langfristige Zusammenarbeit bilden kann? Die besten geschäftlichen Beziehungen entstehen meist dann, wenn Sie Jahr für Jahr bei jedem Geschäft immer wieder mit den gleichen Leuten verhandeln. Dadurch wird eine Basis aus Vertrauen und Respekt geschaffen, was zur Folge hat, daß die geschäftliche Zusammenarbeit sich stetig erweitert und immer unkomplizierter wird.

Die Grundregel für geschäftliche Verhandlungen ist: *Zwei Gewinner oder kein Geschäft.* Sie müssen zu einer Lösung kommen, die für beide Seiten akzeptabel ist, sonst brechen Sie die Verhandlungen ohne Ergebnis ab. Manchmal besteht die ideale Lösung auch darin, daß beide Parteien von ihren anfänglichen Positionen abrücken und sich auf eine völlig andere, dritte Lösung einigen. Im Normalfall müssen Sie sich jedoch darauf einstellen, daß ein Mittelweg gefunden werden muß, der beide Parteien zufriedenstellt. Bei Geschäftsverhandlungen steht die Zusammenarbeit im Vordergrund, nicht die Konkurrenz. Ihre Aufgabe ist es, einen Weg für die Zusammenarbeit zu finden, der zu einer Lösung führt, mit der beide Seiten zufrieden sind, anstatt zu versuchen, die andere Partei zu übertrumpfen.

Der zweite Grundsatz für geschäftliche Verhandlungen lautet: *Kreativität statt Kampf.* Ein kreativer Mensch sucht stets nach Lösungen. Er fragt: „Wie wäre es, wenn wir das so machen würden?“, oder: „Wie wäre es damit als Lösung?“ Ein kämpferischer Mensch hingegen betrachtet eine Verhandlung als eine Art persönliches Duell und setzt alles daran, die andere Person zu besiegen. Wenn Sie selbst kreativ an eine Verhandlung herangehen, die andere Seite dagegen eher zum Kampf neigt, dann werden immer Sie die Oberhand behalten.

Das Ziel geschäftlicher Verhandlungen

Bei Geschäftsverhandlungen sollten zwei Ziele erreicht werden. Erstens: Beide Parteien sind so zufrieden mit dem Ergebnis, daß sie durchaus wieder mit dem gleichen Geschäftspartner zusammenarbeiten würden. Zweitens: Beide Parteien sind gewillt, die getroffenen Vereinbarungen auch einzuhalten. Es hat wenig Sinn, Vereinbarungen zu treffen, mit denen eine der Parteien so unzufrieden ist, daß sie wenig oder gar kein Interesse daran hat, sie auch umzusetzen.

Wirksame Mittel zur Stärkung Ihrer Verhandlungsposition

Hier einige Mittel, die Sie bei einer Verhandlung einsetzen können, um Ihre Position zu stärken. Denn je stärker Ihre eigene Position ist, desto besser wird das Geschäft für Sie ausfallen.

Das erste Mittel ist *Sachverstand.* Sachverstand haben bedeutet, mehr über eine bestimmte Sache zu wissen als jeder andere. Sie haben Nachforschungen betrieben, alles ist überprüft und bestätigt. Sie kennen die Marktverhältnisse. Wenn Sie mit den Verhandlungen beginnen, haben Sie das nötige Hintergrundwissen, und dadurch haben Sie Ihrem Geschäftspartner etwas voraus – insbesondere, wenn dieser sich nicht informiert hat und sozusagen einen „Blindflug“ veranstaltet.

Wenn Sie *die Bedürfnisse Ihres Verhandlungspartners kennen,* stärkt das ebenfalls Ihre Position. Versuchen Sie herauszufinden, warum eine bestimmte Person mit Ihnen ins Geschäft kommen will. Stellen Sie Nachforschungen über die Beweggründe Ihres Gegenübers an. Victor Kiam erzählt, daß ihm einmal eine Firma zum Kauf angeboten wurde. Er forschte nach und fand heraus, daß diese Firma kurz vor dem Bankrott stand – ihm jedoch wurde sie als ein florierendes Unternehmen präsentiert. Der Besitzer wollte zwei Millionen Dollar dafür haben und benahm sich, als ob jeder verrückt sein müsse, der dieses Angebot ausschlug. Kiyam konnte ihn auf 200 000 Dollar herunterhandeln, die Hälfte in bar, den Rest auf zehn Jahre in Raten – und das nur, weil er sich vorher erkundigt hatte.

Um die Absichten Ihres Gegenübers herauszufinden, können Sie auch ganz einfach zu Beginn der Verhandlungen in einem freundlichen Ton fragen, wozu er heute hier ist, und was er gerne als Ergebnis dieser Verhandlungen sehen würde. Oft werden die Leute Ihnen dann offen sagen, wo sie stehen, und Ihnen damit wertvolle Informationen geben, die Sie brauchen, um effektiv verhandeln zu können.

Identifizierung ist eine weitere wirksame Technik beim Verhandeln. Wenn Sie freundlich sind, Herzlichkeit und Einfühlungsvermögen ausstrahlen, wird sich Ihr Verhandlungspartner mit Ihnen identifizieren. Umgängliche, entgegenkommende Menschen haben immer den größten Erfolg bei Verhandlungen. Sie sind sehr einfühlsam und setzen alles daran, zu einem für alle Parteien akzeptablen Ergebnis zu kommen. Der Verhandlungspartner wird die gute Absicht spüren und sich ebenfalls mehr bemühen, die für beide Parteien günstigste Lösung zu finden – eine Lösung mit zwei Gewinnern und keinem Verlierer.

Auch durch *Belohnen und Bestrafen* können Sie Ihre Position verbessern. Zuckerbrot und Peitsche. Geben Sie Ihrem Gegenüber deutlich zu verstehen, daß er gewisse Vorteile erwarten kann, wenn er sich bei der Verhandlung kooperativ zeigt und so ein zufriedenstellendes Ergebnis erzielt werden kann. Genauso deutlich sollte jedoch sein, daß er im gegenteiligen Fall mit gewissen Verlusten rechnen muß. Grundsätzlich wird sich niemand bei Verhandlungen sonderlich bemühen, wenn er nicht damit rechnen muß, daß Sie ihm eventuell auch Schaden irgendwelcher Art zufügen könnten. Sie können jedem Geschäftspartner schaden oder nutzen; wenn Sie ihm daher alle Vor- und Nachteile, die diese Verhandlung nach sich ziehen kann, deutlich machen, werden Sie sehr viel effektiver sein.

Investition ist ein weiterer Schlüsselbegriff für erfolgreiches Verhandeln. Man muß Zeit, Geld und Emotionen in eine Verhandlung investieren. Je mehr Ihr Gegenüber in die Verhandlung investiert hat, desto mehr wird ihm auch daran gelegen sein, zu einem erfolgreichen Abschluß zu kommen. Umgekehrt werden auch Sie selbst um so bestrebter sein, eine akzeptable Lösung zu finden, je mehr Sie investiert haben. Passen Sie in diesem Punkt daher besonders auf. Wieviel die jeweilige Partei investiert hat, bestimmt auch, wie weit sie bei der Verhandlung gehen wird.

Vergessen Sie im Zusammenhang mit Verhandlungsgeschick nie, daß Emotionen Ihnen sowohl nutzen als auch schaden können. Niemand kann emotionslos über etwas verhandeln, das für ihn sehr wichtig ist, deshalb müssen Sie in diesem Bereich besonders auf der Hut sein. Das Verlangen, der Wunsch, etwas Bestimmtes zu erreichen oder zu bekommen, macht einen Großteil dieser Emotionen aus. Die Schlüsselfrage ist: Wie dringend wollen Sie etwas erreichen? Wenn Ihnen sehr viel an etwas gelegen ist, verlieren Sie an Stärke. Und wenn Ihrem Geschäftspartner sehr viel an etwas liegt, dann schwächt das seine Position.

Die Regel lautet demnach: Derjenige, der gefühlsmäßig am stärksten beteiligt ist, hat die schwächste Position in der Verhandlung. Sie müssen immer bereit sein, auszusteigen. Wenn Sie jederzeit bereit sind, auszusteigen, weil Ihnen nicht viel an der Sache liegt, oder wenn Sie zumindest den Anschein erwecken, jederzeit aussteigen zu können, haben Sie eine sehr starke Position.

In einer Verhandlung verschiedene *Alternativen zu entwickeln,* ist ebenfalls sehr wichtig. Je mehr Alternativen Ihnen offenstehen, desto stärker ist Ihre Verhandlungsposition. Je weniger Optionen Sie jedoch haben, desto kleiner ist auch Ihr Verhandlungsspielraum. Machen Sie daher Ihre Hausaufgaben. Entwickeln Sie so viele Optionen wie möglich, damit Ihnen beim Verhandeln bei Bedarf zwei oder drei Ausweichmöglichkeiten offenstehen.

Zeit ist ein entscheidender Faktor bei Verhandlungen. Ein Geschäft, das aus Dringlichkeitsgründen übers Knie gebrochen wird, kann nicht vorteilhaft sein, wie Sie vielleicht aus eigener Erfahrung wissen. Lassen Sie sich von anderen nicht zu einer hastigen Entscheidung drängen. Wenn Ihr Verhandlungspartner behauptet, er müsse bis spätestens morgen wissen, wie Sie sich entschieden haben, dann sagen Sie ihm einfach, wenn er die Antwort bis morgen braucht, dann lautet sie „Nein". Sie werden sehen, wie schnell er dann einlenkt. Jemanden zu einer Entscheidung zu drängen ist nichts weiter als Taktik. Fallen Sie nicht darauf herein. Sie können aber selbstverständlich Ihrerseits versuchen, diese Taktik gegen andere einzusetzen. Fristen sind ein wichtiger Bestandteil des Faktors Zeit. Setzen Sie daher Termine, wo immer Sie können. Wenn ein bestimmter Stichtag vorgegeben ist, wird Ihr Verhandlungspartner sich beeilen müssen, um diese Frist einhalten zu können.

Verzögerung ist eine der wirkungsvollsten Verhandlungsmethoden. Wenn Sie eine endgültige Entscheidung 24 Stunden hinausschieben können, so daß Sie noch einmal darüber schlafen können, oder wenn Sie sie gar um ein Wochenende oder mehrere Tage hinauszögern können, dann wird Ihre Entscheidung letztendlich immer klüger ausfallen, als wenn Sie sie überstürzt hätten treffen müssen. Versuchen Sie bei

Verhandlungen daher stets, soviel Zeit wie möglich zu gewinnen, damit Sie alles in Ruhe überdenken können.

Komplexe Verträge aushandeln

Ich habe selbst viele Geschäfte ausgehandelt, bei denen es um mehrere Millionen Dollar ging. Daher möchte ich Ihnen einen Rat geben, wenn Sie komplexe Vereinbarungen mit einer Vielzahl von verschiedenen Konditionen verhandeln oder wenn Sie Verträge aushandeln.

Regel Nummer eins ist die Sokratische Methode: Kommen Sie überein, was Sie vereinbaren wollen. Gehen Sie mit Ihrem Verhandlungspartner den ganzen Vertrag Paragraph für Paragraph durch; wenn Sie sich über einen Absatz einig sind, sagen Sie: „Damit habe ich keine Probleme, das ist in Ordnung so.“ Wenn Sie zu einem Paragraphen kommen, der von entscheidender Bedeutung ist, sagen Sie: „Diesen Punkt sollten wir im Moment noch zurückstellen, lassen Sie uns später noch einmal darauf zurückkommen.“

Lassen Sie alle strittigen Punkte zunächst beiseite und gehen Sie den Vertrag bis zum Ende durch. Dann fangen Sie noch einmal von vorne an und besprechen nur die strittigen Punkte. Wenn Sie dabei auf eine besonders kritische Frage stoßen, stellen Sie diese wiederum zurück und gehen die restlichen Streitpunkte zunächst bis zum Ende durch. So bleiben zum Schluß lediglich ein oder zwei Fragen übrig. Das ist eine sehr effektive Methode.

Regel Nummer zwei lautet: Verlangen Sie für jedes Zugeständnis, das Sie gewähren, als Gegenwert auch ein Zugeständnis der Gegenseite. Wenn der andere sagt: „Nun ja, wir hätten das aber lieber so“, dann erwidern Sie: „Gut, das läßt sich machen, wenn Sie mir dafür hier entgegenkommen.“ Machen Sie nie ein Zugeständnis, ohne eins zurückzubekommen, denn das wäre allein schon aus psychologischer Sicht ein Nachteil für Sie.

Das Ziel einkreisen und den Gegner überzeugen

Beim Verhandeln gibt es zwei sehr effektive Techniken: *Einkreisen* und *Überzeugen. Die Taktik des Einkreisens* sollten Sie selbst stets anwenden, gleichzeitig jedoch aufpassen, daß die Gegenseite es nicht mit Ihnen versucht. Menschen neigen bei Verhandlungen prinzipiell zu Kompromissen.

Nehmen wir einmal an, Sie wollen gerne 15 Dollar für Ihr Produkt oder Ihre Dienstleistung bekommen. Sie fragen den anderen, wieviel er zu zahlen bereit ist, und er antwortet: „10 Dollar." „Nun, ich dachte mehr an 20 Dollar", erwidern Sie daraufhin. Und normalerweise wird man sich dann in der Mitte treffen, und Sie werden Ihre 15 Dollar bekommen. Diese Taktik, das Ziel langsam einzukreisen, ist äußerst wichtig. Gehen Sie immer so hoch, daß das gewünschte Ergebnis in der Mitte liegt. Fangen Sie mit dem Doppelten von dem an, was Sie sich vorgestellt haben, damit Sie am Ende genau Ihr Ziel erreichen.

Ähnlich läßt sich auch *die Taktik des Überzeugens* anwenden. Sie werden eine erstaunliche Wirkung erzielen, wenn Sie sagen: „Wissen Sie, mit Firma X bin ich kürzlich zu genau den gleichen Konditionen ins Geschäft gekommen", oder: „So verfahren wir grundsätzlich immer." Menschen lassen sich ungeheuer schnell überzeugen, wenn sie wissen, daß andere vor ihnen die gleichen Bedingungen auch schon akzeptiert haben. Wenn allerdings die Gegenseite versucht, diese Taktik bei Ihnen anzuwenden, nehmen Sie sich immer die Zeit, solche Angaben zu überprüfen.

Das Verhandlungsprojekt der Harvard-Universität

Das Verhandlungsprojekt der Harvard-Universität ist derzeit das wichtigste Langzeitprojekt, das sich mit Verhandlungen beschäftigt. Dabei wurden bis jetzt vier Punkte herausgearbeitet. Erstens muß man das Persönliche vom Sachlichen trennen. Brechen Sie eine Verhandlung nie aus persönlichen Gründen ab. Zweitens sollte man die Interessen oder die zugrundeliegenden Bedürfnisse beider Parteien klar identifizieren, bevor man anfängt, darüber zu sprechen, wie man die jeweiligen Ziele erreichen kann. Drittens sollte man vor Beginn der Verhandlung mehrere Alternativen entwickeln, um so eine Vielzahl von Möglichkeiten zur Verfügung zu haben, die alle zum Ziel führen. Und viertens muß man sich auf objektive Kriterien einigen, anhand derer sich überprüfen läßt, ob man wirklich eine gute Lösung gefunden hat.

Nichts ist endgültig

Zum Schluß noch ein wichtiger Punkt: Kein Verhandlungsergebnis ist endgültig. Wenn sich die Informationslage geändert hat, sollten Sie immer versuchen, die Gespräche wieder aufzunehmen. Wenn sich irgendetwas grundlegend verändert hat, fragen Sie nach, ob die Verhandlungen noch einmal aufgegriffen werden können. Sie werden ungeahntes Verhandlungsgeschick an den Tag legen und stets das Bestmögliche für sich herausholen. Sie müssen sich nur bewußt machen, daß das ganze Leben aus lauter Verhandlungen besteht, daß grundsätzlich alles verhandelbar ist und daß das Ganze nur ein Spiel ist. Gehen Sie also aufs Spielfeld und fangen Sie an.

Zusammenfassung

Wie können Sie lernen, so gut zu verhandeln, daß Sie dabei das Bestmögliche für sich herausholen? Ganz einfach – Sie verinnerlichen die Regeln, die ich in diesem Kapitel dargelegt habe, und wenden sie regelmäßig in der Praxis an.

Lassen Sie mich zum Abschluß noch eine kleine Geschichte zum besten geben. Für mich hat einmal eine Empfangssekretärin gearbeitet, die ich zu einem Gehalt von 900 Dollar im Monat eingestellt hatte. Sie war gerade von ihrer vorherigen Firma entlassen worden; dort hatte sie nicht sonderlich gut verdient, so daß diese 900 Dollar schon recht viel Geld für sie bedeuteten. Jedenfalls war sie bereit, für diese Bezahlung zu arbeiten. Nach einiger Zeit machte sie ihre Arbeit so gut, daß ich ihr Gehalt auf 1000 Dollar erhöhte. Sie wurde immer besser, daher habe ich ihr nach drei Monaten noch einmal eine Gehaltserhöhung von 200 Dollar gegeben. Eine Steigerung um ein Drittel innerhalb von drei Monaten, das fand ich schon sehr großzügig von mir.

Zwei oder drei Monate danach kam sie zu mir und sagte, daß sie gerne mit mir über eine Gehaltserhöhung sprechen würde. Ich dachte mir im stillen, daß ich ohne weiteres noch einmal 100 Dollar im Monat dazugeben könnte, dann wäre sie immer noch billiger als eine Vollzeitkraft. Wir vereinbarten also einen Termin für ein Gespräch. Wie ich oben schon sagte: Zeit ist ein entscheidender Faktor bei Verhandlungen. Sie wartete dann einen Zeitpunkt ab, zu dem keine Unterbrechungen zu befürchten waren, damit wir wirklich in Ruhe reden konnten – auch das sollten Sie sich gut merken.

Sie kam in mein Büro, und ich forderte sie auf, mir ihr Problem darzulegen. Sie sagte, sie wolle eine Gehaltserhöhung. „Nun", antwortete ich, „das ist völlig in Ordnung. Sie leisten gute Arbeit und ich habe mir überlegt, daß ich Ihr Gehalt ohne weiteres noch einmal um 100 Dollar im Monat aufstocken kann." Daraufhin sagte sie: „Das ist sehr freundlich von Ihnen, aber es reicht nicht." Ich fragte sie, wie sie das meine, und sie erklärte mir daraufhin, sie erledige inzwischen alle Telefonate und sämtliche Empfangstätigkeiten, sie tippe meinen gesamten Schriftverkehr, sie habe zwei Buchhaltungskurse besucht und führe inzwischen meine Geschäftsbücher. Sie hatte außerdem entsprechende Finanzbuchhaltungsprogramme auf dem Computer installiert, d.h. ich hatte inzwischen eine EDV-Buchhaltung.

Weiterhin hatte sie sich ein wenig umgehört und festgestellt, daß eine Sekretärin mit ihren Qualifikationen in einem Unternehmen von vergleichbarer Größe ohne weiteres 1800 bis 2000 Dollar im Monat verdienen kann. Sie hatte mit zwei Personalvermittlungsagenturen gesprochen, die ihr beide versichert hatten, daß sie ihr mit den Qualifikationen, die sie sich in ihrer jetzigen Position angeeignet hatte, problemlos eine Stelle mit einem Gehalt in dieser Größenordnung vermitteln könnten. Sie wollte nun also ein Gehalt, das zwischen 1800 und 2000 Dollar lag.

Ich war völlig perplex. Sie hatte Nachforschungen angestellt. Sie verfügte über ausgezeichnete Sachkenntnisse in ihrem Beruf. Sie hatte mit anderen gesprochen und sich gründlich vorbereitet. Sie hatte sich genau überlegt, was sie wollte und kannte ihre Mindest- und Höchstgrenzen. Sie saß mir gegenüber, ich schaute sie an, sie schaute mich an. So saßen wir da, ich ein erfahrener Geschäftsmann, und sie eine 23 Jahre alte Sekretärin. Aber wissen Sie was? Sie hatte recht. Sie hatte alles genau richtig gemacht, und sie verließ mein Büro mit einem Gehalt von 1800 Dollar. Ich hatte ihr damit insgesamt eine Gehaltserhöhung von 50 Prozent gegeben, und das nur, weil sie so gut verhandelt und damit das Bestmögliche für sich herausgeholt hatte.

Ich habe Grundstücke und Häuser gekauft und verkauft. Ich habe mit Autos und allen möglichen Geräten gehandelt. Ich kann Ihnen versichern, daß es jedesmal, wenn es irgendwo um Geld geht, für Sie eine Möglichkeit gibt, Ihr Verhandlungsgeschick unter Beweis zu stellen. Gehen Sie daher alle Anregungen durch, die ich in diesem Kapitel besprochen habe. Suchen Sie sich einen Bereich aus, den Sie für eine anstehende Verhandlung verwerten können, und spielen Sie die Situation gedanklich einmal durch.

Gute Vorbereitung ist der Schlüssel zu erfolgreichem Verhandeln. Überlegen Sie sich all Ihre Vorzüge und Vorteile. *Versuchen Sie, Zeit zu gewinnen, um alles in Ruhe überdenken zu können. Entwickeln Sie Alternativen.* Wie auch immer Sie vorgehen, *zeigen Sie bei Verhandlungen nie, wieviel Ihnen an der Sache liegt.*

Meine Sekretärin gestand mir später, daß sie bei unserem Gespräch eigentlich sehr nervös war, doch sie hat es geschickt überspielt. Sie wollte ihre Stelle nicht verlieren, aber sie hatte das Gefühl, daß sie alles auf eine Karte setzen mußte, um ihr Ziel zu erreichen.

Wenn Sie professionell verhandeln; wenn Sie Ihre Vorgehensweise in allen Einzelheiten planen und vorbereiten; wenn Sie analysieren und nachdenken; und wenn Sie wirksame Mittel entwickeln und einsetzen, mit denen Sie Ihre Position stärken können, dann werden Sie staunen, wieviel besser Sie werden. Sie werden sich wundern, wieviel effektiver Sie plötzlich sind. Und wenn Sie dann nach einiger Zeit ein hervorragendes Geschäft nach dem anderen abschließen, werden Sie zu den wertvollsten Leuten in Ihrem Unternehmen gehören. Um das zu lernen, müssen Sie nur die neuen Informationen aufnehmen und dann durch Anwendung solange üben, bis Sie schließlich meisterhaft verhandeln können und stets das Bestmögliche für sich herausholen.

Kapitel 24

Arbeit und Familie im Gleichgewicht

Es ist heutzutage immer wieder ein Thema, wie leicht unser Leben aus dem Gleichgewicht geraten kann. Es ist nicht leicht, die richtige Balance zu halten. Wir bewegen uns ein bißchen in diese Richtung, dann ein bißchen in jene Richtung, und wenn wir nicht aufpassen, geraten wir dabei in allem, was wir tun, ganz schnell aus dem Gleichgewicht. In diesem Kapitel werde ich darauf eingehen, wie Sie Ausgewogenheit in Ihrem Leben erreichen und erhalten können.

Glück und Zufriedenheit sollten Ihr oberstes Ziel im Leben sein

Der erste Grundsatz ist, daß Glück und Zufriedenheit Ihr oberstes Ziel im Leben darstellen sollten.

Schon Aristoteles, der wohl größte Philosoph aller Zeiten, sagte, alles menschliche Handeln sei absichtsvoll in dem Sinne, daß es ein bestimmtes Ziel verfolge. Darüber hinaus war er der Ansicht, daß alle unsere Handlungen immer auch auf etwas ausgerichtet seien, das noch jenseits dieses Ziels liege, und zwar auf die Erreichung des Glücks. Aristoteles fragte sich, wie man sein Leben gestalten müsse, um glücklich zu sein.

Ihr Erfolg als Mensch wird im Grunde nur daran gemessen, inwieweit Sie es schaffen, Ihr eigenes Glück zu finden. Ob Sie Ihr Leben wirklich im Griff haben, erkennt man einzig und allein daran, ob Sie glücklich sind oder nicht. Manche Leute sagen jetzt vielleicht: „Nun, ich bin vielleicht nicht glücklich, aber ich mache andere Menschen glücklich.“ Das halte ich jedoch kaum für möglich. Sie können anderen nichts schenken, was Sie selbst nicht haben. Wenn Sie selbst nicht glücklich sind, dann können Sie auch andere nicht glücklich machen. Wenn Ihnen die Menschen in Ihrer Umgebung wirklich etwas bedeuten, dann ist das beste, was Sie für sie tun können, einfach selbst ein glücklicher Mensch zu sein.

Eine Führungskraft, die mit sich selbst im Einklang ist, schafft damit das für Spitzenleistungen notwendige Arbeitsklima. Ein unglücklicher Chef hingegen unterminiert jegliche Motivation, Effektivität und Freude an der Arbeit. Ihr oberstes Ziel im Leben sollte daher sein, glücklich zu werden.

Was mir persönlich in diesem Zusammenhang sehr geholfen hat, war der Entschluß, keine unglücklichen oder anstrengenden Ereignisse oder Menschen mehr in meinem Leben zu dulden. Meiner Erfahrung nach ertragen wir solche Ereignisse oder Menschen in unserem Umfeld nur, weil wir erwarten, daß alles irgendwann besser wird und sich die Mühe dann gelohnt hat. Aber glauben Sie mir – die Mühe lohnt sich nie.

Fassen Sie also am besten heute noch den Entschluß, glücklich zu sein, und erheben Sie dieses Ziel zum obersten Gebot in Ihrem Leben, denn wenn Sie es nicht tun, wird es auch sonst niemand für Sie tun. Niemand anderem liegt Ihr Glück mehr am Herzen als Ihnen selbst, und niemand sonst weiß deshalb so gut wie Sie selbst, wie Sie es erreichen können.

Die Interaktion mit anderen Menschen bestimmt zu 85 Prozent, ob Sie glücklich sind oder nicht. Wenn Sie sich Ihr Leben einmal näher betrachten, werden Sie feststellen, daß die meisten Ihrer Glückserfahrungen auf freudige Ereignisse oder harmonisches Zusammensein mit anderen Menschen zurückgehen, und daß andererseits der Großteil Ihrer Unzufriedenheit auf Probleme und Schwierigkeiten mit anderen Menschen zurückzuführen ist.

Da Glück demnach hauptsächlich aus einer gelungenen Interaktion mit anderen Menschen entsteht, ist Ihre soziale Kompetenz der entscheidende Faktor. Die Fähigkeit, mit anderen Menschen umgehen zu können, ist in allen Lebensbereichen unerläßlich. Wenn Sie zwar alles erreichen, was Sie sich jemals erträumt haben, aber in Ihren Beziehungen zu Ihren Mitmenschen unglücklich sind, dann werden Sie an nichts richtige Freude haben.

Das richtige Verhältnis von Arbeit und Familie

Schon bei den alten Griechen galt der Leitsatz: *Das rechte Maß in allen Dingen.* Sie müssen das richtige Verhältnis zwischen Ihrer Familie auf der einen und Ihrer Arbeit auf der anderen Seite finden, um wirklich glücklich sein zu können.

Es ist nicht schwer, festzustellen, ob Sie dieses Gleichgewicht gefunden haben. Wenn alles im Gleichgewicht ist, dann sind Sie auch glücklich. Sie sind zufrieden mit sich und Ihrem Leben; Sie haben das Gefühl, alles im Griff zu haben; Sie fühlen sich stark und voller Energie. Sie können nachts gut schlafen und haben eine positive, lockere und freundliche Ausstrahlung.

Wenn Sie hingegen aus dem Gleichgewicht geraten sind, überwiegen negative Empfindungen wie Ärger, Streß und Sorgen, die sich unter Umständen sogar zu gesundheitlichen Problemen wie Verstopfung, Kopfschmerzen und Erschöpfungszuständen ausweiten können. Sie werden immer merken, wenn Sie aus dem Gleichgewicht geraten sind, denn der normale und naturgegebene Zustand ist es, im Einklang mit der äußeren wie auch der inneren Welt zu leben – diese beiden Welten sollten wie Zahnräder ineinandergreifen.

Stellen Sie sich vor, die Reifen Ihres Autos sind nicht richtig ausgewuchtet, d.h. sie befinden sich in einem Ungleichgewicht. Sie schlagen beim Fahren aus, und diese Bewegung wird sich immer mehr verstärken, bis das Rad schließlich abfällt. Ähnlich ergeht es uns. Wenn sich ein Ungleichgewicht zu sehr verstärkt, bekommen wir ernsthafte Probleme mit unserer Familie oder unserer Gesundheit. Die Lösung besteht deshalb in einem ausgewogenen Verhältnis zwischen Arbeit und Familie.

Bleiben Sie Ihren Wertvorstellungen treu

Um ein ausgewogenes Verhältnis zwischen Arbeit und Familie zu erlangen, müssen Sie bei Ihren eigenen Werten anfangen. Was ist wirklich wichtig für Sie? Was bedeutet Ihnen persönlich sehr viel? Leben Sie Ihr Leben in Übereinstimmung mit diesen Werten?

Eine der wichtigsten Fragen, die Sie sich im Leben stellen können, lautet: Was ist in diesem Fall das Wichtigste? Jedesmal, wenn Sie im Beruf oder im Privatleben mit einer Situation konfrontiert sind, die Ihnen Streß verursacht; jedesmal, wenn Sie das Gefühl haben, aus dem Gleichgewicht zu geraten, dann stellen Sie sich diese Frage: Was ist in diesem Fall das Wichtigste? Ist es in dieser Situation am wichtigsten, daß Sie recht behalten? Oder ist es wichtiger, daß Sie ein bestimmtes Ziel erreichen? Müssen Sie Ihre Vorstellungen unbedingt durchsetzen? Mein Freund Jerry Jampolski hat einmal gesagt: „Willst du recht behalten oder willst du glücklich sein?“ Wenn Sie feststellen, daß Sie sich nicht im Einklang mit Ihren Wertvorstellungen befinden, dann fragen Sie sich: Was ist wichtig für mich? Was bedeutet mir sehr viel? Stimmen meine Handlungen, mein Verhalten mit diesen Werten überein?

Nehmen Sie Ihren *idealen Lebensstil* als Ausgangspunkt. Wie müßte Ihr Leben aussehen, damit Sie glücklich sind? Einer der Hauptgründe für Konflikte, Unzufriedenheit und Unausgeglichenheit ist die Diskrepanz zwischen unseren Idealvorstellungen und der Realität. Ärger und Unzufriedenheit im Leben werden in den meisten Fällen durch enttäuschte Erwartungen hervorgerufen.

Setzen Sie sich daher mit den wichtigen Menschen in Ihrem Leben zusammen und fragen Sie: Wie würde unser idealer Lebensalltag für jeden Tag, jede Woche und jeden Monat aussehen? Wie würden wir am liebsten leben, unsere Zeit einteilen, unser Leben und unsere Familie organisieren? Bringt uns unser gegenwärtiges Verhalten diesem Ziel näher oder entfernen wir uns eher davon? Vergleichen Sie Ihre Idealvorstellungen mit Ihrer tatsächlichen Lebensführung und überlegen Sie dann, welche Schritte Sie ab sofort unternehmen könnten, die Sie Ihrem Ideal näherbringen. Von dem Moment an, in dem Sie beginnen, auf Ihr Ideal hinzuarbeiten, werden Sie sich ausgeglichener und glücklicher fühlen.

Gefühle wie Streß, Unzufriedenheit oder gar Angst entstehen, wenn sich Ihre äußeren Handlungen und Ziele – das, was Sie tun, womit Sie Ihre Zeit verbringen, wie Sie Ihr Leben gestalten, wofür Sie Ihr Geld ausgeben – nicht mit Ihren Wertvorstellungen decken. In Übereinstimmung mit seinen Werten zu handeln, völlige innere wie äußere Integrität zu bewahren, ist unerläßlich, um optimale Leistung bringen zu können und um glücklich und gesund zu bleiben.

Wenn Ihre Handlungen nicht mit Ihren Wertvorstellungen zusammenpassen oder ihnen gar zuwiderlaufen, dann werden Sie zwangsläufig unzufrieden sein. Sie werden sich ärgern und unwohl fühlen, unmotiviert, unkonzentriert und gereizt sein. Wenn Sie merken, daß Sie nicht in Bestform sind, sollten Sie wie ein Arzt eine Diagnose stellen und die Ursachen analysieren. Fragen Sie sich, was in dieser Situation für Sie am wichtigsten ist, welche Wertvorstellungen Sie haben und wie Sie Ihre Handlungen und Ziele in Übereinstimmung mit diesen Werten bringen können.

Nutzen Sie Ihre Zeit

Eine weitere Regel lautet: Wenn Sie sich mit einer bestimmten Angelegenheit intensiv befassen, dann haben Sie gleichzeitig weniger Zeit für eine andere. Wenn Sie sich in einem Ungleichgewicht befinden, müssen Sie wie auf einer Wippe mehr Gewicht auf eine Seite verlagern, um die Balance wiederzuerlangen.

Eine der wichtigsten Fragen, die Sie sich demnach stellen können, ist: Womit sollte ich mehr Zeit verbringen, und wo sollte ich Zeit sparen? Wenn Sie sich nicht sicher sind, fragen Sie die Leute in Ihrer Umgebung. Vielleicht sehen sie etwas, womit Sie sich entweder zuviel oder zuwenig beschäftigen und das Sie daher aus Ihrem inneren Gleichgewicht bringt. Manchmal sehen andere Menschen das klarer als Sie selbst. Daher ist es oftmals auch für Ihren Mitarbeiter das beste, wenn Sie ihm sagen, daß er sich vielleicht mehr mit einer bestimmten Sache beschäftigen sollte, oder daß er sich mit einer Sache weniger intensiv befassen sollte, damit er mehr Zeit für etwas anderes hat.

Machen Sie es sich zur Gewohnheit, Zeit als Geld zu betrachten – Zeit mit Geld gleichzusetzen. Wenn Sie arbeiten, tauschen Sie Ihre Zeit gegen Geld, und für dieses Geld kaufen Sie sich Ihren Lebensstil. Fragen Sie sich daher stets, wie Sie Ihre Zeit am besten nutzen können, um Ihre Bedürfnisse optimal zu befriedigen.

Zweck all Ihrer Handlungen ist es, eine höhere Rendite aus Ihrer eingesetzten Energie und Lebenszeit zu erhalten. Wir versuchen, unsere Zeit so zu nutzen, daß wir mehr vom Leben haben. Fragen Sie sich: Investiere ich meine Zeit sinnvoll und bekomme ich die höchstmögliche Gegenleistung für diese Investition? Wenn nicht, wie kann ich in Zukunft Zeit investieren und jeden Tag mehr Zeit dazugewinnen, damit sie ab jetzt mehr Ertrag abwirft?

Hier ist das wunderbarste Wort, das Sie lernen können: *Nein.* Verwenden Sie es so früh und so oft wie möglich. Sagen Sie nein. Wann immer Ihre Zeit so beansprucht wird, daß sie nicht den optimalen Nutzen für Ihr Leben hat, sagen Sie: „Nein, danke" – genauso, wie Sie auch Ihr Geld nur dort anlegen, wo Sie die beste Gegenleistung dafür bekommen. Wenn andere Ihre Zeit in Anspruch nehmen wollen, dann machen Sie sich bewußt, daß Sie mit Ihrer Zeit auch ein Stück Ihres Lebens hergeben.

Um andere Menschen nicht zu verletzen, sollten Sie allerdings nicht einfach „nein" sagen; formulieren Sie es lieber so: „Ich muß darüber nachdenken, ich sage Ihnen dann Bescheid." Später können Sie dann sagen: „Ich habe es mir durch den Kopf gehen lassen, aber ich habe wirklich keine Zeit. Trotzdem vielen Dank, daß Sie an mich gedacht haben." Wachen Sie mit Argusaugen über Ihre Zeit.

Streben Sie nach innerer Ruhe

Einer der wichtigsten Grundsätze, um Erfolg zu haben, ist es, sich innere Ruhe und Ausgeglichenheit zum obersten Ziel zu setzen und all seine Zeit, sein ganzes Leben entsprechend zu organisieren. Das ist wichtiger, als man es sich gemeinhin vorstellt. Seelenfrieden ist das höchste Ziel menschlichen Strebens; alle unsere Handlungen sind auf dieses Ziel ausgerichtet. Seelenfrieden ist das Kernstück jeglichen Glücks, es ist das Gefühl, im Einklang mit sich und der Welt zu sein. Die verschiedenen Religionen, die Psychologie, Philosophie und Metaphysik haben im Grunde nur zum Ziel, unser Denken so zu schulen, daß wir unseren Seelenfrieden finden können. Das Erstaunliche ist, daß Sie höchstwahrscheinlich nie wieder einen Fehler begehen werden, wenn Sie sich das Streben nach diesem Seelenfrieden zum obersten Ziel setzen.

Wenn Sie stets nur so handeln, daß Sie dabei im Einklang mit sich selbst sind, dann werden Sie automatisch immer nur das Richtige tun und sagen. Sie werden unwillkürlich auf Ihre Intuition zurückgreifen. Lassen Sie sich von Ihrer inneren Stimme leiten, sie wird Ihnen sagen, was in einer bestimmten Situation das Richtige ist. Sie werden sehen, daß Ihr Leben immer mehr zu fließen beginnt. Menschen können zu wahrer Größe finden, wenn sie anfangen, auf ihre innere Stimme zu hören. Wenn Sie sich von Ihrer inneren Stimme leiten lassen, dann wird alles zum Vorschein kommen, was in Ihnen steckt – dann wird Ihr Seelenfrieden zum obersten Ordnungsprinzip Ihres Lebens.

Werden Sie sowohl Ihrer Arbeit als auch Ihrer Familie gerecht

Wenn Sie versuchen, Erfolg zu definieren, dann werden Sie letztendlich immer zu dem Ergebnis kommen, daß ein wirklich erfolgreicher Mensch nach außen hin glücklich und innerlich ruhig und ausgeglichen sein muß. Und hier ist der Schlüssel zur Ausgeglichenheit: *Zwei Dinge müssen in Ihrem Leben an oberster Stelle stehen.* Diese zwei Dinge haben höchste Priorität. Das gilt insbesondere für die Zeit, in der Sie gerade eine Familie gründen oder eine Beziehung aufbauen. Denn es nimmt bekanntlich sehr viel Zeit in Anspruch, sich auf andere Menschen einzulassen, und nichts kann diese Zeit in zwischenmenschlichen Beziehungen ersetzen. Konzentrieren Sie sich daher auf zwei Dinge, Ihre Arbeit und Ihre Familie, alles andere ist zunächst zweitrangig. Stellen Sie alles andere zurück, bis Sie den Bedürfnissen Ihrer Arbeit und Ihrer Familie gerecht geworden sind.

Es ist kaum zu fassen, wieviele Menschen unter Streß stehen, weil sie denken, daß sie mindestens zweimal in der Woche Golf spielen müssen, daß sie zum Tennis oder zu einem Clubtreffen gehen müssen, daß sie einem Verband angehören oder sonstigen Aktivitäten nachgehen müssen, und daher ständig versuchen, in immer weniger Zeit immer noch mehr zu unternehmen.

Eine Absolventin einer meiner Kurse, die Direktorin eines 175 000 000-Dollar-Unternehmens schrieb mir einige Zeit später, daß sie ihr ganzes Leben umgekrempelt habe. Sie hatte alle bis auf zwei Posten abgetreten, die sie in verschiedenen Ausschüssen und Komitees bekleidete. Ihr war klar geworden war, daß sie jeden Abend unterwegs war, anstatt die Zeit mit ihrer Familie zu verbringen. Sie sagte, sie widme nun die ganze freigewordene Zeit ihrer Familie, und es gehe ihr dabei sehr viel besser; sie könne sehr viel mehr Einsatz bringen und fühle sich nicht mehr so gestreßt. Sie selbst sei wesentlich leistungsfähiger geworden, und ihre Familie sei auch viel glücklicher als vorher.

Und so schaffen Sie es, sich nur auf zwei Dinge zu konzentrieren.

Bei der Arbeit

Die oberste Regel für Ihr Arbeitsleben lautet: *Nutzen Sie die gesamte Arbeitszeit zum Arbeiten.* Bringen Sie mehr Einsatz, während Sie an Ihrem Arbeitsplatz sind.

Ein Arbeitnehmer arbeitet heute im Durchschnitt 35 Stunden pro Woche. Er wird zwar für 40 oder 42 Stunden bezahlt, aber er arbeitet weniger als noch vor fünf oder zehn Jahren. Wie kann das sein? Sie wissen selbst, daß Sie wirklich die ganze Zeit beschäftigt sind, aber wenn Sie einmal genauer hinschauen, dann dauert es morgens bis etwa 11 Uhr, ehe ein durchschnittlicher Angestellter sich richtig „warmgelaufen" hat, und um halb vier macht er meist schon wieder innerlich Feierabend. Dazwischen liegen Kaffeepausen, ein ausgedehntes Mittagessen, lange Unterhaltungen mit Kollegen, ein Blick in die Zeitung, ein Anruf zu Hause u.v.m. – so sollte Ihr Arbeitstag jedoch *nicht* aussehen.

Wenn Sie an Ihrem Arbeitsplatz sind, dann arbeiten Sie ohne Unterbrechung. Nehmen Sie morgens als erstes Ihr wichtigstes Tagesprojekt in Angriff und hören Sie nicht mit der Arbeit auf, bevor Sie es nicht abgeschlossen haben. Wenn jemand zu Ihnen ins Büro kommt und etwas mit Ihnen besprechen will, dann bitten Sie ihn, später wiederzukommen. Beweisen Sie Selbstdisziplin und Charakterstärke, und lassen Sie sich nicht von der Arbeit ablenken. Sie sollten in Ihrem Unternehmen dafür bekannt sein, am härtesten und produktivsten von allen zu arbeiten.

Das ist ein sehr wichtiger Punkt, denn es ist innerhalb eines Unternehmens allgemein bekannt, wer am härtesten arbeitet. Glauben Sie mir, wenn ein anderes Unternehmen alle Angestellten Ihres Unternehmens zu einem Gespräch bitten und sie fragen würde, wer ihrer Meinung nach am härtesten arbeitet, dann wüßte jeder genau, wen er nennt. Jeder wüßte genau, wer den meisten Einsatz bringt, und auch wer an zweiter, dritter und vierter Stelle steht.

Ich kann Ihnen daher versichern, daß nichts Ihrer Karriere zuträglicher ist, als der Ruf, zu den Leuten zu gehören, die am meisten Einsatz bringen. Und diesen Ruf können Sie sich erwerben, indem Sie Ihre gesamte Arbeitszeit zum Arbeiten nutzen.

Zu Hause

Wenn Sie nach der Arbeit nach Hause kommen, dann *seien Sie voll und ganz für Ihre Familie da.* Wir machen oft den Fehler zu denken, daß wir mit unserer Familie zusammen sind, wenn wir uns nur im gleichen Haus aufhalten. Aber was tun Sie wirklich, wenn Sie zu Hause sind? Sie telefonieren, Sie sehen fern, Sie lesen die Zeitung oder haben vielleicht Besuch.

Wenn Sie bei Ihrer Familie sind, sollten Sie auch voll und ganz für sie da sein. Was bedeutet das im einzelnen? Nun, Sie sollten voll und ganz präsent sein, Sie sollten greifbar sein, sich mit Ihrer Familie befassen. Sie sollten nicht nur anwesend, sondern ansprechbar sein. Wenn Sie sich zu Hause nur vor den Fernseher setzen, könnten Sie genausogut in einem Hotel gleich neben Ihrer Firma übernachten, denn so hat Ihre Familie auch nicht mehr von Ihnen. Schränken Sie daher das Fernsehen, Zeitunglesen und andere Aktivitäten ein, wenn Sie zu Hause sind.

Auch für das Familienleben gilt *das Gesetz des Entweder-Oder*: Sich mit einer Sache zu befassen, bedeutet gleichzeitig, etwas anderes zu unterlassen. Wenn Sie fernsehen, können Sie sich nicht mit Ihrer Familie beschäftigen. Wenn Sie eine Zeitung lesen, können Sie sich nicht mit Ihrem Ehepartner unterhalten. Wenn Sie telefonieren, haben Sie keine Zeit für die wichtigsten Menschen in Ihrem Leben.

Seien Sie deshalb voll und ganz für Ihre Familie da, wenn Sie zu Hause sind. Verbringen Sie längere Zeitintervalle mit den Menschen, die Ihnen am wichtigsten sind. Ich habe festgestellt, daß man solche längeren Zeitintervalle braucht, um Beziehungen zu anderen Menschen erfolgreich aufbauen und aufrechterhalten zu können.

Hier noch ein paar praktische Tips in diesem Zusammenhang. Stellen Sie nicht gleich den Fernseher an, wenn Sie abends nach Hause kommen. Die erste Stunde, in der die Familie abends zusammenkommt, ist *die Stunde der Erholung.* Lassen Sie die Zeitung und die Post liegen, lassen Sie den Fernseher aus und verbringen Sie diese Stunde mit Gesprächen in der Familie. Essen Sie gemeinsam zu Abend, ohne sich von irgendetwas ablenken zu lassen.

Ich gebe Ihnen noch einen weiteren nützlichen Ratschlag mit auf den Weg: Zu Hause zählt die Quantität, bei der Arbeit hingegen die Qualität der Zeit, die Sie dort verbringen. Zu Hause sind es die 30, 60 oder auch 90 Minuten am Stück, die wichtig sind. Bei der Arbeit zählt hingegen mehr, wie Sie die Zeit qualitativ nutzen, daß Sie sich also mit den besonders wertvollen Aufgaben befassen. Diese zwei Konzepte dürfen Sie nicht durcheinanderbringen. Es ist schlichtweg nicht möglich, die Zeit zu Hause nach qualitativen Gesichtspunkten zu nutzen und dabei funktionierende Beziehungen aufzubauen, und genauso wenig sollten Sie die Zeit bei der Arbeit quantitativ nutzen und unzählige Überstunden machen, in denen Sie wenig schaffen.

Wenn Sie nur noch sechs Monate zu leben hätten ...

Hier noch eine letzte Frage an Sie: Wie würden Sie Ihre Zeit nutzen, wenn Sie heute erfahren würden, daß Sie nur noch sechs Monate zu leben haben? Wohin würden Sie gehen, mit wem würden Sie Ihre Zeit verbringen? Was wäre, wenn Sie nur noch sechs Wochen hätten? Oder sechs Tage? Nur noch sechs Stunden oder gar nur 60 Minuten? Was würden Sie mit Ihrer Zeit anfangen, wenn Ihnen nur noch ein kleines bißchen davon bliebe?

Wenn Sie das Gefühl haben, nicht genug Zeit mit den Menschen zu verbringen, die Ihnen bei einer solchen Frage spontan einfallen, dann ist in Ihrem Leben nicht alles im Lot.

Zusammenfassung

Würden Sie eine beliebige Person fragen, ob es eins ihrer Ziele ist, ein ausgeglichenes Leben zu führen, dann würde sicherlich jeder sofort ja sagen. Wenn Sie dann weiterfragen würden, ob sich denn in ihrem Leben alles im Gleichgewicht befände, würde die Person jedoch höchstwahrscheinlich antworten: „Nun ja, nicht so ganz."

Mit anderen Worten, jeder weiß genau, wenn es ein Ungleichgewicht in seinem Leben gibt. Sie können dieses Ungleichgewicht daran erkennen, daß Sie immer zuviel zu tun und zuwenig Zeit haben. Sie haben das Gefühl, daß Sie nicht genug Zeit haben, sich um Ihre Verpflichtungen zu kümmern, insbesondere, was Ihre Familie betrifft.

Die meisten von uns verbringen aus den verschiedensten Gründen unverhältnismäßig viel Zeit im Büro. Einer dieser Gründe ist, daß wir bei der Arbeit viel Zeit verschwenden. Überlegen Sie sich einmal folgendes: Wenn Sie bei der Arbeit bewußt oder unbewußt Zeit vergeuden, wenn Sie sich lange mit unwichtigen Kleinigkeiten aufhalten, verschwinden die großen Aufgaben dann? Kommt ein anderer Ihren Verpflichtungen nach? Verflüchtigen sie sich wie Wasser in der Sonne – oder bleiben sie bestehen und türmen sich nach und nach zu einem bedrohlichen Berg auf? Streß entsteht, wenn sich ein solcher Überhang an großen Aufgaben aufstaut, die wir unbedingt erledigen müssen aber nicht können, weil wir uns mit Kleinigkeiten aufhalten und oftmals auch einfach unsere Zeit verplempern.

Um wieder Ausgewogenheit in Ihr Leben zu bringen, müssen Sie es völlig umkrempeln. Identifizieren Sie die eine Aufgabe, deren gelungene Ausführung wirklich entscheidenden Einfluß auf Ihre berufliche Laufbahn haben kann, und nehmen Sie diese Aufgabe sofort in Angriff. Arbeiten Sie beständig daran, nutzen Sie jede Minute Ihrer Arbeitszeit dafür. Bleiben Sie an Ihrem Schreibtisch sitzen. Kommen Sie ein bißchen früher ins Büro und bleiben Sie abends ein bißchen länger. Arbeiten Sie noch ein bißchen härter. Lassen Sie sich nicht ablenken.

Wimmeln Sie Telefongespräche ab, wenn es sich nicht um die wichtigste Person auf der ganzen Welt handelt, und arbeiten Sie wirklich während Ihrer gesamten Arbeitszeit. So werden Sie sich Schritt für Schritt auf die Mitte der Wippe zubewegen und Ihr Leben wird wieder im Gleichgewicht sein.

Es könnte hilfreich für Sie sein, sich mit Ihrem Partner zusammenzusetzen und die folgende Frage zu stellen: *Wenn unser Leben in jeder Beziehung unseren Vorstellungen entspräche, wie würde es dann aussehen?* Versetzen Sie sich fünf Jahre in die Zukunft und stellen Sie sich vor, wie sich Ihr Leben dann im einzelnen darstellen würde, wenn Sie alles richtig gemacht hätten und alles so gelaufen wäre, wie Sie es sich vorstellen. Schreiben Sie auf, wie alles aussehen soll: Ihr Heim, Ihr Auto, Ihre Gesundheit, Ihre Familie, Ihre Bildung, Ihre Kleidung, Ihr Urlaub und Ihre Finanzen. Wo stehen Sie jetzt in Relation zu diesen Wunschvorstellungen? Wollen Sie so wohnen, wie Sie jetzt wohnen? Haben Sie das Auto, das Sie gerne fahren möchten? Erziehen Sie Ihre Kinder so, wie Sie sie gerne erziehen würden? Nutzen Sie Ihre Zeit so, wie Sie sie am liebsten nutzen würden? Fangen Sie an, im Geiste Verbindungslinien zu ziehen, die Ihnen zeigen, wie Sie von hier nach da kommen können. Was müssen Sie noch tun, um Ihren idealen Lebensstil zu verwirklichen?

Ich verrate Ihnen etwas: Sie *können* Ihre Idealvorstellungen verwirklichen. Wir haben heute mehr Möglichkeiten und Gelegenheiten im Leben als jemals zuvor in der ganzen Menschheitsgeschichte. Sie können das Ziel jedoch nicht treffen, wenn Sie es nicht sehen. Wenn Sie sich nicht darüber im klaren sind, wie ein ausgewogener Lebensstil für Sie aussehen müßte, dann werden Sie ihn auch niemals erreichen.

Stellen Sie sich vor, Sie haben Hunger und wollen irgendwo essen, sind aber gerade mit einem fremden Auto und ohne Straßenkarte in einer fremden Stadt unterwegs. Sie haben keine Ahnung, wo Sie hinfahren sollen. Vielleicht finden Sie zufällig einen Imbiß oder ein Restaurant, wo Sie etwas zu essen bekommen, aber das ist dann wahrscheinlich nicht genau das, was Sie in dem Moment gerne gehabt hätten. Wenn Sie daher sagen: „Ich möchte ein tolles Leben führen, aber ich weiß nicht so genau, wie es im einzelnen aussehen soll“, dann kann es Ihnen passieren, daß Sie am Ende mit etwas ganz anderem dastehen.

Eine weitere wichtige Frage, die Sie sich stellen sollten, ist: *Wann muß ich „nein" sagen?* Welche der Dinge, mit denen ich mich beschäftige, nehmen zuviel Zeit in Anspruch? Machen Sie es sich zum Ziel, innere Ruhe und Ausgeglichenheit zu erreichen. Hören Sie auf Ihre innere Stimme, wenn es darum geht, die Punkte in Ihrem Leben zu lokalisieren, die Ihrem Seelenfrieden im Weg stehen. Was verursacht Ihnen in diesem Moment Streß, was bereitet Ihnen Sorgen? Fassen Sie einen dieser Faktoren ins Auge und nehmen Sie sich fest vor, dagegen anzugehen. Befreien Sie sich von diesem störenden Zustand oder dieser störenden Person. Finden Sie sich damit genauso wenig ab, wie Sie sich mit Zahnschmerzen abfinden würden.

Um Ihr Leben wieder ins Gleichgewicht bringen zu können, müssen Sie sich immer fragen: Was ist in dieser Situation das Wichtigste? Das Wichtigste in Ihrem Leben werden immer die Menschen sein, die Ihnen etwas bedeuten und denen Sie etwas bedeuten. Das sind die Menschen, mit denen Sie jede Minute Ihrer Zeit verbringen wollten, wenn Sie nur noch eine begrenzte Zeit zu leben hätten. Wenn Sie in Ihrem Leben nach Ausgewogenheit streben, dann arbeiten Sie konzentriert während Ihrer gesamten Arbeitszeit, damit Sie in dieser Zeit eine Menge schaffen und dann reichlich Zeit für die Menschen haben, die Ihnen am wichtigsten sind.

Kapitel 25

Einstellung von Mitarbeitern

Leadership definiert sich über die Fähigkeit, Gefolgsleute zu gewinnen; und Management besteht darin, andere die Arbeit erledigen zu lassen. Daraus ergibt sich, daß die Auswahl der Mitarbeiter der entscheidende Faktor ist, der unweigerlich alles andere, mit dem Sie in einer Position als Leader konfrontiert sind, beeinflußt.

Ein fähiger Manager muß zuallererst in der Lage sein, ein Spitzenteam zusammenzustellen – das ist die Voraussetzung für alles andere. Im Sport braucht der Coach ein gutes Team, um Spiele gewinnen zu können, und dasselbe gilt auch für Sie als Manager. Sie wissen bereits, warum Sie auf der Gehaltsliste Ihres Unternehmens stehen, für welche Ziele Sie eingestellt wurden, was Ihre wichtigsten Schlüsselbereiche sind, in denen Sie Resultate liefern müssen, was Ihre Verantwortungsbereiche sind usw. Der nächste Schritt besteht jetzt darin, die richtigen Mitarbeiter für Ihr Spitzenteam auszuwählen.

Die oberste Managementregel heißt Selektion

Ihr Erfolg als Manager wird zu 95 Prozent von Ihrem Geschick bei der Auswahl der Mitarbeiter für Ihr Unternehmen und für Ihr Team bestimmt. Wenn Sie die falschen Leute aussuchen, sind Sie so gut wie verloren. Wenn Sie es hingegen schaffen, ein großartiges Team zusammenzustellen, werden Sie ein angenehmes Leben führen.

Als Faustregel gilt: *Gut Ding will Weile haben.* Überstürzen Sie bei der Auswahl nichts. Treffen Sie keine leichtfertigen Entscheidungen. Stellen Sie niemals einen neuen Mitarbeiter ein, weil Sie sich gerade in einer Notlage befinden. Mit wem man zusammenarbeiten will oder kann, sollte genausogut überlegt sein, wie mit wem man gemeinsam eine lange Reise unternimmt oder gar wen man heiratet. Sie müssen sich bei einer solchen Entscheidung unbedingt Zeit lassen. Wenn Sie die Zeit nicht haben, dann lassen Sie fürs erste ganz die Finger davon. Es ist immer besser, gar niemanden einzustellen, als etwas zu überstürzen und dann die falsche Person eingestellt zu haben, wie Sie vielleicht aus eigener Erfahrung wissen.

Einen neuen Mitarbeiter einzustellen, darf nie als ein Mittel zur Problemlösung angesehen werden. Stellen Sie sich ein gegebenes Problem als einen Brand vor, den Sie mit dem erstbesten Eimer Wasser zu löschen versuchen. Erst nachdem Sie das vermeintliche Wasser auf das Feuer geschüttet haben, merken Sie, daß es leider Benzin war. Genauso kann es Ihnen bei übereilten Einstellungsentscheidungen ergehen. Stellen Sie daher nie jemanden ein, um ein akutes Problem in den Griff zu bekommen, sondern treffen Sie solche Entscheidungen immer nur nach langer und reiflicher Überlegung.

Wenn Sie die falsche Person eingestellt haben

Wohlüberlegte Neueinstellungen zahlen sich aus, während überstürztes Anheuern sehr teuer werden kann. Lassen Sie mich das näher erläutern.

Wenn Sie die richtige Person einstellen, wird diese sehr produktiv sein. Die Person wird gute Arbeit leisten, sie wird das Unternehmen voranbringen. Sie wird mehr in die Arbeit hineinstecken als sie wieder herausbekommt. So gesehen, wird die Anfangsinvestition bei der Einstellung eines guten Mitarbeiters nicht nur wieder ausgeglichen, sondern das Unternehmen macht sogar einen Gewinn, da der Einsatz, den ein geeigneter Mitarbeiter bringt, höher ist als die Kosten, die er dem Unternehmen verursacht.

Schlechte Einstellungsentscheidungen hingegen kommen das Unternehmen teuer zu stehen. Der erste Faktor ist der *Zeitverlust* – und Zeit ist heute der wertvollste Produktionsfaktor überhaupt. Die Zeit, die

Sie auf das Vorstellungsgespräch verwendet haben; die Zeit, die andere damit verbracht haben, die Bewerbungsunterlagen zu prüfen und vielleicht vorab ein Gespräch zu führen; die Zeit, die Sie in die Schulung dieses Mitarbeiters investiert haben – all das ist für Sie verlorene Zeit. Wenn Sie noch die Zeit dazurechnen, die andere Unternehmensangehörige aufgewendet haben, um diese Person zu fördern, dann sind Sie schnell bei einem Zeitverlust im Wert von mehreren Tausend Dollar.

Ein zweiter Faktor ist *der finanzielle Verlust*. Es ist ausgesprochen teuer, einen Mitarbeiter zu beschäftigen, der sich als ungeeignet erweist. Man rechnet heute, daß die Kosten einer Fehleinstellung sich auf ein Jahresgehalt belaufen. Wenn Sie also jemanden mit einem Jahresgehalt von 25 000 Dollar einstellen, und sich diese Person dann als ungeeignet erweist, gehen Ihrem Unternehmen 25 000 des Nettogewinns verloren. Unternehmen mit hoher Personalfluktuation weisen meist auch geringe Rentabilität auf, Unternehmen mit geringer Fluktuation hingegen erwirtschaften weit mehr Gewinne. Hier gibt es offensichtlich einen Zusammenhang.

Der dritte Nachteil einer Fehlentscheidung bei einer Neueinstellung ist der *Verlust an Produktivität*. Sie selbst büßen an Produktivität ein, wenn Sie den neuen Mitarbeiter einstellen und schulen. Alle anderen Mitarbeiter, die mit dem Neuen zusammenarbeiten und ihn einweisen müssen, verlieren an Produktivität. Sie verlieren die Produktivität, die der neue Mitarbeiter hätte bringen sollen, denn in der Regel entlassen Sie ihn ja, weil er unproduktiv ist. Und dann geht Ihnen natürlich die Produktivität verloren, die eine geeignete Person erbracht hätte, denn diese wäre der Aufgabe schnell gewachsen gewesen und hätte dem Unternehmen weit mehr Nutzen gebracht. Insgesamt gehen Ihnen Arbeitsstunden im Wert von mindestens einem Jahresgehalt verloren.

Verfassen Sie eine schriftliche Stellenbeschreibung

Hier eine Regel von Peter Drucker: Schnelle Personalentscheidungen sind immer falsche Personalentscheidungen. Formulieren Sie die Stelle, die Sie besetzen wollen, in allen Einzelheiten aus. Nehmen Sie Stift und Block zur Hand und definieren Sie, welche Ergebnisse der Stelleninhaber erbringen muß. Stellen Sie sich den neuen Mitarbeiter als eine Art Pipeline vor, in die Sie an einem Ende Zeit, Geld, Schulungen und andere Mittel hineinstecken, und fragen Sie sich dann, was auf der anderen Seite herauskommen soll. Wenn Sie unter das andere Ende der Pipeline einen Eimer halten würden, *was würde die betreffende Person dann für Sie und das Unternehmen produzieren?* Definieren Sie das genau – nicht die Tätigkeiten, sondern nur den Output.

Als zweites *legen Sie die einzelnen Fähigkeiten fest*, die der Betreffende haben muß, um dieses Ergebnis produzieren zu können. Behalten Sie im Hinterkopf, daß die Selbsteinschätzung der meisten Menschen darauf beruht, was sie ihrer eigenen Meinung nach leisten könnten. Sie jedoch sollten andere immer danach einschätzen, was sie in der Vergangenheit bereits tatsächlich geleistet haben.

Als drittes *definieren Sie die Persönlichkeitsmerkmale, die benötigt werden*. Dieser Punkt ist ebenso wichtig wie alle anderen. Wir nennen es die Übereinstimmung. Versuchen Sie, Ihr Unternehmen gedanklich einzuordnen. Ist es ein dynamisches Unternehmen? Dann wird sich ein schwerfälliger, unflexibler Mensch dort wahrscheinlich nicht besonders wohl fühlen. Ist Ihr Unternehmen sehr bürokratisch organisiert? Dann wird ein kreativer Mensch mit viel Tatendrang eher fehl am Platz sein. Eines der wichtigsten Kriterien bei der Einstellung eines neuen Mitarbeiters ist, ob er zu Ihnen und in das gegebene Arbeitsumfeld paßt. Welcher Persönlichkeitstyp müßte der ideale Bewerber sein, damit er eine Bereicherung für das Team darstellt?

Formulieren Sie die Stellenbeschreibung in allen Einzelheiten schriftlich aus. Führen Sie Funktionen und Verantwortungsbereiche auf. Erstellen Sie eine Liste mit allen Aufgaben, die tagein tagaus von der betreffenden Person erledigt werden müssen, und ordnen Sie die Tätigkeiten nach Wichtigkeit.

Ich gebe Ihnen ein Beispiel: Bei uns wurde kürzlich jemand eingestellt. Die zwei für die Entscheidung verantwortlichen Personen haben sich zusammengesetzt und alle Eigenschaften aufgelistet, die der neue Mitarbeiter ihrer Meinung nach haben sollte. Am Ende standen 42 verschiedene Eigenschaften, Verhaltensweisen, Erfahrungsbereiche usw. auf der Liste – viel zu viele. Also haben sie insgesamt 100 Punkte verteilt; sie haben sich gesagt: „Gut, wir haben jetzt hier 100 Punkte, die wir auf diese einzelnen Attribute, Fertigkeiten und Fähigkeiten verteilen, als ob es Geld wäre, und dann sehen wir, welche davon am wichtigsten sind." Sie werden feststellen, daß einige der Attribute, die Sie aufgeschrieben haben, nicht einmal einen einzigen Punkt bekommen, ein anderes aber vielleicht 25 Punkte. Und wenn Sie mit dieser Übung fertig sind, haben Sie den idealen Kandidaten genau vor Augen.

Nehmen Sie nun ein Blatt Papier und beschreiben Sie diese Person, ganz so, als ob Sie die Beschreibung in der ganzen Stadt aushängen oder im ganzen Land verschicken wollten, damit diese Person dann kurze Zeit später mit einem Aktenkoffer in der Hand vor Ihrer Tür stünde. Das bedeutet, daß Sie alle Merkmale, die diese Person haben soll, im Detail aufführen müssen, damit hinterher auch wirklich nichts fehlt. Besondere Sorgfalt erfordern die Merkmale bezüglich Persönlichkeit, Charakter, Wesensart, Arbeitsgewohnheiten, Kleidung, äußerer Erscheinung und allem anderen, was der perfekte Bewerber für Sie haben muß. Suchen Sie von Anfang an nur nach dem Besten.

So finden Sie geeignete Bewerber

Wie finden Sie geeignete Bewerber? Folgende Methoden sind von Unternehmen und Managern erfolgreich angewandt worden.

Schauen Sie sich zuerst in der *eigenen Belegschaft* um, bei Ihren derzeitigen Mitarbeitern. Lassen Sie zu diesem Zweck Ihre Idealbeschreibung zirkulieren und fragen Sie, ob jemand eine Person kennt, die dafür in Frage käme. Ich habe einmal mit einem Unternehmen zusammengearbeitet, das so vorgegangen ist, und kürzlich habe ich mit dem leitenden Manager gesprochen, der die Stelle letztendlich bekommen hat. Das Unternehmen wollte die Stelle anfangs extern ausschreiben, hat dann jedoch noch eine Idealbeschreibung ausgearbeitet und diese vorher intern zirkulieren lassen. Der Herr, mit dem ich gesprochen habe, hat diese Beschreibung gelesen und sich daraufhin beworben. Er erklärte den Verantwortlichen: „Schauen Sie, ich arbeite hier, ich kann das besser als jemand von außerhalb des Unternehmens." Sie gaben ihm die Stelle, zunächst auf 90 Tage befristet, und er hat vorbildliche Arbeit geleistet.

Sehr oft finden Sie die geeigneten Leute innerhalb des eigenen Unternehmens. Außerdem dürfen Sie nicht vergessen, daß jeder Ihrer Kollegen und Mitarbeiter ungefähr 300 andere Leute kennt, und wenn Ihre Mitarbeiter wissen, daß Sie jemanden suchen, fällt ihnen selbst oder ihren Freunden und Bekannten vielleicht jemand ein, der für die Stelle geeignet wäre. Viele Unternehmen zahlen ihren Angestellten sogar eine Prämie, wenn sie jemanden vermitteln können, der sich vorstellt, eingestellt wird und dann mindestens sechs Monate bleibt. Wenn Sie eine solche Prämie in Aussicht stellen – und sie muß nicht einmal besonders hoch sein –, dann werden Ihre Leute Tag und Nacht nach geeigneten Kandidaten Ausschau halten.

Der zweite Weg, auf dem Sie geeignete Bewerber finden können, sind *persönliche Kontakte*. Gehen Sie Ihren eigenen Freundeskreis und alle Empfehlungen durch. Erwähnen Sie es den Leuten gegenüber, mit denen Sie Ihre Freizeit verbringen, sprechen Sie mit den Leuten in Ihrer Gemeinde. Sagen Sie ihnen, was für eine Art Bewerber Sie suchen, und geben Sie ihnen die schriftliche Beschreibung. Manchmal findet man auf den ungewöhnlichsten Wegen die passenden Leute.

Eine dritte Möglichkeit, um geeignete Bewerber zu finden, sind *Personalvermittler*. Insbesondere solche in großen Agenturen, die sich auf einen bestimmten Typus von Bewerber für bestimmte Branchen spezialisiert haben. Personalvermittlungsagenturen sind zwar manchmal recht teuer, aber andererseits können sie Ihnen mit der richtigen Entscheidung auch sehr viel Zeit und Geld sparen. Wie finden Sie eine solche Agentur? Erkundigen Sie sich, hören Sie auf Empfehlungen, sprechen Sie mit anderen, die bereits eine Personalagentur in Anspruch genommen haben. So werden Sie mit Sicherheit einen Kandidaten finden, der nachweislich gute Arbeit leistet.

Zeitungsanzeigen stellen eine weitere Möglichkeit dar, um die richtigen Leute zu finden; in der Regel ist dies jedoch die ineffektivste Methode. 85 Prozent aller Interessenten, die sich auf eine Anzeige hin bei Ihnen melden, sind vollkommen ungeeignet, aber manchmal können Sie durchaus auch auf großartige Leute stoßen.

Gehen Sie folgendermaßen vor: Spezifizieren Sie in der Anzeige genau, welche Berufserfahrung die betreffende Person haben muß und welche Tätigkeit von ihr erwartet wird. Bereiten Sie einen Fragenkatalog dazu vor, damit Sie mit Interessenten am Telefon gleich die wichtigsten Punkte durchgehen können. Fragen Sie den Bewerber, wie viele Jahre Berufserfahrung er hat, was er bisher erreicht hat, welche Ausbildung er hat usw. Haken Sie einfach die Punkte in Ihrem Fragenkatalog nacheinander ab, und Sie werden sehen, daß 85 Prozent der Anrufer bereits aufgelegt haben, bevor Sie die Liste auch nur bis zur Hälfte durchgegangen sind. Mit den restlichen 15 Prozent sollten Sie im Anschluß gleich am Telefon ein Bewerbungsgespräch führen. Der Eindruck, den der Bewerber am Telefon auf Sie macht, ist ein guter Indikator dafür, wie er eventuell später in Ihrem Unternehmen auf Geschäftskunden wirken wird.

Fachzeitschriften sind ebenfalls ein sehr guter Weg, um die richtigen Leute zu finden. Wieso das? Weil Fachzeitschriften immer von den jeweils besten Fachkräften der Branche gelesen werden – von den Leuten, die vorankommen wollen. Diese Personen wollen auf dem laufenden sein und sind immer offen für Gelegenheiten, um sich zu verbessern – darum lesen sie Fachzeitschriften.

Wie führen Sie ein Vorstellungsgespräch?

In diesem Zusammenhang gibt es einige einfache Regeln und Formeln. Meine persönliche Vorliebe gilt der *SWAN-Formel,* die aus vier Buchstaben besteht.

Das S steht für *smart*, also klug. Sie brauchen kluge Leute. Intelligenz und Angemessenheit der geistigen Fähigkeiten bestimmen zu 72 Prozent den Erfolg einer Person, ganz gleich bei welcher Arbeit. Unzählige Studien haben gezeigt, daß die beste Strategie darin besteht, kluge Leute einzustellen. Wie können Sie feststellen, ob eine Person klug ist? Ganz einfach: Kluge Menschen stellen viele Fragen. Beginnen Sie daher so: „Guten Tag. Wir freuen uns, daß Sie gekommen sind. Haben Sie Fragen über unser Unternehmen?“ Und dann warten Sie einfach ab. Eine intelligente Person wird viele Fragen stellen. Eine Person, die nicht genug Interesse hat, die nicht neugierig genug ist, um viele Fragen zu stellen, sollten Sie dagegen möglicherweise gleich wieder wegschicken.

Der zweite Buchstabe der SWAN-Formel ist das W, und es steht für *work*, also Arbeit. Es bedeutet, daß ein Bewerber bereit sein muß, hart zu arbeiten. Leute, die Leistungsbereitschaft zeigen, sind die wertvollsten und wichtigsten Mitarbeiter. Wie können Sie feststellen, ob jemand bereit ist, hart zu arbeiten? Ich habe eine einfache Methode entwickelt. Sagen Sie, daß es in dieser Stelle manchmal unumgänglich sein wird, Überstunden zu machen und auch am Wochenende zu arbeiten, und fragen Sie den Bewerber, was er dazu meint. Sagen Sie dann erst einmal nichts mehr. Wenn die betreffende Person antwortet: „Tja, wissen Sie, ich arbeite eigentlich nicht so gern am Wochenende. Wieviele Stunden würde das denn ausmachen?“, wenn sich der Bewerber im Hinblick auf Überstunden auch nur einen Moment lang unschlüssig ist, dann kann ich Ihnen versprechen, daß er auch die restlichen acht Stunden nicht viel Leistung bringen wird.

Der dritte Buchstabe der SWAN-Formel, das A, steht für *ambitious*, also ehrgeizig. Den Ehrgeiz eines Bewerbers können Sie prüfen, indem Sie ihn fragen, was er in drei bis fünf Jahren erreicht haben will. Die beste Antwort, die ich je auf diese Frage bekommen habe, war: „Ich will Ihren Job. Ich will dort sein, wo Sie jetzt sind. Ich will vorwärtskommen.“ Wenn jemand die von Ihnen angebotene Stelle als eine Möglichkeit sieht, durch gute Leistung voranzukommen, dann wird er auch mehr Leistung bringen und besser sein als ein anderer, der sagt: „Nun ja, ich weiß nicht, darüber habe ich mir noch keine Gedanken gemacht.“

Der vierte Buchstabe der SWAN-Formel ist das N, und es steht für *nice*, also nett. Machen Sie es sich zur Regel, nur freundliche Leute einzustellen. Es gab einmal eine Anzeigenkampagne, in der hieß es: „Wir bringen unseren Angestellten nicht bei, wie man nett ist, sondern wir stellen einfach nette Leute ein.“ Wenn ein Bewerber schon im Vorstellungsgespräch keinen freundlichen Eindruck macht, dann wird er auch später nicht besonders umgänglich sein. Die Regel in diesem Zusammenhang lautet: Beim Vorstellungsgespräch zeigt sich der Bewerber von seiner besten Seite. Danach wird sich sein Verhalten vielleicht verändern oder auch verschlechtern, aber niemals verbessern. Ziehen Sie daher niemanden für eine Stelle in Betracht, der keinen netten Eindruck macht.

Die Dreierregel

Es gibt eine sogenannte Dreierregel, die ich über die Jahre hinweg entwickelt habe und mit der ich bei der Auswahl von Bewerbern gute Erfahrungen gemacht habe. Mit Hilfe dieser Regel werden Sie bis zu 90 Prozent richtige Entscheidungen treffen.

Als erstes sollten Sie *mindestens drei Bewerber zu einem Vorstellungsgespräch einladen*, bevor Sie sich für einen entscheiden. Wenn Sie keine drei Bewerber finden, müssen Sie die Stellenbeschreibung so abändern, daß ein größerer Personenkreis angesprochen wird, aus dem Sie dann auswählen können. Mit drei Kandidaten haben Sie die Möglichkeit zu vergleichen; Sie haben dann verschiedene Qualitäten und verschiedene Persönlichkeiten, die Sie gegeneinander abwägen können.

Als zweites sollten Sie *den Bewerber, der Ihnen am meisten zusagt, dreimal zu einem Gespräch einladen.* Stellen Sie nie jemanden nach dem ersten Kennenlernen ein, auch wenn er einen noch so guten Eindruck macht.

Als drittes sollten Sie sich *mit dem Bewerber an drei verschiedenen Orten treffen.* Menschen ändern Ihr Verhalten wie ein Chamäleon, wenn sie in eine andere Umgebung kommen. Laden Sie die betreffende Person zum Kaffee ein. Wenn Ihnen jemand nach dem zweiten Treffen besonders sympathisch ist, gehen Sie mit ihm zum Mittagessen und beobachten Sie ihn. Viele Manager stellen niemanden ein, bevor sie nicht mit ihm in einem Restaurant waren und beobachtet haben, wie er sich benimmt, denn das sagt viel über seine Leistungsfähigkeit aus.

Viertens sollten *drei Unternehmensangehörige mit dem Bewerber sprechen*, bevor Sie eine Entscheidung treffen. Verlassen Sie sich nicht nur auf Ihr eigenes Urteil. In meiner Organisation bekommt jeder, der mit dem neuen Mitarbeiter zusammenarbeiten wird, auch die Chance, mit ihm zu sprechen. Danach setzen wir uns alle zusammen und tauschen unsere Eindrücke aus, bevor eine endgültige Entscheidung getroffen wird. Der größte Fehler, den ich je begangen habe, war, eine Person einzustellen, die mir persönlich sympathisch war, und sie dann mit Gewalt in das Team integrieren zu wollen. Erstens waren die betroffenen Leute verärgert, und zweitens erwies sich der neue Mitarbeiter als ungeeignet, was zur Folge hatte, daß der Arbeitsablauf monatelang gestört war.

Als letztes sollten Sie mindestens *drei Referenzen einholen.* Wenn Sie einen Bewerber zum Gespräch einladen, fordern Sie ihn gleichzeitig auf, Ihnen noch andere Personen zu nennen, die über ihn Auskunft geben können, selbst wenn er Ihnen bereits Referenzen gegeben hat. Versuchen Sie, mindestens drei Leute zu kontaktieren, bis Sie jemanden gefunden haben, der ganz offen mit Ihnen über den Bewerber spricht.

Kriterien für die Bewerberauswahl

Nach welchen Kriterien wählen Sie einen Bewerber aus? Als erstes sollten Sie prüfen, *was er in der Vergangenheit erreicht und geleistet hat.* Die bisher ausgeübte Tätigkeit des Kandidaten ist das ausschlaggebende Kriterium bei einer Neuanstellung. Die in der Vergangenheit erbrachte Leistung läßt auf die zu erwartende Leistung schließen.

Ein zweiter Anhaltspunkt sind *sachkundige Fragen.* Je gezielter die betreffende Person nachfragt, welche Anforderungen an sie gestellt werden und wie sie den Anforderungen am besten gerecht werden kann, desto besser wird sie diese Position wahrscheinlich ausfüllen.

Drittens *sollte der Bewerber das Gefühl vermitteln, daß ihm etwas an dieser Stelle liegt.* Sie werden immer wieder feststellen, daß die besten Bewerber diejenigen Leute sind, die wirklich gerne in Ihrem Unternehmen arbeiten möchten und so bald wie möglich anfangen wollen. Wenn jemand sagt: „Nun, ich hätte gern noch ein paar Wochen frei, bevor ich bei Ihnen anfange, damit ich mich ein bißchen erholen kann“, dann ist das nicht der richtige Bewerber für Sie. Stellen Sie niemanden ein, für den Freizeit und Urlaub an erster Stelle stehen und der sich auf Ihre Kosten ein schönes Leben machen will.

Viertens sollten Sie alle *Bewerbungsunterlagen eingehend prüfen.* Untersuchungen zufolge sind 54 Prozent aller Lebensläufe geschönt oder gar gefälscht. Hier sollten Sie folgendermaßen vorgehen: Sagen Sie dem Bewerber, daß Sie seinen Angaben bis ins kleinste Detail nachgehen werden, und fragen Sie ihn, ob er noch irgendetwas daran ändern möchte, bevor Sie den Lebenslauf zur Überprüfung weiterreichen. Oft wird der Betreffende dann sagen, daß das eine oder andere so nicht ganz korrekt sei.

Überprüfen Sie Lebensläufe sorgfältig. Rufen Sie die entsprechenden Stellen persönlich an und erkundigen Sie sich. Ich sage am Telefon dann beispielsweise: „Schauen Sie, Sie sind ein Manager, und ich bin ein Manager. Ich kenne die gesetzlichen Beschränkungen, wenn es um Auskünfte über ehemalige Angestellte geht, aber vielleicht können Sie mir trotzdem helfen. Ich möchte die betreffende Person für die und die Aufgabe einstellen. Vielleicht könnten Sie mir sagen, ob Sie die Person für geeignet halten?“ Die meisten Manager werden Ihnen im Vertrauen die gewünschte Auskunft geben, und solche Informationen können für Sie von unschätzbarem Wert sein. Die Schlüsselfrage, die Sie stellen sollten, wenn Sie bei Nachforschungen mit Referenzpersonen und ehemaligen Arbeitgebern sprechen, ist: „Würden Sie diese Person wieder einstellen, wenn Sie die Möglichkeit dazu hätten?“ Wenn der andere das bejaht, dann ist das die beste Empfehlung, die er für einen potentiellen Bewerber geben kann – und ein Ja oder ein Nein ist rechtlich immer möglich. Wenn er die Frage jedoch verneint, dann sollten bei Ihnen die Alarmglocken läuten.

Eine Einstellungsentscheidung sollten Sie immer in aller Ruhe treffen. Denken Sie etwa 30 Tage darüber nach. Je länger Sie brauchen, um sich zu entscheiden, desto klüger wird die Entscheidung letztendlich ausfallen. Überlegen Sie sich die langfristigen Auswirkungen – stellen Sie sich vor, daß Sie mit dieser Person die nächsten 20 Jahre jeden Tag zusammenarbeiten müssen. Ist der betreffende Bewerber unter dieser Voraussetzung die Person, die Sie haben möchten?

Den letzten Punkt beim Einstellen neuer Mitarbeiter nenne ich *die Familienmitglied-Methode.* Stellen Sie sich vor, Sie würden die betreffende Person regelmäßig sonntags zum Familienessen mit nach Hause nehmen. Können Sie sich mit diesem Gedanken anfreunden? Wenn Ihnen diese Vorstellung aus irgendeinem Grunde nicht behagt, sollten Sie den Bewerber nicht in Betracht ziehen. Denken Sie immer daran, daß schnelle Personalentscheidungen zwangsläufig falsche Personalentscheidungen sind. Gehen Sie mit Bedacht und Sorgfalt vor, und stellen Sie nur die Besten ein.

Zusammenfassung

Wie können Sie lernen, effektive Einstellungsentscheidungen zu treffen? Fangen Sie an, indem Sie sich folgendes bewußt machen: *Ihre Fähigkeit, die Leute, mit denen Sie zusammenarbeiten sollen, gut auszuwählen, entscheidet Ihr Leben lang über Ihren Erfolg oder Mißerfolg.* Ohne die richtigen Mitarbeiter ist es für Sie unmöglich zu delegieren, Stellen richtig zu besetzen, zu organisieren, Probleme kreativ zu lösen und Resultate zu liefern.

Die erste Frage, die Sie sich stellen müssen, lautet daher: „Wo soll mein Unternehmen, meine Abteilung, meine Organisation in drei bis fünf Jahren stehen? Wenn mir die allerbesten Leute zur Verfügung ständen, um ein Spitzenteam zusammenzustellen, welche Art von Leuten würde ich dann einstellen?" Ich finde es dabei immer sehr hilfreich, sich zum Brainstorming mit anderen zusammenzusetzen. Es kann auch sehr nützlich sein, auf Ihre eigenen Erfahrungen zurückzublicken, Ihre jetzigen Angestellen zu betrachten und sich dann zu fragen, was die besten Eigenschaften der besten Leute waren oder sind, mit denen Sie jemals zusammengearbeitet haben.

Sie können sich auch Ihre erfolgreichsten Konkurrenten anschauen, denn diese haben die besten Leute. Was haben die Mitarbeiter der Konkurrenz, was Ihren eigenen Leuten fehlt? Warum sind Ihre Mitarbeiter nicht so gut wie die Ihrer Konkurrenten? Lassen Sie mich ein Beispiel geben. Ein Topmanager war äußerst enttäuscht, weil seine Vertriebsleute ständig von einem Konkurrenzunternehmen überflügelt wurden. Einmal, als ihm gerade wieder ein Geschäft vor der Nase weggeschnappt worden war, rief er den betreffenden Kunden an und sagte: „Wissen Sie, für uns ist gerade ein großes Geschäft geplatzt, auf das wir lange hingearbeitet haben. Könnten Sie mir den Namen und die Telefonnummer der Person geben, von der Sie letztendlich gekauft haben? Ich habe nichts Böses im Sinn, ich würde diese Person nur gerne einmal kennenlernen."

Dieser Manager hat tatsächlich den Namen und die Telefonnummer bekommen und sich daraufhin mit der betreffenden Person auf einen Kaffee verabredet. Der Mann von der Konkurrenz kam herein und war tadellos angezogen, hatte eine ordentliche Frisur, seine Schuhe waren frisch geputzt und er war gut organisiert. Da wurde dem Manager schlagartig bewußt, daß sein eigener Mitarbeiter zehn Kilo Übergewicht hatte, daß seine Haare im Nacken über den Kragen hingen, daß er ein gestreiftes, kurzärmeliges Hemd trug, ein bißchen schlampig wirkte, nicht sonderlich gut organisiert war und seine Unterlagen in einer alten, zerfledderten Aktentasche herumtrug, die aussah, als stammte sie noch aus den Zeiten des Pony-Expreß. Ihm wurde klar, daß seine Außendienstmitarbeiter schrecklich aussahen und gegen Konkurrenten mit einem sehr gepflegten Äußeren antreten mußten.

Eine der wichtigsten Fragen bei jeder Neueinstellung ist folgende: Wäre ich stolz darauf, sagen zu können, daß diese Person für mich arbeitet? Wäre ich stolz darauf, wenn ich zu den Spitzenleuten in meinem Unternehmen oder in meinem Berufszweig sagen könnte, daß diese Person für mich arbeitet? Ich benutze als Entscheidungshilfe hier gerne die Frage, ob ich die betreffende Person mit gutem Gewissen als Aushängeschild unseres Unternehmens zu unserem wichtigsten Kunden schicken könnte.

Für viele Manager ist das Einstellen neuer Mitarbeiter ein notwendiges Übel. Sie sehen es als etwas, das getan werden muß, etwas Unangenehmes, wie das Schlucken einer bitteren Medizin. Deshalb versuchen sie, es so schnell wie möglich hinter sich zu bringen.

Auf der anderen Seite gibt es Unternehmen, die mindestens 10, 15 oder gar 20 Vorstellungsgespräche führen; ich kenne sogar ein Unternehmen, das nach weniger als 25 Vorstellungsgesprächen noch nicht einmal jemanden für den Empfang einstellen würde. Das letzte Gespräch führt dann bei diesem Unternehmen ein Mitglied der Geschäftsführung oder gar der CEO selbst. Es handelt sich hierbei um ein großes New Yorker Unternehmen, aber überraschenderweise liegt die Personalfluktuation bei unter einem Prozent. Die Mitarbeiter sterben eher, bevor sie kündigen. Und es ist eines der führenden Unternehmen in der Branche, denn jeder, der diesen Einstellungsprozeß erfolgreich durchläuft, ist ein hervorragender Mitarbeiter.

Um noch einmal auf die *Dreierregel* zurückzukommen – ich habe in meinem eigenen Unternehmen festgestellt, daß eine der besten Methoden für erfolgreiche Neueinstellungen darin besteht, möglichst viele verschiedene Unternehmensangehörige mit dem Bewerber sprechen zu lassen, der Ihnen persönlich am ehesten zusagt. Denn in Ihrem Unternehmen gibt es mindestens eine Person, die sozusagen einen „Riecher“ für die richtigen Leute hat. Diese Person wird einfach instinktiv sagen können, ob der Bewerber für die Stelle paßt oder nicht, und dieses Gefühl trügt nie. Sorgen Sie also dafür, daß Ihr Bewerber mit den besten Leuten im Unternehmen spricht – das kann auch die Dame am Empfang, die Sekretärin oder der Hausmeister sein. Hauptsache, die Person verfügt über den richtigen Instinkt.

Wen auch immer Sie einstellen wollen, er sollte vorher alle Kollegen kennenlernen, mit denen er zusammenarbeiten wird. Dabei sollten Sie so vorgehen wie Hewlett Packard, d.h. sich zusammensetzen und fragen, ob jemand etwas gegen diese Person einzuwenden hat. Eine einzige Gegenstimme genügt, um den Kandidaten aus dem Rennen zu werfen.

Lassen Sie sich Zeit bei Neueinstellungen. Treffen Sie kluge Einstellungsentscheidungen, überlegen Sie sorgfältig, wählen Sie aus, stellen Sie nur die Besten ein, und Ihre Mitarbeiter werden Sie zu einem der erfolgreichsten Manager Ihrer Generation machen.

Kapitel 26

Entlassung von Mitarbeitern

Fast alles wird heute im Team erledigt, und Arbeit im Team erfordert höchste Leistung und absolute Einsatzbereitschaft von allen Beteiligten. Wenn gutes Management darin besteht, andere die Arbeit erledigen zu lassen, dann entscheidet die richtige Auswahl der Teammitglieder über Ihren Erfolg oder Mißerfolg. Und ebenso entscheidend für Ihren Erfolg ist es, sich von den falschen Mitarbeitern trennen zu können.

In diesem Kapitel werde ich beschreiben, wie Sie am besten vorgehen, wenn Sie Mitarbeiter entlassen oder, wenn Sie so wollen, Leute gehen lassen müssen, weil sie für eine bestimmte Stelle nicht länger geeignet sind. Bevor ich anfange, lassen Sie mich eins festhalten: Die unangenehmste Aufgabe eines Managers ist, andere zu entlassen. Das zweitunangenehmste, was einem Manager passieren kann, ist, selbst entlassen zu werden. Und in der Regel müssen Sie ersteres hin und wieder tun, damit letzteres nicht eintritt.

Entlassungen gehören zum Geschäftsleben

Entlassen ist das Gegenstück zum Einstellen, ganz so, wie auch jede Medaille zwei Seiten hat. Mitarbeiter einzustellen und zu entlassen ist wie einatmen und ausatmen; es ist ein normaler und natürlicher Ablauf in unserer heutigen Geschäftswelt. Jeden Tag werden in den USA 12 000 Menschen aus den verschiedensten Gründen entlassen, etwa weil sich eine Stelle oder bestimmte Anforderungen geändert haben oder weil andere Kompetenzen benötigt werden. Tatsache ist, daß Manager überall Tag für Tag Tausende von Mitarbeitern entlassen, und das wird sich auch in Zukunft nicht ändern.

Geschlagene 30 Prozent aller Angestellten erweisen sich auf die Dauer als ungeeignet für ihre Stelle. Das bedeutet, daß von 100 Leuten, die Sie einstellen, ein Drittel hervorragend arbeitet, ein Drittel nicht die erwartete Leistung bringt und daher früher oder später entlassen werden muß, und ein Drittel schließlich weder besonders gute noch besonders schlechte Arbeit leistet. Untersuchungen zufolge rechnen sogar 70 Prozent aller inkompetenten Angestellten damit, entlassen zu werden.

Lassen Sie mich das kurz erklären. Oftmals widerstrebt es uns, Leute zu entlassen, weil wir Mitleid mit ihnen haben. Andere Menschen sind uns nicht gleichgültig. Wir wollen anderen keinen Schaden zufügen, immer nach dem Grundsatz: „Was du nicht willst, das man dir tu, das füg' auch keinem anderen zu." Viele Menschen laugt ihr Arbeitsplatz aber auch aus, entweder weil sie schon zu lange auf derselben Stelle sitzen oder weil sie für diese Stelle ungeeignet sind. Sie können sich jedoch nicht dazu durchringen zu kündigen, weil sie vielleicht nicht auf die finanziellen Vorteile langjähriger Firmenzugehörigkeit verzichten wollen oder ähnliches. Unbewußt warten sie jedoch nur darauf, entlassen zu werden und haben daher innerlich bereits mit ihrer Stelle abgeschlossen, obwohl sie nach wie vor jeden Tag zur Arbeit kommen und weiterhin ihr Gehalt beziehen.

Sie kennen sicherlich auch den Witz von der Mitteilung der Geschäftsleitung, in der es heißt: „Es ist bekannt geworden, daß mehrere unserer Mitarbeiter bereits gestorben sind, jedoch weiterhin zur Arbeit erscheinen. Sollte dies in Ihrem Fall zutreffen, möchten wir Sie bitten, sich in der Personalabteilung zu melden, damit die entsprechenden Änderungen vorgenommen werden können."

Inkompetente Mitarbeiter senken die Arbeitsmoral

Viele Leute warten also nur darauf, daß sie entlassen werden, weil sie es selbst nicht fertigbringen zu gehen. Andererseits ist aber auch klar, daß die Duldung ungeeigneter Mitarbeiter sich negativ auf die Arbeitsmoral der fähigen Leute auswirkt.

Jeder am Arbeitsplatz weiß, wer wirklich etwas schafft und wer nicht; jeder weiß, wer besser entlassen werden sollte. Die Augen all Ihrer Mitarbeiter sind auf Sie als Manager gerichtet, um zu sehen, wie Sie mit der inkompetenten Person verfahren werden. Sie werden daran gemessen, wie Sie mit Leuten umgehen, die ihren Aufgaben nicht gerecht werden. Indem Sie Mitarbeiter dulden, die ihre Arbeit nicht erledigen, signalisieren Sie Ihren kompetenten Leuten, daß es eigentlich gleichgültig ist, ob sie ihre Sache gut machen oder nicht, denn sie werden genauso bezahlt wie die schlechten Mitarbeiter. Damit bestrafen Sie Ihre fähigsten Leute und helfen auch den inkompetenten nicht weiter.

Jemanden an einem Arbeitsplatz zu lassen, für den er vollkommen ungeeignet ist, wäre vielmehr eine der grausamsten Strafen für eine Person, die Sie überhaupt nicht leiden können und der Sie möglichst großen Schaden zufügen wollen. Damit tun Sie der betreffenden Person keinen Gefallen, auch wenn Sie sich dabei noch so großherzig vorkommen. Sie als Manager, der betroffene Mitarbeiter selbst und auch alle anderen wissen eigentlich, daß dieser Mitarbeiter mit seiner Arbeit überfordert ist, und je länger Sie ihn auf dieser Stelle belassen, desto mehr schaden Sie ihm damit und desto wütender wird er letztendlich sein.

Mitarbeiter zu entlassen, gehört daher zu den Schlüsselaufgaben jedes Managers – wie ich bereits gesagt habe, es ist wie einatmen und ausatmen. Sie lernen, wie man telefoniert, wie man ein Auto fährt, wie man Fahrrad fährt, wie man Mitarbeiter einstellt und wie man sie wieder entläßt. Niemand macht das besonders gerne, aber wenn Sie als Manager nicht in der Lage sind, Leute zu entlassen, dann sind Sie für eine Führungsposition nicht geeignet und sollten Ihre Stelle an jemand anderen abtreten.

Manager, die nicht entlassen können, sind selbst inkompetent

Es kommt heute nicht selten vor, daß hochrangige Unternehmensangehörige bis hin zum Generaldirektor oder CEO gefeuert werden, weil sie ihrer Aufgabe, Leute zu entlassen, nicht nachkommen. Entlassungen gehören zum Management, und Tatsache ist: Wer einen ungeeigneten Mitarbeiter nicht entlassen kann, der ist selbst inkompetent.

Lassen Sie mich das näher erläutern. Jeder sieht es, wenn Sie einen ungeeigneten Mitarbeiter in Ihrem Team haben, und da Sie es sind, der diese Person eingestellt hat – oder sie zumindest nicht wieder entläßt –, werden auch Sie, und nicht der betreffende Mitarbeiter, als inkompetent eingestuft. Man geht allgemein davon aus, daß jeder den Umständen entsprechend sein Bestes gibt. Wenn Sie einen ungeeigneten Mitarbeiter behalten, werden sowohl Ihre Vorgesetzten als auch Ihre Kollegen und Mitarbeiter daraus schließen, daß Sie die Lage nicht im Griff haben, weil Sie nichts unternehmen, um die Situation zu ändern.

Denken Sie einmal darüber nach. Ungeeignete Mitarbeiter können so Ihre Karriere sabotieren. Inkompetente Mitarbeiter halten Sie nicht nur davon ab, die Resultate zu bringen, nach denen Sie bewertet und für die Sie bezahlt und befördert werden, sondern sie signalisieren gleichzeitig allen anderen, daß Sie Ihrer Aufgabe nicht gerecht werden. Sie sind kein guter Manager. Sie haben die falsche Person für eine bestimmte Aufgabe eingestellt, und jetzt bringen Sie es nicht einmal fertig, sie wieder gehen zu lassen, damit sie eine andere Stelle finden kann, in der sie erfolgreicher und effektiver sein kann.

Wann sollten Sie jemanden entlassen?

Wann sollten Sie als Manager eine Entlassung in Betracht ziehen? Sie sollten einen Entwurf im Kopf haben, an dem Sie Ihre Mitarbeiter regelmäßig messen. Vergleichen Sie Ihre Mitarbeiter mit dem Ideal und fragen Sie sich: „Würde ich diese Person auch aus heutiger Sicht wieder einstellen?“ Das ist eine sehr wirkungsvolle Methode, von der Sie kontinuierlich Gebrauch machen sollten.

Würden Sie eine bestimmte Person für diese Stelle und zu ihrem jetzigen Gehalt heute noch einmal einstellen? Wenn Sie diese Frage mit nein beantworten müssen, dann lautet die nächste Frage: „Was kann ich verändern und wie schnell?“ Denn je länger eine für eine bestimmte Stelle ungeeignete Person dort bleibt, desto schlechter ist das für Sie – nicht zuletzt auch im Hinblick auf den Eindruck, den Ihr Vorgesetzter von Ihnen bekommt –, desto schlechter ist es für die Mitarbeiter, die der betreffenden Person unterstehen, und desto schlechter ist es nicht zuletzt auch für die betreffende Person selbst. Jemanden in einer für ihn ungeeigneten Arbeitsstelle zu halten, ist kein Zeichen von Großzügigkeit, sondern eher von Grausamkeit.

Entlassen – ein Prozeß in sechs Schritten

Wie geht man bei einer Entlassung vor? Nun, das Entlassen eines Mitarbeiters ist ein Prozeß, und eine professionell durchgeführte Entlassung besteht aus sechs Schritten. Sie können sich das alles im einzelnen auch mit Hilfe von Büchern und Newslettern oder in Kursen aneignen, aber die grundlegenden Schritte werde ich im folgenden erläutern.

1. Versuchen Sie immer, dem Angestellten noch eine Chance zu geben

Meiner Erfahrung nach ist es Mitarbeitern sehr oft nicht bewußt, daß sie schwache Leistungen bringen, Probleme verursachen oder irgendetwas falsch machen – weil es ihnen nie jemand gesagt hat. Vielleicht haben Sie im Zusammenhang mit Management schon einmal von der Management-by-Pilz-Theorie gehört, bei der die Mitarbeiter die meiste Zeit über völlig im Dunkeln tappen; nur hin und wieder wird die Tür aufgerissen und eine Ladung Dünger hineingeworfen.

Nun, es gibt wirklich sehr viele Leute, die einfach ihre Arbeit erledigen und sich nicht bewußt sind, daß sie nur unzureichende Leistungen erbringen. Ihr erster Gedanke, wenn Sie mit einem Mitarbeiter nicht zufrieden sind, sollte daher sein, ihm irgendwie zu helfen. Eine wirkungsvolle Methode ist nach meiner Erfahrung, sich mit dem Betreffenden zusammenzusetzen und ihm offen zu sagen, daß Sie mit seiner Leistung, seinem Verhalten, den Vorgängen usw. überhaupt nicht zufrieden sind und daß es so nicht weitergehen kann.

Ich kann mich erinnern, daß ich vor nicht allzu langer Zeit mit einem leitenden Angestellten so verfahren bin, und er fiel aus allen Wolken. Er hatte keine Ahnung gehabt, daß ich mit seiner Leistung nicht zufrieden war, was wiederum nicht unbedingt für mich spricht. Aber er hat sich daraufhin die größte Mühe gegeben. Er fragte mich, was er anders machen solle, wie er eine bestimmte Aufgabe angehen solle, was er noch tun könne, damit ich mit ihm zufrieden bin. Er sagte: „Mir gefällt mein Job, ich arbeite gern hier und möchte dazu beitragen, dieses Unternehmen voranzubringen." Ich habe ihm erklärt, wie er die Dinge in Zukunft angehen und was er möglichst unterlassen soll. Er hat sich daraufhin um 180 Grad gedreht, und so blieb dem Unternehmen ein – wie sich herausstellte – hervorragender Mitarbeiter erhalten. Versuchen Sie daher stets, dem Mitarbeiter noch eine Chance zu geben.

2. Halten Sie alles schriftlich fest

Auf ein solches Gespräch müssen Sie sich gut vorbereiten, und Sie müssen auch die entsprechenden Unterlagen zur Hand haben, etwa einen Arbeitsvertrag oder ein Schreiben von seiten des Unternehmens, in dem die Aufgaben des betreffenden Mitarbeiters genannt sind. Wenn Sie solche Unterlagen nicht haben, dann setzen Sie sich mit der Person einfach so zusammen und erklären Sie ihr, was Ihnen mißfällt. Teilen Sie ihr mit, daß sie ihre Arbeit nur unzureichend erledigt und daß sich das ändern muß. Am besten beteiligen Sie noch eine dritte Person an diesem Gespräch, die lediglich dabeisitzt und durch ihre Anwesenheit beruhigenden Einfluß auf die Situation ausübt.

3. Sprechen Sie immer drei Abmahnungen aus

Nach Möglichkeit sollten Sie dem Mitarbeiter nach einem solchen Gespräch einen Brief, ein Fax oder ein Memo zusenden, in dem Sie freundlich, aber bestimmt festhalten, worauf Sie sich mit ihm bezüglich der nötigen Veränderungen und des Umfangs dieser Veränderungen geeinigt haben. Halten Sie auch fest, daß Sie die Fortschritte sorgfältig überprüfen werden, um sicherzustellen, daß die Leistungen den Anforderungen gerecht werden, und daß andernfalls weitere Schritte in Betracht gezogen werden müssen. Geben Sie dem betreffenden Mitarbeiter eine Kopie und lassen Sie ihn wenn möglich unterschreiben. Wenn

er sich weigern sollte zu unterschreiben, lassen Sie die andere Person, die bei dem Gespräch anwesend war, als Zeugen unterzeichnen.
Nach 30 Tagen führen Sie dann ein weiteres Gespräch. Wenn Sie bis dahin noch keine Fortschritte erkennen können, sagen Sie dem Mitarbeiter, daß seine Leistungen noch immer unzureichend sind und daß etwas geschehen muß, da Sie sonst weitere Schritte unternehmen müssen. Halten Sie auch diesmal wieder alles schriftlich fest. Nach weiteren 30 Tagen sprechen Sie noch einmal mit der betreffenden Person, und wenn sich immer noch nichts geändert hat, sagen Sie: „Es tut mir leid, aber es hat nicht funktioniert, wir werden Sie leider gehen lassen müssen."

Das ist die Regel: *Eins, zwei, drei und raus.* Diese Regel sollten Sie unbedingt beachten, denn die Anwälte kreisen wie Aasgeier über jedem Unternehmen, immer auf der Suche nach Klienten, die sie in einem Verfahren wegen unrechtmäßiger Kündigung vertreten können. Aber kein Anwalt wird sich an einen solchen Fall heranwagen, wenn die betroffene Person eine genaue Stellenbeschreibung erhalten hat, wenn ihr eindeutig mitgeteilt wurde, daß ihre Leistungen unzureichend sind, und wenn dies bei mindestens zwei Gelegenheiten auch schriftlich festgehalten wurde. Bei dieser Sachlage kann der Fall vor Gericht nicht bestehen. Klagen gegen Unternehmen wegen unrechtmäßiger Kündigung sind in den allermeisten Fällen nur dann erfolgreich, wenn der Mitarbeiter nicht abgemahnt wurde. Wenn allerdings der Angestellte seiner Aussage nach ohne jede Vorwarnung hinausgeworfen wurde, entscheiden die Gerichte fast immer zu seinen Gunsten. Aus diesem Grund sind schriftlich dokumentierte Abmahnungen unerläßlich.

4. Legen Sie die Abfindungssumme vorher fest

Wenn Sie planen, einen Mitarbeiter zu entlassen, sollten Sie die Konditionen und die Abfindungssumme im vorhinein festlegen, damit Sie nicht während des Gespräches hin- und herüberlegen müssen, wieviel Sie dem Betreffenden nun geben wollen. Überlegen Sie sich das vorher im einzelnen.

Die übliche Abfindungssumme beträgt in Deutschland ein Monatsgehalt pro Jahr der Unternehmenszugehörigkeit. Wenn ein Mitarbeiter fünf Jahre bei Ihnen beschäftigt war, in der Mitte eines Monats gekündigt wird und monatlich bezahlt wird, dann bekommt er fünf Monatsgehälter sowie sein gesamtes Gehalt für den Rest der Kündigungsfrist. Überlegen Sie sich vorher, wieviel Sie ihm zahlen wollen. Vielleicht möchten Sie ihm die übliche Abfindung zahlen, eine völlig faire und akzeptable Summe, vielleicht möchten Sie ihm aber auch mehr zahlen. Laut Gesetz darf die Abfindungssumme in der Regel maximal zwölf Monatsgehälter betragen. Nur bei hohem Alter des Angestellten und sehr langer Betriebszugehörigkeit können es auch 15 bis 18 Monatsgehälter sein.

Übrigens sind Sie bei rechtmäßigen Kündigungen gesetzlich nur zu einer Abfindungszahlung verpflichtet, wenn es ausdrücklich im Arbeitsvertrag steht. Ansonsten handelt es sich eher um eine großzügige Geste Ihrerseits, die dem Betroffenen helfen soll, die Zeit bis zu einer neuen Anstellung zu überbrücken. Viele Menschen haben u.a. deshalb so große Angst vor einer Kündigung, weil sie über keine Rücklagen verfügen; eine Abfindung kann daher wie der Zuckerwürfel wirken, mit dem sich die bittere Medizin besser schlucken läßt. Damit erleichtern Sie diese unerfreuliche Angelegenheit; Entlassungen werden leichter über die Bühne gehen, und das kann nur in Ihrem Sinne sein.

5. Die Kündigung aussprechen

Zuallererst müssen Sie den festen Entschluß gefaßt haben, das Unvermeidliche auch zu tun. Nehmen Sie sich fest vor, der betreffenden Person gleich am Montagmorgen zu kündigen. Sie dürfen sich nicht sagen: „Vielleicht kündige ich dem Mitarbeiter, vielleicht auch nicht. Das kommt darauf an, was passiert; mal sehen, wie ich mich fühle; vielleicht ändert er sich ja doch noch.“

Menschen ändern sich in der Regel nicht. Wenn sie sich selbst überlassen bleiben, wird es eher noch schlimmer. Wer sich bis jetzt nicht geändert hat, der wird es wahrscheinlich auch in Zukunft nicht tun. Legen Sie daher für sich einen Tag und eine Zeit fest und sprechen Sie dann die Kündigung aus.

Auch der Ort ist wichtig: Ideal ist ein geschlossenes Büro oder ein Konferenzraum möglichst weit von Ihrem eigenen Büro. Am besten sollte bei einer Kündigung auch *ein Zeuge anwesend sein.* Es ist äußerst wichtig, daß jemand bei dem Gespräch dabei ist, damit Ihnen hinterher niemand falsche Worte in den Mund legen kann. Führen Sie ein Kündigungsgespräch nie in Ihrem eigenen Büro. Wenn Sie in das Büro des betreffenden Mitarbeiters gehen oder sich mit ihm in einen Konferenzraum setzen, dann können Sie aufstehen und gehen, nachdem Sie die Kündigung ausgesprochen haben. Ihr eigenes Büro können Sie dagegen schlecht verlassen.

Das Kündigungsgespräch sollte nicht länger als zehn Minuten dauern. Es gibt dabei verschiedene Vorgehensweisen, von denen ich Ihnen die zwei meiner Meinung nach besten gleich im einzelnen erläutern werde.

Der günstigste Zeitpunkt, um jemanden zu entlassen, ist am Anfang der Woche. Warum das? Weil der Betreffende dann sofort am nächsten Tag aktiv werden und sich auf die Suche nach einer neuen Stelle machen kann. Entlassen Sie ihn jedoch am Freitag, hat er das ganze Wochenende Zeit, um sich selbst zu bemitleiden oder sich aufzuregen; vielleicht betrinkt er sich sogar oder ruft einen Anwalt an. Eine Kündigung am Wochenanfang ist für Sie selbst und vor allem auch für den entlassenen Mitarbeiter weitaus günstiger.

6. Gehen Sie behutsam vor und zeigen Sie Mitgefühl

Wenn Sie einem Mitarbeiter kündigen, müssen Sie bestimmt, aber auch sachlich und fair sein. Behalten Sie im Hinterkopf, daß wir mit unserer westlichen Mentalität immer einen Schuldigen suchen – immer, wenn etwas schiefläuft, muß auch jemand daran schuld sein. Wenn jedoch jemand seiner Arbeit nicht gewachsen ist, heißt das noch nicht, daß er ein schlechter Mensch ist. Machen Sie dem Mitarbeiter daher keine Vorwürfe, zählen Sie ihm nicht noch einmal alle seine vergangenen Fehlleistungen auf. Machen Sie ihn nicht jetzt noch zur Schnecke, indem Sie ihm vorhalten, was er alles getan bzw. nicht getan hat. Jetzt ist sowieso alles vorbei, die Vergangenheit ist irrelevant. Halten Sie sich daher zurück und führen Sie sich immer wieder vor Augen, daß dieses Gespräch einzig und allein dazu dient, den Arbeitsvertrag klar und sauber aufzulösen.

Wie können Sie eine Kündigung für sich selbst möglichst streßfrei angehen? Ich habe festgestellt, daß man den Streßpegel bei einem Kündigungsgespräch mit den folgenden drei Prinzipien niedrig halten kann. Erstens: *Setzen Sie den Mitarbeiter auf keinen Fall in seiner Selbstachtung herab.* Versuchen Sie nicht, ihn zu verletzen, sagen Sie ihm nicht, daß er schlecht ist, halten Sie ihm nicht alle Fehler vor, die er in der Vergangenheit gemacht hat.

Zweitens: *Lassen Sie sich auf keinen Streit ein.* Menschen sind im allgemeinen sehr empfindlich und brauchen Bestätigung von außen. Manchmal wird Sie der Mitarbeiter daher fragen, was er denn falsch gemacht habe; er wird versuchen, Ihnen sein Vorgehen zu erklären, oder er wird Sie nach Ihren Gründen fragen. Sagen Sie in einem solchen Fall stets, daß das völlig unwesentlich sei. Es hat eben nicht funktioniert, die Einzelheiten sind vollkommen unwichtig. Werden Sie keinesfalls beleidigend, bleiben Sie immer ruhig und freundlich, und zeigen Sie Mitgefühl. Sie werden am Ende Ihres Lebens vielleicht einiges bereuen, aber Sie werden sich sicherlich niemals darüber ärgern, daß Sie zu freundlich oder zu fair gewesen sind.

Das dritte Prinzip für eine streßarme Kündigung ist *die affirmative Methode.* Diese Methode erinnert ein bißchen an eine Schallplatte, die einen Kratzer hat. Sie können etwa folgendermaßen formulieren: „Susan, ich habe lange darüber nachgedacht und bin zu dem Schluß gekommen, daß dies hier nicht der richtige Job für Sie ist. Sie passen nicht auf diese Stelle und wären mit einer anderen Arbeit sicherlich glücklicher." Das sind die Formulierungen, die Sie brauchen: „Das ist einfach nicht der richtige Job für Sie, denn wenn er es wäre, würden Sie mit Sicherheit gute Arbeit leisten. Ich bin mir sicher, daß Sie mit einer anderen Tätigkeit glücklicher wären."

Die betreffende Person ist höchstwahrscheinlich sowieso schon unglücklich mit ihrer derzeitigen Arbeit und weiß eigentlich auch, daß sie sich in einer anderen Stelle wohler fühlen würde, aber sie kann es sich selbst nicht eingestehen. Sie müssen der betreffenden Person klarmachen, daß sie mit einer anderen Arbeit sicherlich zufriedener wäre. Vielleicht hat der Betreffende dann einen Einwand, aber Sie antworten: „Ja, aber ich glaube wirklich, daß Sie mit einer anderen Arbeit glücklicher wären." Und wenn der andere wiederum meint: „Aber ich habe dieses und jenes schon probiert, bitte geben Sie mir noch eine Chance", dann antworten Sie erneut: „Ja, ja, aber wissen Sie, ich bin mir ziemlich sicher, daß Sie mit einer anderen Arbeit glücklicher wären." Wiederholen Sie diese Aussage so lange, bis sie bei Ihrem Gegenüber angekommen ist. Eine Managerin hat mir einmal erzählt, sie hätte das drei Stunden lang wiederholen müssen, aber dann habe der Mitarbeiter es endlich akzeptiert und alles sei bestens gewesen.

Es kann Ihnen im Grunde auch niemand übelnehmen, daß Sie ihn gehen lassen, damit er sich in einer anderen Stelle wohler fühlen kann. Wenn Sie erst einmal den Punkt erreicht haben, an dem der Betreffende akzeptiert, daß es wirklich vorbei ist, macht er sich auch keine falschen Hoffnungen mehr. Machen Sie der Person keine Versprechungen, etwa daß Sie die Situation noch einmal überdenken und in sechs Monaten noch einmal mit ihr sprechen werden oder daß Sie sich bemühen werden, der Person eine andere Stelle zu besorgen. Sagen Sie gar nichts. Es ist einfach vorbei.

Gestalten Sie die Kündigung so schmerzlos wie möglich

Eine Kündigung kann auf zweierlei Arten ablaufen. Im einen Fall wird der betroffene Mitarbeiter Verständnis für die Situation zeigen, er wird sich über seine Optionen und Bedürfnisse im klaren sein und versuchen, die Sache auf akzeptable Weise abzuwickeln. Im anderen Fall wird sich der Betreffende mit Zähnen und Klauen zur Wehr setzen. Wenn abzusehen ist, daß jemand mit dieser Entscheidung sehr unglücklich sein oder Schwierigkeiten bereiten wird, dann sollten Sie zusehen, daß er seinen Arbeitsplatz so schnell wie möglich räumt. Er soll seinen Schreibtisch abräumen und das Büro sofort verlassen.

Wenn Sie hingegen zu einer Trennung in freundlichem Einverständnis gelangen, dann sollten Sie auch so großzügig wie möglich sein. Besser ein bißchen zu großzügig als ein bißchen zu strikt, insbesondere wenn das Arbeitsverhältnis wirklich nicht gut funktioniert hat. Einem gekündigten Mitarbeiter, der verständig reagiert hat, sollten Sie gewisse Hilfsmittel zur Verfügung stellen. Bieten Sie ihm an, daß er sein Büro vorübergehend noch benutzen kann, daß er eine Sekretärin bekommt, telefonieren und kopieren kann – sagen Sie ihm alles, was er sonst noch einige Zeit nutzen kann. Erklären Sie ihm, wie Sie ihn vorübergehend noch unterstützen wollen.

Weiterhin sollten Sie sich auf eine offizielle Version für den Grund des Ausscheidens einigen. Erklären Sie sich bereit, allen zu sagen, daß der Mitarbeiter sich beruflich weiterentwickeln oder umorientieren wollte und aus diesem Grund das Unternehmen verlassen hat. Aber ganz gleichgültig, auf was für eine Geschichte Sie sich einigen, damit der Betroffene sein Gesicht wahren kann – bleiben Sie immer dabei. Selbst wenn Sie überglücklich sind, diesen Mitarbeiter losgeworden zu sein, bleiben Sie bei der vereinbarten Version und sagen Sie von diesem Zeitpunkt an immer, wenn jemand aus dem Unternehmen oder auch von außerhalb des Unternehmens Sie nach dem Grund für die Kündigung fragt, daß die betreffende Person neue Wege gehen wollte.

Schließlich sollten Sie zu Ihrer eigenen Sicherheit einheitliche Kündigungsrichtlinien für Ihr Unternehmen festlegen, eventuell auf den obengenannten Punkten basierend. Lassen Sie sich bezüglich der rechtlichen Aspekte von einem Fachmann beraten. Besprechen Sie die Richtlinien mit anderen, damit Kündigungen auch wirklich ordnungsgemäß ausgeführt werden. Treffen Sie die notwendigen Entscheidungen stets mit Bedacht, aber denken Sie auch daran, daß Entlassungen ein natürlicher Vorgang sind. Sie können nur innovativ sein und ein zukunftsfähiges Unternehmen aufbauen, wenn Sie sich von unnötigem Ballast und inkompetenten Mitarbeitern trennen. Wenn Sie das gelernt haben und dabei geschickt vorgehen, wird Sie das auch in Ihrer Karriere entscheidend voranbringen.

Zusammenfassung

Einer meiner Freunde ist Eigentümer eines sehr großen Unternehmens, und er mußte im Lauf der Jahre schon viele Mitarbeiter entlassen. Er hat mir erklärt, wie er dabei vorgeht. Er sagte mir, wenn er sich mit einer Person zusammensetzt, der er kündigen muß, betont er, daß beide Seiten versagt hätten. Er selbst habe versagt, weil er diesen Mitarbeiter ausgesucht, ihm einen bestimmten Aufgabenbereich zugeteilt und ihm die dazugehörigen Mittel zur Verfügung gestellt hat. Es sei sein Fehler gewesen, weil er nicht gemerkt habe, daß die betreffende Person für die Stelle gar nicht geeignet war. Die Stelle sei für die speziellen Begabungen und Fähigkeiten dieser Person nicht das Richtige gewesen. Keiner von beiden sei im Unrecht, keiner sei deswegen schlecht. Sie seien nur in eine Situation geraten, die so nicht richtig funktioniert.

Wir haben bei zwischenmenschlichen Beziehungen grundsätzlich die Tendenz, einen Schuldigen zu suchen, wenn etwas nicht funktioniert. Menschliche Reife und gute zwischenmenschliche Beziehungen zeichnen sich jedoch durch die Einsicht aus, daß eine Vielzahl von Faktoren im Spiel sind, wenn etwas nicht funktioniert, sei es die „Chemie", die persönliche Vorgeschichte, Einstellungen, Persönlichkeit, bestimmte Fähigkeiten oder die Erziehung. All diese Faktoren wirken in das Verhalten von Personen hinein, wenn sie miteinander in Beziehung treten. Niemand ist schuld. Es war einfach für beide Seiten nicht die richtige Entscheidung.

Stellen Sie sich bei Entlassungen daher immer die entscheidende Frage: *Arbeitet in diesem Unternehmen jemand für mich, den ich aus heutiger Sicht nicht wieder einstellen würde?* Wenn es eine solche Person gibt, sollten Sie zunächst einen Ihrer Vorgesetzten um Rat fragen, insbesondere dann, wenn Sie verärgert sind oder sich über diesen Mitarbeiter aufregen, weil er Sie vielleicht enttäuscht hat oder seine Arbeit nicht ordnungsgemäß erledigt.

Entlassen Sie grundsätzlich nie jemanden, solange Sie wütend sind. Bewahren Sie Ruhe und einen kühlen Kopf, lassen Sie sich nicht aus der Fassung bringen. Und wenn Sie dann tatsächlich jemanden entlassen, dann tun Sie es ganz sachte. Selbst wenn Ihnen die betreffende Person absolut unsympathisch ist – gehen Sie behutsam vor, denn die Person ist in diesem Moment äußerst verletzlich. Manche Menschen halten eine Entlassung für so etwas wie den Tod des Angestellten, und deshalb haben die meisten Menschen fürchterliche Angst davor. Immerhin 37 Prozent der arbeitenden Bevölkerung gehen jeden Abend mit der Angst zu Bett, irgendwann aus betrieblichen Gründen entlassen oder gekündigt zu werden.

Aber es gibt auch eine gute Nachricht im Zusammenhang mit Entlassungen: Es dauert heutzutage meist nicht lange, bis man eine neue Arbeitsstelle findet. AT&T beschäftigte vor 15 Jahren noch 950 000 Mitarbeiter, inzwischen sind es nur noch 210 000. Und wissen Sie, wieviele Menschen heute in Amerika im Telekommunikationssektor arbeiten? Insgesamt 960 000, denn alle, die seinerzeit AT&T verlassen mußten, sind innerhalb der Branche in neuen Unternehmen untergekommen. Die meisten dieser Unternehmen bezahlen besser, bieten attraktivere Arbeitsplätze, sind interessanter, dynamischer und expandieren schnell.

Der größte Teil aller aus betrieblichen Gründen entlassenen oder gekündigten Angestellten findet innerhalb kurzer Zeit eine bessere Stelle. Oftmals sind sie dann besser bezahlt als vorher oder finden einen Arbeitsplatz, an dem sie ihre Begabungen und Fähigkeiten effektiver zum Einsatz bringen können. Wenn man später fragt, was der entscheidende Wendepunkt in ihrem Leben war, dann sagt fast jede erfolgreiche Person in Amerika: „Nun, das war, als ich damals unerwartet meine Stelle verlor." Die unerwartete Beendigung eines Arbeitsverhältnisses ist für so gut wie jeden Amerikaner der entscheidende Wendepunkt hin zum Erfolg. Die betroffenen Personen suchen sich dann entweder eine bessere Stelle oder gründen eine eigene Firma, ziehen um, ändern ihr Leben, achten mehr auf ihre Gesundheit und vieles mehr.

Wenn Sie daher Leute entlassen, werden diese Ihnen nach einiger Überlegung dankbar sein, auch wenn die Kündigung sie zunächst aus der Fassung bringt. Solange Sie nicht verletzend werden, sie zur Schnecke machen oder ihnen sagen, wie schlecht sie sind, sondern vielmehr ganz behutsam vorgehen, werden die betreffenden Personen Ihnen nichts nachtragen.

Ich habe im Lauf der Jahre auch viele Mitarbeiter entlassen müssen, nicht, weil sie schlechte Menschen waren, sondern weil sie ihrer Arbeit nicht gewachsen waren. Solange diese Leute einen bestimmten Arbeitsplatz besetzt hielten, konnte niemand anderes zum Zug kommen, der vielleicht geeigneter gewesen wäre, und damit war auch das Unternehmen in seinem Wachstum behindert. Ich mußte diese Mitarbeiter daher entlassen, in aller Güte und Freundlichkeit, und zu fast allen habe ich auch heute noch ein gutes Verhältnis. Manchmal ruft einer an und fragt, ob wir zusammen zu Mittag essen oder einen Kaffee trinken. Ich stelle diesen Leuten auch gute Zeugnisse aus, denn ich trage es ihnen nicht nach, daß sie ungeeignet waren. Es tat mir zu dem Zeitpunkt auch leid, es lag an beiden Seiten, und ich habe ihnen eine Abfindung gegeben, die das Ganze erträglich machte.

Denken Sie immer daran: Wenn Sie lernen, Mitarbeiter zu entlassen, dann ist das ähnlich wie beim Fahrradfahren. Sie müssen anfangs vorsichtig sein, und Sie werden sicherlich auch einige Male hinfallen. Aber wenn Sie es einmal beherrschen, wird Sie das in Ihrer Position als Manager ungeheuer stärken, denn wenn sich dann ein Mitarbeiter als ungeeignet erweist, sind Sie stets in der Lage, die nötigen Schritte zu unternehmen.

Kapitel 27

Effektives Delegieren

Als Manager müssen Sie eine Vielzahl von Fähigkeiten einsetzen, wenn Sie hochgradig effektiv sein und Ihr volles Potential ausschöpfen wollen, wenn Sie weiterhin den größtmöglichen Beitrag zum Fortschritt Ihres Unternehmens leisten wollen, und wenn Sie dazu noch die höchstmögliche Bezahlung erhalten und möglichst schnell möglichst weit kommen möchten.

Als ich vor vielen Jahren als Manager anfing, dachte ich, Delegieren sei eine ganz einfache Sache, so wie zum Mittagessen gehen, telefonieren oder den Finanzteil der Zeitung durchsehen. Je mehr ich mich jedoch mit diesem Thema beschäftigte, desto erstaunter mußte ich feststellen, daß es sich beim Delegieren um eine äußerst wichtige Fertigkeit handelt, die sich auf alle anderen Managementbereiche auswirkt.

In Kapitel 18 habe ich bereits ausgeführt, wie Sie *Engpässe erkennen und beseitigen* können, indem Sie den gesamten Arbeitsablauf überprüfen und sich die folgende Frage stellen: Worin besteht der Engpaß, wo ist das Nadelöhr, das die Geschwindigkeit bestimmt, mit der ich meine Ziele erreiche? Ihre Fähigkeit als Manager, effektiv zu delegieren, stellt die entscheidende Beschränkung dar, wenn es darum geht, Ihren Wert als Individuum zu steigern. Ich habe schon mit Unternehmen gearbeitet, die sehr erfolgreiche, gut ausgebildete und intelligente Leute als solche erkannt und ihnen entsprechende Funktionen übertragen haben, ihnen jedoch niemals eigene Mitarbeiter zugestanden haben – weil diese Leute nicht in der Lage waren, effektiv zu delegieren.

Maximieren Sie die Produktivität Ihres Teams durch Delegieren

Als Manager ist es Ihre Aufgabe, den höchsten Ertrag aus den menschlichen Ressourcen zu erwirtschaften, in die Ihr Unternehmen investiert hat. Der durchschnittliche Angestellte setzt heutzutage nur 50 Prozent seiner Arbeitskapazität ein. Das bedeutet, daß er lediglich die Hälfte dessen produziert, was er produzieren könnte, um zur Effektivität des Unternehmens beizutragen. Sie als Manager müssen hier als Multiplikator und beschleunigende Kraft wirken; Sie müssen die Arbeit so strukturieren, daß Ihre Mitarbeiter weit mehr zum Fortschritt des Unternehmens beitragen als sie es derzeit tun.

Sie müssen Ihre Mitarbeiter durch Schulungen, Arbeitserfahrung und Delegieren voranbringen. Durch Delegieren können Sie das Beste aus Ihren Leuten herausholen. Wenn Sie auf Ihre eigene Erfahrung zurückblicken, werden Sie feststellen, daß auch Sie nur dahin gekommen sind, wo Sie heute stehen, weil man Ihnen Aufgaben übertragen hat, die eine Herausforderung für Sie darstellten. Daran sind Sie gewachsen; und jeder kann sich von der Stufe beschränkten Wissens und geringer Erfahrung zu einem immer höheren Leistungsniveau und zu immer größerer Effektivität emporarbeiten, wenn man ihm Aufgaben überträgt, an denen er wachsen kann.

Durch Delegieren können Sie die Produktivität Ihres Teams maximieren. Durch Delegieren können Sie die Begabungen und Fähigkeiten Ihrer Mitarbeiter so koordinieren, daß Sie weit mehr für Ihr Unternehmen herausholen. Durch Delegieren erreichen Sie in allem, was Sie tun, einen Multiplikatoreffekt.

Der Prozeß des Delegierens

Womit muß man beim Delegieren anfangen? Zunächst einmal ist Delegieren ein Prozeß. Wenn Sie es als einen Prozeß begreifen und verinnerlichen, den Sie immer und immer wieder anwenden, dann wird dieser Prozeß sich automatisieren und schließlich so selbstverständlich ablaufen wie das Ein- und Ausatmen.

Planung

Als erstes müssen Sie jede Aufgabe genauestens durchdenken. Fragen Sie sich, was für diese Aufgabe benötigt wird, was hier gemacht werden muß. Denken Sie stets daran, daß Planung eine der wichtigsten Funktionen und auch der entscheidende Faktor für den Erfolg eines Managers ist. Grundvoraussetzung ist daher Ihre Fähigkeit, scharf nachzudenken, zu planen, Abläufe schriftlich auszuarbeiten und festzustellen, was jede Aufgabe im einzelnen erfordert. Sie können Ihren Mitarbeitern nicht bestimmte Positionen zuweisen und Verantwortung übertragen, bevor Sie nicht wissen, was genau getan werden muß.

Als zweites müssen Sie *Leistungsstandards setzen.* Sie sollten folgendes fragen: Wie wichtig ist diese Aufgabe? Wie gut muß sie ausgeführt werden? Wann muß sie erledigt werden? An welcher Stelle der Prioritätenliste steht sie? Über all das sollten Sie gründlich nachdenken.

Schließlich müssen Sie noch einen *Zeitplan* erstellen. Wie sieht es zeitlich aus? Handelt es sich um eine dringende Angelegenheit? Haben Sie eine Woche, einen Monat oder ein Jahr dafür zur Verfügung? Indem Sie sich fragen, worin die Aufgabe besteht und was sie erfordert, welche Leistungsstandards dafür anzulegen sind und wie der Zeitplan aussieht – indem Sie alle diese Aspekte durchgehen, denken Sie gleichzeitig bereits darüber nach, wen Sie für diese Aufgabe einsetzen könnten. Das bringt uns zu dem Konzept, über das ich in Kapitel 6 bereits gesprochen habe, der *Aufgabenreife.*

Die Aufgabenreife des Mitarbeiters

Ihr Vorgehen beim Delegieren wird durch die Erfahrung bestimmt, die Ihre Mitarbeiter im Hinblick auf bestimmte Aufgaben bereits gewonnen haben. Verfügt ein Mitarbeiter beispielsweise nur über eine *geringe Aufgabenreife,* weil er neu und unerfahren ist, sollten Sie beim Delegieren genaue Anweisungen geben. Sie erklären ihm in allen Einzelheiten, was zu tun ist, gehen alles mehrmals durch und wiederholen sich auch, damit der betreffenden Person die Aufgabe vollkommen klar ist und sie genau weiß, was sie jetzt tun muß.

Verfügt der Mitarbeiter hingegen über eine *mittlere Aufgabenreife*, hat er bereits Erfahrung in diesem Bereich gesammelt. Dann delegieren Sie nach der Methode des *Management by Objectives*. Das bedeutet, daß Sie sich mit der betreffenden Person zusammensetzen und ihr klar sagen, was ansteht und welche Ziele erreicht werden sollen. Dann übertragen Sie dieser Person die Aufgabe und bitten sie, das für Sie zu übernehmen und dem Zeitplan entsprechend zu erledigen. Ein solcher Mitarbeiter wird dann sagen: „Kein Problem, ich habe so etwas schon öfter erledigt; ich mache mich sofort an die Arbeit." Management by Objectives läßt sich bei unerfahrenen Mitarbeitern nicht anwenden, es funktioniert nur bei Personen, die bereits bewiesen haben, daß sie einer solchen Aufgabe gewachsen sind.

Dann gibt es noch Personen mit *hoher Aufgabenreife*, das sind die Experten. Solche Mitarbeiter sind Ihre Schlüsselleute. Wenn Sie etwas an diese Leute delegieren, dann setzen Sie sich mit ihnen zusammen und besprechen die Aufgabe im Zusammenhang. Sie sprechen gemeinsam in lockerer Atmosphäre darüber, was getan werden muß und was dabei zu berücksichtigen ist; Sie besprechen, wer was erledigen soll und wann es ausgeführt werden soll. Machen Sie gemeinsames Brainstorming, fordern Sie zu Feedback und Interaktion auf. Am Ende fragen Sie Ihren Spitzenmitarbeiter, ob die Angelegenheit soweit klar ist, und wenn er dies bejaht, dann legen Sie die Aufgabe in seine Hände. Denken Sie jedoch immer daran: Wenn Sie eine Aufgabe delegieren, die die Reife der betreffenden Person hinsichtlich dieser Aufgabe übersteigt, dann wird diese Person damit überfordert sein.

Lassen Sie mich ein Beispiel anführen. Bei einem Immobilienprojekt, bei dem es um mehrere Millionen Dollar ging, beauftragte ich einen meiner leitenden Angestellten, im Laufe des Tages eine Gewinn-und-Verlust-Rechnung für mich aufzustellen, also die finanziellen Eckdaten zusammenzufassen. Als ich ihn kurz vor Büroschluß darauf ansprach, sagte er, er habe nicht gewußt, was das sei. Ich fragte ihn: „Was meinen Sie damit, Sie wissen nicht, was das ist? Sie haben einen MBA-Abschluß, Sie sind ein Geschäftsmann mit einer Menge Berufserfahrung. Sie addieren einfach alle Kosten, bestimmen die Einnahmen, ziehen die Kosten von den Einnahmen ab und erhalten so den Gewinn. So kompliziert ist das doch gar nicht." Er antwortete mir, er wisse nicht, wie das gehe. Da wurde mir plötzlich bewußt, daß ich der

Manager war, weil ich es wußte, und er mein Angestellter, weil er es nicht wußte.

Es kommt manchmal vor, daß Sie eine Aufgabe an jemanden delegieren, der damit nichts anfangen kann. In diesem speziellen Fall lag es daran, daß der betreffende Mitarbeiter so etwas noch nie vorher gemacht hatte, ich aber dachte, mit seinem Hintergrund und seinem Fachwissen müsse er dazu in der Lage sein. Probleme ergeben sich im Management oftmals durch mangelnde Kommunikation, und Frustrationen entstehen, wenn Aufgaben an Leute delegiert werden, die damit nicht fertigwerden, dies aber nicht zugeben wollen. Es ist daher äußerst wichtig, daß Sie genau überlegen, wem Sie eine Aufgabe übergeben – nur so können Sie effektiv delegieren.

Wie Sie effektiv delegieren

Kommen wir nun zu den Grundlagen effektiven Delegierens.

Suchen Sie einen geeigneten Mitarbeiter aus

Die erste Grundvoraussetzung ist die Auswahl der richtigen Person. Stimmen Sie die Anforderungen der Aufgabe mit den Fähigkeiten der Person ab. Fragen Sie sich: Wer hat so etwas schon einmal gemacht? Wer verfügt über die erforderlichen Fähigkeiten, wenn es sich um eine neuartige Aufgabe handelt? Welchen Hintergrund oder welche Erfahrungen hat die Person, die Sie für eine bestimmte Aufgabe bereits ins Auge gefaßt haben? Sie müssen stets versuchen, Aufgaben und Personen so zu kombinieren, daß sie wie angegossen zueinander passen. Nur, wenn Sie effektiv delegieren können, d.h. der richtigen Person die richtige Aufgabe zuweisen, haben Sie selbst mehr Zeit für andere Aufgaben von höherem Wert.

Delegieren Sie zunächst kleinere Aufgaben, um Selbstvertrauen aufzubauen

Der nächste Schritt besteht darin, zunächst nur überschaubare, kleinere Aufgaben zu delegieren, um Mut und Selbstvertrauen aufzubauen. Das ist eine Standardmethode, mit der man in jeder Art von Unternehmen Mitarbeiter fördern kann. Beim Militär etwa wird einer Person zunächst ein kleines Kommando mit wenig Verantwortung übertragen, und dann wird diese Person beobachtet. Wenn sie ihre Sache gut macht, übergibt man ihr ein größeres Kommando. Denken Sie an die Geschichte des tüchtigen und treuen Dieners, der im Kleinen ein guter Verwalter war und dem daher eine große Aufgabe übertragen wurde.

Wenn Sie also einen neuen, unerfahrenen Mitarbeiter haben, geben Sie ihm überschaubare Aufgaben oder kleinere Teilaufgaben, damit er durch Erfolgserlebnisse Mut und Selbstvertrauen gewinnen kann. Macht jemand seine Sache gut, ist es natürlich auch wichtig, ihm zu sagen: „Das war großartig“, oder: „Ich bin sehr zufrieden mit Ihnen. Beim nächsten Mal könnte man vielleicht manches ein wenig anders machen, aber so war es auch in Ordnung.“ Menschen sind lernfähige Wesen; je mehr Erfahrungen sie sammeln, desto schneller lernen sie und desto besser werden sie auch.

Übertragen Sie anderen Verantwortung

Wenn Sie delegieren, dann delegieren Sie die gesamte Aufgabe. Die volle Verantwortung für etwas zu tragen, ist einer der stärksten Motivatoren für gute Leistung. Ein sehr wichtiger Punkt, den Sie bedenken sollten, ist folgendes: Wenn Sie Ihre Mitarbeiter wirklich fördern wollen, müssen Sie sie mit Verantwortung sozusagen überschütten. Je mehr Verantwortung jemand trägt, desto mehr Stärke wird er entwikkeln. Viele Unternehmen und Organisationen stellen junge Leute ein und sorgen dafür, daß sie zu starken und kompetenten Mitarbeitern werden, indem sie ihnen sehr viel Verantwortung übertragen. Wichtig ist vor allem, niemals schon von vornherein zu entscheiden, daß die Verantwortung für eine bestimmte Person zu groß ist; Sie sollten es stets ausprobieren und abwarten, was passiert.

Delegieren Sie klare Ergebnisse

Delegieren Sie mit klaren und meßbaren Ergebnissen. Sagen Sie nicht: „Wir möchten gerne, daß Sie mit diesen Leuten sprechen und sehen, ob es hier nicht doch eine Möglichkeit gibt." Das ist kein Delegieren. Genauso wenig handelt es ich um Delegieren, wenn Sie etwa sagen: „Wir möchten gerne, daß Sie dieses Projekt zu Ende führen, es ist sehr wichtig für unsere übergeordneten Ziele." Sie müssen klare Ergebnisse vorgeben und diese auch meßbar machen.

Eine Methode, die ich über Jahre hinweg als sehr hilfreich empfunden habe, ist es, den Mitarbeiter stets mitschreiben zu lassen, wenn ich ihn in mein Büro rufe, um ihm eine Aufgabe zu übertragen. Ich habe nämlich festgestellt, daß viele sagen: „Gut, ich habe verstanden", wenn ich ihnen eine Aufgabe erkläre, aber in 50 Prozent der Fälle haben sie eigentlich überhaupt nichts begriffen. Ich bestehe sogar darauf, daß sie alles Punkt für Punkt aufschreiben und mir dann noch einmal vorlesen, was ich ihnen gerade aufgetragen habe. Und in der Hälfte der Fälle ist das, was sie mir vorlesen, etwas anderes als das, was ich ihnen zwei Minuten früher erklärt habe.

Daher sollten Sie beim Delegieren Ihre Mitarbeiter bitten, die Aufgabe schriftlich festzuhalten. Oder schreiben Sie es selbst auf, wenn Ihnen diese Art des Delegierens mehr liegt. Wichtig ist, daß Ihre Mitarbeiter die Aufgabe schwarz auf weiß vor sich haben. Die meisten Menschen können sich nicht genau erinnern, was gesagt wurde. Sie können Prioritäten nicht richtig einordnen, wenn sie nichts Schriftliches in Händen halten.

Beteiligen Sie Ihre Mitarbeiter an der Besprechung der Aufgabe

Besprechen Sie jede Aufgabe mit dem Mitarbeiter. Ein Schlüsselfaktor beim Delegieren besteht darin, daß Sie das Wie, Was und Warum einer Aufgabe erklären. *Wie* sollte der Auftrag Ihrer Meinung nach ausgeführt werden? *Was* ist die Aufgabe, und *warum* soll sie erledigt werden? Ich nehme mir beim Delegieren immer die Zeit, meinen Mitarbeitern zu erklären, warum eine bestimmte Aufgabe zu erledigen ist, wie sie in den Gesamtzusammenhang einzuordnen ist, warum sie wichtig ist und welche Personen davon betroffen sein werden. Selbst wenn es nur um einen Brief geht, den meine Sekretärin für mich tippen soll, erkläre ich ihr den Grund dieses Briefes, damit sie gegebenenfalls die nötigen Veränderungen vornehmen kann.

Wenn Sie Ihre Mitarbeiter an einer Aufgabe beteiligen wollen, sollten Sie bedenken, daß das tiefere Verständnis, die Akzeptanz und das Engagement in dem Maße zunehmen, wie der Mitarbeiter die Möglichkeit erhält, über die Angelegenheit zu sprechen. Wenn Sie ihm lediglich sagen, er solle eine bestimmte Sache erledigen, dann bleibt diese Sache in den Augen des Mitarbeiters weiterhin Ihre Angelegenheit, die er für Sie erledigt. Wenn Sie einer Person hingegen sagen, daß eine bestimmte Sache erledigt werden muß und Sie diese Angelegenheit mit ihm besprechen, dann wird sich diese Person selbst dafür zuständig fühlen.

Und das ist der Knackpunkt: Sie müssen Aufgaben so delegieren, daß der Mitarbeiter mit dem Gefühl weggeht, daß es sich dabei um seine eigene Aufgabe handelt, für die er allein zuständig ist. Wenn Sie das nicht schaffen, dann wird sich der Mitarbeiter nicht besonders dafür einsetzen, daß die Angelegenheit dem Zeitplan und dem Budget entsprechend erledigt wird.

Delegieren Sie die Verfügungsgewalt über die notwendigen Ressourcen

Wenn Sie eine Aufgabe delegieren, sollten Sie auch die Verfügungsgewalt über die notwendigen Mittel dem Umfang der Verantwortung entsprechend delegieren. Das bedeutet, daß Sie dem Mitarbeiter eine gewisse Zeit, gewisse finanzielle Mittel, eine gewisse Anzahl von Leuten und andere Hilfsmittel zur Verfügung stellen. Sagen Sie der Person, welche Mittel ihr zur Verfügung stehen, damit sie die Parameter der Aufgabe klar vor Augen hat.

Wenn Sie die Aufgabe einmal delegiert haben, dann lassen Sie die betreffende Person in Ruhe. Nehmen Sie die Aufgabe nicht wieder an sich, indem Sie den Mitarbeiter ständig anleiten. Fragen Sie nicht nach den Fortschritten; bieten Sie nicht an, einen Teil der Aufgabe zu übernehmen. Sie müssen auf jeden Fall vermeiden, daß eine Aufgabe zurück- oder nach oben delegiert wird. Wenn Ihr Partner oder einer Ihrer

Mitarbeiter mit einer Aufgabe nicht zurechtkommt, und Sie fragt, ob Sie sie für ihn übernehmen könnten, und Sie dann antworten: „In Ordnung, ich übernehme das und gebe es Ihnen zurück, sobald es erledigt ist", dann befinden Sie sich plötzlich in der Position des Untergebenen. Die andere Person wird dann überprüfen, welche Fortschritte Sie machen; sie wird fragen, wie Sie mit der Aufgabe zurechtkommen.

Wenn daher jemand zu Ihnen kommt und um Hilfe bittet, dann verschränken Sie die Hände hinter dem Rücken und helfen ihm nur, indem Sie Vorschläge machen: „Versuchen Sie es doch einmal so." – „Probieren Sie doch einmal das." Aber nehmen Sie die Aufgabe auf keinen Fall wieder an sich.

Setzen Sie feste Termine

Setzen Sie Fristen für eine Aufgabe. Das Delegieren einer Aufgabe ohne festen Termin ist nichts weiter als eine Besprechung. Eines der schlimmsten Dinge, die Ihnen passieren können, ist, daß Sie eine Aufgabe delegiert haben und kurz vor dem Fertigstellungstermin erfahren müssen, daß der Mitarbeiter noch gar nicht damit begonnen hat. Sie wollten den Mitarbeiter nur nach den Fortschritten fragen und erhalten die Antwort: „Ja, die Aufgabe steht ganz oben auf meiner Liste, ich werde mich darum kümmern, sobald ich Zeit habe." Wenn Sie ihn dann entsetzt fragen, wie er das meine, da die Aufgabe in dieser Woche noch abgeschlossen werden müsse, wird er sehr überrascht sein und sagen: „Nun, Sie haben mir nicht gesagt, wann die Sache fertig sein muß."

Feste Fristen zu setzen ist daher sehr wichtig. Wenn es sich um eine Angelegenheit von großer Wichtigkeit handelt, sollten Sie außerdem Etappenziele festsetzen und deren Einhaltung überprüfen. Delegieren ist nicht gleichbedeutend mit vollkommener Lossagung; die andere Person ist zwar für diese Aufgabe verantwortlich, aber letztendlich wird man doch Sie als Vorgesetzten zur Verantwortung ziehen.

Management by Exception – Anleitung nur in Ausnahmefällen

Um möglichst effizient zu sein, sollten Sie Ihre Mitarbeiter nur in Ausnahmefällen anleiten, insbesondere dann, wenn Sie etwas an kompetente Personen delegieren. Das erreichen Sie, indem Sie klare Zielsetzungen vorgeben, Standards und Fristen festsetzen und den Mitarbeitern sagen, daß sie sich nur in Problemfällen an Sie wenden sollen.

Ein solches Management by Exception ist eine großartige Methode. Sie übertragen einem Mitarbeiter eine Aufgabe und sagen ihm, was bis wann zu tun ist. Der Mitarbeiter wendet dann vielleicht ein, daß er nicht sicher sei, ob er die nötigen Hilfsmittel bekomme oder ob er etwas so ausführen könne. Antworten Sie ihm dann: „Nun, diese Aufgabe steht im Zeitplan an dieser Stelle, arbeiten Sie daran. Falls es tatsächlich Probleme geben sollte, kommen Sie wieder zu mir."

Wenn Sie nur in Ausnahmefällen Anweisungen geben, dann wenden sich Ihre Mitarbeiter auch nur an Sie, wenn Schwierigkeiten oder Abweichungen vom Zeitplan, von Fristen oder Standards auftreten. Das heißt, daß Sie sich keine Gedanken darüber machen müssen, solange keiner Ihrer Mitarbeiter zu Ihnen kommt.

Management by Motivation

Ein weiterer Schlüsselfaktor beim Delegieren ist die Motivationsfunktion des Managers. Damit kann der Manager innerhalb des Teams Vertrauen aufbauen. Bringen Sie positive Erwartungen zum Ausdruck. Zeigen Sie Ihrem Mitarbeiter, daß Sie vollstes Vertrauen zu ihm haben. Sie könnten beispielsweise sagen: „Ich weiß, daß Sie diese Angelegenheit hervorragend erledigen werden." Oftmals wird der Mitarbeiter Sie dann überraschen und wirklich ausgezeichnete Arbeit leisten, weil er weiß, daß Sie an ihn glauben.

Ständige Bestärkung ist ein sehr wirkungsvoller Motivator. Bauen Sie Ihre Leute auf. Bestärken Sie Ihre Mitarbeiter in den Verhaltensweisen, die beibehalten werden sollen. Loben Sie Ihre Leute so oft wie möglich. Sehen Sie besonders dann hin, wenn jemand etwas richtig macht. Informieren Sie sich jeden Tag, woran Ihre Mitarbeiter gerade arbeiten, und finden Sie etwas, wofür Sie die Person loben können. Je mehr Lob ein Mensch bekommt, desto größer wird seine Selbstachtung, desto wohler fühlt er sich in seiner Haut und desto besser und mehr wird er arbeiten. Lob ist das wirkungsvollste Mittel, um Menschen zu motivieren.

Delegieren Sie Entscheidungen

Delegieren Sie auch Entscheidungen und Problemlösungen. Wenn jemand mit einem Problem zu Ihnen kommt, lassen Sie die Finger davon. Als junger Manager war ich immer der Meinung: „Meine Aufgabe besteht darin, für alles eine Lösung parat zu haben." Entsprechend sind dann alle Leute zu mir gekommen, und ich habe ihnen gesagt, wie sie vorgehen sollen. Erst später ist mir klar geworden, daß man damit wieder selbst für den Erfolg der getroffenen Entscheidung, für die Aufgabe und für die ganze Arbeit verantwortlich ist.

Wenn ein Mitarbeiter vor einem Problem steht, lassen Sie es ihn nach folgender Methode angehen: Zunächst soll er das Problem schriftlich definieren, bevor er damit zu Ihnen kommt; er soll alle Gründe aufführen, die zu dem Problem geführt haben – warum, wie, wann und wo die Schwierigkeit aufgetreten ist. Wenn er all das aufgeschrieben und alle Gründe und Ursachen festgehalten hat, soll er als nächstes alle in Frage kommenden Lösungen für dieses Problem identifizieren und die seiner Meinung nach beste aussuchen. Nur, wenn er dann immer noch Schwierigkeiten hat, soll er zu Ihnen kommen und mit Ihnen darüber sprechen. In 75 Prozent der Fälle lassen sich die Schwierigkeiten mit dieser Methode jedoch schon vorher lösen.

Manchmal hilft es auch, wenn Sie einen Mitarbeiter, der mit einem Problem zu Ihnen kommt, einfach fragen, was er an Ihrer Stelle unternehmen würde. Treffen Sie keine Entscheidungen für andere, solange es sich irgendwie vermeiden läßt. Wenn Sie Ihren Mitarbeitern hingegen helfen und ihnen erlauben, selbst Entscheidungen zu treffen, bestärken Sie sie dadurch. Sie geben ihnen die Möglichkeit, Erfahrungen zu sammeln und machen sie dadurch zu wertvolleren Mitarbeitern.

Delegieren ist der Schlüssel zu Ihrem Erfolg

Sie haben bei jeder anstehenden Aufgabe zwei Möglichkeiten: Entweder Sie erledigen die Angelegenheit selbst, oder Sie übergeben sie an jemand anderen. Wofür würden Sie sich entscheiden? Delegieren ist Ihr Schlüssel zur Zukunft. Delegieren ist der Schlüssel zur Vervielfachung Ihres Potentials. Delegieren heißt die Zauberformel, wenn Sie sich in Ihrer Position weiterentwickeln wollen und wenn Sie anderen helfen wollen, sich in ihren Positionen zu entfalten. Delegieren ist der Schlüssel zu Effektivität, zu Beförderungen und zu Belohnungen jedweder Art. Wenn Sie in einer niedrigen Position effektiv delegieren können, wird man Ihnen aufgrund dieser Fähigkeit immer mehr Mitarbeiter unterstellen und Ihnen immer größere Verantwortung übertragen.

Zusammenfassung

Wenn Sie sich Ihre Leistung als ein Fahrzeug vorstellen, dann ist das Delegieren vergleichbar mit dem Motor dieses Fahrzeugs. Selbst wenn jedes andere Teil einwandfrei funktioniert, bestimmt immer noch der Motor die Geschwindigkeit, mit der Sie sich auf Ihre Ziele zubewegen. Wie lassen sich einige der Punkte, über die ich bereits gesprochen habe, nun in bezug auf das Delegieren anwenden?

In vorangegangenen Kapiteln habe ich bereits eine ganz einfache Methode namens *Zero-based Thinking* besprochen. Dabei müssen Sie sich fragen: Was würde ich von meinem jetzigen Standpunkt aus gesehen anders machen, wenn ich noch einmal die Chance dazu hätte? Treten Sie einen Schritt zurück, betrachten Sie Ihren Verantwortungsbereich und fragen Sie sich: Was wollen wir erreichen? Wie versuchen wir, es zu erreichen? Was sind unsere Leistungsmaßstäbe? Welches sind die Schlüsselbereiche, in denen wir Resultate liefern müssen? Und was arbeiten die Leute tatsächlich? Setzen wir unser Personal auf die bestmögliche Weise ein?

Manchmal werden Sie dabei auf Mitarbeiter stoßen, die für ihre Arbeitsstelle nicht geeignet sind. Sie sind vielleicht in ihre jetzige Position hineingerutscht, oder sie ergab sich als Teil ihrer Laufbahn. Manchmal haben sie die Arbeit auch wegen der besseren Bezahlung übernommen oder weil sie ihnen mehr Spaß macht, aber trotzdem sind sie nicht die richtige Person für diese Position. Fragen Sie sich daher: *Wer ist für die verschiedenen Arbeiten, die ich zu vergeben habe, jeweils am besten geeignet?*

Fangen Sie bei sich selbst an. Welches sind die wichtigsten Aufgaben, die nur Sie allein erledigen können? Dann gehen Sie alle Ihre Mitarbeiter einen nach dem anderen durch. Betrachten Sie die Fähigkeiten und Fertigkeiten jeder einzelnen Person. Betrachten Sie ihren Hintergrund und ihre persönliche Veranlagung, ihre Ausbildung und Erfahrung. Überlegen Sie dann, wofür diese Person am besten geeignet wäre.

Manche Menschen unternehmen große Anstrengungen, um in einem Bereich Erfolg zu haben, für den sie nicht geeignet sind. Ich kenne Leute, die unbedingt im Vertriebsinnendienst erfolgreich sein wollen, aber leider aufgrund ihrer Persönlichkeit überhaupt nicht dafür geeignet sind. Andere möchten im Bereich Grafik und Design arbeiten, aber leider fehlt ihnen die notwendige Ausbildung und Erfahrung. Wieder andere streben Managerpositionen an, aber niemand möchte unter ihnen arbeiten. Ich habe einmal die Situation erlebt, daß eine Person in eine Managerposition befördert werden sollte, in der sie Untergebene gehabt hätte. Bevor jedoch die Beförderung überhaupt offiziell verkündet worden war, kam es beinahe schon zu einer Revolte innerhalb des Unternehmens. Niemand wollte diese Person als Vorgesetzten haben.

Sie sollten sich deshalb für jeden einzelnen Ihrer Mitarbeiter die Frage stellen, wie Sie ihn am geschicktesten plazieren können. Dann setzen Sie sich mit der jeweiligen Person zusammen und besprechen, wie sie zum Wohle des Unternehmens am besten eingesetzt werden kann. An welcher Stelle kann sie ihre einmaligen Fertigkeiten und Fähigkeiten entfalten? Welche Arbeiten, die sie gut erledigt, könnte die Person verstärkt übernehmen? Welche Aufgaben könnte sie abgeben, weil sie ein anderer vielleicht besser beherrscht?

Ein wichtiger Teil des Delegierens besteht darin, die Gesamtaufgabe in Teilschritte zu gliedern und zu entscheiden, wer welche Teilaufgabe erledigen soll. Manchmal werden Sie dabei interessanterweise feststellen, daß es unter Ihren Mitarbeitern keinen gibt, der eine besonders wichtige Teilaufgabe zufriedenstellend ausführen kann. Sie haben vielleicht einige Leute, die sich daran versuchen, jedoch kläglich scheitern. In einem solchen Fall sollten Sie sich an den folgenden Managementgrundsatz halten: *Vermeiden Sie Notlösungen bei der Aufgabenzuteilung.*

Um eine Notlösung handelt es sich dann, wenn keine geeignete Person zur Verfügung steht, und die Aufgabe daher einem Mitarbeiter übertragen wird, der ihr nicht gewachsen ist. Wenn dieser die Aufgabe dann nur unbefriedigend ausführt, begeht man leicht den nächsten Fehler, indem man eine weitere Person hinzuholt, die dem von vornherein ungeeigneten Mitarbeiter helfen soll. Gibt es innerhalb Ihres Verantwortungsbereichs eine Stelle, deren Besetzung lediglich eine Notlösung darstellt? Ist einer Ihrer Mitarbeiter mit seiner Arbeit überfordert, und wird er von einem weiteren Mitarbeiter unterstützt, der ebenfalls nicht für diese Aufgabe geeignet ist, nur damit die Angelegenheit irgendwie bearbeitet werden kann?

Überlegen Sie in einem solchen Fall noch einmal, wer für die Aufgabe hervorragend geeignet wäre. Wählen Sie keine Person aus, die diese Arbeit vielleicht angemessen oder nur befriedigend erledigen kann. Sie benötigen einen bestens geeigneten Mitarbeiter, denn Sie können sich in Ihrer Position als Manager nur auszeichnen, wenn auch Ihre Mitarbeiter in ihrer Arbeit erfolgreich sind. Sie können sich nur weiterentwickeln und in Ihrer Karriere vorankommen, wenn Sie in Ihrer derzeitigen Position und mit Ihren derzeitigen Mitarbeitern hervorragende Leistungen erbringen.

Theodore Roosevelt handelte stets nach der Maxime, mit den derzeit zur Verfügung stehenden Mitteln das Bestmögliche zu erreichen; und auch für Winston Churchill war es wichtiger, die derzeit anstehenden Aufgaben in Angriff zu nehmen, anstatt sich in vagen Zukunftsspekulationen zu verlieren. Sie müssen die Ihnen zur Verfügung stehenden Mitarbeiter zu einem Spitzenteam formieren, in dem sich die Fähigkeiten aller Mitglieder gegenseitig ergänzen. Jeder einzelne sollte für seine jeweiligen Aufgaben hervorragend geeignet sein und ausgezeichnete Arbeit leisten. Nur so können Sie effektiv delegieren.

Kapitel 28

Die Grundlagen richtiger Anleitung

Jeder Ihrer Mitarbeiter besitzt entweder eine niedrige, mittlere oder hohe *Aufgabenreife*. Das bedeutet, daß er eine Aufgabe entweder schon länger und sehr gut oder noch nicht so lange und weniger gut erledigt. Eine Person, die eine Aufgabe noch nicht so lange ausführt, benötigt sorgfältige Anleitung, Kontrolle, viel aktive Unterstützung Ihrerseits und häufiges Feedback.

Eine Person mit mittlerem Reifeniveau hat bereits eine gewisse Kompetenz entwickelt, doch wenn Sie ihr neue Aufgaben zuweisen, benötigt sie Ihre Hilfe.

Erst Mitarbeiter mit hohem Reifeniveau beherrschen eine Aufgabe so vollkommen, daß sie sie erledigen können, ohne viel darüber nachzudenken. Diese Menschen erledigen eine ihnen übertragene Aufgabe so selbständig, daß Sie sich nicht mehr darum zu kümmern brauchen. Alle anderen Mitarbeiter müssen Sie jedoch aktiv unterstützen und kontrollieren.

Je wichtiger die Aufgabe, desto wichtiger ist es, daß Sie die Ausführung überwachen. Als Manager stehen Ihnen dabei zwei Alternativen zur Verfügung. Sie können die Aufgabe entweder selbst erledigen oder sie jemand anderem übertragen. Sie haben die Wahl. Ein guter Manager ist jedoch bestrebt, möglichst viel durch andere erledigen zu lassen.

In diesem Fall können Sie in Ihrer Funktion als Supervisor durch Anleitung und Beaufsichtigung dafür sorgen, daß eine Aufgabe korrekt und innerhalb des geplanten Zeitrahmens und Budgets ausgeführt wird.

Verwenden Sie das Fabrikmodell der Produktivität

Nachdem Sie eine Aufgabe delegiert haben – unter Berücksichtigung des Reifeniveaus der einzelnen Mitarbeiter hinsichtlich dieser zu vergebenden Aufgabe –, müssen Sie sicherstellen, daß sie genau so ausgeführt wird, wie Sie es wünschen. Dabei ist für mich schon immer ein Modell sehr hilfreich gewesen, das Sie ebenfalls einsetzen können: das Fabrikmodell der Produktivität. Es läßt sich auf Mitarbeiter, Abteilungen und Unternehmen anwenden, und es basiert auf folgender Grundlage: Stellen Sie sich vor, die Aufgabe sei wie eine große Fabrikhalle. Am einen Ende werden die Rohstoffe zugeführt, in der Fabrik finden bestimmte Aktivitäten statt, und am anderen Ende kommen die fertigen Produkte heraus.

Sie können das alles auch als Pipeline betrachten. Auch bei einer Pipeline wird am einen Ende etwas zugeführt, das am anderen Ende wieder herauskommt. Die Inputs in die Fabrik sind Zeit, Geld, Material, Ausstattung, Beaufsichtigung und Schulungen. In der Fabrik werden nun bestimmte Produktionsaktivitäten durchgeführt. Die Rohstoffe und das Material werden bearbeitet, so daß sie sich Schritt für Schritt in das Endprodukt verwandeln. Die Outputs sind die Ergebnisse dieses Prozesses.

Betrachten Sie Ihre In- und Outputs

In Ihrer Eigenschaft als Supervisor müssen Sie immer an diese drei Komponenten denken: Handelt es sich um einen *Input*, um eine *Aktivität* oder um ein *Ergebnis* des Prozesses? Wo stehen wir derzeit, und wie läuft es?

Um ein hervorragender Supervisor, Leader oder Manager zu sein, ist es notwendig, sich auf die erwarteten Outputs und Ergebnisse zu konzentrieren. Behalten Sie immer die Resultate im Blick, nicht die Aktivitäten, denn sonst kann es geschehen, daß Sie abgelenkt werden und sich vollkommen verzetteln. Ihre Aufgabe ist es, die Qualität und Quantität der Outputs im Verhältnis zu den Inputs zu erhöhen. Sie erhöhen also mit anderen Worten die Produktivität Ihrer Mitarbeiter und

Ihrer Organisation, und Sie steigern die Rentabilität Ihres Unternehmens, indem Sie mit denselben Inputs – wie z.B. Zeit und Personalkosten – immer bessere Ergebnisse erzielen.

Planen Sie die Bereiche, deren Ergebnisse am wichtigsten sind

Wie können Sie das erreichen? Nun, zuerst einmal müssen Sie überlegen. Planen Sie im voraus, damit die menschlichen Ressourcen maximal ausgeschöpft werden. Sie kennen wahrscheinlich die Redensart, *daß planloses Handeln die Hauptursache aller Probleme darstellt.* Im Umkehrschluß bedeutet dies, daß Handeln nach einem im voraus durchdachten Plan das Kennzeichen eines souveränen Managers ist. Sie wollen durch Ihr Management die größtmögliche Wirkung erzielen. Dies erreichen Sie dadurch, daß Sie die zur Verfügung stehende Zeit und die Ressourcen effektiver einsetzen als vorher, indem Sie den Prozeß im voraus planen.

Wichtig ist, daß Sie auch für andere Personen die Bereiche festlegen, die die wichtigsten Ergebnisse liefern sollen. Wir wissen, daß Ihre Mitarbeiter diese Bereiche oft nicht selbst identifizieren können. Aus diesem Grund sollten Sie sich mit ihnen an einen Tisch setzen und mit ihnen besprechen, welches ihre wichtigsten Beiträge zum Erfolg des Unternehmens sind. Diskutieren Sie dies gründlich mit Ihren Mitarbeitern, damit sie genau wissen, wozu sie gebraucht werden und was sie als Beitrag zur Gesamtaufgabe leisten müssen. Sie werden überrascht sein, wieviele Menschen in Ihrer Abteilung dies alles nicht genau wissen. Sie wissen zwar, daß viel von ihnen erwartet wird, aber sie haben keine Ahnung, welches ihre wichtigsten Ergebnisse sind. Fragen Sie daher jeden einzelnen Mitarbeiter und helfen Sie ihm, diese Bereiche zu identifizieren. Beantworten Sie mit jedem Mitarbeiter zusammen die Fragen: Wofür werden Sie bezahlt? Für welche Aufgaben sind Sie eingestellt worden?

Richten Sie „Wofür-werde-ich-bezahlt-Meetings“ ein

Wie bereits erwähnt, halten wir in meinem Unternehmen immer wieder solche Meetings ab. Alle Mitarbeiter halten Ihre Aufgabenbeschreibung schriftlich fest und bringen sie zum Meeting mit. Jeder Teilnehmer erhält die Beschreibung aller anderen Mitarbeiter, und wir diskutieren reihum die Aufgaben jedes einzelnen, bis alle ganz genau wissen, welche Aufgaben sie selbst und auch alle anderen haben.

Dies ist eine sehr wirkungsvolle Übung. Anschließend sprechen wir über die spezifischen Ergebnisse, die von den einzelnen Personen erwartet werden, und auch diese werden diskutiert. Was kann jeder einzelne tun, und nur er allein, das einen wertvollen Beitrag zum Fortkommen des Unternehmens darstellt, wenn es richtig erledigt wird? Damit will ich meinen Mitarbeitern vor allem deutlich machen, welche ihrer Aufgaben die wichtigsten sind – Aufgaben, die nur sie allein erledigen können, und die bei richtiger Ausführung wirklich wertvoll sind; Aufgaben, die nicht ausgeführt werden, wenn sie sie nicht übernehmen. Ich erkläre ihnen, daß es dem Unternehmen wirklich schadet, wenn sie diese Aufgaben nur ungenügend erfüllen.

Auf diese Weise sorge ich dafür, daß alle Mitarbeiter ihre täglichen Arbeiten kennen und auch wissen, welchen von ihnen die größte Bedeutung zukommt. Dies klarzustellen ist Ihre Aufgabe als Manager.

Berücksichtigen Sie stets die Stärken Ihrer Mitarbeiter

Hervorragende Manager besitzen eine Eigenschaft, die sie von anderen Personen abhebt. Sie konzentrieren sich immer und vor allem auf die *Stärken* – die von Menschen und von Situationen. Diese Manager wissen genau, wie und in welcher Position im Team die einzelnen Mitarbeiter ihre besten Leistungen erbringen können. Viele Fehler von Managern haben ihre Ursache darin, daß sie Menschen in Positionen einsetzen, deren Anforderungen sie nicht gewachsen sind.

Definieren Sie die wichtigsten Ergebnisse

Die Bereiche mit den wichtigsten Ergebnissen, die mit einer Tätigkeit erzielt werden sollen, sind immer objektiv feststellbar. Das bedeutet, daß sie klar umrissen sind und sich leicht schriftlich definieren lassen. Außerdem sind sie meßbar und lassen sich mit Zahlen versehen. Zudem sind sie zeitlich begrenzt, so daß Sie ihnen einen Zeitplan und eine Frist zuweisen können. Die wichtigsten Ergebnisse sollten also ganz klar festgelegt werden.

Jeder Mitarbeiter muß genau wissen, was Sie von ihm erwarten. Alle Studien zeigen übereinstimmend, daß es sehr motivierend wirkt, wenn ein Mitarbeiter die an ihn gestellten Erwartungen genau kennt. Im Gegensatz dazu ist Unklarheit über die Erwartungen der größte Demotivationsfaktor in der Arbeitswelt. Wenn die Mitarbeiter nicht ganz klar wissen, was sie wie, wann und nach welchem Standard erledigen sollen, fühlen sie sich verloren und können keine Höchstleistungen vollbringen.

Sobald Sie die wichtigsten Ergebnisbereiche festgelegt haben, müssen Sie Standards für hervorragende Leistungen setzen. Ein normaler Leistungsstandard ist einfach eine Mindestanforderung, doch Sie als hervorragender Manager benötigen einen Standard für Höchstleistungen. Sie sollten Ihre Definition von exzellenter Leistung mit Ihren Mitarbeitern besprechen. Erklären Sie ihnen, was Sie als exzellente Leistung betrachten und wie sie gemessen wird. Sie können Ihre Mitarbeiter nur durch das Ziel höchster Leistungen wirklich motivieren, und nur so setzen Sie auch ihr gesamtes Potential frei. Niemand ist besonders erfreut darüber oder stolz darauf, mittelmäßige Arbeit zu leisten. Aus diesem Grund erhöhen die besten Vorgesetzten den Standard für ihre Mitarbeiter und bestehen darauf, daß sie wirklich hervorragende Arbeit leisten. Wenn die Mitarbeiter dann tatsächlich Höchstleistungen erreichen und die ihnen zustehende Anerkennung erhalten, werden sie sich ganz hervorragend fühlen.

Mittelmäßige Leistungen zu akzeptieren ist eine der schlimmsten Grausamkeiten gegen Ihre Mitarbeiter, weil es so demotivierend wirkt. In diesem Fall beziehen die Mitarbeiter keinerlei Anregungen aus ihrer Arbeit. Wenn sie dagegen zu Höchstleistungen angespornt werden, fühlen sie sich wunderbar.

Denken Sie auch immer an die alte Weisheit: Nur was gemessen wird, wird auch erledigt. Wenn Sie etwas nicht messen können, können Sie es auch nicht durchführen.

Anerkennung, Belohnung und Bestärkung

Ein Supervisor, der seine Mitarbeiter zu hohen Leistungen motivieren will, muß ihnen vor allem *Anerkennung zollen, sie belohnen und sie in guten Verhaltensweisen bestärken.* Wenn also ein Mitarbeiter seine Sache gut macht, dann sagen Sie ihm das auch – möglichst vor Zeugen. Lassen Sie ihm eine zusätzliche Belohnung zukommen, geben Sie ihm einen Bonus oder ein paar freie Tage, und bestärken Sie ihn in seinem Einsatz.

Heben Sie immer wieder hervor, daß er sehr gute Arbeit geleistet hat: „Das haben Sie hervorragend gemacht!“ Sprechen Sie immer wieder davon, denn je öfter Sie es erwähnen, desto öfter wiederholt der Mitarbeiter diese Leistung und desto öfter erledigt er auch andere Aufgaben auf bestmögliche Weise.

Struktur, Beachtung und Freiheit

Die besten Leader und Supervisors zeichnen sich vor allem durch drei Eigenschaften aus. Erstens geben sie klare Strukturen vor. Alle Mitarbeiter wissen genau, was nach welchem Standard ausgeführt werden muß. Alle Menschen brauchen eine Struktur, nach der sie sich richten können. Dann wissen sie, in welchem Verhältnis ihre Aufgabe zur Gesamtaufgabe steht, worin sie besteht, wann und warum sie erledigt werden muß usw.

Zweitens schenken hervorragende Vorgesetzte ihren Mitarbeitern viel Beachtung. Sie zeigen, daß sie sich wirklich für die Person des Mitarbeiters interessieren. Dazu können Sie die Mitarbeiter einfach immer wieder fragen, wie es ihnen und ihrer Familie geht. Fragen Sie beispielsweise, wie sie das Wochenende verbracht haben. Wenn Sie Ihren Mitarbeitern nicht nur arbeitsbezogene, sondern auch solche persönlichen Fragen stellen, erhalten sie das Gefühl, daß Sie sich für sie als Person interessieren. Je mehr Sie über Ihre Mitarbeiter wissen, desto besser arbeiten sie.

Bei unseren Management-Seminaren führen wir diesbezüglich oft einen Test durch. Wir bitten die Manager, eine Liste aller Personen in ihrem Verantwortungsbereich anzulegen. Dann fragen wir sie: Wo hat diese Person studiert? Wie heißt ihr Mann oder ihre Frau? Wie heißen ihre Kinder? Wo ist sie aufgewachsen? Wie lauten ihre Hobbys und Interessen? Welchen Sportarten oder sozialen Aktivitäten geht sie nach? Über welche Ausbildung und Berufserfahrung verfügt sie? Die meisten Manager haben keine Ahnung von den Ehepartnern, Kindern und dem persönlichen Hintergrund ihrer Mitarbeiter. Wenn Sie sich jedoch nicht die Zeit nehmen, diese Dinge zu erfragen, denken die Mitarbeiter, daß sie Ihnen gleichgültig sind.

Drittens lassen exzellente Vorgesetzte ihren Mitarbeitern die nötige Freiheit, um Leistungen zu erbringen. Die Mitarbeiter erledigen ihre Aufgaben am liebsten möglichst selbständig, wenn sie erst einmal wissen, worin sie bestehen und welche Standards gelten. Aus diesem Grund sollten Sie einfach die Methode des *Management by Objectives* einsetzen.

Management by Objectives

Management by Objectives können Sie nur mit kompetenten Mitarbeitern praktizieren, denen Sie einfach den Ball zuspielen und die dann alleine weiterlaufen, weil sie genau wissen, was zu tun ist. Solche Mitarbeiter benötigen lediglich ein klares, spezifisches Ziel.

Sie können Management by Objectives immer wieder zur Förderung Ihrer Mitarbeiter einsetzen. Geben Sie dazu jedem Mitarbeiter jeweils für einen bestimmten Zeitraum klare, spezifische und meßbare Aufgaben vor. Diese Ziele besprechen Sie mit dem Mitarbeiter, damit er die Gelegenheit zur Diskussion erhält. Legen Sie gemeinsam fest, wie und bis wann die Aufgaben erledigt werden sollen. Dabei sollten Sie jedoch einen wichtigen Punkt berücksichtigen. Wenn Sie die Aufgabe besprechen, dann formulieren Sie eigene Vorschläge am besten so: „Auf diese Weise mache ich es am liebsten, denn so habe ich es früher immer erledigt. Aber wenn Ihnen eine bessere Methode einfällt, dann probieren Sie sie auf jeden Fall aus."

Lassen Sie Ihren Mitarbeitern die Freiheit, flexible und kreative Möglichkeiten zu entwickeln, auch wenn sie andere Methoden anwenden als Sie, denn möglicherweise erweisen sich ihre Ideen als die besseren.

Überprüfen Sie regelmäßig die Lage

Nachdem Sie die Aufgaben verteilt haben, müssen Sie einen genauen Zeitplan zur Überprüfung der Fortschritte und zur möglichen Änderung der Vorgehensweise festlegen. Vereinbaren Sie regelmäßige Treffen zur Lagebesprechung. Dadurch erhalten die Mitarbeiter das Gefühl, daß ihre Aufgaben wichtig sind, und sie arbeiten härter, um für das nächste Treffen vorbereitet zu sein. Bei jeder Besprechung vergleichen Sie einfach die bisherigen Ergebnisse mit dem zuvor erstellten Zeitplan.

Was sollte bis heute erreicht worden sein? Wo sind wir? Wie geht es voran? Es soll *keine* Kritik geübt, sondern lediglich die Lage geprüft werden. Sie als Supervisor sollten dabei anhand des regelmäßigen Feedbacks, das Sie erhalten, Erfahrungen sammeln und die Pläne, Aufgaben und deren Verteilung immer wieder überprüfen und bei Bedarf neu festlegen.

Denken Sie daran, daß sich die meisten Ihrer Entscheidungen immer wieder als falsch erweisen werden. Wenn Sie einem Mitarbeiter eine Aufgabe mit bestimmten Anforderungen und einem Zeitplan zuweisen, stellt sich fast immer heraus, daß Sie entweder zu optimistisch oder zu pessimistisch waren. Wenn Sie dann entsprechendes Feedback erhalten, müssen Sie den Plan eben ändern, um die Aufgabe genau auf die Person abzustimmen – sie darf nicht zuwenig und nicht zuviel zu tun haben.

Ihre Rolle als Berater

Der Supervisor trägt in der Arbeitswelt eine wichtige Verantwortung, denn er soll als Berater fungieren. Eine Ihrer wichtigsten Aufgaben besteht darin, andere Menschen in den Tätigkeiten zu unterweisen, die Sie bereits beherrschen. Dieser Aufgabe kommt eine sehr große Bedeutung zu.

Früher wurde ich oft sehr ärgerlich, wenn ein Mitarbeiter mich fragte, wie er eine Aufgabe erledigen sollte. Meist fuhr ich ihn dann an: „Na, fangen Sie einfach an!“ Doch mit der Zeit erkannte ich, daß man seinen eigenen Output am schnellsten dadurch vervielfacht, daß man den Mitarbeitern die Tätigkeiten beibringt, die man bisher nur selbst erledigen konnte, die man also perfekt beherrscht. Dann können in Zukunft die Mitarbeiter diese Aufgaben erledigen, und man selbst braucht sich nicht mehr darum zu kümmern. Sie selbst können sich dann wichtigeren Dingen zuwenden.

Wir kommen immer wieder zu der Erkenntnis, daß es nach der Übernahme einer neuen Position am besten ist, sofort mit einer Schulung der Mitarbeiter zu beginnen. Hierbei lernen die Mitarbeiter, Teile Ihrer Aufgaben zu übernehmen, und Sie haben dadurch mehr Zeit für neue Aufgaben. Delegieren Sie auch möglichst viele Entscheidungen, um die Urteilsfähigkeit, Kompetenz und Intelligenz Ihrer Mitarbeiter zu fördern. Wenn eine Person nie die Gelegenheit erhält, Entscheidungen zu treffen, dann kann sie nicht klüger werden.

Dies bedeutet auf der anderen Seite jedoch auch, daß Sie den Mitarbeitern Fehler zugestehen müssen. Die besten Manager erlauben ihren Mitarbeitern, Fehler zu begehen. Nur schlechte Manager geben ihren Mitarbeitern zuerst den Auftrag, eine Entscheidung zu fällen, und fallen anschließend mit Schuldzuweisungen über sie her, wenn sich der Beschluß als falsch erweist. Lassen Sie also Fehler ruhig zu, solange die Mitarbeiter aus ihren Fehlentscheidungen lernen.

Prüfen Sie immer, ob die Aufgabe erledigt wird

Gute Supervisors überprüfen immer, ob ihre Erwartungen auch erfüllt werden. Dadurch vermitteln Sie den Mitarbeitern das Gefühl, daß es auf ihre gute Arbeit ankommt. Wenn Sie die Ergebnisse nicht prüfen, erhalten die Mitarbeiter dagegen den Eindruck, daß ihre Leistung nicht geschätzt wird. Die schlimmste Folge davon ist, daß die Mitarbeiter irgendwann eine Aufgabe gar nicht mehr durchführen, wenn Sie sie nie kontrollieren.

Kontrolle ist ein wichtiges Element der Überprüfung. Denken Sie daran, daß Sie mit dem Delegieren einer Aufgabe trotzdem weiterhin die Verantwortung tragen. Sie sind immer noch für die Leistung verantwortlich. Sie haben zwar einen Teil der Aufgabe an einen Mitarbeiter abgegeben, aber die Verantwortung für die Gesamtleistung liegt dennoch in Ihrer Hand. Sie müssen die Ergebnisse vor Ihren Vorgesetzten vertreten. Sie delegieren zwar, aber Sie geben damit nicht die Verantwortung ab. Daher müssen Sie die Aufgaben kontrollieren und die Finger immer am Pulsschlag halten.

Machen Sie Rundgänge in der Abteilung

Eine der wirkungsvollsten Methoden zur Betreuung und Anleitung nenne ich das MBWA – *Management by Walking Around.* Die besten Manager verbringen etwa 75 Prozent ihrer Zeit auf Rundgängen durch ihre Abteilung. Sie gehen herum und sprechen mit ihren Mitarbeitern: „Wie kommen Sie voran?“ – „Das sieht sehr gut aus.“ – „Haben Sie schon mit Herrn/Frau X gesprochen?“ – „Vielleicht kann ich das für Sie klären.“ – „Brauchen Sie etwas?“ Die schlechtesten Manager verbringen dagegen 75 Prozent ihrer Zeit am Schreibtisch hinter geschlossenen Türen.

Gute Manager führen laufend Gespräche, sie sind immer aktiv und präsent. Sie überprüfen ständig alle Tätigkeiten, so daß sie immer über alle Vorgänge informiert sind, falls jemand sie danach fragt. Die besten Manager halten die Finger am Puls des Unternehmens, indem sie ununterbrochen mit ihren Mitarbeitern in Kontakt stehen. Dieses Gefühl, daß der Vorgesetzte immer zur Verfügung steht, erhöht auch die Arbeitsmoral der Mitarbeiter. Praktizieren Sie also Management by Walking Around – kommen Sie heraus aus Ihrem Büro und informieren Sie sich über alle Vorgänge.

Geben Sie konstruktives Feedback

Im Zusammenhang mit Betreuung und Anleitung ist auch bekannt, daß Feedback das „Frühstück der Champions“ ist. Feedback ist für Ihre Mitarbeiter so wichtig, daß Sie ihnen immer wieder sagen müssen, wie Sie ihre Arbeit beurteilen. Denken Sie daran, daß jeder Mensch sich ein wenig unsicher fühlt, wenn er eine wichtige Aufgabe erledigen soll. Er fragt sich in diesem Fall ständig, wie andere seine Leistung wohl einschätzen. Daher dürfen Sie nicht darauf warten, daß der Mitarbeiter sie um eine Beurteilung bittet, sondern Sie müssen sie ihm von selbst liefern.

Sehr wichtig ist jedoch, daß Sie das *Feedback nicht als Urteil über den Mitarbeiter präsentieren*, sondern nur als neutrale Information über seine Leistung. Kritisieren Sie nicht die Person. Sagen Sie beispielsweise: „Die Leistung sollte diesem Standard entsprechen, sie entspricht aber nur jenem Standard. Was können wir in Zukunft ändern, um besser zu werden?“ Sprechen Sie nur über die Aufgabe und nur über die tatsächlichen Zahlen, und dies ehrlich, offen und ohne Wertung. Sagen Sie niemals: „Sie haben schlechte Arbeit geleistet“, sondern sagen Sie: „Wir wollten so weit kommen, sind aber nur bis dahin gelangt. Was können wir jetzt unternehmen?“

Das Feedback sollte regelmäßig und reichlich erfolgen. Die Mitarbeiter müssen wissen, was vorgeht, und ob sie gute oder schlechte Arbeit leisten. Dies ist einer der wichtigsten Motivatoren. Versuchen Sie, die Mitarbeiter dabei zu beobachten, wie sie etwas richtig machen. Spenden Sie möglichst viel Lob. Loben Sie die Mitarbeiter für alle kleinen und großen Leistungen, und loben Sie sie vor allem dann, wenn sich eine Leistung in Zukunft wiederholen soll.

Die vier Hauptkennzeichen hervorragender Betreuung

Im folgenden sollen nun noch vier Hauptkennzeichen hervorragender Betreuung und Anleitung vorgestellt werden.

Übernehmen Sie die volle Verantwortung

Sie müssen die volle Verantwortung für Ihre Mitarbeiter übernehmen. Beklagen Sie sich niemals, daß Ihre Leute dies oder das nicht erledigt und Sie im Stich gelassen haben. Ihre Mitarbeiter gehören zu Ihnen, sie sind wie Ihre Familie, und so, wie Sie Ihre Familie nicht vor anderen herabsetzen würden, dürfen Sie auch nicht schlecht über Ihre Mitarbeiter sprechen.

Wenn die Mitarbeiter wissen, daß Sie hinter ihnen stehen und ihnen den Rücken stärken, werden sie ein besseres Verhältnis zu Ihnen haben und bessere Leistungen erbringen. Gewöhnen Sie sich am besten an, die Mitarbeiter wie jüngere Familienmitglieder zu betrachten, fast so, als seien sie Ihre Kinder. Meine Frau arbeitet auch in meinem Unternehmen, und wenn ich sie anrufe und frage, wie es den Kindern geht, antwortet sie jedesmal: „Welche meinst Du?" Wir haben erkannt, daß Erwachsene einfach Kinder mit besseren Ausreden sind.

Sie sollten Ihre Mitarbeiter also wie Familienmitglieder behandeln. Es sind Ihre Leute, und Sie müssen sie schützen, für sie sorgen und ihnen spezielle Privilegien erteilen. Je mehr ihre Mitarbeiter sich verstanden und umsorgt fühlen, desto besser werden sie die ihnen zugeteilten Aufgaben erfüllen.

Nutzen Sie den Freundschaftsfaktor

Der Freundschaftsfaktor besteht aus den drei Elementen: *Zeit, Interesse und Respekt.* Sie müssen Zeit investieren, um mit den Mitarbeitern sprechen und ihnen zuhören zu können. Sie müssen Interesse und Sympathie aufbringen und bei allen Erfahrungen, die Ihre Mitarbeiter im Leben machen, mit ihnen fühlen. Und Sie müssen sie mit Respekt, Höflichkeit und Freundlichkeit behandeln, damit sie sich geschätzt und anerkannt fühlen.

Praktizieren Sie dienende Leadership

Dienende Führung ist eines der bedeutendsten Konzepte im Management. Es bedeutet, daß Sie Ihre Rolle gegenüber Ihren Mitarbeitern als Vertrauensstellung betrachten – so, als ob die Mitarbeiter Ihnen anvertraut worden seien und Sie nun die Verantwortung für ihr Leben, ihre Zukunft und ihre Karriere tragen. Sie müssen sich bewußt sein, daß Sie sich in einer privilegierten Stellung befinden, denn Sie können die Zukunft Ihrer Mitarbeiter beeinflussen.

Praktizieren Sie Management nach der Goldenen Regel

Schließlich sollten Sie sich als Manager immer an die Goldene Regel halten: Behandeln Sie Ihre Mitarbeiter immer so, wie Sie selbst auch von Ihrem Vorgesetzten behandelt werden wollen. Muß ein Teammitglied etwas mit Ihnen besprechen? Überlegen Sie, wie Sie sich fühlen, wenn Sie ein Gespräch mit Ihrem Chef führen. Hat einer der Mitarbeiter einen Fehler gemacht? Überlegen Sie, wie Sie in der gleichen Situation von Ihrem Vorgesetzten behandelt werden möchten. Wenn Sie die Goldene Regel beherzigen und Ihre Mitarbeiter so managen, wie Sie selbst auch gerne gemanagt werden würden, werden Sie zu einem der größten Manager und Supervisors Ihrer Generation aufsteigen.

Zusammenfassung

Als Manager haben Sie die Aufgabe, Ihre Mitarbeiter zu maximaler Produktivität und Leistung anzuspornen. Dies können Sie auf mehreren Wegen erreichen. Sie müssen effektiv delegieren, Sie müssen Ihre Mitarbeiter gerecht behandeln und Sie müssen sie sorgfältig und gut beaufsichtigen, wenn eine Aufgabe es erfordert. Wenn eine Aufgabe sehr wichtig für Sie ist, sollten Sie sich aktiv an der Erledigung beteiligen. Wenn Sie sich nicht aktiv darum kümmern, erhalten Ihre Mitarbeiter den Eindruck, daß die Aufgabe nicht wichtig ist, und dementsprechend wird sie dann behandelt.

Hervorragende Manager und Unternehmensleiter sind sich der Tatsache bewußt, daß ihr ganzer Erfolg davon abhängt, wie sie mit ihren Mitarbeitern zurechtkommen. Wenn sie es schaffen, das Beste aus ihren Mitarbeitern herauszuholen, werden sie höher geschätzt und respektiert, sie erzielen bessere Ergebnisse, sie werden besser bezahlt, sie erhalten mehr berufliche Chancen, ihr Streßpegel sinkt usw.

Peter Drucker hat einmal festgestellt, daß sich schnelle Personalentscheidungen unweigerlich als falsch erweisen. Im Umgang mit anderen Personen müssen Sie immer davon ausgehen, daß Menschen sehr komplexe Wesen sind. Die zu Anfang des 20. Jahrhunderts sehr bekannte Management-Beraterin Mary Baker Follett bezeichnete eine ihrer Beobachtungen als das *Gesetz der Situation.* Es besagt, daß jede Situation, in der Menschen eine Rolle spielen, einzigartig ist, weil Menschen eben eine sehr komplexe Natur haben. In normalen wie auch in schwierigen Situationen mit anderen Menschen haben Sie es immer mit einzigartigen Personen zu tun, und daher gibt es keine Regeln zum Umgang mit ihnen – nur das Gesetz, das besagt, daß jede derartige Situation einmalig ist.

Denken Sie daran, daß Geduld eine der wichtigsten Tugenden im Management ist. Nehmen Sie sich die Zeit, jedem Mitarbeiter seine Aufgaben genau zu erklären. Wenn einer der Mitarbeiter Probleme verursacht, müssen Sie sich ins Gedächtnis rufen, daß letztlich Sie für die Situation verantwortlich sind. Fragen Sie sich, ob Sie dem Mitarbeiter Ihre Erwartungen genau dargelegt haben. Kennt diese Person die wichtigsten Bereiche, in denen sie Ergebnisse bringen muß? Kennt sie die Leistungsstandards, die unbedingt eingehalten werden müssen? Weiß sie, wann ihre Aufgaben und Teilziele erfüllt sein müssen? Haben Sie sich die Zeit genommen, dies alles genau zu erklären?

Manchmal spiele ich in Management-Seminaren das folgende kleine Spiel: „Stellen Sie sich vor, wir halten Sie hier fest und fordern Sie auf, eine Liste zu erstellen. Sie sollen alle Ihre Mitarbeiter aufschreiben und zu jedem die entsprechende Aufgabenbeschreibung notieren. Also die wichtigsten Beiträge, die er für das Unternehmen leistet, die dafür geltenden Leistungsstandards, den Grund, aus dem er sein Gehalt bezieht, und die Prioritätenfolge seiner Aufgaben. Anschließend gehen wir in Ihre Abteilung und bitten die Mitarbeiter, genau dieselben Fragen zu beantworten: Wofür werden Sie bezahlt? In welchen Bereichen leisten Sie die wichtigsten Beiträge? Welche Leistungsstandards gelten dafür? Wie lautet die Prioritätenfolge? Zum Schluß vergleichen wir die gegebenen Antworten. Nur wenn Ihre Antworten und die Antworten Ihrer Mitarbeiter genau übereinstimmen, dürfen Sie Ihren Arbeitsplatz behalten. Wenn Ihre Mitarbeiter jedoch andere Antworten geben als Sie, weil sie nicht genau wissen, was Sie erwarten, in welcher Reihenfolge Sie es erwarten und welche Standards erfüllt werden müssen, sind Sie fehl am Platz und müssen sich ein neues Betätigungsfeld suchen."

Die meisten Manager finden dieses Spiel nicht unbedingt zum Lachen. Warum? Nun, weil sie wissen, daß sie nach diesem Spiel ihren Arbeitsplatz verlieren würden. Wie sollen die Mitarbeiter jedoch ein Ziel erreichen, das sie nicht kennen? Wie wollen Sie Ihre Mitarbeiter zu Höchstleistungen anspornen, wenn diese gar nicht genau wissen, was Sie von ihnen erwarten?

Nehmen Sie sich also die Zeit, seien Sie geduldig, lassen Sie jeden Mitarbeiter die „Wofür-werde-ich-bezahlt-Liste" ausfüllen und besprechen Sie sie ausführlich mit ihm. Legen Sie die Prioritäten seiner Aufgaben fest. Bitten Sie ihn, zuerst seine wichtigsten und anschließend seine untergeordneten Verantwortungsbereiche aus seiner Sicht zu beschreiben. Auch diese Liste gehen Sie mit ihm durch und besprechen sie, bis Ihre und seine Ziele perfekt aufeinander abgestimmt sind. Sie müssen sich absolut einig sein und vollkommen darin übereinstimmen, welche Aufgaben wie, wann und warum ausgeführt werden müssen.

Wenn Sie dies tun, erhalten Sie zufriedenere, konzentriertere, kreativere und produktivere Mitarbeiter. Sie selbst werden dadurch gestärkt, leistungsfähiger, kompetenter, und Sie erreichen mit derselben Zahl von Mitarbeitern weitaus bessere Ergebnisse. Wenn Sie sich die Zeit nehmen, es richtig zu machen, können und werden Sie ein absolut hervorragender Supervisor sein.

Kapitel 29

Effektive Problemlösung

Wenn ich manchmal ein Seminar abhalte, an dem tausend Personen teilnehmen, behaupte ich gleich zu Beginn, daß ich die Berufsbezeichnung jedes einzelnen Anwesenden kenne. Natürlich sehen sich die Teilnehmer gegenseitig an, schütteln den Kopf und fragen sich, woher ich das wohl wissen sollte. Meine Antwort lautet: „Ganz einfach, jeder einzelne von Ihnen ist ein *Problemlöser*." Genau das ist ihre Berufsbezeichnung.

Es kommt nicht darauf an, was Ihr individueller Titel oder Rang ist – Ihre Aufgabe besteht immer darin, Probleme zu lösen. Jeden Tag und in jeder Situation kümmern Sie sich um die Lösung von Schwierigkeiten. Es beginnt beim Aufstehen am Morgen, bei der Zubereitung des Frühstücks, und setzt sich im Verkehr auf dem Weg zur Arbeit fort. Im Büro angekommen, warten dort Post, Meetings und Mitarbeiter auf Sie, die alle lauter Probleme bedeuten. Ihre Gespräche drehen sich nur um die Lösung von großen und kleinen, komplexen und einfachen Problemen. Die Fähigkeit, sie effektiv zu lösen, entscheidet über Ihren Erfolg, über Ihr Einkommen, über Ihre Position und über Ihre gesamte Zukunft.

Aus diesem Grund haben Sie die Wahl: Sie können entweder ein guter oder ein schlechter Problemlöser sein – aber Sie werden der Notwendigkeit, Probleme zu lösen, niemals entkommen. Alles, was Sie erreichen können, hängt von Ihrer Fähigkeit ab, immer größere, immer wichtigere und immer komplexere Probleme zu lösen.

Es gibt eine wichtige Regel: *Wenn Sie Ihre geistigen Fähigkeiten verbessern, erhöhen Sie damit auch die Qualität Ihres Lebens.* Diese Regel ist unglaublich bedeutsam. Ihre Denkfähigkeit ähnelt in vieler

Hinsicht einer körperlichen Fertigkeit, beispielsweise dem Golf- und Tennisspielen – wenn Sie diese Fertigkeiten trainieren, werden Sie immer besser und schneller darin. Mit den geistigen Fähigkeiten ist es fast genauso. Sie arbeiten mit Ihrem Gehirn, mit Ihrem Wissen. Das Zeitalter der Muskelkraft ist inzwischen dem mentalen Zeitalter gewichen. Selbst wenn Sie mit gebundenen Händen dastehen, sind Sie immer noch in der Lage, zu arbeiten und schöpferisch tätig zu sein, solange Sie Ihren Geist frei bewegen können.

Aus diesem Grund wird jeder Bereich Ihres Lebens durch alles verbessert, was Sie unternehmen, um Ihre Denkfähigkeit zu erhöhen und Ihren Geist zu stärken. Wie ein Stein, der in einen Teich geworfen wird, erzeugt dies Wellen, die sich in alle Richtungen ausbreiten. Es besteht eine direkte Beziehung zwischen der Quantität der neuen Ideen, die Sie sich zur Verbesserung Ihres Lebens ausdenken, und der Qualität der Ideen, für die Sie sich letztendlich entscheiden. Manche Menschen sagen: „Nun, ich habe zwar nicht viele Ideen, aber dafür gute." Das ist Unsinn. 99 von 100 Ideen sind vollkommen wertlos. Die Quantität zählt.

Wir wissen, daß eine einzige neue Idee oder Einsicht Ihre gesamte Karriere verändern kann. Sie kann Ihre Perspektive, Ihr Leben und alles, was Sie tun, von Grund auf neu gestalten. Je mehr Gedanken Sie daher hervorbringen, desto wahrscheinlicher ist es, daß einer davon der richtige ist, den Sie zum richtigen Zeitpunkt in der richtigen Situation einsetzen können, und der den großen Unterschied bewirkt.

Kreative Problemlösung

Im Zusammenhang mit Kreativität denken die meisten Menschen an das Verfassen großer Romane, die Komposition musikalischer Werke, an Malerei usw. Doch das ist nicht korrekt. Kreativität läßt sich einfach nur als Verbesserung definieren. Wenn Sie eine Möglichkeit finden, einen Prozeß zu verbessern, sind Sie kreativ. Wenn Ihnen etwas einfällt, wie Sie Ihre Kinder dazu überreden können, früher als sonst ins Bett zu gehen, sind Sie kreativ. Wenn Sie ein Kochrezept verbessern, sind Sie kreativ. Ganz gleichgültig, worum es sich handelt – wenn Sie eine Verbesserungsmöglichkeit entdecken, beschäftigen Sie sich mit der hohen Kunst der Kreativität. Wo finden Sie Gelegenheiten zur Anwendung Ihrer Kreativität?

Nach der *Theorie des Blickwinkels* entstehen alle bahnbrechenden Veränderungen bei der Arbeit in dem Bereich, den Sie direkt überblikken. Sie finden also jeweils dort, wo Sie sich befinden, die meisten Gelegenheiten für Verbesserungen. Manche japanischen Unternehmen sind dafür berühmt, daß sie ihre Leute auffordern, nicht nur hundert oder tausend, sondern zehntausende von Ideen beizusteuern, die dazu dienen sollen, in ihrem eigenen Bereich kleine Verbesserungen herbeizuführen. Denken Sie daran, eine kleine Idee, zwei kleine Ideen, fünf, zehn, fünfzehn oder zwanzig Ideen können schon einen bedeutenden Unterschied bewirken. Dies ist die japanische *Kaizen-Theorie* oder das Kaizen-Prinzip. Durch diese Theorie wurde Japan nach dem Zweiten Weltkrieg revolutioniert, und sie wurde durch Personen wie W. Edwards Deming gefördert. Kaizen bedeutet kontinuierliche Verbesserung. Es bedeutet, laufend nach Möglichkeiten Ausschau zu halten, um winzige Verbesserungen einzuführen. Die Theorie gründet sich auf das, was bei uns als das *Gesetz der schrittweisen Verbesserung* bezeichnet wird. Alle großen Umgestaltungen finden sukzessiv statt. Eine Gewichtsabnahme geht schrittweise vor sich, und auch körperliche Fitneß läßt sich nur schrittweise erreichen. Die Entwicklung zu einer kreativen Persönlichkeit mit zahllosen großen und nützlichen Ideen wird ebenso nur schrittweise erreicht, und sie beginnt meist mit wenigen kleinen Gedanken.

In der Wirtschaft sollten Sie sich vor allem um Möglichkeiten zur Erhöhung der Einnahmen, zur Verbesserung der betrieblichen Abläufe, zur Kostenreduzierung und zur Steigerung der Gewinne kümmern. Nur aus diesem Grund existieren Unternehmen. Die Personen, die in diesen vier Bereichen die wichtigsten Beiträge leisten, werden vom Unternehmen am meisten geschätzt. Sie sind diejenigen, die letztlich am erfolgreichsten sind.

Stimulierung der Kreativität

Zur Anregung der Gedanken gibt es im wesentlichen drei Auslöser. Sie wirken beinahe wie Sprengsätze. Wenn Sie sie fallen lassen, explodieren die Ideen in Ihrem Kopf geradezu. Der erste dieser Auslöser sind *Ziele, die man sich sehr stark herbeiwünscht.* Wenn Sie eine bestimmte, klar definierte Sache unbedingt haben wollen, ständig an sie denken, sie aufschreiben und darüber sprechen, werden Sie überrascht sein, wieviele Ideen Sie plötzlich zu diesem Zweck entwickeln. Die Menschen sind meist nur aus dem Grund wenig kreativ, weil sie nicht genau festgelegt haben, was sie erreichen wollen. Nur deshalb können sie dieses unglaubliche Potential an Kreativität nicht richtig entfalten.

Zweitens wird die Kreativität auch sehr häufig durch *drängende Probleme* ausgelöst. Wenn Sie in Schwierigkeiten sind, die unbedingt gelöst werden müssen, die Ihnen nicht mehr aus dem Kopf gehen, über die Sie ständig sprechen und nachdenken und sich Notizen machen, werden Ihnen ebenfalls zahlreiche Ideen zur Lösung des Problems einfallen. Sie brauchen nur eine gute Idee, um Ihr Leben zu verändern.

Der dritte Auslöser sind *gezielte Fragen.* Schwierige, herausfordernde und aufrüttelnde Fragen, die Sie zum Nachdenken anregen, erweisen sich in dieser Beziehung als sehr wirkungsvoll. Warum erledigen Sie etwas genau auf eine bestimmte Art und Weise? Was wollen Sie damit erreichen? Gibt es keinen besseren Weg? Was ist, wenn Sie sich vollkommen irren? Was wäre, wenn die richtige Lösung das genaue Gegenteil von dem ist, was Sie denken?

Treffende Fragen, die Sie zum Nachdenken bringen, führen zu kreativen Erkenntnissen.

Systematische Problemlösung

Im folgenden stelle ich eine systematische Methode der Problemlösung vor. Derartige Methoden werden von den intelligentesten Menschen der Welt angewendet. Alle Genies, alle Nobelpreisträger, sogar Menschen wie Edison, der größte Erfinder des 20. Jahrhunderts, gingen nach einer systematischen Methode vor. Die Regel lautet: Irgendeine Systematik ist besser als gar keine, und die Methode, die ich im folgenden behandle, ist möglicherweise die beste, die je entwickelt wurde.

Die Methode umfaßt mehrere Schritte. Erstens müssen Sie *das Problem klar und deutlich sowie schriftlich definieren.* Wenn Sie es nicht präzise aufschreiben können, haben Sie es noch nicht genau bestimmt.

Wir haben jedoch herausgefunden, daß sich 50 Prozent aller Probleme schon beim Aufschreiben von selbst lösen, so wie die richtige Diagnose oft schon die halbe Heilung bedeutet.

Im zweiten Schritt müssen Sie überlegen, *ob noch ein anderes Problem damit zusammenhängt.* Auf diese Weise erweitern Sie die Definition des ersten Problems, und manchmal ergibt sich daraus auch eine ganz andere Problembeschreibung.

Drittens müssen Sie *das Problem in anderen Worten erneut exakt formulieren,* damit es sich leichter lösen läßt. Dazu ein Beispiel: Wenn ich ein Unternehmen in finanziellen Schwierigkeiten beraten soll, frage ich zuerst, worin das Problem liegt. Darauf erhalte ich beispielsweise die Antwort, daß der Umsatz gesunken sei. „Gut", erkläre ich. „Das ist das Problem, schreiben Sie es also auf: Der Umsatz ist gesunken." Anschließend stelle ich die Frage, ob dies das echte Problem darstellt. Daraufhin heißt es: „Nun – nein, das ist wahrscheinlich nur das Ergebnis." Also bohre ich weiter: „Und wie lautet das echte Problem? Sie verkaufen nicht genug, ist das richtig?" „Ja, das ist es – wir verkaufen nicht genug." „Gut, betrachten wir diese Aussage. Ist das nun wirklich das Problem?" Darauf erhalte ich die Antwort: „Vielleicht nicht. Möglicherweise verkauft unser Vertrieb nicht genug? Vielleicht kaufen unsere Kunden zuwenig? Vielleicht kaufen die Kunden zuviele Produkte bei unseren Wettbewerbern? Vielleicht erzeugt unsere Werbung nicht die gewünschte Wirkung?" Bei jeder dieser unterschiedlichen Formulierungen verändert sich auch der Ansatz zur Problemlösung, denn bei jeder Formulierung wären dazu andere Aktionen erforderlich. Je öfter Sie das Problem umformulieren, desto exakter denken Sie, desto bessere Ideen haben Sie, desto schneller lösen Sie Ihre Probleme und desto schneller kommen Sie vorwärts.

Im vierten Schritt müssen Sie *alle möglichen Gründe für das inzwischen genau definierte Problem bestimmen.* Fragen Sie beispielsweise: Wie ist das Problem entstanden? Wer ist daran beteiligt? Was genau ist passiert? Wo und wann ist es entstanden? Warum besteht es immer noch? Je mehr Fragen Sie stellen, desto weitgefaßter werden Ihre Gedanken. Sie sehen die Situation dann in einem größeren Zusammenhang und erkennen Möglichkeiten zu ihrer Bewältigung.

Der fünfte Schritt ist die *Ermittlung von Lösungsmöglichkeiten.* Denken Sie dabei daran, daß die Qualität der Lösung, die Sie letztlich anwenden, davon abhängt, wie viele verschiedene Möglichkeiten Ihnen einfallen.

Der sechste Schritt ist die *Entscheidung.* 80 Prozent aller Probleme, aller schwierigen Situationen, sind lösbar. Wenn Sie alles genau ergründet und sich alle möglichen Lösungen überlegt haben, können Sie handeln, und zwar so schnell wie möglich. Sie brauchen sonst nichts mehr. Oft ist eine sofortige Entscheidung besser als eine verspätete oder gar keine Entscheidung.

Nach der Entscheidung müssen Sie im siebten Schritt die *Aufgaben und Verantwortungsbereiche zuweisen.* Wer wird die Lösung oder ihre verschiedenen Teilschritte umsetzen? Sie müssen auch eine Frist festlegen. Bis wann soll die Lösung implementiert werden? Anschließend müssen Sie sofort mit der Arbeit beginnen. Unternehmen Sie alles Nötige, um das Problem zu lösen. Die Geschwindigkeit ist ein sehr wichtiger Faktor.

Der letzte Schritt einer systematischen Problemlösung besteht darin, ein System und einen Zeitpunkt festzusetzen, an dem *überprüft* wird, ob die Lösung funktioniert. Wenn nicht, müssen Sie sie ändern, überarbeiten und korrigieren. Je mehr Lösungen Sie in früheren Phasen des Problemlösungsprozesses entwickelt haben, desto wahrscheinlicher ist es, daß Ihnen Alternativen zur Verfügung stehen, falls die erste Lösung nicht die gewünschten Ergebnisse liefert.

Mindstorming

Mindstorming ist eine der wunderbarsten Methoden zur Problemlösung, die ich je kennengelernt habe. Es heißt, daß diese Methode schon mehr Menschen zu Wohlstand und Erfolg verholfen hat als jede andere Methode. Im folgenden werde ich erklären, wie sie funktioniert.

Sie beginnen damit, Ihr Ziel oder Problem als Frage zu formulieren. Wenn es um Ihr Unternehmen geht, könnten Sie beispielsweise das Ziel definieren, die Einnahmen in den kommenden drei Jahren zu verdoppeln. Dieses Ziel müssen Sie dann in eine Frage umwandeln: Wie kann mein Unternehmen in den nächsten drei Jahren seine Einnahmen verdoppeln? Oder: Was können wir tun, um in den kommenden drei Jahren die Einnahmen zu verdoppeln? Wenn Ihre Einnahmen fünf Millionen Dollar betragen, können Sie auch fragen: Wie schaffen wir es, unsere Einnahmen im Lauf der nächsten drei Jahre auf zehn Millionen Dollar zu erhöhen? Je spezifischer Sie die Frage formulieren, desto besser.

Notieren Sie die Frage auf ein Blatt Papier, und schreiben Sie 20 Antworten dazu auf. Während Sie sich immer mehr in die Frage und Ihre Antworten vertiefen, denken Sie auch über das Gegenteil der logischen Antwort nach. Überlegen Sie, ob sich die logischen Antworten kombinieren lassen. Hören Sie jedoch erst auf, wenn Sie 20 Antworten haben, ganz gleichgültig, wie schwer Ihnen die letzten zehn Ideen auch fallen mögen. Es ist wichtig, daß Sie gleich, nachdem Sie die Übung beendet haben, eine der Antworten auswählen und sofort entsprechende Maßnahmen ergreifen. Nur so wird der Strom Ihrer Kreativität aufrechterhalten – wie eine Wasserpumpe, die stetig Nachschub fördert.

Daraufhin ist es sehr wahrscheinlich, daß Sie nicht nur kreativ denken werden, sondern daß Sie auch von anderen Gedankengängen profitieren können. Wenn Sie diese Übung regelmäßig durchführen, werden Sie erstaunt feststellen, daß Ihr Geist jedesmal für den gesamten Rest des Tages auf Hochtouren weiterarbeitet. Sie bemerken dann Dinge, die Ihnen zuvor noch nie aufgefallen waren. Und auch wenn Sie im Lauf des Tages mit anderen Problemen konfrontiert werden, fallen Ihnen sehr schnell Ideen und Lösungsmöglichkeiten ein.

Brainstorming

Eine weitere Methode, das Brainstorming, läßt sich nur in der Gruppe durchführen. Man könnte es auch als eine Mindstorming-Übung in der Gruppe bezeichnen, ebenso wie sich auch das Mindstorming als Brainstorming-Übung für Einzelpersonen definieren ließe. Dabei können alle Köpfe innerhalb einer Gruppe ihre Synergiewirkung entfalten und zusammen ein Problem lösen. Sie sollten Brainstorming möglichst oft einsetzen – es funktioniert wie im folgenden beschrieben.

Die optimale Zahl der Teilnehmer an einer Brainstorming-Gruppe beträgt vier bis sieben. Denken Sie daran, daß eine Gruppe immer klüger ist als ein einzelner. Eine Sitzung sollte idealerweise zwischen 15 und 45 Minuten dauern. Als Regel gilt, daß Sie jede Sitzung genau zum vereinbarten Zeitpunkt beginnen und beenden sollten. Wenn Sie zu Anfang bekanntgeben, daß das Brainstorming zu einer bestimmten Frage 30 Minuten dauern wird, sollten Sie es auch nach genau 30 Minuten abbrechen. Je genauer die Zeitdauer angegeben wird, desto besser arbeitet das Gehirn während dieser Zeit.

Ebenfalls wichtig ist, daß Sie das Problem oder Ziel klar definieren, und zwar so, daß es praktische Antworten erfordert. Beispiel: Wie können wir dieses bestimmte Ziel erreichen? Diese Frage bedingt praktische Lösungen. Je klarer das Problem umrissen wurde, desto besser werden auch die Antworten.

Das Entscheidende beim Brainstorming – der Knackpunkt, von dem alles abhängt – ist, daß Sie keinen der Vorschläge beurteilen dürfen. Erlaubt sind weder Urteile noch Kommentare, und schon gar kein Gelächter. Niemand darf die Ideen in irgendeiner Weise kommentieren und etwa sagen: „Das ist gut." – „Das ist schlecht." – „Das können wir uns nicht leisten." Es ist das Ziel des Brainstormings, möglichst viele Gedanken in möglichst kurzer Zeit zu produzieren. Das Ziel ist Quantität; über die Qualität können Sie später nachdenken.

Der Vorsitzende in einer Brainstorming-Sitzung hat die Aufgabe, die Teilnehmer zu möglichst vielen Beiträgen anzuregen. Sprechen Sie reihum alle Personen an, damit jeder seine Ideen einbringt. Am besten ist es, wenn jemand während der Sitzung Protokoll führt und alle Gedanken aufschreibt, sobald sie geäußert werden. Nach der Sitzung sammeln Sie alle Ideen ein, damit Sie sie später prüfen und bewerten können. Auf diese Weise schonen Sie die Gefühle aller Teilnehmer.

Zero-based Thinking

Ein weiteres wichtiges Hilfsmittel zur Anregung der Kreativität ist das Zero-based Thinking. Es befreit Ihren Geist von allen Einschränkungen und Grenzen, die Sie ihm sonst möglicherweise unbewußt auferlegen. Sie gehen dabei praktisch vom Nullpunkt aus und stellen sich folgende Frage: Gibt es nach meinem heutigen Kenntnis- und Erfahrungsstand irgendetwas, das ich nicht mehr tun würde, wenn ich ganz von vorne anfangen könnte? Betrachten Sie jeden einzelnen Aspekt Ihrer Tätigkeit, und fragen Sie sich: Wenn ich diese Aktivität nicht bereits ausführen würde, müßte ich sie dann neu einführen? Lautet die Antwort nein, dann geben Sie die Aktivität auf. Lautet die Antwort ja, dann überlegen Sie, wie Sie sie einführen würden.

Es geht eigentlich um das *kreative Aussondern von Tätigkeiten.* Fragen Sie sich, welche Prozesse und Aufgaben Sie ganz aufgeben können und welche reduziert werden sollten. Gehen Sie nicht von festen Voraussetzungen aus, wie beispielsweise: „Diese Aufgabe wird so durchgeführt, wie lösen wir also unter dieser Bedingung das Problem?" Stellen Sie sich statt dessen vor, daß alle Begrenzungen verschwunden sind und Sie in jede Richtung gehen können.

Stellen Sie Ihre Annahmen auf die Probe

Ein kritisches Werkzeug des kreativen Denkens ist das Überprüfen aller vorgefaßten Meinungen. Falsche Annahmen bilden die Wurzel aller Fehlschläge. Menschen handeln häufig gemäß ihrer Meinung, gemäß ihrer Annahmen. Die Frage ist jedoch: Was passiert, wenn diese Annahmen nicht den Tatsachen entsprechen? Alle großen Fehlschläge rühren im Grunde daher, daß die vorgefaßten Meinungen nicht richtig auf die Probe gestellt wurden. Entscheidend ist in diesem Zusammenhang – und das ist ein Merkmal souveränen Denkens – die Bereitschaft zu dem Eingeständnis, daß Sie sich irren können. Seien Sie bereit zuzugeben, daß der gesamte Denkprozeß, der Sie zu einer bestimmten Erkenntnis gebracht hat, auch vollkommen falsch sein könnte. Seien Sie bereit einzugestehen, daß Ihre Schlußfolgerungen falsch sein, daß die Meinung eines anderen der Ihren überlegen sein könnte. Seien Sie bereit, Ihre Meinung zu ändern, neue Informationen aufzunehmen und die Gedanken eines anderen Menschen als besser zu akzeptieren. Versuchen Sie nicht, Ihre eigenen Gedanken mit aller Kraft zu verteidigen, sondern nehmen Sie die Idee des anderen an.

Stellen Sie sich vor, Sie beginnen ganz von vorne und es gäbe keine Grenzen. Stellen Sie sich vor, daß Ihnen in Ihrer gegenwärtigen Problemsituation alle Zeit, alles Geld, alle Mitarbeiter und alle Ressourcen der Welt zur Verfügung stünden und daß es keine Einschränkungen hinsichtlich der einzuschlagenden Richtung gäbe. Was würden Sie anders machen?

Genau in dieser Vorstellung liegt der Schlüssel zur Stimulierung Ihres unglaublich einfallsreichen Gehirns.

Nominal-group-Technik

Diese wunderbare Technik habe ich bereits in zahlreichen Unternehmen angewendet. Dabei versammelt sich eine Gruppe von Personen und vervollständigt einen vorgegebenen Satzanfang auf möglichst vielfältige Weise. Die Ergebnisse, die sich damit erzielen lassen, sind wirklich erstaunlich.

Lassen Sie mich einige Beispiele nennen. Einem Vertriebsteam könnten Sie beispielsweise den Satzanfang vorgeben: „Wir könnten unseren Absatz verdoppeln, wenn..." Nun muß jeder den Satz vervollständigen, so oft er kann. Vor kurzem erhielt ich auf diese Weise in einer Gruppe von etwa 200 Verkäufern in nur wenigen Stunden des Brainstormings mehr als 300 Ideen zur Verdoppelung des Absatzes in den nächsten beiden Jahren. Eine andere Vorgabe lautet beispielsweise: „Wir könnten die Kosten in diesem Bereich um 50 Prozent senken, wenn nur..." Daraufhin überlegen Sie sich die verschiedenen Voraussetzungen für eine Kostensenkung. Außerdem können Sie beginnen: „Wir könnten viel mehr unserer Produkte und Dienstleistungen verkaufen, wenn die Kunden nur nicht der Meinung wären, daß..." Lassen Sie den Satz vervollständigen. Ein letztes Beispiel wäre: „Wir könnten in unserer Branche die Besten sein, wenn..." Was müßten Sie tun, um der Beste zu werden?

Beschränkungen erkennen und beseitigen

Bei diesem Vorgehen handelt es sich um die Engpaßtheorie, die ich in Kapitel 18 bereits ausführlich behandelt habe. Dabei müssen Sie den Faktor in Ihrer Arbeit oder in Ihrem Leben ermitteln, der Sie am stärksten behindert. Sie suchen nach dem Nadelöhr, durch das Sie noch hindurchgelangen müssen, um an Ihr Ziel zu kommen. Wodurch wird die Geschwindigkeit eingeschränkt, mit der Sie sich auf Ihr Ziel zubewegen? Welcher Faktor sich auch immer als der entscheidende herausstellt – auf ihn müssen Sie Ihre gesamte geistige Energie konzentrieren, um ihn zu beseitigen.

Eigenschaften von Genies

Im folgenden stelle ich einige der Eigenschaften von genialen Persönlichkeiten vor, die Sie durch Kreativität und durch die Anwendung der in diesem Kapitel behandelten Gedanken auch in sich selbst fördern können.

Die wichtigste dieser Eigenschaften ist die völlige Konzentration auf ein einziges Ziel, ein einziges Problem, eine einzige Frage. Die zweite Eigenschaft ist geistige Flexibilität. Genies verschließen sich nie vor neuen, andersartigen oder sogar lächerlich erscheinenden Ideen. Drittens wenden sie zur Lösung aller Probleme eine systematische Methode an. Sie stürzen sich nicht einfach ohne vorherige Überlegung auf ein Problem, sondern sie lösen das Problem systematisch. Die für die Problemlösung vielleicht wichtigste Eigenschaft ist jedoch das Vertrauen auf die eigene Intuition. Hören Sie auf Ihr Gefühl, denn diese leise Stimme aus Ihrem Inneren könnte möglicherweise entscheidende Veränderungen in Ihrem Leben auslösen.

Zusammenfassung

Kreatives Denken bildet die Brücke zu Ihrer Zukunft. Ich beschäftige mich schon seit Jahren mit dem Phänomen der Kreativität und habe dabei folgendes herausgefunden: 95 Prozent aller Menschen sind durchaus fähig, mit ihrem Kopf geniale Leistungen zu vollbringen. Die einzige Voraussetzung dafür ist mentales Training.

Wenn ich Ihnen nun sagen würde, daß ich Ihnen das Tippen auf der Schreibmaschine, das Auto- oder Fahrradfahren oder den Umgang mit einem Computer beibringen könnte, würden Sie mir sicher sofort glauben. Es ist nur eine Frage der Anwendung und der Übung, und irgendwann würden Sie dies alles beherrschen.

Mit Kreativität ist es nicht anders. Kreativität ist die Brücke zu Ihrer Zukunft, und die kreativen Fähigkeiten Ihres Geistes ähneln einem Muskel: Wenn Sie sie nicht trainieren, gehen sie verloren. Wenn Sie Ihre „geistigen Muskeln“ jedoch einsetzen – so wie Sie körperliche Muskeln beim Stemmen von Gewichten trainieren – wird Ihre Intelligenz geschärft. Und wie geht das? Nun, Sie üben einfach mit einigen der Methoden, die ich in diesem Kapitel besprochen habe. Sie werden feststellen, daß Sie bei jedem Versuch, Ihre Kreativität anzuregen, immer noch mehr Gehirnzellen stimulieren.

Der Gehirnexperte Tony Buzan erläutert in seinen Werken, daß ein durchschnittliches Gehirn aus 100 Milliarden Nervenzellen besteht. Jede dieser Zellen ist von einer stacheligen Hülle umgeben, wie ein Klettverschluß, und besitzt außerdem 20 000 kleine Ganglien, die sie mit 20 000 weiteren Zellen verbinden. Das bedeutet, daß die Anzahl der möglichen Kombinationen und Permutationen sowie die Anzahl der möglichen Gedanken, die Sie hervorbringen können, größer ist als die Zahl der Atome im uns bekannten Universum. Es bedeutet, daß Ihre kreativen Fähigkeiten praktisch unendlich sind. Tony Buzan zufolge entspricht die Anzahl der Kombinationen von Gehirnzellen in Ihrem Kopf einer Eins mit einem ganzen Blatt von Nullen – eine vollkommen außerhalb unserer Vorstellungskraft liegende Zahl.

Die Frage ist nun, ob Sie diese normale, natürliche und angeborene Kreativität, die ein Teil Ihres Erbguts ist, voll ausnutzen wollen, oder ob Sie sie auf ganz niedrigem Niveau dahindämmern lassen. Wir haben bereits mit zahlreichen Personen zusammengearbeitet, die daraufhin angefangen haben, ihre Kreativität zu stimulieren – geistige Gewichte zu stemmen –, und die so klug, wendig und kreativ geworden sind, daß sie die tollsten Dinge erreicht haben. Dasselbe können Sie auch. Sie dürfen allerdings nicht versuchen, die Welt zu verändern, sondern Sie müssen klein anfangen und zuerst sich selbst und Ihre unmittelbare Umgebung verbessern.

Die in diesem Kapitel behandelten Methoden können Sie auf die folgende Weise umsetzen. Schreiben Sie die größte Sorge auf, die Sie momentan in Ihrem Leben bedrückt. Nehmen wir an, Sie machen sich die meisten Gedanken um Ihr Einkommen – Sie möchten mehr verdienen. Dies wird nun das Problem, das Sie lösen müssen. Denken Sie daran: Jedes noch nicht erreichte Ziel ist lediglich ein Problem, das noch auf seine Lösung wartet. Schreiben Sie also das oberste Ziel, das Sie sich gesetzt haben – Gewichtsabnahme, besseres Zeitmanagement, höhere Absatzzahlen oder eine neue Lebensweise – ganz oben auf ein Blatt Papier. Anschließend schreiben Sie zehn mögliche Lösungen des Problems auf. Recherchieren Sie ein wenig, gehen Sie in die Bibliothek und in Buchläden und sprechen Sie mit anderen Menschen. Fragen Sie sie, welche Maßnahmen sie in einer ähnlichen Lage schon einmal angewendet haben. Wenn Sie jemanden treffen, dem es früher wie Ihnen ging, fragen Sie ihn, wie er es geschafft hat, dasselbe Ziel zu erreichen, nach dem Sie momentan streben. Wenn Sie von A nach B gelangen wollen und ein Buch sehen, das genau dieses Thema behandelt, dann kaufen Sie es. Hören Sie sich Kurse auf Kassette an, besuchen Sie entsprechende Seminare.

Die menschliche Leistungsfähigkeit ist nur durch das Limit begrenzt, das sich ein Mensch in seinem Kopf selbst setzt. Viele Menschen – ich selbst nicht ausgenommen – geben sich gerne der Selbsttäuschung hin, daß sie zu einem bestimmten Thema bereits alles wissen. In diesem Fall wird ihnen gar nicht bewußt, daß sie von einem ganzen Ozean voller Ideen umgeben sind, die sie alle zur Lösung ihrer Probleme heranziehen könnten.

Alle extrem kreativen Persönlichkeiten verwenden laufend die hier besprochenen Denkübungen. Sie setzen sich dem ständigen Strom neuer Ideen aus, weil sie wissen, daß Veränderungen im Leben nur dann passieren, wenn der eigene Geist mit einer unbekannten Idee kollidiert. Je stärker Sie durch Ihre Aktionen dazu beitragen, daß Ihr Geist mit möglichst vielen neuen Ideen in Berührung kommt, desto wahrscheinlicher ist es, daß Sie im geeigneten Moment die richtige Idee haben werden, die den Verlauf Ihres Lebens auf entscheidende Weise beeinflußt.

Kapitel 30

Die Entscheidungsfindung

Alles auf der Welt geschieht als Resultat einer Entscheidung oder einer Reihe von Entscheidungen. Ganze 70 Prozent aller Entscheidungen, die getroffen werden, stellen sich jedoch trotz intensiver Überlegungen, guter Ausbildung und Vorbereitung letztendlich als falsch heraus. Wie ist es möglich, daß dennoch alles weiterhin funktioniert?

Das ist ganz einfach. Diejenigen Personen, die die besten Entscheidungen treffen – die Menschen mit dem höchsten Anteil an richtigen Entscheidungen – gelangen an die Spitze. Sie werden zu den wichtigsten Entscheidungsträgern in den Bereichen, die sich insgesamt am stärksten auf die größte Zahl von Personen und Umständen auswirken.

Die Regel lautet: Die Fähigkeit, richtige Entscheidungen zu treffen, bestimmt mehr als jeder andere Einzelfaktor Ihren eigenen Erfolg und auch den Erfolg Ihres Unternehmens. Von dieser Fähigkeit hängt im Grunde auch Ihre Effektivität als Manager ab.

Warum müssen Sie Ihre Fähigkeit, Entscheidungen zu treffen, verbessern?

Entscheidungen zu fällen, kann man lernen. Ihre Fähigkeit, in jedem Teilbereich Ihres Lebens rechtzeitige und richtige Entscheidungen zu treffen, ist das wahre Maß Ihrer Weisheit und Erfahrung. Je klüger, weiser und erfahrener ein Mensch ist, desto leichter fällt es ihm, Entscheidungen zu treffen – Entscheidungen, die sich im Lauf der Zeit als die bestmöglichen erweisen. Wenn Sie diese Fähigkeit einmal erworben haben, können Sie sie für die Verteilung der Ressourcen, der Finanzen und der Mitarbeiter einsetzen. Dabei müssen Sie sich einmal mehr bestimmte Fragen stellen: Wie werde ich das Geld ausgeben? Wie werde ich die Mitarbeiter verteilen? Wie werde ich die Ressourcen aufteilen?

Bei der Entscheidungsfindung bestimmen Sie die Bereiche, in denen Sie selbst, Ihre Abteilung und Ihr Unternehmen hervorragende Leistungen erzielen werden. Sie beschließen, wer eingestellt und wer befördert werden soll, wer eine bestimmte Aufgabe erledigen soll und wie dies festgelegt wird. Die Art und Weise, wie Sie Personen einstellen, befördern und wie Sie die Aufgaben verteilen, ist einer der wichtigsten Entscheidungsbereiche in Ihrem Arbeitsleben. Es ist erstaunlich, wie viele Manager hier vollkommen versagen, weil sie einfach nie gelernt haben, wie es geht. Mit Ihren Entscheidungen lösen Sie die laufend auftretenden großen und kleinen Probleme. Tag für Tag, Stunde für Stunde, Minute für Minute, ist es Ihre Aufgabe, Probleme entweder durch Briefe, Anrufe oder persönliche Gespräche aus der Welt zu schaffen.

Es gibt eine Regel: Welche Hierarchiestufe Sie in Ihrem Unternehmen erreichen, hängt von Ihrer Fähigkeit ab, Probleme zu lösen und Entscheidungen zu treffen. Wenn Sie immer bessere Entscheidungen fällen, erhalten Sie mit der Zeit entsprechend mehr Verantwortung. Besitzen Sie diese Fähigkeit nicht, können Sie auch nicht aufsteigen. Das liegt daran, daß in allen verantwortungsvollen Positionen die Verteilung von Ressourcen beschlossen werden muß. Sie können aber keine Verantwortung für diese Verteilung übernehmen, wenn Sie nicht in der Lage sind, richtige Entscheidungen zu treffen. Andererseits werden Ihnen immer mehr Ressourcen zur Verfügung gestellt, wenn sich Ihre Entscheidungen überwiegend als richtig erweisen.

Das grundlegende Modell für die geschäftliche Entscheidungsfindung

Im folgenden stelle ich das grundlegende Modell für geschäftliche Entscheidungsprozesse vor, das Sie in den meisten Fällen verwenden können.

Am Anfang steht die *freie Diskussion.* Jeder kann sich zu Wort melden, und alle Ansichten werden gegeneinander abgewogen. Anschließend gehen Sie zur zweiten Phase über, in der eine *klare Entscheidung* gefällt wird. Dabei müssen alle übereinkommen und ganz exakt festlegen, wer welche Dinge bis wann, wie und in welchem Umfang erledigt. Nach der Diskussion und der Entscheidungsfindung beginnt die dritte Phase, und diese besteht in einem Unternehmen aus der *vollen Unterstützung seitens der Mitarbeiter.*

Selbst wenn nicht alle Teilnehmer vollständig mit der Entscheidung einverstanden sind, müssen sie sie voll und ganz unterstützen, sobald sie feststeht. Es gibt zahllose Beispiele in der Geschichte der Wirtschaft und auch des Militärs, in denen der mangelnde persönliche Einsatz für eine in der Gruppe getroffene Entscheidung letztendlich zu einer Katastrophe geführt hat. *Für Beschlüsse, die in der Gruppe gefaßt werden, ist der volle persönliche Einsatz aller Teilnehmer unerläßlich.*

Es besteht eine direkte Beziehung zwischen der Ausführlichkeit der zuvor stattfindenden Diskussion und dem persönlichen Einsatz, den die Mitarbeiter im Anschluß an die Entscheidungsfindung zeigen. Je mehr die Menschen vorher über das zu klärende Problem sprechen können, desto stärker ist ihre persönliche Beziehung zu dem abschließenden Beschluß und desto stärker fühlen sie sich zu seiner Ausführung verpflichtet.

Lassen Sie Ihren Mitarbeitern also ausreichend Zeit, um die Lage zu besprechen, bevor Sie zu einer Entscheidung gelangen. Denken Sie immer daran, daß manche Menschen ein Problem nur verstehen können, indem sie darüber diskutieren.

Vorhersehen von Krisen

Bei der Entscheidungsfindung ist es von äußerster Wichtigkeit, daß Sie Probleme und Krisen schon im Vorfeld absehen. Diese Übung in Vorausschau wird von den besten Managern und Leadern in allen Bereichen praktiziert. Sie beruht auf der Tatsache, daß Leader über die Zukunft nachdenken – über die Zukunft ihrer Organisation. Sie fragen sich laufend: Was wäre in Zukunft für uns von Vorteil? Was müßte geschehen? Was könnte geschehen? Welche Faktoren könnten sich zu einer Krise entwickeln, und wie können wir dem zuvorkommen? Das Vorhersehen von Krisen ist einer der wichtigsten Bereiche der Entscheidungsfindung, mit dem Sie sich beschäftigen müssen.

Souveräne Manager entwickeln daher immer alternative Szenarien. Sie denken laufend über Ersatzpläne nach: Falls alles ganz anders abläuft, als wir es geplant haben, was können wir dann unternehmen? *So haben sie immer einen Plan B parat.* Sollten sie also erfahren, daß das Unternehmen einen wichtigen Kunden verloren hat, daß ein Produkt aufgrund unerwarteter Fortschritte der Konkurrenz plötzlich veraltet ist, daß die Zinsen gestiegen sind oder daß der Überziehungskredit gestrichen wurde, kann sie das nicht erschüttern, weil sie ja ihren Ersatzplan bereit haben: „Gut, dann unternehmen wir jetzt folgendes..." Sie leiten sofort alternative Aktionen ein.

Krisenmanagement

Die echte Bewährungsprobe für die Entscheidungsfähigkeit jedes Leaders liegt daher im Krisenmanagement. Eines steht nämlich fest: Organisationen geraten alle früher oder später einmal in eine Krise. Es heißt, daß kleinere Unternehmen alle zwei bis drei Monate eine Krise bewältigen müssen, die sie zu zerstören droht, wenn sie nicht effektiv beseitigt werden kann. Sie werden an Ihrer Fähigkeit gemessen, in einer Krisensituation die richtigen Entscheidungen zu treffen. In einer solchen Lage offenbart sich für Sie selbst und alle anderen, aus welchem Holz Sie geschnitzt sind. Die größten aller Leader, die bedeutendsten und erfolgreichsten Manager haben ihre Fähigkeiten dadurch unter Beweis gestellt, daß sie in Streßsituationen immer wieder ganz hervorragende Entscheidungen gefällt haben.

Der richtige Zeitpunkt für eine Entscheidung

Es gibt verschiedene Arten von Entscheidungen. Erstens gibt es Entscheidungen, die absolut notwendig sind, wie beispielsweise, ob ein Mitarbeiter eingestellt oder entlassen wird, ob Sie in einen neuen Markt vordringen sollen oder nicht usw. Diese Entscheidungen lassen sich weder delegieren noch vermeiden. Zweitens gibt es Entscheidungen, die nicht unbedingt Sie selbst treffen müssen. Entweder können Sie sie an einen Mitarbeiter delegieren, oder sie sind nicht so dringlich. Ich persönlich halte mich an folgende Regel: Wenn eine Entscheidung jetzt nicht notwendig ist, dann ist es notwendig, daß ich jetzt nicht entscheide. Drittens gibt es Entscheidungen, die Sie sich nicht leisten können. Dabei handelt es sich um die Beschlüsse, die bei einem Fehlschlag den Untergang des Unternehmens zur Folge haben könnten. Sie würden das Unternehmen möglicherweise in den Bankrott treiben, und daher sind diese Entscheidungen zu schwerwiegend. Sie können es sich nicht leisten, derartige Beschlüsse zu fassen. Viertens schließlich gibt es Entscheidungen, bei denen Sie es sich nicht leisten können, sie nicht zu treffen. Diese Entscheidungen sind für jedes Unternehmen lebenswichtig. Sie müssen sie treffen, weil eine Unterlassung schwerwiegende Konsequenzen für Sie selbst und das Unternehmen nach sich ziehen würde. Dabei geht es beispielsweise darum, ob einer der leitenden Topmanager ausgetauscht werden muß, ob eine Unternehmensvision oder -mission entworfen werden muß oder ob ein bestimmter Kurs eingeschlagen wird oder nicht. Sie können es sich nicht leisten, eine derartige Entscheidung nicht zu treffen.

Vermeiden Sie blockierende Annahmen

Wenn Sie Entscheidungen treffen, dann müssen Sie die sogenannten blockierenden Annahmen vermeiden – das sind vorgefaßte Meinungen, die Ihre Gedanken blockieren und dazu führen, daß Sie nur in engen, eingeschränkten Bahnen denken.

Die erste blockierende Annahme ist, immer sofort davon auszugehen, daß eine Situation ein Problem darstellt. Es kann sich ja statt dessen um eine Gelegenheit handeln, die nur nicht sofort als solche erkennbar ist. Möglicherweise ist gar keine Entscheidung erforderlich.

Die zweite geistige Blockade entsteht, wenn Sie von vornherein annehmen, daß die Entscheidung unbedingt bei Ihnen liegt, daß Sie derjenige sind, der sich um das Problem kümmern muß. Vielleicht müssen Sie das gar nicht. Es gilt folgende Regel: Treffen Sie niemals eine Entscheidung, wenn Sie sie mit gutem Gewissen delegieren können. Wenn sich in meinem Büro ein Problem ergibt, und ein Mitarbeiter mich fragt, ob wir das eine oder das andere unternehmen sollen, stelle ich ihm die Gegenfrage, was er denn für richtig hält. Oder ich bitte ihn, einen anderen Mitarbeiter die Entscheidung treffen zu lassen. Sorgen Sie dafür, daß die Entscheidungen möglichst bei den Personen liegen, die die Aufgaben schließlich auch durchführen, denn dann setzen sich diese Mitarbeiter auch stärker dafür ein.

Eine weitere blockierende Annahme ist, daß noch nie jemand vor Ihnen vor demselben Problem oder derselben Entscheidung stand. Versuchen Sie also herauszufinden, ob dies nicht doch der Fall ist. Rufen Sie Freunde an und fragen Sie, ob sie jemals in derselben Lage waren und was sie damals unternommen haben. Versuchen Sie nicht, das Rad neu zu erfinden. Möglicherweise gibt es jemanden, der weiß, was zu tun ist, und der diese Erfahrung schon hinter sich hat.

Eine weitere Herausforderung bei der Problemlösung und Entscheidungsfindung ist, daß dafür oft nur eine bestimmte Frist zur Verfügung steht. Sie stehen also unter einem gewissen Druck. Oft läßt sich dies allerdings vermeiden. Ich habe ein eigenes Prinzip: Wenn ich ein Problem nicht bis Freitag lösen konnte, dann hat es auch bis Montag Zeit. Selbst wenn Sie es am Freitagnachmittag noch schaffen würden, wäre die Wirkung erst am Montag spürbar. Wenn Sie sich in einem solchen Fall bis Montag Zeit lassen, können Sie viel genauer darüber nachdenken.

Schließlich gibt es noch die blockierende Annahme, daß Sie das Problem vollständig lösen müssen, daß Sie zu einer Entscheidung kommen müssen, die die gesamte Situation ein für allemal bereinigt. Manchmal genügt jedoch schon ein teilweiser oder kurzfristiger Beschluß, mit dem Sie erst einmal die Krise überwinden, und danach können Sie zunächst einmal weitere Informationen sammeln. Betrachten Sie das Problem immer aus verschiedenen Blickwinkeln – es stehen Ihnen dann möglicherweise andere Arten der Entscheidungsfindung zur Verfügung. Überlegen Sie auch, weshalb Sie die Situation überhaupt als Problem betrachten, weshalb unbedingt eine Entscheidung erforderlich ist. Fragen Sie sich, ob Sie die Entscheidung nicht verschieben, abgeben, delegieren oder ganz vermeiden können. Denken Sie daran: Wenn eine Entscheidung nicht notwendig ist, ist es notwendig, daß Sie nicht entscheiden.

Legen Sie die Ziele einer Entscheidung eindeutig fest

Im folgenden behandle ich einige Kriterien der Entscheidungsfindung, die Sie auf alle Probleme anwenden können. Sie müssen sich die folgende, äußerst wichtige Frage stellen: Was versuche ich zu erreichen, zu vermeiden oder zu bekommen? Mit anderen Worten: Was ist der Grund für die Entscheidung? Was soll mit Hilfe der Entscheidung erreicht, vermieden oder erhalten werden?

Je klarer Sie die Antwort darauf formulieren können, desto besser fällt Ihre Entscheidung aus.

Was sind die Ziele, die mit der Entscheidung verfolgt werden? Welches Ergebnis wollen Sie mit ihr erzielen? Wenn Sie sich darüber im klaren sind, dann werden Sie sich sicherlich für eine weitaus bessere Lösung entscheiden. Legen Sie also zuerst fest, was Sie erreichen wollen. Wo wollen Sie stehen, nachdem die Entscheidung erfolgreich implementiert wurde?

Definieren Sie die Mindestanforderungen

Eine weitere wichtige Frage lautet: Wie hoch dürfen Ihre Anforderungen sein? Nehmen Sie an, Sie ziehen eine Reihe von Grenzen um die Entscheidung herum. Diese Grenzen müssen von der Entscheidung unbedingt eingehalten werden. Sie muß also innerhalb eines gewissen Preisrahmens, in einer bestimmten Zeit mit bestimmten Fähigkeiten erreicht werden können. Sie darf nur bestimmte Kompetenzen erfordern. Eine Entscheidung, die diese Grenzen überschreitet, wird nicht in Betracht gezogen. Diese Methode ist sehr wirkungsvoll, um die richtigen Entscheidungen zu ermitteln.

Verfassen Sie den Katastrophenbericht

Analysieren Sie vor jeder Entscheidung die möglichen nachteiligen Folgen. Dies bezeichne ich als das Verfassen des Katastrophenberichts. Dabei gehen Sie folgendermaßen vor.

Betrachten Sie die Entscheidung und überlegen Sie, ob Sie damit leben könnten, selbst wenn sie sich nach der Umsetzung als völlige Katastrophe herausstellte. Was würde passieren? Sie formulieren die Frage so: Was wäre die schlimmste Situation, die sich aus dieser Entscheidung ergeben könnte? Was wäre das schlechteste Ergebnis, das sich einstellen könnte, wenn Sie die zu der Entscheidung gehörenden Maßnahmen durchführen? Es könnte beispielsweise sein, daß Sie sehr viel Geld verlieren. Lassen Sie mich ein Beispiel nennen.

Ich arbeite manchmal mit Unternehmen zusammen, die dem Irrglauben verfallen sind, daß mit großem Werbevolumen auch große Wirkungen erzielt werden. Dort heißt es beispielsweise: „Wenn wir 100 000 Broschüren verschicken, erhalten wir mindestens ein Prozent Rückantworten." Also werden 100 000 Broschüren versandt, was 100 000 Dollar kostet, und es kommen keine Antworten zurück. Diese Möglichkeit müssen Sie schon von vornherein einkalkulieren. Könnten Sie es sich leisten, alle diese Broschüren zu versenden und keine Antwort zu erhalten?

Sobald Sie die schlimmstmöglichen Folgen ermittelt haben, müssen Sie alle Beteiligten fragen, ob diese Folgen im Fall ihres Eintreffens akzeptabel wären oder nicht. Können Sie alle mit diesem ungünstigsten aller Szenarien leben? Wenn nicht, dann dürfen Sie die Aktion nicht starten. Dann müssen Sie entscheiden, daß Sie die Entscheidung nicht treffen.

Wenden Sie die Minimax-Risiko-Regel an

Lautet die Antwort dagegen, daß Sie mit den Konsequenzen der Entscheidung fertigwerden können, dann müssen Sie sofort die Minimax-Risiko-Regel anwenden. In diesem Fall lautet die nächste Frage: Wie können Sie die maximalen negativen Folgen minimieren? Wie sorgen Sie dafür, daß nicht das Schlimmste passiert? Anschließend treffen Sie die Entscheidung und ergreifen sofort die notwendigen Maßnahmen.

Bei der Entscheidungsfindung ist noch eine Frage außerordentlich wichtig, die Sie sich selbst und anderen stellen müssen: Wie kann man feststellen, ob die Entscheidung richtig war? Jede Entscheidung benötigt demnach Maßstäbe, mit deren Hilfe Sie später – in einer Woche, einem Monat oder einem Jahr – die Situation analysieren und feststellen können, ob die Entscheidung richtig und auf klar und eindeutig meßbare Kriterien gestützt war.

Legen Sie also für jede Entscheidung präzise sowie meßbare Standards und Ziele fest. Wenn Sie beispielsweise beschließen, Werbung zu betreiben, sollten Sie definieren, welches Volumen an Werbung Sie innerhalb welches Zeitraumes durchführen wollen, und wie hoch die dadurch erreichte Steigerung der Einnahmen aufgrund der Zunahme der Verkaufszahlen ausfallen soll.

Nach dem festgelegten Zeitraum sollten Sie dann prüfen, ob dieses Ergebnis erreicht wurde. Wenn nicht, müssen Sie nachforschen, woran es liegt. In diesem Fall werden Sie aber mit Sicherheit beim nächsten Mal nicht wieder genauso blind handeln, sondern möglicherweise andere Maßnahmen testen.

Sie kennen vielleicht die Definition von Fanatismus: Beim Fanatismus werden die Anstrengungen verdoppelt, nachdem die Ziele längst in Vergessenheit geraten sind. Sie müssen sich also unbedingt darüber im klaren sein, welche Ziele Sie mit einer Entscheidung verfolgen und woran Sie feststellen können, daß diese Ziele erreicht wurden. Später können Sie dann die Ergebnisse mit diesem ursprünglichen Ziel vergleichen und so erkennen, ob die Entscheidung gut war oder ob Sie sie abändern müssen.

Sobald die Kriterien für die Entscheidung feststehen, sollten Sie sie regelmäßig *kontrollieren, prüfen und die Fortschritte verfolgen.* Sie sollten bereit sein, Ihre Entscheidung zu ändern oder zu revidieren, falls Sie neue Informationen erhalten. Intelligente Menschen zeichnen sich durch die Fähigkeit aus, Feedback zu akzeptieren und sich selbst zu korrigieren. Sie sind auch nach einer Entscheidung noch in der Lage, neue Informationen aufzunehmen und mitten in der Bewegung die Richtung zu ändern.

Seien Sie darauf vorbereitet, Plan B in die Wege zu leiten, falls die ursprüngliche Entscheidung sich als undurchführbar erweist. *Fürchten Sie sich nicht davor, Fehler zuzugeben.* Ändern Sie schnell die Richtung. Denken Sie daran: Je stärker Sie sich auf die Ergebnisse konzentrieren, desto wichtiger wird für Sie, *was richtig ist, und nicht, wer recht hat.*

Weitere Methoden der Entscheidungsfindung

Im folgenden geht es noch um einige weitere Methoden des Entscheidens und der Problemlösung. Zunächst gibt es die *Bilanzmethode*, die manchmal auch als Ben-Franklin-Methode bezeichnet wird. Dabei ziehen Sie einfach in der Mitte eines Blattes Papier einen senkrechten Strich und schreiben auf der einen Seite alle Gründe auf, die für die Entscheidung sprechen, und auf der anderen Seite alle dagegen sprechenden Punkte. Anschließend wägen Sie die Gründe gegeneinander ab und treffen die Entscheidung.

Eine andere hervorragende Methode verwende ich meist in Bewerbungsgesprächen. Sie besteht einfach aus einem *Punktesystem.* Schreiben Sie dazu alle wichtigen *Entscheidungskriterien* untereinander. Wenn Sie beispielsweise einen neuen Mitarbeiter suchen, könnten Sie ein Brainstorming durchführen und jede einzelne Eigenschaft, jedes Merkmal und alle Voraussetzungen aufschreiben, die er idealerweise besitzen sollte. Anschließend verteilen Sie 1000 Punkte auf diese verschiedenen Entscheidungskriterien, je nachdem, für wie wichtig sie jedes einzelne Kriterium halten.

Uns sind einmal 42 Anforderungen eingefallen, die ein neuer Mitarbeiter erfüllen sollte. Einige davon waren sehr wichtig, andere nur nebensächlich. Wir verteilten 1000 Punkte auf die 42 Anforderungen, um herauszufinden, welche von ihnen die größte Bedeutung für uns hatten. Eine reichhaltige Erfahrung und gute Fachkenntnisse für die zu besetzende Position erhielten beispielsweise 25, 30 oder 40 Punkte, während ein nahegelegener Wohnort nur mit 10 Punkten bewertet wurde. Das ist schließlich eher unwichtig. Bei den Bewerbungsgesprächen vergleichen Sie dann die verschiedenen Kandidaten anhand Ihres Punktesystems, um zu sehen, welcher von ihnen die wichtigsten Anforderungen erfüllt und somit die meisten Punkte auf sich vereint.

Bei anderen Entscheidungen können Sie nach derselben Methode vorgehen. Sie legen fest, wie hoch Sie bestimmte Kriterien bewerten, und dann wählen Sie diejenige Person oder Situation aus, die diesem System zufolge die meisten Punkte aufzuweisen hat. Ihre Entscheidungen gründen sich immer auf die höchste Punktzahl.

Das Modell für eine Kaufentscheidung

Nun folgt das Modell für Kaufentscheidungen, das kluge Menschen für ihre Einkäufe verwenden. Es besteht aus mehreren Phasen.

Zuerst müssen Sie Ihre Bedürfnisse genau festlegen. Definieren Sie Ihre Mindestanforderungen und auch Ihre Wünsche. Stellen Sie fest, was das Produkt bzw. die Dienstleistung unbedingt können oder bewirken muß.

In der zweiten Phase entwickeln Sie dann Ihre Entscheidungskriterien. Wie werden Sie die verschiedenen verfügbaren Optionen bei Ihrer Entscheidung gewichten?

Mit anderen Worten: Was ist sehr wichtig und was ist weniger wichtig? Schreiben Sie die Kriterien auf.

Anschließend sammeln Sie Informationen, entwickeln Optionen und finden heraus, welche verschiedenen Produkte oder Dienstleistungen zur Verfügung stehen, um Ihre Bedürfnisse zu erfüllen. Wenn Sie ein Produkt oder eine Dienstleistung kaufen wollen, sprechen Sie mit den verschiedenen Anbietern, und vergleichen Sie jedes der Angebote mit Ihren Bedürfnissen und Ihren Entscheidungskriterien. So finden Sie heraus, welches für Sie am besten geeignet ist.

Erst dann, im vierten Schritt, fällen Sie die Entscheidung. Legen Sie also Ihre Bedürfnisse fest, bestimmen Sie daraus Ihre Entscheidungskriterien, sammeln Sie Informationen, vergleichen Sie diese mit den Kriterien und treffen Sie auf dieser Grundlage die Entscheidung für die beste Option.

Entschlossenheit ist der Schlüssel zum Erfolg

Entschlossenheit ist die entscheidende Fähigkeit auf dem Weg zum Erfolg. Können Sie sich einen unentschlossenen Menschen vorstellen, der glücklich oder erfolgreich ist? Es steht fest, daß jede Entscheidung besser ist als gar keine. Die Regel lautet: Treffen Sie eine Entscheidung, sammeln Sie Feedback, und korrigieren Sie sich bei Bedarf. Sie sollten nicht so sehr darauf achten, die richtige Entscheidung zu fällen, sondern vielmehr darauf, Ihre Entscheidungen auf die richtige Weise zu treffen. Von Aristoteles stammt der Ausspruch, Weisheit bestehe zu gleichen Teilen aus Erfahrung und Reflexion. Wenn Sie zwar Erfahrungen machen, aber nicht über sie nachdenken, lernen Sie nichts aus ihnen. Wenn Sie dagegen nur nachdenken, ohne Erfahrung zu besitzen, können Sie nicht vorwärtskommen.

Ich verrate Ihnen also nun eine der wirkungsvollsten Methoden: Nach jedem Versuch und jeder Handlung sollten Sie innehalten und Ihre Maßnahmen rekapitulieren und neu bewerten. Sie sollten sich fragen, was Sie richtig gemacht haben, womit Sie in dieser bestimmten Situation Erfolg hatten. Außerdem sollten Sie überlegen, was Sie anders machen würden, wenn Sie dieselbe Entscheidung heute noch einmal fällen müßten.

Denken Sie daran: Wenn Sie zwar Erfahrung haben, aber nicht über sie nachdenken, können Sie nicht vorwärtskommen. Wenn Sie sich dagegen laufend fragen, was richtig war und was Sie in Zukunft ändern wollen, entwickeln Sie sich mit unglaublicher Geschwindigkeit weiter. In allen unseren Studien hat sich eine sehr interessante Erkenntnis ergeben. Es besteht ein wesentlicher Unterschied zwischen den Managern auf der Überholspur, die schnell befördert werden, und den langsamen Managern, die beruflich nicht vorankommen. Bei Tests zur Problemlösung schneiden beide Gruppen gleich gut ab. Im wirklichen Leben sind erfolgreiche Manager jedoch schnell bereit, Entscheidungen zu treffen und sie umzusetzen, während die anderen eher versuchen, Entscheidungen auszuweichen.

In der Entschlossenheit, in der genauen Analyse der Probleme, in der anschließenden Entscheidungsfindung und praktischen Umsetzung, im Annehmen von Feedback und in der Korrektur des eigenen Kurses liegt der Schlüssel zu Höchstleistungen und zur Erfüllung Ihrer Verantwortung.

Zusammenfassung

Wie entwickeln Sie sich zu einem exzellenten Entscheidungsträger? Nun, genauso, wie Sie lernen, mit dem Fahrrad zu fahren oder ein Musikinstrument zu spielen. Sie müssen üben, üben und immer wieder üben.

Die größten Fehler, die mir persönlich – und Ihnen vielleicht auch – bei Entscheidungen jemals passiert sind, beruhen auf zwei Umständen. Einerseits kann es vorkommen, daß man eine Entscheidung aufgrund falscher Informationen trifft, und andererseits werden Entscheidungen oft auch viel zu schnell gefällt. Wenn Sie sich also zu einem besseren Entscheidungsträger entwickeln wollen, müssen Sie zusätzlich zu allem, was in diesem Kapitel behandelt wurde, auch laufend *überprüfen*, *bestätigen* und *nachforschen*. Die meisten Untersuchungen und Forschungsarbeiten auf dem Gebiet der Entscheidungsfindung kommen übereinstimmend zu dem Ergebnis, daß sich die besten Entscheidungsträger immer die Zeit nehmen, Informationen zu sammeln.

Auch Harold Geneen von AT&T ist der Meinung, daß man sich erst die nötigen Fakten besorgen muß, denn Tatsachen lügen nicht. Eine Entscheidung ist nur so gut wie die Qualität der Fakten, auf die sie sich stützt. Sammeln Sie die tatsächlichen Fakten, und keine angeblichen, offensichtlichen und schon gar nicht die erhofften Fakten. Wenn eine Information für die Entscheidung sehr wichtig ist, müssen Sie sie prüfen, prüfen und nochmals prüfen. Es ist wirklich erstaunlich, wie oft es im Laufe des Lebens vorkommt, daß eine Angabe, die man zwei oder sogar dreimal überprüft hat, sich bei der vierten Prüfung als falsch herausstellt.

Oft heißt es, der Teufel steckt im Detail, und genau durch diese winzigen Details werden Entscheidungen oft zu Fall gebracht. Je länger Sie sich also für die Beschaffung, Prüfung und erneute Überprüfung der Informationen – und ganz besonders der wichtigsten Informationen – Zeit nehmen, desto wahrscheinlicher ist es, daß mit der Zeit die richtige Entscheidung an die Oberfläche dringt.

Auch das *Timing* spielt bei Entscheidungen eine große Rolle. Ihr Gehirn arbeitet wie eine Teekanne. Wenn Sie den Tee aufgießen und den Beutel oder die Teeblätter nicht herausnehmen, wird der Tee immer stärker. Wenn Sie eine mögliche Entscheidung eine Weile in Ihrem Kopf ruhen lassen, wird auch ihre Qualität mit der Zeit immer besser. Alle wichtigen Entscheidungen müssen über einen längeren Zeitraum hinweg überdacht werden. Gehen Sie spazieren, besprechen Sie die Lage mit anderen Menschen, fragen Sie sie nach ihrer Meinung und vergleichen Sie anschließend die verschiedenen Ansichten.

Ich gebe Ihnen ein Beispiel. In meinem Unternehmen gibt es eine ganz einfache Methode zur Auswahl neuer Mitarbeiter. Der Bewerber spricht zuerst mit der Person, deren Funktion er übernehmen soll. Anschließend finden dann Gespräche mit mehreren anderen Personen statt. Er muß sich einigen psychologischen Tests unterziehen, bei denen festgestellt wird, ob er von seinem Wesen her für die Aufgabe geeignet ist. Die Ergebnisse der Tests werden dem Bewerber mitgeteilt. Daraufhin werden seine Unterlagen und Referenzen überprüft, und schließlich wird er allen Mitarbeitern vorgestellt, mit denen er zusammenarbeiten soll. Erst danach, ganz zum Schluß, wird eine Konsensentscheidung gefällt. Nur wenn alle dafür stimmen, wird der Bewerber tatsächlich eingestellt. Auf diese Weise haben wir es geschafft, die Mitarbeiterfluktuation von 200 Prozent im Jahr auf fünf oder zehn Prozent pro Jahr zu senken.

Die besten Unternehmen lassen sich bei der Auswahl ihrer Mitarbeiter viel Zeit. Und die Mitarbeiter, die Sie neu einstellen, schulen und fördern, entscheiden mehr als alles andere über Ihren Erfolg oder Mißerfolg als Manager.

Es gibt noch einen weiteren bedenkenswerten Gesichtspunkt. Entscheidungen müssen getroffen werden, weil die Dinge nicht nur weiß oder schwarz sind. Oft fallen Ihnen Entscheidungen sehr schwer, weil Sie sich zwischen lauter kaum differenzierbaren Grauschattierungen entscheiden müssen. Doch Entscheidungen sind der Preis der Leadership, der Preis Ihrer hohen Position. Wenn Sie eine Gruppe von Personen leiten – sei es Ihre Familie, eine kleine oder eine große Gruppe – müssen Sie bereit sein, Entscheidungen zu treffen.

Wenn Entscheidungen jedoch zu Ihrem Aufgabengebiet gehören und Sie nicht darum herumkommen, dann *nehmen Sie sich die Zeit, um genügend Informationen zu sammeln.* Nehmen Sie sich Zeit zur Prüfung aller Fakten. Beleuchten Sie das Problem eingehend von allen Seiten, prüfen Sie es, schreiben Sie es auf und sprechen Sie auch mit anderen Menschen darüber. Lassen Sie die Entscheidung in Ihrem Kopf ziehen wie eine gute Kanne Tee, bis sie schließlich zu einer reichhaltigen, starken, guten und richtigen Entscheidung heranreift. Letztendlich werden wir in unserem Leben nur durch Furcht und Unentschlossenheit gebremst. Mut und Entschlossenheit helfen Ihnen dagegen, alles zu erreichen, was Sie sich vorgenommen haben. Sie müssen nur lernen, wie es geht. Und wenn Sie die Kunst richtiger Entscheidungen beherrschen, wird sich Ihre ganze Welt zum Besseren verändern.

SCHEELEN® Institut für Managementberatung und Bildungsmarketing

„Nicht der Wind, sondern die Segel bestimmen den Kurs". Dieses Sprichwort paßt genau auf die unternehmerische Situation. Der Erfolg eines Unternehmens kommt in der heutigen dynamischen Wirtschaft nicht von allein. In diesem Umfeld besteht nur, wer die Auswahl seiner Führungskräfte und Mitarbeiter sowie ihre fachliche und persönliche Weiterentwicklung ernst nimmt. Dabei spielen die richtigen Diagnostik- und Trainingsinstrumente eine entscheidende Rolle.
Immer mehr Unternehmen vertrauen auf unser führendes Know-how. Es bringt Sie auf den richtigen Kurs!

Frank M. Scheelen, *Director*
SCHEELEN® Institut für Managementberatung und Bildungsmarketing

Unsere Philosophie basiert auf dem wichtigsten Gebot für die heutige Unternehmenswelt:
Wer auch in Zukunft Erfolg haben will, muß schon heute seine Stärken mobilisieren. Wir vereinen führendes Know-how auf den Gebieten Personalentwicklung, Beratung, Training und Bildungsmarketing zu einem wirksamen Gesamtsystem. Die Steigerung des Unternehmenserfolges hängt von der Verwendung der richtigen Bausteine ab. Denn für jedes Unternehmen gilt: Bei der Optimierung des Ist-Zustandes hilft nur die richtige Kombination der Hilfswerkzeuge. In unserer Arbeit nutzen wir die hohe Qualität der INSIGHTS® Management-Development-Instruments. Genauso erfolgreich greifen wir auf das renommierte Brian Tracy Trainingssystem zurück.

Überzeugende Trainingswerkzeuge untermauern Theorie durch Praxisnähe. Das Trainingsprogramm von Brian Tracy setzt sich aus über 30jähriger Forschungsarbeit und Praxiserfahrung zusammen. Kombiniert mit den INSIGHTS® Diagnostik-Instrumenten ermöglicht es einen ganzheitlichen Einsatz: Es berücksichtigt objektiv die Eigenschaften eines Mitarbeiters oder einer Führungskraft und baut darauf auf. Wichtig ist auch, daß das Gelernte in den Köpfen nicht schon bald wieder verloren geht.

Seminare von Tracy College und dem SCHEELEN® Institut

Wir bieten: Öffentliche Seminare, Inhouse-Seminare, firmeninterne Einsatzmöglichkeiten

Seminare/Selbststudiums-Audiohandbücher

- Leadership-Ausbildung
- INSIGHTS® MDI-Akkreditierung
- Leadership Kompetenz
- Überlegene Verkaufskompetenz
- Präsentations- und Vortragstechniken
- Persönlichkeitscoaching
- Personal Leadership
- Leistungs-Psychologie
- Verkaufs-Psychologie
- Superior Sales Management
- High Performance Leadership
- Brian Tracy Live

High Performance Leadership (Das Seminar zum Buch „HPL")
Ihr Schlüssel zu erfolgreicher Führung und Motivation

Lernen Sie, Ihr persönliches Potential als Führungskraft zu optimieren, Teams zu Spitzenleistungen zu führen und durch hocheffiziente Arbeitsmethoden und zukunftsorientierte Strategien im harten Wettbewerb unschlagbar zu werden.

Personal Leadership – So wird Spitzenleistung möglich
Das Seminar zum Buch „Personal Leadership"

Das ganzheitliche Seminar für die Herausforderungen des 21. Jahrhunderts garantiert Ihnen den Erfolg für Ihre Zukunft. Erfahren Sie Ihre Schlüssel zu persönlicher Spitzenleistung und Leadership. Ob im Beruflichen oder Privaten, Sie als Führungspersönlichkeit erhalten neue Erkenntnisse und Werkzeuge für Ihre persönliche Erfolgsentwicklung. Sie übernehmen die bahnbrechenden Techniken, mit denen die wenigen modernen und flexiblen Unternehmen und Führungskräfte an der Schwelle zum nächsten Jahrtausend besonders erfolgreich sind.

Superior Sales Management
Vom Verkäufer zum Teamleader

Dieses Seminar vermittelt Managern praxisnah die Kernkompetenzen zum Aufbau und zur Führung von Gewinnerteams. Es basiert auf neuesten Untersuchungen der Führungsproblematik großer Verkaufsorganisationen, geht gezielt auf die Praxis ein und zeigt, wie man Verkäufer rekrutiert, managt, motiviert und die Individuen zu Gewinnerteams formt.

Leadership Kompetenz
Aufbau von personellen und interpersonellen Ressourcen im Unternehmen

Holen Sie das Maximum aus den Ressourcen und den Kompetenzen Ihrer Firma heraus? Gewinnen Sie Erkenntnisse über die innere Dynamik, über die Kompetenzen sowie über die nachhaltige Entwicklungsfähigkeit Ihrer Unternehmung. Bauen Sie personelle und interpersonelle Kompetenzen für sich und Ihr Unternehmen auf.

INSIGHTS® MDI-Akkreditierung
Der Weg zum INSIGHTS® Berater

Der Weg zum INSIGHTS® Trainer und INSIGHTS® Berater: Persönliche Fähigkeiten, Reaktionsweisen, Stärken, Schwächen und Motive erkennen: INSIGHTS® vermittelt Ihnen effiziente Erarbeitungsmethoden zur Einschätzung individueller Leistungsprofile. Erfolgreiche Manager und Personalentwickler können dank INSIGHTS® ihre Mitarbeiter optimal einsetzen, ihre Potentiale voll ausschöpfen und gezielt motivieren.

Weitere Informationen erhalten Sie unter:

SCHEELEN®
Institut für Managementberatung
und Bildungsmarketing
Klettgaustraße 21
D-79761 Waldshut-Tiengen

Telefon: 0049-(0)7741-65459
Fax: 0049-(0)7741-65403
Internet: www.tracy-college.de
E-Mail: scheelen@tracy-college.de

Stichwortverzeichnis

F

G

L

N

O

P

Q

R

S